Jürgen Roth/Marc Frey
Die Verbrecher-Holding

Die vorliegende zweite Auflage dieses Buches muß mit Schwärzungen veröffentlicht werden. Das Landgericht Berlin hat den Autoren und dem Verlag mit Urteil vom 22. 10. 1992 die weitere Verbreitung einiger Passagen vorläufig untersagt – nicht, weil die darin aufgestellten Behauptungen unwahr sind, sondern weil der letzte Beweis für deren Wahrheit im einstweiligen Verfügungsverfahren nicht geführt werden konnte. Das Gericht hat sich auch nicht davon beeindrucken lassen, daß sämtliche von den Autoren über Klaus Speer und Giorgios Vassilioris aufgestellten Behauptungen zwischenzeitlich Gegenstand der Anklageerhebung der Berliner Staatsanwaltschaft sind. Es überrascht, daß am selben Tag, an dem das Landgericht Berlin die Verbreitung der von den Autoren recherchierten Behauptungen über Klaus Speer untersagt hat, bekannt wurde, daß das Kammergericht Berlin im Strafverfahren gegen Klaus Speer dessen Haftbeschwerde zurückgewiesen hat. Begründung: Die Schwere der ihm vorgeworfenen Straftaten und die Höhe der möglicherweise zu erwartenden Strafe ließen keine Aufhebung des Haftbefehls zu.

Gegen die Entscheidung des Berliner Landgerichts werden wir Rechtsmittel einlegen und hoffen, das Buch in der nächsten Auflage wieder ohne Schwärzungen veröffentlichen zu können.

Autoren und Verlag

Jürgen Roth/Marc Frey

Die Verbrecher-Holding

Das vereinte Europa im Griff der Mafia

Piper
München Zürich

Jürgen Roth, Jahrgang 1945, arbeitet seit 30 Jahren als Publizist und Fernsehjournalist. Seit 10 Jahren beschäftigt er sich schwerpunktmäßig mit dem organisierten Verbrechen und Waffenhandel. Buchveröffentlichungen u. a.: »Armut in der Bundesrepublik« (1979); »Makler des Todes – Waffenhändler packen aus« (1986); »Die Mitternachtsregierung« (1988). Zahlreiche Fernsehdokumentationen im Bereich des investigativen Journalismus. 1985 erhielt er den Fernsehpreis der deutschen Wohlfahrtsverbände.

Marc Frey, Jahrgang 1961, arbeitet als Journalist überwiegend für die Frankfurter Rundschau. Reportagen über Drogenkriminalität und Drogenabhängigkeit veranlassen ihn, dieses Thema zum beruflichen Schwerpunkt zu machen. Für seine Veröffentlichungen über Ausbreitung und Einfluß der organisierten Kriminalität im Rhein-Main-Gebiet wurde er 1992 mit dem »Wächterpreis der Tagespresse« ausgezeichnet.

ISBN 3-492-03573-6
© R. Piper GmbH & Co. KG 1992
2. Auflage, 9.–13. Tausend 1992
Umschlag: Federico Luci
Satz: Uhl + Massopust, Aalen
Gesetzt aus der Times-Antiqua
Druck und Bindung: Wiener Verlag, Himberg bei Wien
Printed in Austria

INHALT

... und Europa steht hilflos dabei
*Der gemeinsame Binnenmarkt nutzt vor allem
der Mafia*

Vorwort

Wie alt werden sie wohl sein, die vier jungen Jugoslawen, die in einer glitzernden Mercedeslimousine gemächlich Frankfurts Taunusstraße entlangfahren? 20, 22 Jahre vielleicht. Braungebrannt, lässig den Arm aus dem Auto hängend begutachten sie ihr Territorium. Sie sind mit großkalibrigen Revolvern bewaffnet; kugelsichere Westen liegen hinten auf der Ablage. Wehe dem, der sich ihnen in den Weg stellt: dem hämmern sie mit dem Baseballschläger in das Gesicht oder knallen ihn skrupellos ab. »Killernaturen« sind es, sagt die Polizei, die sich ängstlich im Hintergrund hält.

Kids, 17jährige, ja 15jährige jugoslawische Drogendealer, verkaufen unterdessen in ihrem Auftrag Kokain und Heroin. Im grünen Hinterland von Frankfurt, ob Bad Homburg oder Bad Vilbel, hat die Polizei überhaupt nichts mehr zu sagen. »Wir merken uns dein Gesicht« oder »Denke an deine Familie« drohen die Jugo-Gangster den unerfahrenen Polizeibeamten. Warum sollen wir bei den Gehältern unser Leben riskieren, denken die zu Recht und lassen die Verbrecher in Ruhe. Die Welt der Verbrecher ist manchmal bedrohlich sichtbar.

Im bayerischen Memmingen gleitet ein Jaguar vor ein italienisches Restaurant. Autokennzeichen NA, Neapel. Mit arroganter Überheblichkeit schlendert der Patron in ein Weinlokal. Demütig verbeugt sich die Bedienung. Sie wissen, daß »er« gekommen ist, um Drogengeschäfte zu organisieren. »Er« ist von der Camorra. Sein Name ist Francesco Carfora.

Im behäbigen Saarland verbirgt sich hinter einer Kette von Gelati- und Pizzaunternehmen der Mafiaclan P. Bei der jährlichen Steuererklärung wird als Einkommen 19 000 Mark angegegeben. Eine geschickte Tarnung für ihren wahren Auftrag: Sie beliefern den Raum Saarland, Rheinland-Pfalz und Baden-Württemberg mit Heroin. Doch die Polizei im Saarland zerschlägt das kriminelle Netz nicht. Sie hat weder Verdeckte Ermittler noch Geld oder den Willen, die Heroinpipeline zu unterbrechen.

»Mafia und Camorra haben Europa erobert.« Gemütlich, als sei das eine selbstverständliche Erkenntnis, erzählt das Josef W. Geißdörfer vom Bayerischen Landeskriminalamt. Bis ins Europaparlament hinein reicht der lange Arm der italienischen Clans. In der Fraktion der italienischen *Democrazia Cristiana,* behauptet der konservative CSU-Abgeordnete Otto von Habsburg, sei fast jeder zweite Abgeordnete der Mafia zuzurechnen. »Das sind«, erklärt er Parteifreunden, »seriös wirkende freundliche Leute.«[1]

Hochkriminelle, Drahtzieher und Hinterleute von Verbrechersyndikaten suchen die Nähe zur legalen Macht und haben sie gefunden. Goethe zitieren einige mit Leichtigkeit, sie wissen alles über die Errungenschaften des Rechtsstaates. Auf Cocktailparties oder im Kreise von Freunden bezaubern sie durch ihren Charme. Auf ihre Ehre lassen sie nichts kommen. Wie ein explodierender Vulkan reagieren sie, sollte ihr Ruf beschädigt werden. »Mit Hilfe ihrer fast unerschöpflichen Mittel versuchen sie«, erzählt uns ein Frankfurter Polizeipraktiker, »in Kreise von Politik und Wirtschaft einzudringen.« In fast allen europäischen Ländern haben sie dieses Ziel erreicht, auch in Deutschland. Das organisierte Verbrechen (Polizeikürzel: OK) ist eine grenzenlose Macht geworden.

Innerhalb der Europäischen Gemeinschaft wird eine Summe von nahezu 500 Milliarden Dollar durch das organisierte Verbrechen in die Volkswirtschaft eingespeist. Im organisierten Verbrechen Europas gibt es Spitzenreiter. »Interessanterweise ist dies nicht das Drogenproblem, sondern der Giftmüll. Mittlerweile werden innerhalb der Gemeinschaft mehr Gelder über den Vorschub von Giftmüll erwirtschaftet als mit Drogen.«[2]

Peter Walter, 40jähriger Frankfurter Kriminaldirektor, ist ein ruhiger Mann, der eigentlich viel lieber Berge besteigt, als sich ständig mit Politikern auseinanderzusetzen. Denen paßt es überhaupt nicht in den Kram, beharrlich auf das unaufhaltsame Vordringen krimineller Syndikate hingewiesen zu werden. »Der verrennt sich da in irgend etwas«, munkeln politische Entscheidungsträger in den Gängen des Wiesbadener Landtages.

Walters Gegner und die seiner Kollegen sind nicht nur die Killer und Schläger, die Türsteher des organisierten Verbrechens. Das würde niemanden stören. Zum Mißfallen vieler hat er die Saubermänner mit weißem Kragen und schwarzer Weste im Visier.

Bei Fortbildungsseminaren für Polizeibeamte, Staatsanwälte

und Richter legt Peter Walter, um die Erkenntnisse seinen Kollegen zu verdeutlichen, Folien in einen Projektor. Die Struktur der Unterwelt erscheint auf der Bildfläche. Ganz unten die kleinen Verbrecher, Soldaten genannt. Betrüger, Hehler, Einbrecher, Bankräuber, die hat es seit ewigen Zeiten gegeben. Über ihnen, im Mittelbau, steuern jetzt gewiefte Geschäftsleute die kriminellen Operationen. Sie teilen, je nach Unternehmensbereich, den Milliardenmarkt des Verbrechens auf, vom Einbruch bis hin zum Drogenhandel. Im Smoking gekleidet, mit prächtigen Luxuslimousinen protzend, koordinieren sie.

Beide, Manager wie Soldaten, haben manchmal Namen und Gesichter, doch auf der Chefebene wird das organisierte Verbrechen gesichtslos, vermischen sich Illegalität und Legalität. Auf dieser Ebene werden die nationalen und internationalen Absprachen getroffen. Beispielsweise, wie die Geldflut, die durch Drogen, Mord und Erpressung verdient wurde, in die Taschen und auf die Konten der Gangster strömt.

»Es ist ein Wirtschaftsunternehmen«, referiert Peter Walter, »dessen einziges Ziel es ist, wirtschaftliche Macht zu erreichen, und zwar eine konkurrenzlose Wirtschaftsmacht.«

Nein, die Verbrecher-Holding ist kein Phantasieprodukt, sondern bittere Realität. Ein merkwürdiges Phänomen steht dem gegenüber. Politiker, die sich beharrlich weigern, die Gefahr des organisierten Verbrechens zu erkennen. Abwiegeln und verniedlichen – darin haben sie Erfahrung. Angenehmer ist es ja auch, mit jenen zu kungeln, die es dank ihrer kriminellen Geschäfte endlich erreicht haben, zu Empfängen von Stadt oder Staat geladen zu werden. Eine Spende oder unter Umständen noch mehr könnte abfallen.

Vielleicht sind diese Politiker lediglich naiv, weigern sich die Wirklichkeit zu sehen. Die Wirklichkeit ist, daß der Bürger von einer Verbrecherwelle überrollt zu werden droht. Jugendkriminalität, Gewalt in den Straßen, Bandenkriege, Raub, Drogensucht – die Zeitungen, ob in Neapel, Wien, Bogotá, Frankfurt oder Leipzig, sind voll davon. Teilweise ist diese Kriminalität sichtbar. Schlägereien, Raub, Einbruch, der kleine Drogendeal. Nicht mehr sichtbar ist, weil man es sich nicht vorzustellen wagt, daß bestimmte staatliche Institutionen bereits von Helfershelfern der Verbrecher-Holding durchsetzt sind. »Im Bereich organisiertes

Verbrechen«, klagt Frankfurts Oberstaatsanwalt Peter Köhler, »ist es zehn nach zwölf.« Erfahrene Kripobeamte wie Horst Durkowyak vom Landeskriminalamt Nordrhein-Westfalen sprechen davon, daß es »Ansätze« für eine Parallelgesellschaft« gibt.

Und die Polizei? »Früher waren uns nur die Beine gefesselt, jetzt sind auch die Arme gefesselt, dann bekommen wir den Mund noch zugebunden und sollen ermitteln«, sagt Wilhelm Schwerdtfeger, ein Kollege Durkowyaks.

Was kann die Polizei gegen die Verbrechersyndikate unternehmen? fragten uns Frankfurter Kripobeamte, als wüßten wir eine Antwort: »Es gibt keine Leute, die Fahndungsgruppen sind bis zu 70 Prozent unterbesetzt, es ist kein Geld da, wir werden persönlich bedroht«, erzählen sie.

Überall Ohnmacht und überall Angst: Emotionen werden hochgepeitscht. In Italien spricht sich die Mehrheit der Bürger für die Todesstrafe gegen Mafiaangehörige aus. In Madrid bilden sich Bürgerwehren gegen Drogendealer. Man kann die Augen davor verschließen. Aber europaweit grassiert die Angst, daß kriminelle Banden, wenn die Binnengrenzen fallen, weitaus problemloser als bisher agieren, im wahren Sinne des Wortes grenzenlos werden.

Der Killer eines Richters in Sizilien fliegt aus Deutschland nach Palermo ein und umgekehrt. Jugoslawische Topgangster werden von der Staatssicherheit in Belgrad gesteuert. Politik und Kriminalität sind in einigen europäischen Staaten schon nicht mehr auseinanderzuhalten. Die Korruption gedeiht überall. Politische Machtverhältnisse ändern sich – die Bosse der Unterwelt kungeln weiter mit der öffentlichen Verwaltung und den neuen Politikern.

Seit Jahren warnt die Polizei Öffentlichkeit und Politiker. Aber die wollen nicht sehen, daß sich in der Gesellschaft eine politische und wirtschaftliche Macht eingenistet hat, die jeglicher demokratischen Legitimation entbehrt. Diese finstere Macht hat einen Namen: das organisierte Verbrechen.

Man kann die Augen davor verschließen. Aber immer mehr ethnische Gruppen bilden straff organisierte Verbrecherbanden mit eigenen Gesetzen. Sie isolieren sich von der übrigen Gesellschaft, verbreiten unter ihren Landsleuten Angst und Schrecken. Ein deutscher Krimineller ist nicht besser oder schlechter als ein jugoslawischer, italienischer oder türkischer Gangster. Doch die Brutalität, mit der sie vor allem gegen die eigenen Landsleute vorgehen, hemmt jegliche Integration. Warum schweigt der türkische oder italienische Gastwirt, obwohl er Schutzgeld bezahlt? In Italien, werden wir sagen, gut, da ist das halt so. Aber warum schweigt er auch in Hof an der Saale, in Frankfurt oder in Hamburg? Aus Angst! Aus Angst wird Komplizenschaft. Und Angst ist der Motor für Haß. Wird der berechtigten Sorge vor den Verbrechersyndikaten und ihren Handlangern in den Straßen keine lückenlose Aufklärung entgegengesetzt, dann wird Volkes Stimme lauter, werden ausländische Mitbürger weiter in die Isolation getrieben werden.

Jeder rechtsradikale Politiker lacht sich ins Fäustchen, weil er nur zuzusehen braucht, wie ihm die Wähler zugetrieben werden. Solange die Öffentlichkeit unaufgeklärt bleibt, organisiertes Verbrechen als Ausdruck multikulturellen Lebens verharmlost wird, ändert sich daran nichts. Wie beschränkt muß man eigentlich sein, um nicht die Gründe zu begreifen, die dazu führen, daß die rechtsradikalen Parteien in Europa überall dort an Boden gewinnen, wo soziale Verunsicherung und die Angst vor dem Verbrechen grassieren.

Eine Binsenweisheit ist es, daß eine demokratische Gesellschaft mit Kriminalität leben können muß. Niemand will einen polizeilichen Überwachungsstaat. Ebenfalls eine Binsenweisheit ist es aber, daß der Staat nicht vor den kriminellen Banden kapitulieren und ihnen Einfluß zugestehen darf; doch soweit sind wir inzwischen, weil diese mit physischem und psychischem Terror die Bürger einschüchtern. In einer Gesellschaft, in der politische Moral nur noch eine Worthülse ist, Politiker käuflich und Korruption etwas Alltägliches geworden ist, da findet das organisierte Verbrechen einen idealen Nährboden.

Wir sind nicht im Zustand der Unschuld an das Thema organisiertes Verbrechen herangegangen. Wir wußten bereits vieles, sonst wäre es nie gelungen, tief in eine Welt einzudringen, die systematisch demokratische Strukturen zerstört. Nach unseren Recherchen, ob in den USA, Lateinamerika oder Europa, den unzähligen Gesprächen mit Richtern, Staatsanwälten, Polizeibeamten, mit Opfern und mit Tätern, mit großen und kleinen Kriminellen, haben wir ein neues Bild vom Einfluß der Verbrechersyndikate bekommen. Es ist erschreckender, als wir selbst es uns je vorzustellen wagten.

Lange haben wir über die Frage nachgedacht, wie wir mit den Namen der Täter umgehen sollen. Orientieren wir uns an der journalistischen Gepflogenheit, die Namen der Täter wie der Opfer zu verschweigen, oder nennen wir – wie man so sagt – Roß und Reiter? Es ist der ewige Widerstreit zwischen dem berechtigten öffentlichen Interesse und der Verantwortung, Mißstände aufzuzeigen und anzuprangern. Andererseits gibt es das Schutzbedürfnis des einzelnen und die Unschuldsvermutung. Nach reiflicher Überlegung entschieden wir uns, Namen zu nennen. Wir erlauben uns diesen moralischen Anspruch. Denn wir sind überzeugt, daß der die Täter schützt, der sie nicht beim Namen nennt, nicht mehr ihre Verbrecherbiografie aufzeigt – nur weil sie »Ehrenwerte« geworden sind. Wir würden uns mitschuldig machen, ihnen helfen, sich in die Gesellschaft zu integrieren. Genau das macht sie so gefährlich.

Wir haben Fakten zusammengetragen und diese, soweit es uns möglich war, sorgfältig überprüft. Die Täter, die wir beim Namen nennen, sind keine Unschuldslämmer oder »Eierdiebe«. Sie nutzten den Schutz, den die Zurückhaltung böte, lediglich, um weiter ihren schmutzigen Geschäften nachzugehen.

Nur wenige Namen nennen wir nicht. Der Grund dafür führt uns zu Frankfurts Kriminaldirektor Peter Walter zurück: »Die Gangster sind teilweise so weit nach oben in die Spitzen der Gesellschaft eingedrungen, daß sie unantastbar geworden sind.« Diesen Topmanagern der Verbrecher-Holding ist nicht mehr das geringste nachzuweisen.

Peter Walter, und er ist da ein Synonym für viele andere Polizeibeamte, hat resigniert, selbst wenn er es nie zugeben wird. Resignation greift um sich, weil die Polizeiführung, ob in Frankfurt oder anderswo, nur Wert auf angepaßte Polizeibeamte legt. Engagierte und unbequeme Beamte sind nicht gefragt. Gerade wenn die Kripobeamten sich der Ebene Politik nähern, werden sie geduckt, bleibt ihnen der Aufstieg in der Beamtenhierarchie verwehrt. Die Gangster dagegen trumpfen auf. Sie brauchen Abnutzung und Resignation in den Fahndungsbehörden, weil ihnen nur aus dieser Ecke Gefahr droht. Mit modernster Technologie weiten sie ihren wirtschaftlichen und politischen Einfluß aus. Sie beschäftigen hervorragende Killer und exzellente Rechtsanwälte, naive Journalisten und korrupte Politiker. Denn sie haben genügend Kapital, um sich alles und jeden kaufen zu können. Sie wollen wirtschaftliche Macht, wollen anerkannt, Teil der Gesellschaft werden, und sind darum auf dem besten Wege, die demokratischen Gesellschaften zu schleifen.

Aber vielleicht ist alles nur ein böser Alptraum, der sich beim Aufwachen in nichts auflöst. Wir hatten bei unseren Recherchen immer wieder gehofft, dies möge zutreffen. Doch der Alptraum ist Wirklichkeit geblieben. Für viele Menschen nicht nur in Italien war es auch ein Alptraum, als einer der aufrechtesten Mafiajäger aus Italien, Giovanni Falcone, am 22. Mai 1992 in Palermo von einer Tausend-Kilo-Autobombe, mit seinen Leibwächtern und seiner Ehefrau, zerfetzt wurde. Falcone kämpfte seit über einem Jahrzehnt erfolgreich gegen die Mafia. Doch letztendlich blieb er der Unterlegene.

Und die Frage stellt sich natürlich, wer die Auftraggeber des Anschlags waren. Da gibt es einmal den mächtigen Mafiaclan Madonia aus Caltanissetta, der akut von den Ermittlungen bedroht war, insbesondere weil er auch in Mailand höchste Politiker in der Hand haben soll. Der ehemalige Bürgermeister von Palermo, Leoluca Orlando, beschuldigt gar die Regierung und eine Fraktion innerhalb der Sozialistischen Partei, hinter dem Anschlag zu stehen. Die ist es, die gerade in Mailand mit einem enormen Korruptionsskandal zu kämpfen hat, in den sozialistische Parteiprominenz verwickelt ist. Weil er dieses öffentlich geäußert hat, muß jetzt Orlando damit rechnen, das nächste Opfer der Komplizenschaft zwischen Mafia und Regierungsstellen zu sein. Derzeit lebt er deshalb in einer Kaserne. Sonst ist sein Leben nicht mehr zu retten.

Der Krake, der das gesamte italienische Staatssystem in seinen Fängen hält, die Politik mit lenkt, scheint nicht mehr aufzuhalten sein. Italien ist von der Mafia erobert – nun ist sie dabei, Europa einzunehmen.

Die Mafia besetzt das »Europäische Haus«...

Organisiertes Verbrechen in Europa: Bedrohung oder Popanz?

»Die Bedrohung der inneren Sicherheit durch die organisierte Kriminalität droht sich für Europa und besonders für die Bundesrepublik Deutschland zu einer nationalen Existenzfrage auszuweiten.« Diese erschreckende Feststellung traf im März 1990 die Konferenz der Innenminister des Bundes und der Länder, während einer Sondersitzung in der Polizeiführungsakademie in Hiltrup.

In allen Ländern der Europäischen Gemeinschaft nehmen die Straftaten sprunghaft zu: Die Kriminalstatistiken der großen Städte, ob Paris, Rom, London, Frankfurt oder Berlin, eilen von einem Rekord zum nächsten. Eine Trendwende aber ist nicht in Sicht.

Das organisierte Verbrechen beherrscht alle wichtigen und profitträchtigen Schlüsselbereiche der Kriminalität: Rauschgifthandel, Zuhälterei, illegales Glücksspiel und Falschspiel, Schutzgelderpressung, Einschleusung von Ausländern, illegale Arbeitnehmervermittlung, Kapitalanlage- und Subventionsbetrug, Kreditkarten- und Geldfälscherei.

Während die Verwirklichung des Europäischen Binnenmarktes in wenigen Monaten bevorsteht, bereitet sich die Mafia GmbH & CoKG auf den entscheidenden Schlag vor: Sie ist auf dem Weg, eine Parallelgesellschaft zu etablieren, die zu einer ernsten, wenn nicht gar lebensbedrohlichen Gefahr für die europäischen Demokratien wird. Insofern trifft die Feststellung der Innenministerkonferenz den Nagel auf den Kopf.

Drogenkartelle sind mit ihren gewaltigen Finanzmitteln in der Lage, die normale Wirtschaft »geradezu kaputtzumachen«, glaubt BKA-Vizepräsident Gerhard Köhler[1]. Die damit zusammenhängenden Gefahren würden aber von Politik und Wirtschaft noch immer unterschätzt.

Vor zehn Jahren noch galt es auch in Reihen der Polizei bisweilen als ketzerisch, von der Existenz des organisierten Verbrechens zu reden. Semantische Verniedlichungen wie »professionelles Verbrechen« oder »kommerzielle Täterzusammenschlüsse« sollten die These (oder war es mehr der Wunsch?) untermauern helfen, organisierte Kriminalität sei etwas, das es zwar in Italien und den USA gebe, aber doch bitte nicht bei uns. Noch heute dient diese Grundhaltung einigen Leuten dazu, die Warnungen der Polizei als Popanz abzutun.

»Ich bin seit 1977 in der Bekämpfung der organisierten Rauschgiftkriminalität. Für mich persönlich ist die Lage, wie wir sie in den letzten fünf bis sieben Jahren haben, erschreckend geworden. Wenn sie mich zwischen 1977 und 1980 gefragt und mir die Lage so geschildert oder eine solche Prognose gestellt hätten, hätte ich ihnen mit Sicherheit gesagt, daß das nicht auf uns zukommt«, sagt der Chef der Rauschgiftbekämpfung beim LKA Düsseldorf, Horst Durkowyak, heute.

Ein Blick über den eigenen Tellerrand hinaus zeigt die bedrohliche Situation:

In Italien morden Mafia, Camorra und 'Ndrangheta, die *mafia calabrese,* ungehindert weiter. Sie plündern, stehlen, entführen und korrumpieren. Sie haben alle wichtigen Wirtschaftsbereiche unterwandert, und ein Drittel des italienischen Staatsgebietes, so mußte kürzlich Hochkommissar Domenico Sica eingestehen, werde bereits von ihnen kontrolliert.

»Italien hat es bis heute nicht geschafft, die Mafia in ihre Schranken zu verweisen. Ganz im Gegenteil: Sie wird ihren Wirkungskreis auf die Europäische Gemeinschaft ausdehnen«, glaubt etwa Karl-Heinz Lenhard, Präsident des Bayerischen Landeskriminalamtes[2].

Das ist leider wahr: Angehörige der sizilianischen Mafia und der neapolitanischen Camorra ziehen sich nach Deutschland als sogenannten »Ruheraum« zurück und bauen gleichzeitig ihr kriminelles Netz weiter aus. Dies ist keine Vermutung der Polizei, sondern die nackte, belegbare Wahrheit. Da der Fahndungsdruck in den Großstädten wächst, gehen die italienischen Gangster vermehrt aufs flache Land, wo ihnen Restaurants als Operationsbasen dienen.

In Großbritannien registrierten die Strafverfolger 1990 insge-

18

samt 4,5 Millionen Straftaten, davon über 90 Prozent Eigentumsdelikte. Das entspricht einem Zuwachs von 17 Prozent. Nur ein knappes Drittel davon konnte aufgeklärt werden.

Chinesische Triaden beherrschen ganze Stadtviertel in der Millionenmetropole London. Sie organisieren das illegale Glücksspiel, betreiben Schutzgelderpressung und handeln mit Rauschgift. In London und anderen Großstädten, wie Manchester, beginnt die tödlichste aller illegalen Drogen Einzug zu halten: Crack.

Einen bedrohlichen Anstieg bei der Drogenkriminalität notierte auch der Schweizer Bundesanwalt Willy Padrutt. Rund zwei Drittel der Drogendealer kommen aus Jugoslawien, Italien, der Türkei und Tunesien. Auch Mord und Totschlag sowie Eigentumsdelikte nehmen unter den sonst als so ruhig bekannten Eidgenossen zu.

Russische und andere osteuropäische Tätergruppierungen dringen seit einiger Zeit verstärkt in den Westen vor, besonders nach Deutschland, Österreich und in die Beneluxstaaten: Möglich machen diese Reisewelle die demokratischen Prozesse in ihren Heimatländern und die damit verbundenen Grenzöffnungen.

Sie erpressen vor allem ihre eigenen Landsleute und ermorden Abtrünnige oder allzu Gesprächige. Sie organisieren den Schmuggel von Kulturgütern nach Westen und von Westwaren nach Osten.

Die Polizei, besonders in Berlin und den neuen Bundesländern, wird mit dieser neuen Welle von Gangstern-Ost vor ein bislang kaum dagewesenes Potential an Gewaltbereitschaft gestellt: Die Gangster schrecken nicht davor zurück, auf Polizeibeamte zu schießen, versuchen sogar Staatsanwälte zu entführen.

Der Kraftfahrzeugdiebstahl und die -verschiebung sind überwiegend fest in der Hand der polnischen, teilweise auch der rumänischen Mafia. Die Autos werden vorzugsweise in den Beneluxländern und in der Bundesrepublik gestohlen und meistens innerhalb eines Tages, mitunter binnen weniger Stunden, in den Osten geschafft. Die Zuwächse beim Kraftfahrzeugdiebstahl sind von Jahr zu Jahr zweistellig: 1991 wurden in der Bundesrepublik 87 000 Autos zur Fahndung ausgeschrieben, 44 Prozent mehr als im Jahr zuvor.

Aber auch die Länder des ehemaligen Ostblocks sind das Ziel

für die Wanderbewegungen der Kriminellen geworden. Durch Ungarn verläuft seit dem Bürgerkrieg im ehemaligen Jugoslawien die wichtigste Drogenschmuggelstrecke, die »Balkanroute«. Laszlo Korinek, Unterstaatssekretär im ungarischen Innenministerium, beklagte während der BKA-Herbsttagung 1991 die Machtlosigkeit der Polizei seines Landes gegen die Rauschgiftkartelle. Mehr als 300 000 Straftaten wurden 1990 im Lande Piroschkas angezeigt, 75 000 mehr als im Jahr zuvor. Die ungarische Mafia, die »Alvilag«, betreibe Schutzgelderpressung in großem Stil[3].

Nicht besser sieht es in Bulgarien, der traditionellen Drehscheibe des Rauschgift- und Waffenhandels aus: Im letzten Quartal des Jahres 1990 gab es dreimal soviel tödliche Gewaltverbrechen wie im Vorjahreszeitraum. Die Zahl der Einbrüche stieg um das 18fache, die der Diebstähle um das 62fache. Vor allem ehemalige Angehörige des bulgarischen Geheimdienstes sollen zuverlässigen Quellen zufolge in den Chefetagen des organisierten Verbrechens sitzen.

Auch in Polen steigt die Kriminalität und nimmt insbesondere die Zahl der Gewalttaten explosionsartig zu. »Zahlreiche Polizisten und Zöllner haben die Seite gewechselt«, klagt Jan Skupinski von der Universität Warschau. Einen Anstieg verzeichnen die Sicherheitsbehörden beim Waffenhandel (vor allem durch Angehörige der ehemaligen Sowjetstreitkräfte), Banküberfällen, Handel mit gestohlenen Kulturgütern, Giftmüllschmuggel, Autoschiebereien. Es liege auf der Hand, so der Professor, daß das organisierte Verbrechen seine Chancen in den teilweise anarchistischen Zuständen im Osten wittert und nutzt. Gerade die jungen Demokratien des Umbruchs verfügen kaum über die Kraft, sich dagegen zu wehren[4].

Frankreich, Portugal und vor allem Spanien gelten nicht nur als Einfallstore für Rauschgift aus Lateinamerika, sondern als Hochburgen europaweit organisierter Zuhälter- und Menschenhändlerbanden. Für die international operierenden Scheckeinlöserbanden sind diese Länder das Hauptabsatzgebiet, wie zahlreiche Fälle zeigen.

Eines der wichtigsten Standbeine des organisierten Verbrechens ist noch immer das Rauschgift; und es ist zugleich das wachstumsstärkste. Die Mengen sichergestellter Drogen klettern Jahr für Jahr in die Höhe. Dies allein auf ein effizienteres Arbeiten der Sicherheitsbehörden zurückzuführen, wäre ein fataler Fehler: Würde nämlich die Sicherstellungsmenge bei gleichbleibenden Einfuhrmengen steigen, träte zwangsläufig irgendwann eine Marktverknappung ein, die wiederum zu höheren Preisen führen müßte. Doch selbst nach Großsicherstellungen ändert sich der Preis nicht. Im Gegenteil: Illegale Drogen wie Kokain oder Heroin waren noch nie so billig wie heute. Rauschgifthändler fahren ihre tödliche Fracht aber nicht zum Vergnügen spazieren. Sie arbeiten mit genauso ausgeklügelten Marketingstrategien, untersuchen Bedürfnisse und Bedarf wie legale Wirtschaftsunternehmen. Alles spricht dafür, daß Europa noch nie mit soviel Rauschgift überschwemmt wurde wie bisher. Der Markt wächst, und die Händlerorganisationen sind spielend in der Lage, die Nachfrage zu decken.

Die enormen Sicherstellungsmengen nähren unter Berücksichtigung der Dunkelziffer einen schon lange gehegten Verdacht: Die Rauschgiftsyndikate legen in Europa Depots an, um rechtzeitig die Märkte, vor allem im Osten, beliefern zu können.

Auch das Bundeskriminalamt geht davon aus – was durch die Großsicherstellungen in den letzten Jahren belegt ist –, daß seitens der kolumbianischen Drogenkartelle eine Umorientierung in Richtung Europa erfolgt ist. Die Gründe lägen insbesondere in der Sättigung des amerikanischen Marktes, der höheren Gewinnspanne für Kokain in Europa im Vergleich zu den USA, den verstärkten Abwehrmaßnahmen der USA an ihren Südgrenzen sowie der zunehmenden Attraktivität Europas hinsichtlich Grenzabbau und unkompliziertem Personen-, Waren- und Geldverkehr.

»Besonders die Aktivitäten des Cali-Kartells deuten darauf hin, daß die Organisation beabsichtigt, eine ständige Operationsbasis zur Kokainverteilung in Europa einzurichten. Dabei dürften die Erfahrungen mit der in den USA aufgebauten kriminellen Infrastruktur auch in Europa genutzt werden. So haben das Cali- wie auch das Medellín-Kartell europäische Brückenköpfe eingerichtet, deren Aufgabe es ist, die Transportfrage zu klären (Schiffs- oder Luftfracht, Personenschmuggel), Depots anzulegen, Residenten (Mafiarepräsentanten) zu installieren, scheinlegale Geschäftsverbindungen einzugehen, Verteilernetze aufzubauen sowie Möglichkeiten der Geldwäsche und -anlage zu sondieren.

Aufgrund traditionell gewachsener historischer und ethnischer Verflechtungen kommt hierbei dem mediterranen Raum (Spanien und Italien) eine besondere Bedeutung zu; zudem werden anscheinend traditionell bestehende Verteilerwege und -strukturen zur Verbreitung des Kokains genutzt. Aber auch die Zentren des Welthandels sowie die europäischen Finanz- und Geschäftsplätze sind bevorzugte Aktionsorte. Neben anderen europäischen Ländern gehört hierzu die Bundesrepublik Deutschland, die sowohl als Zufuhr-, Absatz- und Transitland als auch zum Waschen der Drogengelder mißbraucht wird.«[5]

Noch etwas belegt die wachsende Bedeutung Europas: Der Polizei in Italien etwa ist es gelungen, Laboratorien auszuheben, in denen das Vorprodukt Kokapaste zu Kokain weiterveredelt werden sollte. Dies sind deutliche Anzeichen dafür, daß die südamerikanischen Drogenkartelle die Produktionsstätten teilweise nach Europa verlagern.

Nach Ansicht zahlreicher Ermittlungsbehörden wächst auch innerhalb der Bundesrepublik eine neue Tätergeneration heran, die zunehmend professioneller und organisierter vorgeht. Diese Gangster nutzen perfekt neue Entwicklungen und bedienen sich auch des gesamten Instrumentariums der legalen Wirtschaft: Sie gründen eigene Firmen, die zur Verschleierung krimineller Aktivitäten und/oder der Geldwäsche dienen. Dies führt zwangsläufig zu einer Schattenwirtschaft neben dem legalen Wirtschaftsleben.

Das Landeskriminalamt Nordrhein-Westfalen hat sich 1991 die Mühe gemacht, die 1990 erfaßten Straftaten in diesem Bundesland auf OK-Bezug zu untersuchen: Herausgekommen sind dabei 95 Verfahren, davon 48 aus dem Bereich Rauschgifthandel und -schmuggel. Ermittelt wurde gegen 2631 Tatverdächtige, davon 2111 Männer. Jeder zehnte von ihnen trug eine Waffe bei der Festnahme. Zwölf Menschen verloren durch die kriminelle Aktivität dieser Gruppen ihr Leben.

In 67 Verfahren wurden gewerbliche Strukturen als Tarnung verwandt. Zweimal wurde auf die Politik, zwanzigmal auf die öffentliche Verwaltung, fünfmal auf die Justiz Einfluß genommen.

Der aus den 95 Verfahren resultierende Gesamtschaden addierte sich auf fast eine halbe Milliarde Mark. Doch dabei geht es nur um die beweisbaren OK-Verfahren. Unberücksichtigt blieben auch die Gewinne aus dem Rauschgift- und Waffenhandel, der Prostitution und Zuhälterei, dem Menschenhandel und dem Glücksspiel.

Auffällig zudem: Aus nur drei Verfahren der Wirtschaftskriminalität resultierten 11 248 Einzeldelikte.

Einen Kriminalitätsboom erleben nachgerade die neuen Bundesländer. Wen wunderts: Durch den Investitionsschub bedingt, bieten sich den Verbrecherkartellen zahlreiche Möglichkeiten, ihr illegales Geld im Osten zu »verstecken«; die mangelnden Möglichkeiten einer im Aufbau befindlichen Polizei machen es noch leichter.

Fälscherbanden aus Südostasien dominieren den Bereich des Kreditkartenbetruges: 1991 entstand den vier großen Kartenorganisationen Visa, Eurocard, American Express und Diners Club in der Bundesrepublik nach Schätzungen des Bundeskriminalamtes ein Gesamtschaden von rund 100 Millionen Mark.

Die internationalen Autoschieberbanden verursachen allein in Deutschland einen Schaden von 400 Millionen Mark. Jeder Autofahrer muß durch höhere Versicherungsprämien letztlich dafür aufkommen.

Der Hamburger Kriminalrat Joachim Schwanke errechnete, daß ein Drogenabhängiger durch die Beschaffungskriminalität einen monatlichen Schaden von 20 000 Mark anrichtet. Bei geschätzt 120 000 Süchtigen in der Bundesrepublik sind das 28 Milliarden Mark im Jahr.

Die organisierte Kriminalität in Europa ist ein Milliardengeschäft. Genaue Zahlen kennt niemand – in der Bundesrepublik gehen die Schätzungen bis zu 170 Milliarden Mark im Jahr –, zusammengenommen würden die kriminellen Einnahmen aber manchen Staatshaushalt in den Schatten stellen. In Italien etwa macht die Camorra allein in Kampanien und Neapel mehr Umsatz, als der italienische Staat zum Ausgeben zur Verfügung hat.

Wir sollten uns nicht zurücklehnen und glauben, so etwas könne ja bei uns nicht geschehen.

Für BKA-Präsident Hans-Ludwig Zachert steht mittlerweile fest: »Die Bedrohung durch die organisierte Kriminalität ist mehr als ein Schlagwort. Sie ist nackte Realität. Die Zeit der Diskussion darüber ist für mich abgelaufen. Alle Argumente liegen auf dem Tisch. Jetzt ist endlich die Zeit des Handelns angebrochen.«[6]

Man mag Zachert vielleicht unterstellen, als Polizeibeamter müsse er so reden, um den eigenen Fahndungsapparat zu rechtfertigen. Ohne auf diesen sicher nicht immer gänzlich abwegigen Gedanken einzugehen, sprechen derzeit alle Anzeichen dafür, daß der BKA-Chef recht behält: Die Verbrecher-Holding hat sich in Europa eingenistet. Dies ist eine unumstößliche Tatsache.

Organisiertes Verbrechen: Versuch einer Definiton

Horrormeldungen aus Italien und den USA, Romane, Film und Fernsehen, sie haben in der Öffentlichkeit eine Vorstellung davon geprägt, was organisierte Kriminalität zu sein hat, eine Vorstellung, die nicht unbedingt mit der deutschen Wirklichkeit übereinstimmt. Danach stellt sich organisierte Kriminalität – für die oft und nicht immer zu Recht der Begriff Mafia als Synonym herangezogen wird – als ein streng hierarchisch, zentralistisch aufgebautes, gut organisiertes, in sich geschlossenes, abgeschottetes System von Straftätern dar, das von strengen Normensystemen bestimmt wird und aus dem heraus – weitgehend mit Gewalt – Straftaten begangen und illegale Geschäfte betrieben sowie riesige Profite gemacht werden. Weitere Merkmale sollen die Monopolbildung und Infiltration von Behörden sein[7].

Etwa zwanzig Jahre lang wurde in der Bundesrepublik darüber gestritten, ob es organisierte Kriminalität überhaupt gibt. Nachdem darüber nun wenigstens weitgehende Einigkeit herrscht – es gibt sie –, streiten sich die »Experten« über die Frage, wie sie zu definieren ist.

Die Frage spaltet Rechtstheoretiker und Politiker, Polizei und Justiz.

Es kann nicht im Interesse einer demokratischen Gesellschaft sein, daß jede neu entdeckte Form von Kriminalität unter dem Rubrum organisierte Kriminalität subsumiert wird und dann, in bester Tradition des früheren Generalbundesanwalts Kurt Rebmann, sofort nach mehr und besseren Fahndungsmethoden (nicht zuletzt auch um die eigenen Schlappen und Pannen zu verschleiern) gerufen wird. Es wäre jedoch gleichermaßen falsch, ein derartiges Verhalten der Strafverfolgungsbehörden prinzipiell und von vorneherein als systemimmanent zu unterstellen.

»Offenbar kann einen das Mißtrauen so weit treiben, daß man vorsichtshalber die Existenz organisierter Kriminalität gleich für ganz Europa leugnet. Selbstverständlich gibt es seit Jahrzehnten wissenschaftliche Untersuchungen, die das Gegenteil beweisen. Völlig unverständlich bleibt, worauf der Strafverteidiger die jährlich 1000 Toten von Mafia, Camorra und 'Ndrangheta zurückführt und wie er die schon in den siebziger Jahren aufgeflogenen internationalen Drogenhändlerringe wie French Connection oder die jahrelangen gigantischen Schiebereien mit modernsten Waffensystemen der Bulgarian Connection einordnen will, wenn nicht als syndikatsähnliche Verbrecherorganisationen«, kontert der in Italien lebende Journalist Werner Raith auf einen Bericht der Arbeitsgruppe »Verdeckte Ermittler der Polizei – Schutz oder Bruch der Verfassung?« des 10. Strafverteidigertages 1986 in Bremen[8].

Politiker aller Parteien haben gegenüber dem Phänomen des organisierten Verbrechens jahrelang eine Vogel-Strauß-Politik betrtieben. Sie klammerten sich an die Fiktion, Deutschland bliebe vom organisierten Verbrechen verschont – je nachdem, ob sie gerade an der Regierung oder in der Opposition waren[9]. Manche tun es noch heute.

Freilich läßt sich am Begriff »organisierte Kriminalität« solange herumdefinieren, bis zum Schluß nichts mehr übrigbleibt, organisierte Kriminalität nur noch ein Gespenst in den Köpfen von Polizeibeamten ist.

Dagobert Lindlau zitiert in seinem Buch *Der Mob* den Cosa-Nostra-Paten Joe Bonanno: »Jeder Polizeibeamte ist das Geschöpf einer strengen Organisation, der polizeilichen Bürokratie. Er möchte sich seinen Gegner gerne als Mitglied einer ebensolchen Organisation vorstellen. Das ist psychologisch erträglicher für ihn. Es gibt ihm die Hoffnung, daß er den Krieg gegen das Verbrechen gewinnen kann, wenn er nur die monolithische Gruppe zerstört, die nach seiner Vorstellung das organisierte Verbrechen beherrscht.«[10]

Unglücklicherweise sind Richter noch schlechter dran als Polizeibeamte. Naturgemäß sind sie von der Wirklichkeit des Verbrechens weiter entfernt. Sie kennen die Kriminalität, ihre

Mechanismen und Methoden zumeist nur aus Akten und den Vorstellungen, die Angeklagte und deren Anwälte vor Gericht liefern.

Geradezu beispielhaft hat sich dies in einem Verfahren des Bundesgerichtshofes gezeigt, wo die obersten Richter darüber zu befinden hatten, ob das von jugoslawischen Banden betriebene Hütchenspiel nun ein Glücks- oder ein Geschicklichkeitsspiel sei. Die Richter des Bundesgerichtshofes ließen sich den Zock von einem Jugoslawen vorführen, der dies zum Einschlafen langsam auch tat, und beschieden nach dieser Beweisaufnahme, daß es sich um ein Geschicklichkeitsspiel handeln müsse. Staatsanwälte und Polizeibeamte quer durch die Republik konnten angesichts solcher salomonischer Weisheit nur noch die Hände über dem Kopf zusammenschlagen.

Wie aber soll nun ein Phänomen, das nicht zuletzt durch polizeiliche Ermittlungserfolge ständigen Wandlungen und Bewegungen unterworfen ist, beschrieben werden?

Die Mafia gibt sich keine Satzung wie ein Fußballverein, Mafiosi kommen nicht mit der schwarzen Limousine und dem Geigenkasten vorgefahren, um dann von aller Welt auch als Mafiosi erkannt zu werden. Organisiertes Verbrechen ist nicht einheitlich strukturiert. Gerade weil organisiertes Verbrechen so verschieden ist und so undurchschaubar, wird es ja so gefährlich. Organisiertes Verbrechen, das man erkennen kann, ist schlecht organisiertes Verbrechen, das wird von der Polizei immer wieder herausgestellt.

Trotzdem haben Polizei, Justiz, Politik und Wissenschaft versucht, sich auf eine klare Definition des Begriffes zu einigen.

Sehr ungenau war die Definition des Arbeitsausschusses der Innenministerkonferenz im Jahre 1983. Da heißt es: »Unter organisierter Kriminalität ist nicht nur eine mafiaähnliche Parallelgesellschaft im Sinne des *organized crime* zu verstehen, sondern ein arbeitsteiliges, bewußtes und gewolltes, auf Dauer angelegtes Zusammenwirken mehrerer Personen zur Begehung strafbarer Handlungen – häufig unter Ausnutzung moderner Infrastrukturen – mit dem Ziel, möglichst schnell hohe finanzielle Gewinne zu erreichen.«

Mehr ins Detail ging die gemeinsame Arbeitsgruppe Justiz/

Polizei[11]: »Organisierte Kriminalität ist die von Gewinn- oder Machtstreben bestimmte planmäßige Begehung von Straftaten, die einzeln oder in ihrer Gesamtheit von erheblicher Bedeutung sind, wenn mehr als zwei Beteiligte auf längere oder unbestimmte Dauer arbeitsteilig

a) unter Verwendung gewerblicher oder geschäftsmäßiger Strukturen,

b) unter Anwendung von Gewalt oder anderer zur Einschüchterung geeigneter Mittel oder

c) unter Einflußnahme auf Politik, Medien, öffentliche Verwaltung, Justiz oder Wirtschaft

zusammenwirken.«

Sicher ist: Es gibt in Deutschland nicht *den* Paten, einen über allen Kriminellen stehenden Boß, auch nicht wie in Italien eine Art *Cupola* (höchstes Entscheidungsgremium der Mafia). Es gibt auch keine geschlossene Gruppierung, die alle bedeutenden Verbrechensbereiche kontrolliert. Vielmehr gibt es mächtige und weniger mächtige Verbrecherorganisationen, sicher auch eine Verbrecherhierarchie, auf jeden Fall eine Reihe von kriminellen Personen und Gruppen, die alle mehr oder weniger viele Verknüpfungspunkte untereinander aufweisen.

Zahlreiche Verbrechensbereiche würden unorganisiert überhaupt nicht funktionieren: Dazu gehören der internationale Rauschgifthandel, das illegale Glücksspiel, Zuhälterei und Menschenhandel, Serieneinbrüche, der Waffenhandel, Diebstahl und anschließende Verschiebung von Autos, die Schutzgelderpressung, Kreditkartenbetrug, die Falschgeldkriminalität und zahlreiche Formen der Wirtschaftskriminalität wie Kapitalanlagebetrug, illegale Arbeitnehmerüberlassung, Produktpiraterie. Selbst Handtaschendiebstahl geht immer häufiger auf das Konto organisiert arbeitender Gruppen mit internationalen Verflechtungen.

Brauchen wir aber überhaupt eine Definition? In einem Land, wo jede Schraube ein nach DIN genormtes Maß hat, neigt man zur Bejahung der Frage. Wo kämen wir auch hin, wenn wir es zuließen, daß sich irgendeine Sache unserem ständigen Streben nach Normen und vorhersagbaren Verhaltensmustern entzöge.

Ist es nicht vielleicht sogar gefährlich, nach einer allgemeingültigen, sozialwissenschaftlich und empirisch abgesicherten Definition der organisierten Kriminalität zu suchen? Wir meinen ja, denn mit dem Anspruch, eine solche Definition irgendeines schönen Tages zu finden, wird der Eindruck erweckt, organisiertes Verbrechen sei ein in Worte faßbares Phänomen, das nach bestimmten Gesetzmäßigkeiten funktioniert. Dadurch erscheint es natürlich weniger bedrohlich, denn was wir kennen, macht uns weniger Angst.

Organisiertes Verbrechen ist vor allem mafioses Verhalten. Vielleicht bringt der Begriff mafioses Verhalten die am ehesten zutreffende Definition für organisiertes Verbrechen. Denn die OK ist im höchsten Maße demokratiezerstörend, sozialschädlich, asozial. Mafioses Verhalten ist eine besonders schäbige und gefährliche Art, die Gesellschaft, den Staat und seine Institutionen zum eigenen Vorteil zu mißbrauchen. Mafioses Verhalten wird auch ermöglicht und gefördert durch den Verfall politischer Kultur, die in diesem Staat von Filz zu Filz, von Affäre zu Affäre, von Skandal zu Skandal führt und eine politische Landschaft geschaffen hat, die bisweilen einer Bananenrepublik gleicht. Wo liegt der Unterschied zwischen dem Schutzgelderpresser und dem Bürgermeister einer Gemeinde, der für die wohlwollende Prüfung eines Bauantrages ein Geldkuvert entgegennimmt? Was unterscheidet den Geldwäscher eines Drogenkartells vom Schatzmeister einer Partei, der als Parteispenden deklarierte Unternehmergewinne an der Steuer vorbeischleust?

All diese Entwicklungen und Erscheinungen organisierten Verbrechens lassen sich nicht in eine Definition pressen, die den Anspruch auf Vollständigkeit erhebt. Lassen wir die Kriminal- und Sozialwissenschaftler, die Politiker und Rechtsgelehrten ruhig weiterstreiten, wie nun organisierte Kriminalität zu definieren ist. Eine Gesellschaft jedoch, die den Kampf gegen das organisierte Verbrechen aufnehmen will, muß sich hüten, damit so lange zu warten, bis der Streit entschieden ist. Es könnte zu spät sein.

Soziale Konflikte:
Nährboden des organisierten Verbrechens

Der Frankfurter Sozialwissenschaftler Hans See konnte es nicht fassen. Er suchte nach seriösen wissenschaftlichen Untersuchungen über die Sozialschädlichkeit der Wirtschaftskriminalität in Deutschland und stieß in den Archiven deutscher Universitäten auf gähnende Leere, fand keinerlei Forschungsarbeiten über diesen gesellschaftlichen Skandal. Daher konnte der Wissenschaftler auch nur schätzen, daß allein die Steuerausfälle im Bereich Wirtschaftskriminalität sich jährlich auf 100 bis 200 Milliarden Mark belaufen[12]. Das sind Summen, mit denen eigentlich sozialpolitische Strukturreformen finanziert und viele soziale Probleme unserer Gesellschaft auf der Stelle gelöst werden können, meint See ganz richtig.

Nun bezieht sich diese gewaltige Summe nur auf die Wirtschaftskriminalität. Wie wäre wohl das Ergebnis, würde er den sozialen und finanziellen Schaden des organisierten Verbrechens untersuchen? Für diesen Bereich interessiert sich in der Wissenschaft ebensowenig jemand wie in der Politik. An was liegt es, daß die Zusammenhänge zwischen organisiertem Verbrechen und sozialem Schaden für die Gesellschaft bislang tabu sind?

Immerhin gibt es Zahlen über den durch organisiertes Verbrechen hervorgerufenen finanziellen Schaden, auch wenn es sich wiederum nur um Schätzungen handelt. Sie belaufen sich jährlich auf zirka 150 bis 170 Milliarden Mark[13]. Rechnet man den Schaden von Wirtschaftskriminalität und organisiertem Verbrechen zusammen, wobei vieles ineinanderfließt, dann kommt man auf gewaltige Summen. Wären sie verfügbar, wären in der Tat keine Steuererhöhungen notwendig. Dann könnte problemlos eine soziale Infrastruktur finanziert werden, die den Nährboden für Kriminalität weitgehend austrocknet.

Allein die Vorstellung, daß Hunderte Milliarden verschwendet werden, weil Wirtschaftskriminalität und organisiertes Verbrechen nicht konsequent bekämpft werden, hinterläßt ein Gefühl der Ohnmacht. Nun kann man in der Tat fragen, ob sich der Schaden durch organisiertes Verbrechen überhaupt quantitativ wie qualitativ messen läßt?

Ansätze sind allenfalls in der Art vorhanden, daß gefragt wird, was kostet ein kranker Drogenabhängiger die Gesellschaft. Die AOK hat da sicher Zahlen, doch sie sind relativ unerheblich. Meßbar, soweit das überhaupt möglich ist, ist der materielle Schaden bei den Opfern. Was wurde gestohlen, was wurde geraubt. Aber wie läßt sich der physische und psychische Schaden eines Überfalls, eines Betruges in Zahlen fassen?

Noch weniger meßbar sind »die Schäden durch Vertrauensverlust, durch Ängste«, so Heribert Ostendorf, Generalstaatsanwalt Schleswig-Holsteins, »die das gesamte soziale und politische System desorganisieren können«.[14] Das Opfer spielt im Gerichtsverfahren nur eine Rolle als Beweismittel. Ihr »Leid und ihre Not, aber auch Ansprüche und Bedürfnisse der Opfer wurden nie so recht verstanden«.[15]

Nicht alles so negativ zeichnen! tönen bestimmte Politiker und Juristen. Sie sind davon überzeugt, daß das scheinbar tote Kapital der Verbrecher als positiver Beitrag zur Volkswirtschaft gesehen werden muß. Wir haben bei unseren Recherchen sowohl in den USA wie in Deutschland Juristen und Politiker kennengelernt, die ernsthaft meinen, daß das kriminell erwirtschaftete Kapital produktiv sei, weil es doch der Volkswirtschaft zufließt, Arbeitsplätze schafft, ein geglückter Beitrag zum sozialen Wohlstand sei.

Dieses Argument des positiven Effekts der Schattenwirtschaft erhoben nicht nur konservative, sondern auch sozialdemokratische Politiker zu ihrem peinlichen Credo, als über den Kampf gegen die Wirtschaftskriminalität diskutiert wurde.

Da meinte sogar der ehemalige hessische Innenminister Horst Winterstein, ein Sozialdemokrat: »Es sind Fälle denkbar, in denen die Verlagerung von Vermögenswerten und deren anschließende Verwendung durch den Wirtschaftsstraftäter volkswirtschaftlich nützlicher sein kann als die Verwendung des Vermögens durch den Geschädigten selbst.« Auf den Kern reduziert bedeutet diese »Erkenntnis«, daß es gleichgültig ist, woher der Staat sein Geld bekommt, die Hauptsache ist, es bleibt in Deutschland und wird nicht in anderen Ländern investiert.

Es sind purer Zynismus und eine kriminelle Denkfaulheit, die solchen Sprüchen eignen. Weder werden die Erfahrungen mit gewaschenen Geldern in den Ländern gesehen, in denen dieses Kapital investiert wird, Kolumbien oder Italien beispielsweise. Noch wird erkannt, welche korrupte Ausbeutung des normalen

Staatsbürgers damit verbunden ist. Kriminell erwirtschaftetes Geld ist Kapital, das sowohl dem einzelnen Bürger wie dem Staat geraubt wurde. Mord, Erpressung und Betrug haben es überhaupt erst ermöglicht, daß dieses Geld erworben werden konnte.

Wie sagte uns in Kolumbien ein Experte, der dort die Schattenwirtschaft der Drogenkartelle untersuchte: »Das System hat sein eigenes Gesetz geschaffen und richtet sich in der Art seiner Gewaltausübung ganz nach den geänderten Voraussetzungen. Der Terrorismus, den die Mafiosi in Kolumbien ausüben, greift Aspekte des internationalen Terrorismus auf. Die nachweisliche Präsenz ausländischer Söldner bei der Ausbildung der kolumbianischen Narco-Terroristen und die Versorgung letzterer mit jeder Art modernster Waffen weisen deutlich auf finanzielle Verbindungskanäle zwischen den verschiedenen Zentren der illegalen Wirtschaft hin. Dieses System umfaßt unter anderem den Schmuggel jeder Art von Produkten, den illegalen Waffenhandel, den Drogenschmuggel, zu dessen Haupteinnahmequellen heute das Kokain zählt, die Steuerhinterziehung, die Prostitution und einen bedeutenden Teil des durch Glücksspiel im Umlauf befindlichen Geldes.«

Dieses System konnte nicht nur in Südamerika, sondern auch in Europa und in Deutschland seine Organisations- und Operationsmethode wesentlich verbessern. Es schuf eine gesellschaftliche Basis für die Gangstersyndikate.

Allein es lassen sich noch andere Verwerfungen der politischen und sozialen Kultur erkennen, die organisiertes Verbrechen produziert. Zum Beispiel der Umfang, in dem die konkurrenzlose Wirtschaftsmacht der Gangster zur Vertreibung von Bürgern aus ihren Stadtteilen geführt hat beziehungsweise führt. Wenn denn die Erkenntnisse richtig sind, daß das gewaschene Geld aus dem kriminellen Geschäft auch in Deutschland angelegt wird, insbesondere in Immobilien, dann muß das ja zwangsläufig Auswirkungen in den Regionen haben, die davon betroffen sind. Geldwäsche ist für viele ja ein abstrakter Begriff. Doch er ist sichtbar.

Palermo, die Metropole Siziliens. Bis in das Zentrum hinein ragen seit zirka zwölf Jahren Neubauten in den Himmel, Bauruinen verkommen zu Rattenlöchern, Wohngettos produzieren neues kriminelles Leben. Die Mieten steigen ständig, die Lebensqualität in den neuen Stadtteilen wird immer geringer, jegliche Infrastrukturmaßnahmen sind ausgeblieben. Der gesamte Bau- und Immobilienmarkt Palermos wäre nicht so gewachsen, gäbe es nicht die Investitionen der Mafia, die Korruption in der Stadtverwaltung, die Komplizenschaft zwischen Mafia und Politikern. Sie hat ein paar Millionen auf die Konten der Korrupten fließen lassen, aber Milliarden in die Kassen der Gangstersyndikate. Wegen der enormen Macht des Geldes bestimmte die Mafia, was gebaut und wo investiert wurde.

Es handelt sich um Beträge aus dem städtischen Etat. Geld, das eigentlich dazu dienen sollte, Schulen oder Kindergärten zu bauen, die Wasserversorgung zu gewährleisten, sozial verträgliche Mieten zu garantieren, den Kranken und Armen zu helfen. Dieses Geld ist verschwunden. Jeder in Palermo weiß das.

Frankfurt ist nicht Palermo, und es liegt knapp 1500 Kilometer weiter nördlich. Dennoch lassen sich Palermo und Frankfurt vergleichen, wenn es um den Zusammenhang zwischen mafiosen Organisationen und sozialer Verelendung geht, um gekaufte Politiker und eine ohnmächtige Polizei.

Ende der fünfziger, Anfang der sechziger Jahre, gelangten bestimmte Herren des Rotlichtviertels zu viel Geld, das investiert werden mußte. Geld, das durch die Prostitution, durch Glücksspiel, durch Betrug und Gewalt erwirtschaftet wurde. Vorzugsweise investierte man in Immobilien.

Dieses durch mehr oder weniger kriminelle Tätigkeiten erwirtschaftete Geld floß nun in die Bauwirtschaft. Ein Stadtteil, das Frankfurter Westend, bekam das zu spüren. Die Spekulation weniger Immobilienkaufleute, darunter jener, die sich im Frankfurter Rotlichtmilieu eine goldene Nase verdient hatten, führte zu einer massiven Vertreibung der Wohnbevölkerung durch Mietwucher und Wohnraumzerstörung. Lukrativer als billiger Wohnraum waren Bürohäuser.

Wie in Palermo gedieh die Korruption. Alle, ob Politiker, Verwaltungsangestellter oder Spekulant, waren aufeinander angewiesen. Ein Zustand, der bis in die neunziger Jahre hinein seine Früchte trägt. Da wurde geschmiert, da wurden Häuser von Schlägerbanden zerstört, die im Auftrag einiger Immobilienkaufleute aus dem Bahnhofsviertel rekrutiert wurden, Brände in Gebäuden gelegt, in denen Mieter wohnten, die ihr Haus nicht verlassen wollten. All das gehörte zum Instrumentarium der Leute, die einen neuen Markt sahen.

»Kaputtsaniert« war ein Schlagwort jener Epoche. Leidtragende dieser Wohnraumzerstörung waren die sozial Schwachen, kinderreiche Familien, Studenten, Rentner und insbesondere auch ausländische Familien. Der Bericht einer Frau, die einen kleinen Elektrohandel in einem zur Sanierung bestimmten Straßenzug betrieb, ist durchaus typisch:»Da sitzen sie immer auf dem Pulverfaß. Also Angst haben sie hier alle. Oben das Eckhaus. Da müssen sie auch raus. Ganz oben auch. Da mußte ein ganzes Haus ausziehen. Und in dem Geschäft ›Milch, Butter und Eier‹, da hat mir die Frau weinend gesagt: ›Jetzt geht's mir wie Ihnen. Wir müssen raus. Es kommen Hochhäuser hin!‹«

Wir haben mit einem der Kriminellen gesprochen, die in dieser Zeit für die Vertreibung verantwortlich waren. Heute sitzt er in Celle im Gefängnis wegen Betruges.»Wir hatten uns alle im Chez Adi getroffen. Und dann kam Herr A. herein. Ihr müßt das Haus leerräumen, koste es, was es wolle. Er war der Mächtigste im Bahnhofsviertel. Dann sind wir losgezogen und haben ausgeräumt.« Gewalt im Auftrag »honoriger Kaufleute« war das.

Es war nicht nur der Beginn einer endlosen Kette von Korruptionsfällen zwischen den Männern der Frankfurter Unterwelt und der Stadtverwaltung, sondern gleichzeitig sichtbares Zeichen dafür, wie mit kriminellen Aktivitäten erworbenes Geld eine soziale Wüste hinterließ. Die Herren aus dem Milieu konnten gar mit ihrem Geld ein ganzes Stadtbild prägen. Ein Beispiel: Die Bauordnung der Stadt schrieb genau vor, wie viele Geschosse ein Bürohochhaus haben darf. Die großen Immobilienkaufleute, die sich ihre Schlägerbanden im Bahnhofsviertel holten – schließlich hatte man eine gemeinsame Vergangenheit –, kauften sich die Befreiungsbescheide in der Bauaufsichtsbehörde. Bis zum heutigen Tag läuft in manchen Behörden nichts, ohne daß Geldscheine den Besitzer wechseln. Der Bürger muß das bezahlen.

Das Westend ist heute teilweise ein Banken- und Verwaltungsquartier, teilweise Wohnort für jene, die sich die hohen Mieten leisten können. All das sind keine Phänomene der sechziger und siebziger Jahre. 1983 lauteten Schlagzeilen in Frankfurter Zeitungen:»Im Westend herrscht wieder die Angst vor Spekulanten« – »Haus ersteigert und den Mietern wegen der Kosten gekündigt« –

»2500 Sozialmietern drohen künftig höhere Kosten« – »Makler soll aufhören mit Einschüchterung«.

1988 meldeten die Zeitungen in bestimmten Städten: »Makler soll Psychoterror sofort stoppen« und schließlich 1991: »Vertreibung jetzt auf Samtpfoten.«

Hier wird die ungeheure Macht dieses kriminellen Geldes sinnlich nachvollziehbar. Weil es konkurrenzlos ist, bedarf es keiner Rücksichtnahmen. »Das Unterweltwesen hat die Institutionen der gesamten Gesellschaft infiltriert, einen Filz aus illegalen, halb legalen und legalen Sektoren gebildet. Möglich wird dies, wenn die demokratisch legitimierte Exekutive und die von der Gesellschaft autorisierten Ordnungskräfte ihrerseits bereit sind, die Standards der politischen Kultur und der sozialen Moral herabzusetzen.« Das hat kein systemkritischer Ideologe, sondern ein Kriminalbeamter, der die Frankfurter Szene bestens kennt, auf Frankfurt bezogen formuliert.

Was das heißt, zeigt sich auch in Frankfurts mittelständischen Unternehmen im Bereich des Gaststättengewerbes beziehungsweise der Einkaufsgeschäfte. Dubiose Investoren sollen es gewesen sein, die Grund und Immobilien im Herzen Frankfurts aufkauften. Der Preis spielte für sie der Natur des Geldes entsprechend keine Rolle. Die kleinen, in der Regel billigeren Geschäfte mußten schließen: Neue teure Geschäfte zogen ein. Bei vielen von ihnen kommt es überhaupt nicht mehr darauf an, ob genügend Umsatz gemacht wird. Es kommt nur darauf an, Geld gewaschen zu haben.

Immerhin ist es schon frappierend zu erfahren, wer denn nun in Frankfurt über wieviel Grundbesitz verfügt und in welchem Zusammenhang, direkt oder indirekt, diese Personen mit dem organisierten Verbrechen stehen.

Ein anderer Effekt dieser Macht hat direkte Auswirkungen auf die kommunalen Finanzen. Aufgrund der Verquickung von Leuten, die – na, sagen wir mal – dem kriminellen Milieu sehr nahestehen, die Polizei nennt sie eine kriminelle Vereinigung, und Amtsträgern der Stadt Frankfurt, wurde, so beziffert es Lutz Sikorski von der Grünen-Fraktion im Frankfurter Römer, »zuviel an diese Leute gezahlt, im 100-Millionen-Mark-Bereich.« Und er führt weiter aus: »Sie haben ein Monopol an den Stellen, wo es in Frankfurt interessant wird.«

In der Frankfurter Polizeidienststelle für organisiertes Verbrechen kursiert gar eine Aufstellung, nach der diese Leute mit weißem Kragen und schwarzer Weste bestimmen, welche Grundstücke vom Frankfurter Bahnhofsviertel über die sogenannte Freßgaß bis hin zum Zoo zu welchen Preisen verkauft werden. Sie diktieren der Stadt die Bedingungen für Kauf und Verkauf von Grundstücken. Da sind Monatsmieten von 100 000 Mark keine Seltenheit. Und die Stadtverwaltung zahlt, weil sie heute gar keine Alternative mehr hat.

Es bedarf keiner besonderen Phantasie, sich auszumalen, welche Konsequenzen das für den sozialen Teil des kommunalen Haushalts hat. Das Geld fehlt für notwendige Baumaßnahmen im sozialen Bereich, es fehlt für die Versorgung der Armen, es fehlt für die Versorgung der Drogenabhängigen, und Wohnungen zu sozial angemessenen Preisen können nicht gebaut werden. Die Städte bleiben dort leblos, wo die Spekulanten kein Interesse haben zu investieren. Geradezu makaber ist es, wenn in Frankfurt die Polizei die Politiker auffordert, mehr Geld in die soziale Infrastruktur zu investieren, um die Kriminalität zu bekämpfen. Der kecke Polizeikommissar, der das öffentlich sagt, hat einen Maulkorb verpaßt bekommen; die Zustände haben sich natürlich nicht verändert.

Was in Frankfurt wie in vielen europäischen Metropolen dokumentiert werden kann, das vollzieht sich derzeit in den neuen Bundesländern. Wo Geld keine Rolle spielt, werden wie in Leipzig oder Dresden die Kuchenstücke der Stadt von wenigen Immobilienkaufleuten aufgekauft. Die Normalverdienenden werden vertrieben, kleine Geschäfte und der Mittelstand haben überhaupt keine Chance, in Konkurrenz zu denjenigen zu treten, die Geld im Überfluß haben. Damit aber nicht genug. »Bei der Dimension geht es nicht einfach nur um Kriminalitätsbekämpfung. Hier steht mehr auf dem Spiel. Es geht letztlich um nicht mehr und nicht weniger als um das Gewaltmonopol des demokratischen Rechtsstaates. Gelingt es der organisierten Kriminalität, im Sozialgefüge Fuß zu fassen und sich dort auszudehnen, führt dies unweigerlich zu einem beschleunigten Autoritätsverlust des Staates, zu einem Nährboden für die Bildung dichtvernetzter, illegaler Machtstrukturen und letztlich zu einer Erosion des Staates selbst«, urteilt Baden-Württembergs ehemaliger Innenminister Dietmar Schlee[16].

Im Osten was Neues
Die Mafia und das wiedervereinte Deutschland

Berlin: Die neue Hauptstadt des Verbrechens

Der blecherne Klang des Megafons zerreißt die lauschige Stimmung am Savignyplatz, wo Touristen wie Berliner an den Caféhaus-Tischen sitzen und das Flair der neu erwachten Weltstadt genießen. Ein Streifenwagen fährt langsam die Straße herunter, und von einer vorbereiteten Kassette spielen die Ordnungshüter Warnungen ab: Nepper, Schlepper, Bauernfänger, Beutelschneider und anderes Gesindel ist in der Stadt.

Die besondere Fürsorge scheint vonnöten, seit organisierte Jugo-Banden arglosen Passanten mit dem kriminellen Hütchenspiel das Geld aus der Tasche ziehen. Eins, zwei, drei, wo ist die Kugel. Gewinnen kann nur, wer zur Gruppe gehört. Das Opfer nie, denn schließlich handelt es sich um Betrug.

Mit der Ruhe ist es vorbei, dahin sind die Zeiten, da Berliner in einer überschaubaren Welt unter sich waren, die Polizei sich vornehmlich mit Berliner Klüngel herumschlug. Berlin, das ist die Brücke zwischen Ost und West, Berlin ist die neue Bundeshauptstadt, aber Berlin könnte auch bald Deutschlands Metropole des Verbrechens werden. »Berlin holt etwas nach, was im Westen gang und gäbe ist, und auch hier sind die Gangster schneller als die Polizei«, schreibt *Die Zeit*[1].

»Einzugskriminalität« heißt das Stichwort bei der Berliner Polizei: Gangster aus den Altbundesländern drängen massiv nach Berlin und in den Osten. Die kriminellen Organisationen aus den ehemals sozialistischen Ländern jenseits von Oder und Neiße haben sich in umgekehrter Richtung in Bewegung gesetzt. Und auch die ehemalige DDR hat trotz sozialistischer Einheitserziehung so manchen Ganoven hervorgebracht, der nun sein Glück zu machen sucht.

Schon liefern sich jugoslawische Kriminelle aus Frankfurt mit ihren Berliner Konkurrenten blutige Gemetzel. Polnische Autoschieber grasen die Stadt nach lohnenden Objekten ab und sind mitsamt ihrer Beute schon längst in die Heimat entschwunden, noch ehe der Autoeigner sein Unglück bemerkt. Russische Mafiabanden erpressen ihre Landsleute, wie es die Sizilianer nicht besser könnten, und morden Abtrünnige und allzu Gesprächige.

Auch beim Grundstücksmonopoly, der Neuverteilung der Stadt unter den Immobilienspekulanten, geht nicht immer alles mit rechten Dingen zu. Am 14. Juni 1991 wird der Bausenatsbeamte Hanno Klein von einer Briefbombe zerfetzt. Zu weit hatte er sich offenbar in den Sumpf der Berliner Baumafia vorgewagt und dort möglicherweise auf der falschen Seite gestanden. Ungeachtet des tragischen Zwischenfalls gehen die Geschäfte weiter, wird mit den härtesten Bandagen gekämpft und Methoden, die im günstigsten Fall noch am Rande der Legalität sind.

Berlin ist Kristallisationspunkt der Kriminalität, und noch bevor der Bundestag an die Spree umzieht, hat dort längst das organisierte Verbrechen seinen Einzug gehalten: Hier treffen sich Mafia-West und Mafia-Ost, werden Märkte neu verteilt und Geschäfte gemacht, verbrüdern und bekriegen sich die Gangster.

Die Stadt ist ein erkleckliches Stück unsicherer geworden, die Kriminalität explodiert: In Westberlin wurden 1990 dreimal so viele Menschen auf offener Straße beraubt und mehr als doppelt so viele Autos gestohlen wie im Jahr zuvor. In den ersten drei Monaten des Jahres 1992 stieg die Zahl nochmals um 110 Prozent gegenüber dem Vorjahreszeitraum. Auch die Straßenkriminalität legte um 36 Prozent zu. Zuwachsraten verzeichnet die Rauschgiftkriminalität ebenso wie der Wohnungsaufbruch.

Der deutsche Mob aber hat durch die zunehmende Konkurrenz aus aller Welt an Boden verloren. »Die organisierte Kriminalität war jahrelang fest in deutscher Hand. Vor allem seit dem Umbruch in Osteuropa und den damit verbundenen Reisefreiheiten sind die Deutschen stark zurückgedrängt worden«, so das Lagebild von Oberstaatsanwältin Monika Diederichs, Leiterin des OK-Dezernats bei der Berliner Anklagebehörde.

»Da gibt es Bandenkämpfe, die als solche zunächst gar nicht erkennbar sind. Es tauchen plötzlich Tote und Verletzte auf, mit denen man zunächst gar nichts anfangen kann. Daß ein Zusammenhang mit organisierter Kriminalität bestehen könnte, erkennt man oft erst daran, daß ein Motiv für die Tat fehlt«, sagt Frau Diederichs.

Zwar weist noch immer Frankfurt die höchste Pro-Kopf-Kriminalität auf, aber in kaum einer anderen Stadt dreht sich die Spirale der organisierten Kriminalität seit der Wiedervereinigung schneller als in Berlin. »Muß Palermo fürchten, den Rang als Hauptstadt des Mobs bald an Berlin abtreten zu müssen?« fragt etwa der Berliner *Tagesspiegel*[2].

Sie sind jung, groß und breit. Sie sind enorm brutal, schlagen erst, fragen dann. Die Rede ist von einer neuen Generation von Zuhältern, die sich seit einiger Zeit im Osten der Stadt breitmachen. Die Polizei beobachtet die Entwicklung mit größter Sorge.

»Es sind vor allem ehemalige DDR-Bürger, die Anfang und Mitte der achtziger Jahre vom Westen freigekauft worden sind, die jetzt wieder zurückgehen und sich dort mit ihren alten Kumpanen ›wiedervereinen‹«, erzählt uns ein Westberliner Fahnder. »Die waren damals schon kriminell.«

Etwa dreißig Mann umfaßt der harte Kern nach Polizeierkenntnissen. Neben der Zuhälterei betreiben sie vor allem illegales Glücksspiel. Die meisten der Rotlichtgangster sind bewaffnet: »Die (Waffen) bekommen sie von den Russen«, sagt uns der Polizist. »Die Armeeangehörigen verkaufen zur Zeit alles, was nicht niet- und nagelfest ist: Boden-Luft-Raketen, Panzerfäuste, Handgranaten, Maschinengewehre«, empört sich der Beamte. »Wenn Panzer kleiner wären, würden sie die wahrscheinlich auch noch verkaufen.«

Machtkämpfe mit Polen und Tschechen, die ebenfalls im Milieu Fuß zu fassen versuchen, werden mit Baseballschlägern und Pistolen ausgetragen. »Die sind aber schnell wieder verschwunden, sie waren den Ossis nämlich nicht gewachsen«, berichtet der Kripomann.

Zentrum des neu entstehenden Rotlichtmilieus ist die Oranienburger Straße im Berliner Bezirk Mitte, ehemals hinter dem Eisernen Vorhang gelegen. Dort hat sich der neue Straßenstrich etabliert, entstehen Spielkasinos.

In dieser Gegend herrscht Winfried Spiering, der ungekrönte König des Ostberliner Rotlichtmilieus, so glaubt jedenfalls die Westberliner Kripo. Sich seiner Welt zu nähern, kann lebensgefährlich werden. Eine Journalistin des Ostberliner Sex & Crime-Massenblattes *Super-Illu* mußte sich vor Verfolgern in ein Hotel retten, nachdem sie über die Oranienburger Straße berichtet hatte. Sie gab Arbeitsstelle und Wohnung in Berlin auf und zog nach Westdeutschland. Prostituierte, die ihr bei den Recherchen Auskünfte erteilt hatten, wurden krankenhausreif geschlagen. Spiering kennt sich aus im alten Osten – er kommt von dort. Anfang der achtziger Jahre siedelte er aus der damaligen DDR nach Westberlin über und verfügte sofort über große Geldmittel. Er eröffnete Bars und Nachtklubs in guter Gegend, so etwa Nates Café (abgeleitet vom Vornamen seiner Ehefrau Renate) hinter dem Adenauerplatz.

Von Anfang an verkehrte Spiering im Zuhältermilieu, eröffnete eine Karateschule und den Saunaklub Idyll.

Bei der Kripo versuchen wir mehr über Spierings Vergangenheit zu erfahren, doch das Ergebnis ist ernüchternd: Über sein früheres Leben gibt es so gut wie keine Akten mehr. Dafür gibt es das Gerücht, die Stasi habe ihn geschickt, um das Westberliner Rotlichtmilieu zu unterwandern.

Mit Vorsicht nehmen wir diese Information zur Kenntnis, in einer Zeit, wo Stasi-Verdächtigungen an der Tagesordnung sind und Dossiers über angebliche »Inoffizielle Mitarbeiter« des ehemaligen SED-Unterdrückungsapparates offenbar in ganz Deutschland kursieren.

Andererseits hat Spiering die DDR mit einem größeren Vermögen verlassen, vor allem Kunstgegenständen wie Ikonen. Dies stimmt mißtrauisch, denn mittlerweile weiß man, daß Ausreisewillige oft bis aufs Hemd ausgeplündert wurden. »Deshalb kann man den Verdacht auf das Ministerium für Staatssicherheit nicht ganz von der Hand weisen. Dafür gab es verschiedene Hinweise«, so ein Kripobeamter. Gleichwohl: der endgültige Beweis fehlt.

Spiering kommt aus Anklam südlich von Greifswald an der Ostsee, wo er heute noch einen Getränke-Großhandel betreibt. Seine »Karriere« begann er als Türsteher. Auf einen Gefängnisaufenthalt wegen Körperverletzung folgte die Ausreise in den Westen.

Nach der Wiedervereinigung erinnerte sich Spiering nicht nur seiner alten Heimat, sondern offenbar auch seiner ehemaligen Kumpel aus dem Ostteil der Stadt. Mit ihrer Hilfe, so heißt es in Polizeikreisen, konnte er sich im Osten nach relativ kurzer Zeit etablieren: Angeblich hört eine Armee von Zuhältern auf sein

Kommando, Schlägertypen, unter die sich Skinheads und Hooligans mischen und die alle in seiner Sportschule den letzten Schliff bekommen.

Am neu entstandenen Spielkasino in der Oranienburger Straße ist er mit 50 Prozent beteiligt, sagt die Polizei. Im Osten habe er eine absolute Vormachtstellung, er sei der kommende Mann.

Spiering – er selbst gibt sich als Kaufmann aus – weist alle bekannten Allüren der Rotlichtbosse aus dem Westen auf: Er zeigt sich demonstrativ nach dem Motto »Hier kommt der König Spiering«. Eine Truppe von 25 Ostzuhältern hat er eingeladen, mit ihm von 9. bis 21. April nach Mauritius zu fliegen, um dort am 14. April seinen 40. Geburtstag zu feiern.

In Westberlin stand er einmal vor Gericht wegen gefährlicher Körperverletzung. 1989 war am Rande einer Boxveranstaltung der »Chinesen-Kalle« von sieben Spiering-Freunden brutal zusammengeschlagen worden. Es hieß später im Milieu, Kalle sollte öffentlich hingerichtet werden.

Verurteilt wurde Spiering schließlich wegen unterlassener Hilfeleistung. Ein SFB-Fernsehteam hatte die Schlägerei mehr zufällig aufgezeichnet. Auf dem Video – vom Gericht als Beweismittel herangezogen – war seine Beteiligung nicht zweifelsfrei zu erkennen. Es war lediglich zu sehen, wie er andere davon abgehalten hatte, Kalle zu Hilfe zu kommen.

Als der siebenköpfige Schlägertrupp Anfang 1992 vor Gericht stand, wurde deutlich, womit die sauberen Herren so ihr Geld verdienen. Verhandelt wurde nämlich auch wegen Waffen- und Menschenhandels.

Bei der Berliner Polizei hat man seit einiger Zeit ernst zu nehmende Hinweise auf eine »Fünfte Kolonne«: Ehemalige Stasi-Leute und Angehörige der NVA sollen sich darin zusammengefunden haben, um sich ihr Stück am großen kriminellen Kuchen zu sichern. Ihre alten Verbindungen und Fähigkeiten sind ihr bestes Startkapital.

Ob solche Hinweise jemals zu konkreten Strafverfahren, gar zu Verurteilungen führen werden, ist mehr als fraglich: Die Berliner Justiz ist mangels Personal ja noch nicht einmal in der Lage, die bekanntgewordenen Fälle der sogenannten Regierungskriminalität zu bekämpfen. Die für die Aufklärung zuständigen Polizisten stellen sich mitunter die Frage, ob dies politisch überhaupt gewollt ist. Sie liegt auf der Hand, sieht man die völlig unzureichende personelle Ausstattung dieser Sonderabteilung. Schließlich, so orakeln böse Zungen, sind es ja nur Steuergelder, mit denen der entstandene Milliardenschaden bezahlt wird.

Die neue Kriminalität im Osten Deutschlands

Deutschlands Wilder Westen liegt im Osten: Seit der Maueröffnung erleben die neuen Bundesländer eine beispiellose Welle von Verbrechen und Gewalt: blutige Zuhälterkriege in Leipzig und Dresden, osteuropäische Schieber- und Diebesbanden drängen auf den Markt, Banküberfälle sind an der Tagesordnung. Die Polizei muß dieser Entwicklung meist hilflos zusehen: Es fehlt an Erfahrung und Personal.

1990 wurden auf dem Gebiet der ehemaligen DDR fast 300 000 Anzeigen registriert. Allein die Zahl der Eigentumsdelikte stieg um rund 50 Prozent auf fast 180 000 Fälle. In den ersten sechs Monaten 1991 weist die Statistik bereits 105 000 Fälle von Diebstahl auf, rund 10 000 Wohnungen wurden aufgebrochen. Manche Kriminalitätsbereiche erreichten Zuwächse bis zu 160 Prozent. Gleichzeitig sank die Aufklärungsquote von 84 auf 66 Prozent.

In den ersten sechs Monaten des Jahres 1991 erbeuteten Gangster insgesamt 9,5 Millionen Mark bei Banküberfällen – mit rund 38 000 Mark Durchschnittsbeute ist das mehr als in den Altbundesländern. Etwa vierzig Banküberfälle werden pro Monat registriert. Laut Auskunft des ostdeutschen Sparkassen- und Giroverbandes wurde 1991 in Ostdeutschland jede siebte Sparkasse überfallen, im Westen war es nur jede 54.

Besonders Kreditinstitute in der Nähe der ehemaligen innerdeutschen Grenze in Thüringen sind offenbar das beliebte Ziel meist westdeutscher Gangster (rund 80 Prozent der ermittelten Täter kommen aus Altbundesländern). Mit Maschinenpistolen und Schrotflinten fallen sie über die Kassen her, die bisweilen, besonders in ländlichen Gegenden, noch nicht über Sicherheitsvorkehrungen westlichen Standards verfügen, manche nicht einmal über ein Telefon.

»Ausgeprägte Strukturen der organisierten Kriminalität in den neuen Bundesländern« hat das BKA ausgemacht. In einem internen Papier heißt es dazu, seit dem Fall der Mauer »erwerben Straftäter aus Hochburgen der organisierten Kriminalität der Altbundesländer auf dem Gebiet der früheren DDR Immobilien, gründen Firmen oder beteiligen sich an bereits bestehenden Firmen.« Für die notwendigen Konzessionen würden Strohmänner vorgeschoben. Vielfach sichtbar seien diese Erscheinungen bei Eröffnung von Eros-Centern, Pornoshops, Videotheken, Spielhallen und gastronomischen Betrieben. Dabei ginge es nicht nur darum, kriminelle Gewinne zu waschen. Weitere Ziele seien, Voraussetzungen für legale Geschäfts- und Gewinnmöglichkeiten zu schaffen und legale Unternehmen für kriminelle Operationen zu nutzen[3].

Noch am Vorabend der deutschen Einheit äußerte sich sorgenvoll der frühere baden-württembergische Landespolizeipräsident Alfred Stümper, der zur Kollegenhilfe nach Ostberlin geeilt war. Stümper sah gar eine »Destabilisierung wie in Südamerika«, kommen[4]. Verblüffend einfach und erschreckend zugleich seine Rechnung: Rund 200 000 Straftäter wurden amnestiert, Stasi, Grenz- und Volkspolizei abgebaut. Daß so mancher der alten Genossen heute den Aufbau eher in der Unterwelt mitmachen will, davon sind auch ostdeutsche Polizeibeamte mittlerweile überzeugt.

Aber konnte das organisierte Verbrechen, wie es im Westen seit vielen Jahren und allen Zweiflern zum Trotz existiert, in so kurzer Zeit auch in Ostdeutschland Fuß fassen? In Sachsen, dem flächenmäßig größten der neuen Bundesländer, gehen wir dieser Frage nach.

»Mit organisierter Kriminalität westlichen Zuschnitts haben wir erst seit dem Wegfall der Grenzen zu tun«, erzählt uns Manfred Wierschin, Kriminalhauptkommissar der Polizeidirektion Leipzig. »Fakt ist eines: Sie ist existent und hat schon auf allen Gebieten Fuß gefaßt, und es gibt offensichtlich schon Bestrebungen dieser Tätergruppen, sich ihre Marktanteile zu sichern: Schon im Vorfeld werden jetzt Positionen abgesteckt, um dann zu irgendeinem Zeitpunkt hier voll einsteigen zu können.«

»Diesen Organisationsgrad der Verbrecher hat es früher nicht gegeben. Wir hatten auch nicht die Schwere der Straftaten wie heute. Die Kriminalität im allgemeinen, die besonders schweren Straftaten und das Gewaltpotential haben explosionsartig zuge-

42

nommen«, weiß sein Kollege Frank Busies von der Landespolizei-direktion am Leipziger Dittrichring zu berichten.

Wie sah es zu Zeiten des real existierenden Sozialismus aus, wollen wir wissen. »Es gab sicherlich eine besondere Form der OK – heute sagt man Regierungskriminalität dazu –, die aber für die Kriminalpolizei absolut tabu war, schon weil sie durch Partei oder das MfS geschützt war«, erzählt Wierschin. »Aber andere Bereiche der Wirtschaftskriminalität, Rauschgift, Rotlichtmilieu, das war nicht existent. Die kleinen Ansätze, die es da gegeben hat, waren völlig bedeutungslos. Gerade weil auch die Grenzen massiv gesichert waren, war schon der Nährboden gar nicht gegeben. Es konnten sich auch solche Kriminalitätsstrukturen nicht bilden: Den illegalen PKW-Handel über mehrere Grenzen hinweg zu organisieren wäre gar nicht machbar gewesen. Rauschgift kam nicht rein. Andere Dinge wie Geldwäsche spielten bei uns keine Rolle, Geld war sowieso nicht da. Es war auch durch die ganze Organisationsform des Staates viel übersichtlicher und kontrollierbarer als etwa in der Sowjetunion, wo beispielsweise in Kasachstan auch Rauschgift eine erhebliche Rolle spielt.«

Doch das Blatt hat sich gewendet. In Sachsen und Sachsen-Anhalt etwa heißen die neuen Schwerpunkte: Dresden, Leipzig/Halle, Zwickau, Chemnitz. Bei den Gruppen sind Verfestigungen im Organisationsgrad und hierarchische Strukturen erkennbar, samt der mafiatypischen Verbreitung von Furcht und konspirativem Vorgehen. Selbst bisherige »Freiberufler« orientieren sich zur OK-Szene.

Es ist nicht zu übersehen, in der ehemaligen Zwangsidylle des Arbeiter- und Bauernparadieses sind beinahe alle Formen der organisierten Kriminalität vertreten: Polnische Staatsbürger haben einen schwunghaften Handel mit vor allem in Holland gestohlenen Autos aufgezogen. Doch nicht nur: Anfang März 1992 beschlagnahmte die Augsburger Polizei allein in Leipzig 115 Autos, die im Bayerischen abhanden gekommen waren.

Der Autodiebstahl ist in Sachsen fast fest in polnischer Hand: Mehr als 4800 gestohlene Karossen allein in Sachsen. Die Polizei stellt zudem Einbrüche in Zulassungstellen fest, wo Fahrzeugscheine und -briefe sowie die nötigen Stempel gestohlen werden.

Die Autos, besonders begehrt sind Audi, Mercedes, BMW und Golf, werden nach Polen und in die ČSFR und von dort weiter in die GUS geschafft. Selbst Russen sind an Schiebereien im großen Stil beteiligt. Auf illegalen Automärkten bieten sie Waffen und Ikonen an.

Waffen werden gerne in der Schweiz gekauft und in Leipzig verteilt. Sie kommen vor allem aus dem Zürcher Bereich, und es sind Ostdeutsche, die das Geschäft betreiben. Auch aus Frankreich und Holland, der ČSFR und der GUS kommen Waffen. Die Ganoven bestellen die Schießeisen in bestimmten Lokalen; zwei, drei Tage später wird schon geliefert: Pistolen, Repetiergewehre (vorwiegend aus der Schweiz), aber auch Kriegswaffen wie Maschinenpistolen.

In Sachsen verzeichnete die Polizei 1991 etwa 120 bewaffnete Raubüberfälle, über drei Millionen Mark wurden erbeutet. Einen deutlichen Anstieg weist der organisierte Tageswohnungs- und Ladeneinbruch auf. Die Beute wird über Hehlergruppen abgesetzt. Da gibt es Geldgeber und Geldempfänger, und Leipzig ist wohl *der* Umschlagplatz für Diebesgut.

Es liegen gesicherte Erkenntnisse vor, daß sich die Mafia im ostdeutschen Rotlichtmilieu etabliert hat, und die Polizei stellt mittlerweile fest, daß von den Zuhältern auch andere Straftaten, bis hin zu Schutzgelderpressung und Drogenhandel, begangen werden. »Wir bekommen vereinzelt Hinweise, daß Gruppierungen, die dem OK-Bereich zuzuordnen sind, Ausweise und andere Dokumente fälschen und mit diesen Dokumenten gestohlene Schecks in Umlauf bringen.«

Italiener tauchen auf, biedere Geschäftsleute. »Die kaufen Immobilien *en masse,* eröffnen Boutiquen, Eissalons, Restaurants, obwohl die Läden nicht sonderlich gut laufen«, berichtet der Inspektionsleiter der Landespolizeidirektion, Kriminalhauptkommissar Tille.

»Es gibt die Hinweise, daß sich Leute aus den Reihen der Camorra bestimmte Pizzerien unter den Nagel gerissen haben«, bestätigt sein Kollege Wierschin. »Die werden im Moment noch ganz legal geführt, aber sicher irgendwann einmal im OK-Bereich in irgendeiner Form eine Rolle spielen. In einem Fall wissen wir ganz konkret, daß jemand, der bei der Camorra eine Rolle spielt, hier eine Pizzeria hat. Für solche Leute ist natürlich jetzt die einmalige Gelegenheit, in den Bereich der Geldwäsche vorzudringen. Ich denke jetzt nur mal an das Problem der Eigentumsfrage.

Man kann hier relativ leicht eine Immobilie erwerben und wieder weiterverkaufen. Und ich bin der Meinung, hier passiert einiges, was wir noch gar nicht wissen.«

Rumänische Straftäter reisen gleich bandenweise an und brechen vorzugsweise in Lederwaren- und Textilgeschäfte ein. Die Waren werden meistens sofort nach der Tat ins Ausland geschafft.

Jugoslawische Gangster sind in Leipzig in den illegalen Autohandel verstrickt, stehlen und hehlen und beschäftigen sich natürlich mit dem Hütchenspiel. Gleichfalls im Hütchenspiel versuchen sich aber Polen und Rumänen.

Jetzt kommen auch Frankfurter Kriminelle aus der Truppe des jugoslawischen Unterweltkönigs Rade, »Cento«, Caldovic nach Leipzig und versuchen in den Rotlicht- und Glücksspielbereich einzudringen. Sie begehen zudem Tageswohnungseinbrüche im großen Stil und stellen Drückerkolonnen.

In Halle gelang der Polizei Mitte Juni 1992 ein Schlag gegen die Jugo-Mafia: Ein 300 Mann starkes Aufgebot an Spezialkräften stürmte mehrere Cafés und Wohnungen in der Innenstadt und verhaftete 31 Leute, darunter den mutmaßlichen »Paten von Halle«. Ihnen wird vorgeworfen, Schutzgeld erpreßt zu haben, Rauschgift- und Waffenhandel zu organisieren und für Raubüberfälle verantwortlich zu sein. Umfangreiches Diebesgut wurde sichergestellt, darunter Autos, Pelzmäntel und Schmuck. Auch Waffen fand die Polizei.

Doch zwei Tage später war die Hälfte der Festgenommenen wieder frei: Das Vertrauen der Bevölkerung in den Rechtsstaat, von dem sie ja Schutz erwartet, wurde dadurch nicht gerade gestärkt.

Die Kneipenszene von Halle hat seit der Wende unter den Jugo-Gangstern zu leiden: In nahezu allen Lokalen, so wurde uns von Gastronomen bestätigt, wurde Schutzgeld verlangt und kassiert. In dem Innenstadt-Bistro Casablanca etwa wüteten die Jugos besonders schlimm: Fast täglich kam es zu gewalttätigen Auseinandersetzungen unter den Jugos im und vor dem Café. Schließlich wurde der Inhaber bedroht und sollte 10 000 Mark Schutzgeld bezahlen. Eine zunächst erstattete Anzeige wurde später zurückgezogen – aus Angst.

Auf besonders perfide Weise rissen sich die Gangster das Lokal Sir Winston unter den Nagel: Innerhalb kurzer Zeit machten die Jugoslawen einen ihrer Haupttreffpunkte aus der Kneipe; normale Gäste blieben schließlich fern. Dann machten sie dem früheren Besitzer ein »Übernahmeangebot«, das dieser schließlich notgedrungen annahm.

Ein Nachtklubbesitzer in einem Vorort Halles sah sich gezwungen, eine private Schutztruppe zu engagieren: Auch bei ihm wollte die Jugo-Mafia mehrmals einige tausend Mark kassieren. Seit er Widerstand leistet, haben die Gangster ein Kopfgeld auf ihn und seine Familie ausgesetzt.

Die Jugo-Gangster schrecken vor keiner Gewalttat zurück: Als Polizeibeamte aus Halle am 17. Juni 1991 auf der Landstraße zwischen Röpzig und Hohenweiden nachts um zwei Uhr ein offenstehendes Auto kontrollierten, wurden sie plötzlich beschossen. Sie zogen sich zunächst in eine Kneipe zurück und riefen Verstärkung. Als später dasselbe Fahrzeug kontrolliert werden sollte, schoß einer der drei jugoslawischen Insassen ohne Vorwarnung auf die Polizisten und verletzte einen schwer durch einen Bauchschuß.

Algerier spielen eine Rolle beim Scheckkartenmißbrauch und bei Fälschungen. Auch beim Rauschgift sind die Nordafrikaner führend, verkauft wird vor allem Hasch, ganz selten Heroin. Aus Polen wiederum kommt synthetisches Rauschgift nach Sachsen.

»Die Prognose einer schlagartigen Entwicklung im Drogenhandel ist hier glücklicherweise nicht wahr geworden, aber Ansätze für vielerlei Rauschgiftbrennpunkte sind erkennbar«, stellt der Leiter der OK-Dienststelle beim Landeskriminalamt in Sachsen, Rolf Müller, fest. »Wir müssen befürchten, daß die Entwicklung rund um uns herüberschwappt. Eine labile Sozialstruktur durch die Arbeitslosigkeit wird das Risiko erhöhen. Auch von der Drogenroute Ungarn–ČSFR werden die sächsischen Grenzen betroffen sein.«

Der Dresdner Staatsanwalt Jan Hille hatte siebzig Ermittlungsverfahren nach dem Betäubungsmittelgesetz bereits im November 1991 auf dem Tisch. Dreizehn waren es im Vorjahr. Hauptkommissar Wolfram Köhler von der Dresdner Kripo stellt fest, daß sich die Rauschgiftkriminalität seit Bestehen seines Dezernates um das Acht- bis Zwölffache gesteigert habe[5].

In Sachsen wurden im vergangenen Jahr 123 Rauschgiftdelikte registriert und 127 Tatverdächtige ermittelt. Sichergestellt wurden

4,5 Kilo Heroin, etwa ein Kilo Morphin, 500 Gramm Kokain und etwa 7,5 Kilo Cannabis in Kleinmengen.

Den Erfolg verdankt die Polizei vor allem zwei großen Einzelsicherstellungen: Im September 1991 wurde im Raum Zwickau ein Türke aus Friedrichshafen festgenommen, der ein Kilo Heroin verkaufen wollte. Im Kofferraum seines Autos fand die Polizei noch mal drei Kilo und weitere 500 Gramm im Asylantenheim in Friedrichshafen. Der Reinheitsgrad lag zwischen 10 und 80 Prozent.

Zwei Täter aus Baden-Württemberg schmuggelten ein halbes Kilo Kokain aus Holland ein und wollten es im Bereich Zwickau absetzen. Am 6. Dezember 1991 schlug die Polizei zu, in Baden-Württemberg folgten weitere Festnahmen. Insgesamt elf Deutsche und zwei Holländer gingen hinter Gitter, zwanzig Objekte wurden durchsucht, 22 Kilo Haschisch sichergestellt. Ein 38jähriger Pädagoge, der ebenfalls zu der Gang gehörte, wurde später noch mit sechs Kilo Hasch in Heidelberg festgenommen.

Eine 21jährige Frau aus dem Großraum Dresden ist das erste Drogenopfer, das in Sachsen 1991 zu beklagen war: Die junge Frau hatte in Frankfurt am Main ein Ausbildungsverhältnis begonnen und war dort mit Heroin in Kontakt gekommen. Als Süchtige kehrte sie in ihre Heimatstadt zurück und starb dort an einer Überdosis.

Eine besondere Qualität im Osten Deutschlands hat die ausufernde Gewalt angenommen. Frank Busies: »Die Gangster sind bedingungslos bereit, ihr Waffenpotential auch einzusetzen. Ein Menschenleben zählt für die nichts.«

Die Gewaltbereitschaft der Verbrecherbanden macht vor dem Staat nicht halt und hat mittlerweile das Niveau des Chicago der dreißiger Jahre erreicht: Straßensperren der Polizei werden durchbrochen, auf Polizeibeamte wird hemmungslos geschossen, im März 1992 sogar mit Maschinenpistolen aus einem fahrenden Auto heraus.

Im Südwesten Leipzigs, wo die sozialen Probleme der Stadt ihren Höhepunkt erreichen und Straßengangs die Plattenbausiedlungen unsicher machen, leben Polizisten besonders gefährlich: Zur Jahreswende 1991/92 sollte das dortige Polizeirevier mit Handgranaten angegriffen werden, erzählt uns der Revierleiter. Der Anschlag scheiterte lediglich daran, daß die Angreifer zu betrunken waren. Nach den Handgranaten sucht die Polizei noch heute. Seitdem wurden die Sicherheitsvorkehrungen im Revier verstärkt.

Untereinander gehen die Gangster nicht gerade zimperlich miteinander um: Mit Baseballschlägern und Schrotflinten schlagen die Kontrahenten aufeinander los. Dabei setzen sich die Ost-Gangster immer mehr gegen ihre Konkurrenz aus dem Westen durch: »Nachdem die Ossis zunächst Handlanger der Wessis waren, entwickelt sich bei denen immer mehr Brutalität, und sie versuchen, ihre Reviere mit aller Härte gegen die Wessis zu verteidigen«, berichtet Müller. »Das wird hier sicher andere Ausmaße annehmen als in den alten Bundesländern.«

»Vieles wird uns erst noch überrollen, etwa, was da aus dem Osten kommt. Da gibt es Dinge, die uns vorher überhaupt nicht bekannt waren. Zum Beispiel, was selbst unter dem Regime in der ehemaligen Sowjetunion schon für mafiaähnliche Strukturen vorhanden waren. Da wird nach Öffnung dieser Grenzen noch einiges auf uns zukommen«, ist Polizist Manfred Wierschin überzeugt.

In der Messestadt Leipzig stoßen wir auf eine Gang, die unter der Bevölkerung für Angst und Schrecken sorgt: die Samson-Bande, so genannt, weil ihr Anführer, der 32jährige Jürgen Rosse, dem Samson aus der »Sesamstraße« ähnelt. Im Südwesten der Stadt hat er etwa fünfzig bis sechzig Kriminelle um sich geschart, zu denen auch Skinheads und Hooligans gehören. »Das wird unser erster OK-Fall«, ist sich Müller sicher.

Samson ist ein alter Leipziger Ganove, und Samson macht alles: von der Schutzgelderpressung über den Autodiebstahl bis zum Banküberfall. Allein fünfzig bewaffnete Banküberfälle im Jahr 1991 werden mit der Samson-Bande in Verbindung gebracht. Auch als Zuhälter verdingen sich die Bandenmitglieder. Samson und seine Gruppe haben den »festen Vorsatz, die Stadt zu halten« (Müller). Zahlreiche Überfälle auf Gaststätten und Spielhöllen gehen auf das Konto der Bande. Nicht selten wird, nachdem die Automaten geknackt und geleert wurden, das Lokal mit Baseballschlägern zertrümmert und anschließend Feuer gelegt. Blinde Zerstörungswut ist offensichtlich ein Markenzeichen der Gangster.

»Aber auch Samson ist letztlich nur ein Befehlsempfänger«,

weiß Busies. »Er hat mindestens zwei oder drei Bosse über sich. Die reichen ihn herum, und ganz oben gehören die irgendwie zusammen.«

Dann berichtet der Kriminalbeamte, wie dies in der Regel abläuft: »Es gibt ein oder zwei Personen, die uns bekannt sind und die in Leipzig die Aufträge herausgeben. Samson gibt diese Aufträge dann an seine ›Einsatzkräfte‹ weiter. Für einen Auftrag nehmen die so drei bis vier Leute. Und da ist auch eine Sicherung eingebaut: Zum Schmierestehen werden zwei Nichtbandenmitglieder eingesetzt. Wenn die festgenommen werden, können die nur etwas zu diesem einen Fall aussagen, kennen die Hintermänner auch nicht. Der Tarif fürs Schmierestehen ist 50 bis 100 Mark. Pro Einbruch holen die 20 000 bis 50 000 Mark.

Der Erlös geht denselben Weg zurück. Diebesgut etwa wird über feste Verkaufsstellen (Tante-Emma-Läden) vertrieben. Die Geldwäsche funktioniert über die Gastronomie (westdeutsche Betreiber). Ganz oben hat man die Ehrenmänner, aber schon eine Ebene tiefer sind die Straftäter. Da oben, das sind Leute, die schon das große Geld haben, und auf dieser Grundlage kaufen sie Grundstücke und Gaststätten sowie Firmen.«

Einer dieser »Bosse«, gegen den die Leipziger Polizei ermittelt, soll der vielseitige Geschäftsmann Joachim Nöske sein. In der Messestadt besitzt er zahlreiche Gaststätten, unter anderem die Hannoversche Botschaft, will demnächst einen Pub in Moskau eröffnen. In einigen seiner Lokale werde aber nicht nur getafelt, sondern auch illegales Glücksspiel betrieben, erzählt man uns bei der Kripo. Daneben würden Prostituierte über die Lokale an zahlungskräftige Kunden vermittelt. Die Leipziger Ermittler glauben außerdem beweisen zu können, daß von der Samson-Bande erpreßte und geraubte Gelder in Nöske-Kneipen investiert werden.

Wir haben Nöske zu diesen Vorwürfen befragt: Auf ihn wurde geschossen, auf seine Lokale Brandanschläge verübt – Neider seien dies, erzählt er. Im übrigen sei er ein hart arbeitender Gastronom, der mit organisierter Kriminalität nichts zu tun habe, ebensowenig wie mit der Samson-Bande.

Polizei und Staatsanwaltschaft sehen dies freilich ganz anders: Die Ermittler sind überzeugt, nach umfangreichen Untersuchungen ein einigermaßen klares Bild von der Organisation zu haben.

Demnach steht Nöske ganz oben an der Spitze. Er hat, so versicherte uns ein leitender Kripobeamter, »direkten Kontakt« zu Samson. Dessen Funktion wiederum ist die Aufgabenverteilung, die Kontrolle und der Absatz der Beute. Er hat unmittelbaren Zugang zu einem Waffenlager und läßt seine Leute in Kampf- und Kraftsportstudios ausbilden. Unter Samson, so weist es ein Schaubild aus, gibt es eine sogenannte »Große Schutztruppe«, verantwortlich für schweren Raub und Schutzgelderpressung. Darunter steht die »Kleine Schutztruppe«, die für die Überwachung des Rotlichtmilieus zuständig ist. Daneben gibt es noch eine Diebstahlsgruppe und eine Reihe von Autohändlern, über die der Absatz der gestohlenen Autos abgewickelt wird.

Der Leipziger Hagen Detlef Wolf ist nach Polizeierkenntnissen für die Ausbildung der Gangster verantwortlich: Dazu gehört neben Kraftsport und Karate-Training auch eine Art paramilitärische Ausbildung, die in den umliegenden Wäldern absolviert wird.

Selbst ehemalige Polizeibeamte verdingen sich in Samsons Diensten: Etwa der ehemalige Kripomann Jens Amberg, der vor allem als Rechtsberater behilflich sein soll. Ambergs Bruder Axel, ebenfalls ein Mitglied der Bande, soll die Schutztruppe auf dem Kiez befehligen und für die Weiterleitung von Diebesgut verantwortlich sein. Die Polizei sucht derzeit nach ihm.

Auf das Konto eines weiteren Bandenmitglieds, des 33jährigen Bernd Adler gehen fünf Überfälle auf Gaststätten in Chemnitz: Mit seinen Kumpanen fiel er in die Kneipe ein, schoß mit Schrotflinten in die Decke und raubte Wirt und Gäste aus. Schließlich trieb er es so bunt, daß die Bande beschloß, ihn der Polizei zu opfern, um wieder eine Atempause zu bekommen: Eines Tages erreichte ein anonymer Anruf die Polizei. An einem Baum, so hieß es, sei eine »hilflose Person« gefesselt. Als die Beamten am beschriebenen Ort eintrafen, fanden sie Adler mit Handschellen an einen Baum gekettet – ausgeliefert von seinen eigenen Leuten.

Zwar sitzt auch Samson derzeit hinter schwedischen Gardinen, doch die alten Strukturen sind noch immer da.

Eine Sonderkommission soll nun der Bande das Handwerk legen. Doch sehr zuversichtlich sind die Beamten nicht: Zeugen schweigen aus Angst, und: »Erst seit wir systematisch da herangehen, erkennen wir, was da noch alles dahintersteckt«, meint Busies. Zum Beispiel Thorsten Reineck. Der Mann aus Hamburg ist ein enger Geschäftsfreund von Nöske. In Leipzig betreibt er einen Getränkevertrieb und soll zudem laut Polizei seine Finger in etwa dreißig Kneipen haben. Nebenbei ist er Vorsitzender des Vereins der ambulanten Händler, und dies obwohl ein Hamburger Gericht ein bundesweites Tätigkeitsverbot gegen ihn verhängt hat. In der Hansestadt ist er kein Unbekannter. Die dortige Polizei hat eine dicke Akte über ihn und ermittelt unter anderem wegen Fälscherei. Eine von ihm in Hamburg geführte Druckerei hat die Polizei erst im März 1992 geschlossen. Bekannt sind auch sein Kontakte zu Größen des lokalen Rotlichtmilieus. Wie er dennoch von der Stadt Leipzig eine Gewerbeerlaubnis erlangen konnte und auch sonst manches Geschäft zugeschanzt bekommt, ist der Polizei schleierhaft. Es stinkt verdächtig nach Korruption.

Wie Nöske und Reineck ihren Einfluß durchzusetzen versuchen, zeigte sich erneut im Juni 1992, als es um die Organisation des Leipziger Stadtfestes ging. »Es sind plötzlich Dinge geschehen, die gab es vorher nicht«, erzählt der Organisator, Odwin Quast. In Quasts Büro wurde eingebrochen, wobei hoher Schaden entstand. Ihm unbekannte Personen sprachen ihn an und fragten, was er davon halte, wenn dieses oder jenes geschehe. Kurz: Es war ihm schnell klar, daß es wohl um des Friedens willen besser sei, Nöske und Reineck in das Fest einzubinden, obgleich nie deutlich wurde, daß die beiden unmittelbar hinter den Repressionen steckten. Der Organisator berichtete uns, wie Sponsoren des Festes von Reineck aufgefordert wurden, ihre Unterstützung zurückzuziehen. Die Stadtfest-Organisatoren gaben schließlich nach.

»Nöske hat zahlreiche Fäden in der Hand, die die Geschicke der Kriminalität in Leipzig lenken«, versicherte uns ein leitender Kripobeamter.

Glücksritter aus dem Puff:
Das Milieu-West schluckt den Kiez im Osten

Wie kaum jemand anderer haben sie die Zeichen der Zeit erkannt: Während Politiker in West und Ost noch an den Verträgen für eine gemeinsame Zukunft bastelten, zogen sie schon scharenweise in Goldgräberstimmung ins gelobte Land: die Zuhälter und Bordelliers aus den Rotlichtbezirken der alten Bundesländer. Schließlich galt es, das vermeintliche Niemandsland zu entwickeln und dem Ostbürger die Segnungen westlicher Lebensart näherzubringen. Und sie kamen alle: aus Hamburg und Berlin, Frankfurt, München, Stuttgart, Mannheim oder Freiburg.

Bevorzugtes Ziel war auch hier wieder Leipzig: In der Messestadt gab es schon seit jeher vor allem für zahlungskräftige Messebesucher den besonderen Service des käuflichen Sex. Mit einer gewissen Akzeptanz durfte also gerechnet werden, und vielleicht konnte die eine oder andere Liebesdame neu in Dienst gestellt werden. Die West-Luden fackelten nicht lange, das Vorgefundene nach ihrer Facon umzukrempeln und die Vorherrschaft zu übernehmen.

Um die neuentdeckten Claims abzustecken, engagierten die West-Loddels Rowdies, die mit Baseballschlägern und Brandanschlägen freie Bahn geschaffen haben. Sie verdrängten zahlreiche Prostituierte vom ehemaligen Straßenstrich in der Leipziger Nordstraße und zwangen sie in die Wohnwagen, die heute auf der Roscherstraße stehen. Wer sich widersetzte, wurde grün und blau geschlagen. Allmählich entwickelt sich im Osten auch die Wohnungsprostitution, die Vermittlung läuft über Hotels.

Von soviel Dreistigkeit offensichtlich überwältigt, beschränkten sich die Ossis zunächst auf Handlangerdienste. Das »Arrangement« hielt nicht lange, die beiden Gruppen prallten aufeinander. Seitdem eskaliert die Gewalt.

In der Roscherstraße liefern sich die Zuhälter auf offener Straße Schießereien oder jagen sich nach Mafiamanier gegenseitig mit ihren Autos. Es gibt mehrere Schwerverletzte. In Erfurt wird sogar eine Handgranate geworfen, in Halle eine Prostituierte mit Benzin übergossen. Mehrfach gehen Wohnwagen in Flammen auf.

In Dresden schließlich wird der Neonazi Rainer Sonntag von einem Mannheimer Zuhälter erschossen. Vorausgegangen waren razziaähnliche Übergriffe auf Sexshops und Nachtbars westlicher Betreiber, angeblich um Dresden nicht zum Sündenbabel verkommen zu lassen. Doch das »Reinigungsbedürfnis« Sonntags war vielleicht nur vorgetäuscht. Von dem Braunen ist bekannt, daß er persönlich eine besondere Affinität zum Rotlichtgewerbe verspürte.

Ein Münchener Zuhälter wurde von Konkurrenten mit der Schrotflinte beschossen. Man hatte ihm im Krankenhaus gerade die letzte Schrotkugel herausgeholt, da flüchtete er Hals über Kopf in der Unterhose. Sein Auto ließ er in Leipzig zurück und holte es sich später über seinen Rechtsanwalt. Die Hintergründe dieser Tat kennt die Polizei bis heute nicht.

Mit großer Sorge aber beobachtet sie die weitere Entwicklung: »Die Zuhälter hier sind alle bewaffnet, und die Hemmschwelle zum Schießen ist beim Ostdeutschen niedriger als beim Westdeutschen«, stellt Kripomann Busies ernüchternd fest. »Die trainieren ja beispielsweise auch, Brandsätze gegen Autos zu werfen.«

Jüngstes Beispiel für die Gewalteskalation: Am 28. Mai 1992 wird ein 32jähriger Freier aus dem badenwürttembergischen Vöhringen von Zuhältern der Roscherstraße erschossen. Zuvor hatte es Ärger mit einer Prostituierten wegen der Bezahlung gegeben. Der 20jährige Schütze ist vermutlich ins Ausland geflüchtet.

Allmählich etablieren sich in Leipzig die Prostitution in Wohnungen sowie zahlreiche Nachtklubs. Rund vierzig an der Zahl sollen es mittlerweile sein. Das einzige genehmigte Bordell dagegen ist das Aphrodite in der Fritz-Austel-Straße. Es wird von dem Münchener Bordellier Erwin Fried und seinem Mannheimer Partner Siegfried Kern betrieben und soll laut Polizei das einzige sein, mit dem es »keine Probleme« gebe.

Doch die Branche expandiert weiter im ehemaligen Arbeiter- und Bauernstaat. Nur: »Die Informationen über das Innenleben dieser Szene sind bei uns spärlich bis null«, klagt der Leipziger Kripokommissar Günter Pusch. »Ein zufriedenstellendes Lagebild können wir nicht machen: Wir haben keine Verdeckten Ermittler in der Szene.«

Es scheint ohnehin, als seien die westlichen Entwicklungshelfer in Sachen horizontales Gewerbe von den jüngsten Unbilden kaum zu erschüttern. Bordellbesitzer, die seit Jahrzehnten das Milieu in Frankfurt und auch anderswo beherrschen, wie Ossi Büttner, Aki Jakobi, Hagen Wolf und Klaus Mehlhorn, tauchen in Leipzig auf, erfahren wir bei der Leipziger Kripo. Daß diese Leute versuchen werden, über Strohmänner die Kontrolle im neuen Deutschland zu gewinnen, davor hatte das Bundeskriminalamt die östlichen Kollegen bereits kurz nach der Maueröffnung gewarnt. »Die kommen in ihren teuren Limousinen, klären die Fronten, ziehen die

Fäden und verschwinden wieder«, konstatiert Kriminalhauptkommissar Tille. Nach Polizeierkenntnissen bedienen sie sich der Ossis als Zuhälter und Schutztruppen, etwa um die Wohnungen zu bewachen.

Und der nächste Zuhälterkrieg scheint bereits programmiert: Der Frankfurter Bordellier Willi Schütz bekam jetzt vom Rat der Stadt Leipzig die Genehmigung für das erste Eros-Center in der Stadt. Leipzigs Loddels fühlen sich brüskiert; gerne hätten sie dieses Geschäft selbst gemacht, statt es sich von einem Wessi wegschnappen zu lassen. »Es würde mich nicht wundern, wenn die den Laden von Schütz kurzerhand in die Luft jagen«, fürchtet ein erfahrener Leipziger Kripobeamter.

Polizei am Ende?

»Es werden immer weniger Polizisten. Manche Reviere können schon das weiße Handtuch aus dem Fenster hängen, können nur noch Anzeigen verwalten. Die Beamten werden schlecht bezahlt, haben keine Absicherung und eine unklare Zukunft. Die Arbeit ist auch schwieriger und gefährlicher geworden, weil im Vergleich zu früher das Gewaltpotential gestiegen ist. Dadurch ist hier ein relativ rechtsfreier Raum entstanden. Die Hoffnung auf personelle Unterstützung aus dem Westen können wir sterben lassen. Die haben ihre eigenen Probleme.« In wenigen Sätzen hat Frank Busies die Probleme zusammengefaßt, die ihm und seinen Kollegen seit der Wende manch schlaflose Nacht bereiten.

Dem wachsenden Verbrecherheer in Ostdeutschland steht derzeit eine schwindende Staatsmacht gegenüber, die zudem noch nicht richtig weiß, wie die neuen Formen der Kriminalität zu bekämpfen sind.

Nach der Auflösung des alten DDR-Staatsapparates und seiner Institutionen ist nicht viel übriggeblieben, was sich den Gangstern entgegenstemmen könnte. »Es ist auch eine Frage des Wissens, der Fähigkeiten und Fertigkeiten«, sagt Wierschin. »Es muß also Leute geben, die so etwas erkennen können und mit den Gegenmaßnahmen vertraut sind.« Darüber hinaus ist das »Auskunftspotential« nicht mehr vorhanden, klagt der Beamte. »So gesehen fangen wir bei Null wieder an. Wir fangen auch bei manchen

Karteien wieder von neuem an. Es gibt etliche Straftäter, die uns als herkömmliche Kriminelle bekannt waren und sich neuerdings im OK-Bereich etablieren. Da fangen wir jetzt mit dem Sammeln von Erkenntnissen wieder von vorne an.«

Sachsen hat seine Polizei nach dem baden-württembergischen Muster organisiert: und den flächendeckenden Ansatz gewählt. Bei den Landespolizeidirektionen gibt es 15 OK-Dezernate, die Polizeidirektionen haben Fachdezernate, die kleineren Reviere Ansprechpartner.

»Wir haben aber noch nicht mal die Hälfte der Sollstärke erreicht. Wir haben keine erfahrenen Leute aus der Ex-DDR, weil es diese Kriminalitätsformen damals nicht gegeben hat«, sorgt sich LKA-Fahnder Müller.

Manches bedarf besonderer Sensibilität: »Verdeckte Ermittlungen verbinden die Leute hier oft mit früheren Verfahrensweisen«, weiß Müller. Seit Juni 1991 aber gibt es in Sachsen einen Erlaß, der den VE-Einsatz ermöglicht.

»Wir benötigen noch einiges an technischer Ausstattung, insbesondere die finanziellen Mittel gehören dazu«, erläutert Wierschin.

In manchen Revieren ist deshalb schon der Notstand ausgebrochen. Das führt zu absurden Situationen: So haben etwa in Potsdam Kriminalbeamte von ihrem kärglichen Gehalt zusammengelegt, um für das Kommissariat ein Fotokopiergerät zu kaufen. Das BKA stiftete das nötige Papier dazu.

Viele Polizeibeamte fühlen sich mit ihren Problemen und Sorgen allein gelassen: Die meisten von ihnen blicken in eine ungewisse Zukunft. Andere ziehen es vor, in die freie Wirtschaft zu wechseln, tun heute in Bewachungsfirmen oder Detektivbüros ihren Dienst. Zwar gibt es jetzt in Leipzig einen Staatsanwalt für die organisierte Kriminalität, einen Wessi, der jedoch früher nie etwas mit OK zu tun hatte. Zunächst ist er bis zum 30. September 1992 abgeordnet. Was danach kommt, weiß keiner.

Wierschin: »Da rede ich noch nicht von Korruption und Bestechung. Denn die Gehälter hier sind schlecht. Richtige Beamte gibt es ja nur aus den alten Bundesländern, die anderen bekommen maximal 60 Prozent dessen, was ihnen zustehen würde. Irgendwann einmal. Man kann also die Situation mancher im öffentlichen Dienst Beschäftigten hier nicht gerade als finanziell gesichert ansehen. Ich möchte niemandem was unterstellen, aber die Gefahr der Bestechlichkeit besteht schon.«

Inspektionsleiter Tille blickt düster in die Zukunft: »Mit der Polizei geht es bergab, wir verwalten nur noch die Kriminalität. Der Verwaltungsaufwand ist im Vergleich zu früher noch größer geworden. Dazu kommt die soziale Unsicherheit, viel Unzufriedenheit, und die Motivation wird immer schlechter. Es gibt Polizisten, die leben am Existenzminimum. Doch wir wollen nicht akzeptieren, daß man die Kriminalität so, wie sie sich jetzt hier entwickelt, hinnehmen muß.«

Die Russen kommen

Wünsdorf, im brandenburgischen Hinterzimmer Berlins, ist Garnisonsstadt: Hier sitzt der Stab der Streitkräfte (Westgruppe) der ehemaligen Sowjetunion. In dieser größten Garnison auf deutschem Boden sind noch 50 000 GUS-Soldaten stationiert, leben wie in einer Kleinstadt teils mit ihren Familien zusammen und warten auf den Abzug.

Das kleine Zimmer im ersten Stock des ockergelb getünchten Flachbaus, Sitz der Militärstaatsanwaltschaft, ist spärlich eingerichtet: Ein Schreibtisch, ein paar Stühle, zwei Sessel, ein offener Garderobenschrank, abgewetzter Linoleumboden. Das Mobiliar, das wahrscheinlich sogar den alten Spartanern lausig erschienen wäre, tut der Bedeutung des Mannes, der diesen Raum mit Leben füllt, jedoch keinen Abbruch.

Witalij Sidorowitsch Kurus, Oberst der Streitkräfte der ehemaligen Sowjetunion, zupft den Kragen seiner Uniform zurecht, beugt sich etwas nach vorne über seinen Schreibtisch und blickt uns entschlossen an. »Jetzt könnt ihr«, und meint damit die Deutschen, »wirklich sagen: ›die Russen kommen.‹«

Den Deutschen wohlgesonnen, schiebt er einen gutgemeinten Rat hinterher: »Deutschland ist nicht auf diese Verbrecher vorbereitet.« Es komme eine »schwarze Flut«, von der bis jetzt erst die Vorhut da sei. »Und der Hauptgrund sind die liberalen Gesetze und die guten Geschäftsmöglichkeiten hier. Man sollte sich hier schnellstens darauf vorbereiten. Für die Gangster ist dies hier Eldorado.«

Kurus' Warnung ist mehr als berechtigt, zum Handeln aber scheint es fast schon zu spät, denn sie ist bereits da, die Mafia von Mütterchen Rußland. Seit Sommer 1990 erschüttert eine bizarre Mordserie das Berliner Umland. Opfer wie Täter sind Militärangehörige oder ehemalige Sowjetbürger.

Am 17. August 1990 gegen 2.40 Uhr erschießen Unbekannte den sowjetischen Wachsoldaten Oleg Kobsar (19) vor dem Munitionsdepot der 21. Motorisierten Schützendivision der Sowjetarmee in Perleberg. Seine Maschinenpistole vom Typ Kalaschnikow AK 47 mit der Seriennummer 872 498 verschwindet ebenso wie die Mörder.

Am 7. März des darauffolgenden Jahres fallen einer Polizeistreife in Bremerhaven zwei Autos auf, die ganz offensichtlich überladen sind und zudem von Leuten gelenkt werden, die man in der norddeutschen Stadt als Zuhälter kennt. Bei der anschließenden Kontrolle der Kofferräume entdecken die Beamten nicht nur die so lange gesuchte Waffe Kobsars, sondern gleich noch 389 sowjetische Handgranaten vom Typ MF 1. Als mutmaßliche Hintermänner des Waffendeals ermittelte die Kripo drei Sowjetbürger, einer – ein 29jähriger Ukrainer, der zuvor illegal im sächsischen Kamenz wohnte – konnte festgenommen werden[6]. Die Mörder von Kobsar kennt die Polizei dagegen noch immer nicht.

Am 5. Januar 1991 birgt die Feuerwehr an der Autobahnabfahrt Phöben (Berliner Ring) Richtung Rostock aus einem ausgebrannten Ford Granada die Überreste des durch Messerstiche ermordeten Münchner Physikstudenten Eduard Beck, eines Emigrantensohnes, der in Geschäfte mit russischen Autoschiebern verwickelt war. In ihrer Gesellschaft war er am Tage seines Todes letztmals auf einem Automarkt in Magdeburg gesehen worden. Verbindungen hatte Beck auch zu Elektronikfirmen im sibirischen Obninsk und im schweizerischen Luterbach.

Becks Mörder, Sergej Mirsachanjan, indes ließ die Polizei laufen: Obwohl er kurzzeitig in Untersuchungshaft saß, gelang es ihm, sich herauszureden. Als die Polizei später die Aussagen verglich, »fiel es uns wie Schuppen von den Augen«, heißt es bei den Potsdamer Ermittlern. Doch da hatte sich der Killer schon abgesetzt, vermutlich in die östliche Heimat.

Am 18. Juni 1991 wird nahe der Glienicker Brücke im Berliner Jungfernsee die Leiche des UdSSR-Bürgers Alexander Konstantinowitsch Kamkin entdeckt, in Westberlin als notorischer Schwarzhändler polizeibekannt. Dort hat er unter anderem mit Dollar, Reizgas und Ikonen gehandelt. Kamkin war früher ein Angestellter der sowjetischen Westgruppe und zuletzt auf Privateinladung sowjetischer Militärangehöriger im Land. Solche Einladungen sind oft gefälscht oder ergehen unter Zwang.

22. Juni 1991 – ein warmer Sommerabend in Berlin. Trotz der vorgerückten Stunde sitzen die Menschen noch in den Straßencafés und Restaurants rund um den Ku'damm. So auch im italienischen Restaurant Da Gianni am Fasanenplatz. Plötzlich peitschen Schüsse durch die Luft, Menschen schreien, einige fallen zu Boden: Von der anderen Straßenseite hat ein 23jähriger Sowjetbürger das Feuer auf die Gäste des Pizzalokales eröffnet: Jegor Walerjewitsch Balaschow. Eindeutig hatte es Balaschow, den die Berliner Kripo für einen eigens aus Moskau angereisten Killer hält, auf eine Gruppe Russen abgesehen, die dort ins Gespräch vertieft an der Pastatafel saß.

Doch eines der potentiellen Opfer schießt zurück. Bilanz des Showdowns, wie man ihn vielleicht nur in Palermo für möglich gehalten hätte: fünf Verletzte, darunter ein unbeteiligter Deutscher.

Balaschow, der selbst verletzt wird, kann später in einem Krankenhaus von der Polizei festgenommen werden. Er schweigt bis heute über Hintergründe und Hintermänner. Die Polizei ist sich dagegen sicher, daß Balaschow – obwohl Russe – zu einer kriminellen Gruppe von Tschetschenen gehört, jenem Volksstamm, der den nördlichen Kaukasus bevölkert. Am 18. Juni 1992 verurteilte das Berliner Landgericht Balaschow zu sieben Jahren und drei Monaten Gefängnis.

Ermittlungsbehörden bis hin zum Bundeskriminalamt glauben, die Schießerei am Fasanenplatz sei die Folge eines Krieges zwischen den beiden verfeindeten Sowjet-Mafiabanden »Racket« und »Dolgoprudnenskaja«, kurz »DK«.

Kriminaloberrat Hartmut Koschny, Inspektionsleiter der Abteilung organisierte Kriminalität bei der Berliner Kripo, vermutet, daß ein Zeichen gesetzt werden sollte. Einer der unter Feuer genommenen Gäste hatte nämlich vor der Polizei in einer Erpressungssache ausgesagt.

Besonderes Interesse haben die Kriminalbeamten an dem

Mann, der zurückschoß: Der in Minsk geborene Russe hielt sich nur kurz in Berlin auf und verschwand darauf spurlos. Am 22. April 1922 allerdings kann er seinen Mördern nicht mehr entgehen: Er wird in Amsterdam von Unbekannten erschossen.

Wenige Wochen später: Fritz Werder (Name geändert) angelt mit Freunden im Töpchiner Obersee unweit der Sowjetgarnison Wünsdorf, als sie eine grauenvolle Entdeckung machen: Zwei aufgedunsene Leichen liegen im Wasser, eigentümlich gefesselt an einen rot-weiß geringelten Betonpfahl, mit dem die russischen Streitkräfte für gewöhnlich ihre Areale markieren.

Bei den Toten handelt es sich um den Russen Jurij Bulgakow (26), genannt »Tolstjak«, der Dicke, und den Tschetschenen Ruslan Beretschetow (22). Am 2. Juli 1991 – so ergaben die bisherigen Ermittlungen – waren sie auf bestialische Weise ermordet worden: Die Killer zerstachen ihre Lungen, schnitten ihnen die Kehlen durch und schlugen ihnen anschließend noch die Schädel ein. Dann banden sie die beiden an den Grenzpfahl, ihre Münder gegeneinander, was nach Ansicht von Experten eindeutig auf einen Ritualmord schließen läßt.

Die Ermordeten waren indes keine Unbekannten: Sie gehörten einer gut organisierten Bande an, die gestohlene Autos in die Sowjetunion verschob. Auch mit Waffen soll die Bande handeln. Bulgakow hatte Verbindungen zum Beck-Mörder Mirsachanjan.

Anführer dieser Gruppe soll ein sowjetischer Asylbewerber namens Jurij aus dem Oberfränkischen sein. Die Autos – vor allem Ladas – sollen angeblich nächtens in Militärwerkstätten frisiert und umgespritzt werden.

Im benachbarten Klausdorf handelt eine andere Exilrussengruppe unter dem Mantel einer Tarnfirma ebenfalls mit Ladas. Probleme gibt es zwischen den beiden Gruppen, nachdem bekannt wurde, daß Beretschetow KGB-Spitzel war.

Unter Mordverdacht nimmt die Potsdamer Kripo später die beiden Exilrussen Albert Saikatowitsch Nurkajew und Jewgenij Feldmann fest. Beide werden jedoch wieder aus der Haft entlassen, weil ihre Tatbeteiligung nicht zweifelsfrei belegt werden kann. Fest steht nur, daß sie die Ermordeten bis zu einer bestimmten Stelle unweit des Sees »begleitet« und dort anderen übergeben hatten. Was dann geschah, liegt bislang weitgehend im dunkeln. Vieles spricht allerdings dafür, daß die Leichen in einem einsam gelegenen Haus an der Landstraße nach Töpchin zwischengelagert wurden, bevor sie im See landeten.

Der Ermordung vorausgegangen ist eine Schlägerei zwischen den verfeindeten Gruppen in der Zentrale der Klausdorfer Schieber-Gang. Die Polizei wird gerufen. Bei der obligatorischen Personenüberprüfung entdecken die Beamten bei einem der später Ermordeten zwei Pässe eines Kasachen. Die seien als Sicherheit für Schulden hinterlegt, erklärt der Paßbesitzer.

Die Pässe müssen noch am selben Tag erneut den Besitzer gewechselt haben, denn als man die Toten schließlich findet, sind die Ausweise verschwunden. Als gesichert gilt, daß der Kasache mit diesen Pässen Deutschland wieder verlassen hat. Bei ihm soll es sich um den Boß der Klausdorfer Bande handeln, den als erfahren und brutal geltenden ehemaligen Afghanistan-Kämpfer Igor Djakow. Die Polizei hat den Mann aus Alma Ata zur Fahndung ausgeschrieben.

Nurkajew galt als zweiter Mann der Gruppe, die sich vor allem aus Krimtataren zusammensetzt. In der Sowjetunion war er wegen Raubes und Erpressung zu sechs Jahren Straflager verurteilt worden. In Deutschland beantragte er dann politisches Asyl.

Nach gesicherten Erkenntnissen der Ermittlungsbehörden handelte Nurkajew unter anderem mit gestohlenen Autos aus Holland und Belgien, mit gefälschten Geburtsurkunden, die er für bis zu 3000 Mark von Sowjetsoldaten kaufte, und mit Rauschgift. Nach seiner Haftentlassung setzte er sich nach Holland ab.

Einfallsreichtum beweist Nurkajew auch, als es um seine Anerkennung als Flüchtling geht: Den zuständigen Behörden legt er eine Geburtsurkunde mit der Nummer 377 260 vor, ausgestellt angeblich am 22. August 1965. Sie weist den am 27. Juli 1965 in Swerdlowsk (heute wieder Jekaterinburg) Geborenen (Geburtenregister Nr. 53) als Sohn einer jüdischen Mutter aus.

Die Urkunde ist gefälscht, ausgefüllt wurde sie von Nurkajews Frau. Der findige Russe ließ das so manipulierte Dokument bei dem Berliner Übersetzungsbüro Intertext ins Deutsche übertragen. Die Übersetzerin erinnerte sich später bei der Polizei, das vorgelegte Dokument sei mit drei verschiedenen Tinten geschrieben worden, was sie freilich nicht davon abhielt, es dennoch zu übersetzen. Aufgeflogen ist die Manipulation vor allem deshalb, weil die von Nurkajew benutzte Originalurkunde in der Russischen Republik, wo Swerdlowsk/Jekaterinburg schließlich liegt, gar nicht verwendet wird.

Der zur Nurkajew-Bande gehörende Russe Roman Uwarow trieb die Manipulation noch weiter: Mit seinem ebenfalls gefälschten Abstammungsnachweis ließ er sich vom Westberliner Rabbi bestätigen, daß er in der Sowjetunion »als Jude galt«. Daß Ausländerbehörden bei solcher Raffinesse restlos überfordert sind, liegt auf der Hand.

Seit fast zwei Jahren ermitteln Sonderkommissionen der Polizei in Berlin und Potsdam, um hinter die gewalttätigen Auseinandersetzungen im Russenmilieu zu kommen.

Doch eines steht offenbar schon fest: Russische Verbrecherbanden sind längst nach Deutschland eingedrungen und sind dabei, ihren Machtanspruch mit äußerster Brutalität durchzusetzen.

Und nicht nur hier: Sie tauchen in Österreich und der Schweiz auf, überfallen Geschäfte, erpressen Landsleute, handeln mit Drogen, so wie der von der Wiener Bundespolizei mit Haftbefehl gesuchte Jakow Djanashiwili aus Tiflis.

Und aus Geheimdienstkreisen erfahren wir: Sogar der KGB, besser gesagt, dessen ehemalige Mitarbeiter, üben sich in Sachen freier Marktwirtschaft. So haben sich ehemalige KGB-Mitarbeiter der Residentur Wien ins liechtensteinische Vaduz abgesetzt und dort die Handelsfirma International Employment Agency gegründet. Womit die Ex-Agenten handeln, ist derzeit noch nicht bekannt.

»Das schlimmste für Deutschland aber sind die Tschetschenen«, warnt Kurus. »Sie sind gut organisiert, unberechenbar und grausam. Das charakterisiert sie. Sie sind anders als die traditionellen ›Diebe im Gesetz‹[7]. Sie sind nicht wie die, die sich die Hände nicht mehr schmutzig machen. Die Tschetschenen machen alles, und wer sich ihnen in den Weg stellt, wird gnadenlos vernichtet.«

Ähnlich wie die sizilianische Mafia strukturiert, gibt es bei ihnen die Blutrache bis ins letzte Glied. Und es gibt einen Ältestenrat, der die Gebiete aufteilt und beschließt, was gemacht wird.

»Die Tschetschenen werden gerne als ›Vollstrecker‹ benutzt«, stellte auch Kripomann Koschny fest. Schon ihr Habitus läßt bei einem, der es mit ihnen zu tun bekommt, keine Zweifel offen, daß es ernst werden könnte. »Es reicht, wenn so einer bei einer ›Unterredung‹ dabei ist, um dem Gegenüber die Ausweglosigkeit seiner Situation klarzumachen«, sagt Koschny.

Eine solche »Unterredung« dreht sich meist um eines: Schutzgeldforderungen. »Ende 1990 erhielten wir die ersten Hinweise, daß in Berlin lebende Exilrussen von Landsleuten aus der damaligen Sowjetunion erpreßt werden«, berichtet die Leiterin der OK-Dienststelle bei der Berliner Staatsanwaltschaft, Monika Diederichs.

»Mittlerweile haben wir etwas über sechzig Strafverfahren. Bis auf einen einzigen Fall – einen Berliner Unternehmer, der aber mit Russen gemeinsame Geschäfte machte – handelt es sich bei allen Geschädigten ausschließlich um Exilrussen«, bestätigt Koschny. Fast vierzig Tatverdächtige wurden ermittelt, zehn davon gingen zeitweise in Haft, einige von ihnen sind jedoch wieder auf freiem Fuß.

»Die Tschetschenen nehmen nicht alles, sie beschränken sich auf bis zu 40 Prozent«, heißt es beim BKA.

Fünftausend Mark war die geringste Summe, die bislang gefordert wurde. Die höchste 100 000 Dollar. Dabei ging es um einen in Westdeutschland praktizierenden Zahnarzt, dessen russische Frau in Berlin einen Kunsthandel betreibt. Eines Tages erscheinen die Russen vor der Praxis des Zahnarztes und fordern ihn auf, in ihr Auto einzusteigen. Als er sich weigert, ziehen sie ihre Waffen. Mit Müh und Not kann er ihnen noch mal entkommen. Doch die Gangster lassen nicht locker und melden sich erneut bei ihrem Opfer. Diesmal wird eine Geldübergabe in Berlin verabredet. Als zwei Tschetschenen das Bare in Empfang nehmen wollen, wartet bereits die Polizei.

Ein BKA-Experte kennt weitere Hintergründe: »Es gibt Anzeichen dafür, daß die Tschetschenen erstmals nach Berlin kamen, weil sie von den dortigen Exilrussen geholt wurden, um interne Auseinandersetzungen zu regeln. Jetzt sind sie da und erpressen ihre russischen Landsleute. Das geht sehr einfach, weil die Russen alle noch Verwandte in der GUS haben. Es wird gedroht, an die Verwandten zu gehen, was in einigen Fällen auch passiert ist.

Solche Erpressungen laufen mitunter ganz freundlich ab: Da erzählt der Tschetschene seinem Opfer, dessen Bruder habe in Moskau ein Auto nicht an einen Tschetschenen verkauft, und dafür müsse er jetzt Strafe bezahlen. Solche Hinweise reichen in der Regel aus.«

Bei der Bekämpfung dieser Art der Schwerstkriminalität stößt die Polizei immer wieder auf schier unüberwindliche Mauern: »Weder die Geschädigten noch die Täter arbeiten sonderlich gut mit uns zusammen. Wir haben deshalb ganz herbe Erkenntnislücken«, klagt Koschny.

Oberstaatsanwältin Diederichs: »Wir erleben vor allem ein Phänomen: Die Opfer ziehen teilweise ihre Aussagen zurück oder beschönigen sie im nachhinein. Oder aber sie machen falsche Angaben, wie sich später herausstellt.« Nicht viel weitergekommen ist die Polizei bei der Suche nach den Hintermännern. Die sitzen, so die Überzeugung der Ermittlungsbehörden, in Moskau.

Antworten zu diesem sonderbaren Opferverhalten finden sich bei der weiteren Spurensuche im Berliner Russenmilieu. Und dabei stoßen wir auf eine andere, schon lange existierende und vielleicht weitaus gefährlichere Mafia – straff organisiert und mit internationaler Verflechtung.

München, Ende September 1991. Es ist elf Uhr abends. Der aus Berlin stammende Exilrusse Efim Laskin (52) steuert seinen 160 000 Mark teuren, roten BMW 850i auf den Parkplatz des Ungererbades. Zur späten Stunde ist er dort noch verabredet.

Am nächsten Morgen wird Laskin gefunden – tot. Zehnmal haben seine Killer ihm ein Messer in den Leib gerammt. Die 7000 Mark Bargeld, die Laskin in der Tasche seiner schwarzen Jogginghose bei sich hatte, rührten sie nicht an.

Die Ermordung Laskins lieferte den Medien damals Anlaß zu den wildesten Spekulationen; die örtliche Polizei hält mittlerweile beinahe jede Erklärung für denkbar, selbst die, daß Laskin von einem nahen Anverwandten – vielleicht aus Eifersucht oder ähnlich niederen Motiven – gemeuchelt wurde.

Nicht so die Berliner Exilrussen: In ihren Kreisen steht fest, Laskin ist einem gedungenen Mörder zum Opfer gefallen. Eine Russin, mit der Szene bestens vertraut, berichtet: »Es ist immer die gleiche Handschrift, bei allen Ermordeten. Den Mördern wird genau gesagt, wie das Opfer umzubringen ist. Ebenso Zahl und Plazierung der Messerstiche. Für die Überlebenden ist dies als Zeichen und Warnung gedacht. So war es auch bei Laskin. Das war ein bestellter Killer.«

In Berlin treffen wir einen Exilrussen, der ein enger Freund des Ermordeten war. Er führt ein feines Restaurant in der Kantstraße, wo sich der wohlhabende Teil der Berliner Exilrussen Abend für Abend ein Stelldichein gibt. »Efim war ein guter und lieber Mensch«, würdigt der Restaurantbesitzer den Verblichenen, »er hat allen Menschen geholfen.« Doch die Theorie vom eifersüchtigen Nebenbuhler entlockt dem eloquenten Russen ein mitleidiges Lächeln: »Das war kein Zufall, aber es ist besser, man fragt nicht nach den Gründen.« Unverhohlen werden wir vor der »Russenmafia« gewarnt, was wir ernst nehmen, vor allem nachdem wir erfahren, daß jener Restaurantbesitzer selbst eine nicht unbedeutende Rolle im Netzwerk der Russenszene spielt.

Wer war Efim Laskin wirklich: Vielleicht ein Mensch mit Herz, bestimmt aber eine der schillerndsten, undurchsichtigsten und einflußreichsten Figuren der Berliner Exilrussenszene. Ermittlungsbehörden auch im Ausland vermuteten in ihm den Drahtzieher einer Gangsterorganisation, die sich mit Ikonenschmuggel, Falschgeld und Rauschgift, Schutzgelderpressung und Betrug beschäftigt. Er soll eine Art Pate gewesen sein. »An Laskin kam keiner vorbei«, so ein Fahnder.

Der geschäftstüchtige Laskin war ständig auf Achse: in Polen, Jugoslawien und der UdSSR, in Israel und den Vereinigten Staaten. Polizeierkenntnissen zufolge hatte er unglaublich gute Kontakte zu allerhöchsten Gangsterkreisen jugoslawischer, tschechischer, polnischer, italienischer und deutscher Nationalität.

Gleichwohl lebte er angeblich von Sozialhilfe, und die Überprüfung seiner finanziellen Verhältnisse nach seinem Tode ergab auch keine Hinweise auf heimliches Vermögen. »Wahrscheinlich hatte er geheime Konten im Ausland«, vermutet ein Beamter des Bayerischen Landeskriminalamtes. »Von irgend etwas mußte er ja seine dauernden Auslandsreisen finanzieren.«

Über Laskin war wenig bekannt: Er war einmal verurteilt worden wegen Falschgeldhandels. Mit Rauschgiftgeschäften wurde er ebenfalls in Verbindung gebracht. In Berlin hatte er Kontakte zu dem mutmaßlichen Camorramitglied Enzo Tagliamento.

Das Bundeskriminalamt hatte herausgefunden, daß 85 Prozent aller Berliner Spielhallen in Russenhand sind. Die Untersuchung von Ende 1988 zeigt, daß 228 Exilrussen an 107 Spielhallengesellschaften mbH beteiligt waren. Auch die Brüder Efim und Valerie Laskin: 1985 stiegen sie in die Dallas Spielhallen GmbH ein, später folgt die Valerie Spiel- und Unterhaltungs GmbH und die B32 Spielhallen Betriebs GmbH. Die Läden gelten vor allem als Geldwaschanlagen. Seit Jahren bestand der Verdacht, Laskin habe auch für den KGB gearbeitet. Entsprechende Anfragen der Polizei in Moskau wurden freilich nie beantwortet.

Kurz vor seiner Ermordung soll Laskin, dessen Bruder Valerie früher eine Ikonengalerie in Berlin betrieb, noch ein großes Geschäft mit den Heiligenbildern über Kontaktleute in Zypern abgewickelt haben[8].

Bei den sowjetischen Ermittlungsbehörden hingegen ist bekannt, daß Laskins Bruder Jurij wenige Tage vor dem Münchner Verbrechen in Moskau Besuch von italienischen Drogenhändlern gehabt hatte, die nach »Brüderchen Efim« fragten. Es schien, als führten jene nichts Gutes im Schilde, offenbar hatte es Streit zwischen dem Berliner Bruder und den Italo-Gangstern gegeben. Ein bekannter Moskauer Mafioso – ein Dieb im Gesetz – fühlte sich jedenfalls noch verpflichtet, für Efim eine Ehrenerklärung abzugeben.

Manches läßt befürchten, daß die Aufklärung des Mordfalles noch in weiter Ferne liegt. Doch Laskin war nicht der einzige Berliner Exilrusse, der mit kriminellen Geschäften ans schnelle Geld kommen wollte.

Ein Paradies für HiFi- und Video-Freaks scheint sie zu sein, die Kantstraße im Berliner Bezirk Charlottenburg: Ein High-Tech-Laden reiht sich hier an den anderen. Rund vierzig Im- und Exportgeschäfte buhlen mit ihrem Angebot an Unterhaltungselektronik und anderen Dingen um die Gunst der Kunden.

Aber neben einer fast identischen Auslage haben die Läden vor allem eines gemein: Sie gehören fast ausschließlich Exilrussen und sind auch sonst auf sonderbare Art miteinander verbunden. »In den Firmen wechseln die Geschäftsführer ständig hin und her, manch einer ist gleich für mehrere Läden tätig. Die Unternehmen sind sehr verschachtelt, und es ist oft gar nicht mehr nachvollziehbar, wer da in den Firmen eigentlich verantwortlich ist«, klagt ein Steuerfahnder.

Schon einmal wollte die Polizei Licht in die Praktiken der agilen Geschäftsleute aus der Kantstraße bringen. Das war Anfang der achtziger Jahre. Schon damals tauchten Namen wie Laskin, Friedmann, Mirnik oder Mewtew auf. Ein Blick zurück: In den siebziger Jahren kamen Tausende der heute in Berlin lebenden Russen – vor allem aus dem Raum Odessa – in den Westen. Die damalige UdSSR-Führung ließ sie nach zähem Ringen schließlich ausreisen, weil sie zum jüdischen Volk gehören.

Statt jedoch, wie beabsichtigt, nach Tel Aviv zu reisen, entschlossen sich einige, gerade bis nach Wien und Rom gekommen, ihre Reisepläne zugunsten Berlins zu ändern. Professionelle »Schleuser« – ebenfalls Exilrussen – halfen ihnen dabei. Die Berliner Behörden sahen über diesen Rechtsbruch mit Milde hinweg.

Auch als sich nach und nach herausstellte, daß nicht wenige der sowjetischen Juden mit gefälschten Papieren ausgereist waren, zeigten die Behörden Nachsicht, obschon es Hinweise gab, daß die Sowjets auch Kriminelle auf diesem Weg in den Westen loswurden: Menschen aber, die aus einem Unrechtsstaat entkommen wollen, so lautete die offizielle Begründung, darf man schließlich nicht vorwerfen, daß sie dazu ihre Papiere fälschen. Hinzu kam freilich die besondere Verantwortung und Verpflichtung, die Deutschland dem jüdischen Volk gegenüber hat.

Großzügigkeit zeigten die Behörden seinerzeit auch bei der Vergabe von Lizenzen für Spielhallen: Ausschließlich Exilrussen konnten sich die begehrten Scheine beim Gewerbeamt abholen, andere Bewerber blieben unberücksichtigt.

Für die Exilrussen muß dies einer Erlaubnis zum Gelddrucken gleichgekommen sein, denn obwohl nur wenig Betrieb in den zahllosen Spielhöllen war, meldeten die Betreiber dem Finanzamt monatliche Umsätze von 200 000 bis 300 000 Mark. Der Verdacht der Geldwäsche kam auf.

Doch eine ganze Reihe der neuen Berliner legte nicht nur gefälschte Abstammungsurkunden vor – einige gaben sogar vor, deutsche Vorfahren zu haben –, sondern auch falsche akademische Diplome, gaben sich als Ärzte, Ingenieure und Professoren aus, mit der Absicht, auf dieser Grundlage höhere Wiedergutmachungszahlungen zu kassieren.

Beinahe zwei Jahre lang ermittelte daraufhin eine »Soko Russen« der Berliner Kripo, trug Beweise über betrügerische Manipulationen und anderes mehr zusammen. Eine ganze Reihe von Betrügern wurde später vor Gericht gestellt und verurteilt.

Bei der Polizei indes war man offenbar davon überzeugt, daß noch mehr hinter dem Exilrussenmilieu stecke. Dann wendete sich überraschend das Blatt. Klaus Hübner, seinerzeit Polizeichef Berlins, erinnert sich:»Irgendwie wurden da mal Signale gesandt, die Sache nicht weiterzuverfolgen.« Auf gut deutsch: die Soko wurde aufgelöst, die Ermittlungsergebnisse verschwanden auf Nimmerwiedersehen in den Schubladen. Hübner:»Wir waren sehr frustriert damals, unsere gesamte Ermittlungsarbeit verlief im Sande. Das ärgert mich noch heute.«

Um so prächtiger entwickelte sich dafür die Exilrussenszene in der noch geteilten Stadt: Sie stiegen vor allem ins Betrugsgeschäft mit falschem Gold und Edelsteinen, Falschgeld und dem Ikonenschmuggel ein. Auch Efim Laskin begann zu dieser Zeit seinen steilen Aufstieg.

Seitdem sich die damalige Sowjetunion allmählich der westlichen Marktwirtschaft öffnete, beteiligen sie sich an Joint-Venture-Unternehmen, die Zweigstellen in Moskau und Leningrad/St. Petersburg haben. Sie liefern hauptsächlich illegal Computer in die UdSSR, so Erkenntnisse des Bundeskriminalamtes.

Auch andere Waren, wie amerikanische Zigaretten, werden fleißig in den Osten verschoben. Das Schlupfloch ist die Stadt Brest an der polnisch-russischen Grenze, und die Schlüsselfigur trägt den Namen Pjotr Bojka. Der Grenzoffizier war zuvor 17 Jahre lang in der ehemaligen DDR bei der damals Roten Armee stationiert, hat aus dieser Zeit glänzende Verbindungen behalten. Die stellt er heute den Schmugglerorganisationen zur Verfügung – gegen entsprechende Beteiligung, versteht sich.

Kurz vor der Wiedervereinigung entdeckten einige Exilrussen neue Geschäftsmöglichkeiten und erschwindelten sich durch umdeklarierte Exportgeschäfte und betrügerische Deals mit Transferrubeln zwischen UdSSR und DDR illegale Subventionsmittel in Milliardenhöhe. Inzwischen haben es diese Leute zu beachtlichem Reichtum gebracht, der Begriff der »Kantstraßen-Mafia« wurde geprägt.

Doch nun sind die Polizeidienststellen mehrerer europäischer Länder, Zoll- und Steuerfahndung einem gewaltigen Verbrechersyndikat auf der Spur: Es geht um einen Multi-Millionen-Mark-Betrug. Im Zentrum des kriminellen Interesses steht erneut die Westgruppe der ehemaligen Sowjetstreitkräfte: Seit der Wirtschafts- und Währungsunion darf die GUS-Armee, wie ehedem die Westalliierten, zollfreie sowie von Mehrwert und Verbrauchssteuern befreite Waren einkaufen.

Als Lieferanten treten vor allem die Firmen aus der Kantstraße auf: Von ihnen beziehen die GUS-Streitkräfte beispielsweise Video- und Fernsehgeräte und was der Mensch sonst noch so braucht. Andere Firmen liefern etwa Lebensmittel und Zigaretten. Allein die Westberliner Firma Mir Trade, deren Eigner Israel Mirnik und Geschäftspartner Juchan Babajew eine Firma gleichen Namens auch in der Wiener Gärtnerstraße haben eintragen lassen, liefert rund die Hälfte aller in Wünsdorf verbrauchten Lebensmittel.

Viele der Waren kommen aber nicht wirklich an: Zwar quittieren russische Armeeangehörige den Erhalt der Waren auf sogenannten Abwicklungsscheinen, auch kassieren die Lieferanten die Steuervergünstigungen, doch ein Großteil geht zurück nach Berlin und wird auf dem freien Markt verkauft. Unterhaltungselektronik, die eigentlich in der Wohnstube eines GUS-Soldaten stehen sollte, geht in der Kantstraße zum vollen Preis vorzugsweise an Polen über den Ladentisch, die das Gerät dann in ihre Heimat schleppen.

Freilich gibt es in der Garnison ein paar windige Offiziere, die an den Deals nicht schlecht verdienen. Einige unterhalten sogar Konten bei Berliner Banken. An die wirklichen Drahtzieher auf seiten der Armee ist man bislang allerdings nicht herangekommen.

Dagegen ermittelt die Berliner Staatsanwaltschaft inzwischen gegen fast vierzig Westberliner Firmen. »Die Größenordnung, um die es dabei geht, wird die 100-Millionen-Mark-Grenze überschreiten«, meint Thomas Schmidt, Chef der Zollfahndung Potsdam.

Ein wahrhaftig gewaltiges Geschäft: Bei einem Videorecorder etwa sparen die Gangster auf diesem Weg 30 Prozent an Abgaben, da kommen schnell 200 Mark je Gerät zusammen. »Und es geht um ganze Lastwagenladungen voller Geräte«, bedeutet Schmidt. Den Lieferscheinen zufolge müßte jeder in Deutschland stationierte GUS-Soldat zwei Videogeräte besitzen. Ähnlich verhält es sich bei den Lebensmitteln: Jeder Soldat müßte beispielsweise fünf Eier täglich essen, damit die Rechnung aufgeht.

Geliefert werden überdies schlechte Waren, die sonst niemand kaufen würde: Allein in den ersten acht Monaten 1991 sind für mehrere Millionen Mark minderwertige oder teils verdorbene Lebensmittel an die GUS-Streitkräfte verkauft worden, berichtet Militärstaatsanwalt Kurus.

Unbeantwortet bleibt bislang die Frage, warum die Armeeangehörigen, einfache Soldaten wie Offiziere, dies klaglos hinnehmen. Darauf kann es eigentlich nur eine Antwort geben: Weil die meisten der GUS-Soldaten und Offiziere so lange wie möglich im Westen bleiben wollen, hüten sie sich davor, den Mund allzuweit aufzureißen und beißen statt dessen lieber in den verfaulten Apfel. Bloß, wessen Macht ist in den Wünsdorfer Kasernen so groß, daß er die Massen zum Schweigen bringen kann...?

Aber auch in umgekehrter Richtung funktioniert der Mega-Deal: Die GUS-Streitkräfte sitzen noch auf riesigen Mineralölbeständen, die sie nun steuerfrei an westliche Firmen verkaufen dürfen. Die wiederum müßten den Kauf beim Zoll anmelden und nachversteuern. Hier ist die Kantstraßen-Mafia gleichfalls dick im Geschäft. An der Steuer vorbei verkaufen sie den Rohstoff an Baufirmen in Ostdeutschland und ehemalige Landwirtschaftliche Produktionsgenossenschaften (LPG) für fünf bis sechs Pfennig unter dem regulären Marktpreis. Die Gewinnspanne beträgt rund 60 Pfennig je Liter. Dem Staat gehen so zig Millionen Mark durch die Lappen.

Neben der Kantstraße spielen bei diesen kriminellen Transaktionen weitere Firmen, die in der Berliner Bülowstraße ihren Sitz haben, eine besondere Rolle: Deren Geschäfte haben einen größeren Umfang, sind noch schwieriger zu kontrollieren, denn sie verschieben die Waren nicht mehr wirklich, sondern ausschließlich auf dem Papier. In der Bülowstraße 105 sind allein in einer Wohnung sechs solcher ominösen Firmen untergebracht. Sie sind allesamt wiederum eng mit der Kantstraße verflochten. Die Ermittler staunen bisweilen über eigenartige Geschäftspraktiken: Da wird beispielsweise billige Unterhaltungselektronik aus Südostasien per Luftfracht zunächst nach New York, dann weiter über Hamburg nach Moskau geschafft. Die Kosten für den Transport übersteigen den Warenwert bei weitem. Über den Hintergrund solch kostspieligen Verhaltens können Polizei und Staatsanwaltschaft nur spekulieren. Daß so Drogen transportiert werden, halten sie jedenfalls für möglich.

Auf der Suche nach den Drahtziehern stoßen wir auf ein weltweit geknüpftes Firmenkonglomerat: Unsere Nachforschungen über die Firmen in der Kant- und Bülowstraße sowie die Geldflüsse führen schließlich zu dem Exilrussen Mosche Ben-Ari.

Der Unternehmer ist einer der wichtigsten Lieferanten für die GUS-Armee und hält zahlreiche Fäden in der Hand. Eine seiner Firmen ist die Anfang 1991 am Ku'damm gegründete American Eagle, von der sich übrigens auch beim toten Laskin Unterlagen fanden. In der Uhlandstraße kann die Ben-Ari-Firma M&S-International auf ein Stammkapital von immerhin 1,2 Millionen Mark verweisen. Cash eingezahlt!

Um so mehr verwundert es, daß sich die Firma offenbar keinen eigenen Telefonanschluß leisten kann oder will. Statt dessen meldet sich unter der angegebenen Telefonnummer die Exilrussenfirma Irina Textil Im- und Export.

Doch dann geschieht Merkwürdiges: Ende März 1992 – die Ermittlungen laufen auf Hochtouren – wird American Eagle plötzlich liquidiert: von Ben-Ari selbst. Aber nahtlos entsteht eine neue Firma mit dem Namen Stars and Stripes am gleichen Ort. Fahnder vermuten, daß American Eagle, in großangelegte Betrügereien verwickelt, zu bekannt wurde, um weiter existieren zu können. »Solche Firmen zerfließen einem zwischen den Händen«, klagt Zollfahnder Schmidt. »Wir bekommen das langsam nicht mehr auf die Reihe«, stöhnt auch ein BKA-Ermittler.

Mosche Ben-Ari ist ein Mann von internationaler Prägung: Er hat Vollmacht für Geschäftskonten einer Holding in Luxemburg. Das Firmengeflecht der Berliner Exilrussen in Kant- und Bülowstraße schließlich läuft in einer von ihm gegründeten Briefkastenfirma in Antwerpen zusammen, wo er eng mit einem in Belgien lebenden Exilrussen namens Rachmil Brandwain und dem Polen Ricardo Fancini aus Kattowitz verbunden ist. Von dort schließlich gibt es Verbindungen nach London und New York, nach Österreich, in die Schweiz und nach Liechtenstein, ja selbst nach Hongkong, Korea und Singapur.

Gerade in der belgischen Metropole leben zahlreiche Exilrussen. Ihr Geschäftszentrum wird im Volksmund »Roter Platz« genannt. Neben der Unterhaltungselektronik sind sie vor allem im Diamantenhandel tätig. Nach Erkenntnissen deutscher Ermittlungsbehörden sollen sich »berühmte sowjetische Straftäter« in Antwerpen aufhalten.

»Leute aus dem Diamantenhandel sind heute ins Milieu der organisierten Kriminalität verstrickt«, hören wir vom belgischen OK-Fahnder Willi van Mechelen. »Das waren oder sind meist respektable Leute, vor allem polnische und sowjetische Juden, die auch gute Verbindung zu unseren Politikern haben.«

Gerade aber das Diamantengeschäft ist eine ideale Tarnung für allerlei kriminelle Transaktionen. Da es meist ohne jeden Schriftverkehr, sondern nur auf Vertrauensbasis abläuft, läßt sich hinterher nicht mehr nachvollziehen, woher das viele Geld tatsächlich stammt. Van Mechelen: »Diese Leute sind sehr reich.« Sie haben gute Verbindungen nach Pforzheim und Frankfurt, nach New York und Los Angeles.

Die belgische Polizei vermutet, daß gut fünf Prozent der Diamantenhändler in den internationalen Rauschgiftschmuggel verwickelt sind. Vielleicht ist so auch zu erklären, daß die Ermittlungen im Fall der Antwerpener Briefkastenfirma Ben-Aris von der belgischen Rauschgiftpolizei CBO geführt werden.

In einem ganz anderen Zusammenhang stoßen wir nochmals auf den Namen Ben-Ari. Die Geschichte geht auf August 1984 zurück: Damals bekam der Berliner Kriminelle Hilmar Hein von arabischen Terroristen den Auftrag, den libyschen Revolutionsführer Ghaddafi zu ermorden. Zehn Millionen Mark sollte er dafür bekommen.

Aus dem geplanten Attentat wurde nichts, aber andere Menschen starben am Rande dieser Verschwörung, etwa in London der libysche Kaufmann el-Saber. Er wurde in seiner Wohnung erschossen.

Die Waffe, mit der das Verbrechen an dem Libyer begangen wurde, hatte Hein nach London geschafft, will sie aber dort angeblich an nicht näher bekannte »andere« weitergegeben haben. Deshalb konnte er auch nicht wegen Mordes, sondern nur wegen Beihilfe zum Mord vor Gericht gestellt werden.

Mit Hein in London war seinerzeit Ben-Ari. Was er da gemacht hat, ist bis heute nicht zweifelsfrei geklärt. Er selber sagte, er habe mit Hein geschäftlich zu tun gehabt. Was für Geschäfte man mit einem »Söldner-Terroristen« machen kann, diese Frage hat uns bis heute niemand beantwortet. Ben-Ari wurde wegen dieser Sache jedenfalls nie vor Gericht gestellt.

Zurück nach Ostdeutschland: Eine weitere Schlüsselfunktion erfüllen die russischen Einkaufsgenossenschaften, genannt TBP. Ihre Zentrale sitzt in der Leipziger Lumumbastraße. Sie ist die entscheidende Instanz für alle, die mit den Streitkräften Geschäfte machen wollen, wird deshalb auch »das Ministerium« genannt. Schon zu DDR-Zeiten öffneten oft nur Schmiergelder die richtigen Türen. Acht Abteilungsleiter wurden dort mittlerweile verhaftet, ihres Amtes enthoben oder sind auf der Flucht.

Eine zentrale Rolle in dem Millionendeal spielte bis Dezember 1991 der Oberstleutnant Iwan Danilow, Einkäufer bei der TBP in der Dresdner Hospitalstraße. Nachdem er von deutschen Zollbeamten aus seinem Arbeitszimmer heraus verhaftet wurde, gerieten die russischen Mafiosi offenbar in Panik. Frau und Kinder Danilows wurden von Gesandten der Russenmafia – drei Offizieren, darunter ein ehemaliger Politoffizier – mit dem Tod bedroht. Als sie daraufhin in Sicherheit gebracht werden sollten, kommt es fast zu einer Schießerei zwischen russischer Mafia und deutschen Ermittlern.

Dazu heißt es in einem internen Bericht des Bundesfinanzministeriums vom 20. Januar 1992: »Beamten des Zollfahndungsamtes Dresden gelang es, die gefährdeten Personen zur Staatsanwaltschaft zu bringen. Der Abtransport wurde durch etwa 15 bewaffnete Russen in Zivil behindert. Dabei kam es nahezu zum Schußwaffengebrauch durch die Russen. Anschließend wurde die Familie in Räumlichkeiten der Dresdner Polizei untergebracht, um sie vor Verfolgern der russischen Mafia zu schützen, die das Gebäude der Staatsanwaltschaft mit ihren Fahrzeugen umkreisten.«

Doch die Russen geben noch nicht auf. Am 19. Januar versuchen vier Russen in Zivil und zehn Uniformierte den ermittelnden Staatsanwalt Peter Jessen auf dem Dresdner Hauptbahnhof zu entführen. Der konnte sich gerade noch in die Wache der Bahnpolizei retten. Die Polizei vermutet, Jessen sollte als Geisel genommen werden, um Danilow freizupressen.

Nach diesem bislang einmaligen Vorfall wird der so begehrte

Russe am darauffolgenden Montag nach Stuttgart-Stammheim ausgeflogen und im Hochsicherheitstrakt der Haftanstalt untergebracht. Schmidt: »Wir mußten befürchten, daß er gewaltsam befreit werden sollte, und wir konnten in Dresden nicht mehr für seine Sicherheit garantieren.«

Aus dem starken Interesse der Russen an Danilow schließen die Ermittlungsbeamten, daß der »Festgenommene einer ist, der viel weiß«. Die Gangster tun alles, um die Ermittlungen zu behindern: Es werden falsche Fährten gelegt, und im Vorfeld der Untersuchung werden russische Staatsanwälte bedroht, einer wurde sogar mit dem Auto von der Straße abgedrängt.

In Berlin fällt ein Exilrusse aus unerklärlichen Gründen in den Landwehrkanal, und in der Grainauer Straße im Stadtteil Wilmersdorf springt eine polnische Haushälterin aus dem Fenster acht Meter in die Tiefe, weil sie zuvor von ihren Arbeitgebern, kaukasischen Banditen, gefoltert worden war. Angeblich soll sie 50 000 Mark geklaut haben, Geld, das durch Betrügereien verdient war. Und immer wieder führen Spuren in die Kantstraße.

Das Beispiel Kantstraßen-Mafia belegt, wie es kriminellen Organisationen selbst in Deutschland gelingt, ein paralleles Wirtschaftssystem, die sogenannte Schattenwirtschaft, zu installieren.

Hier schließt sich übrigens wieder der Kreis zu den Tschetschenen: Moskauer Ermittler haben Erkenntnisse, denen zufolge Tschetschenen mit Exilrussen in solchen »Joint-Venture-Untenehmen« zusammenarbeiten. Sie sind dort als Geschäftsführer eingesetzt, halten sich aber zurück und beobachten nur. Wenn sie genügend Einblick in die illegalen Geschäfte ihrer »Partner« gewonnen haben, erpressen sie diese damit. Die Russen nennen dies »Erpressung von innen«. Somit erklärt sich auch, daß die Erpreßten nur eine geringe Neigung verspüren, ihre Probleme der Polizei zu offenbaren: Schließlich müssen sie damit rechnen, daß ihre eigenen kriminellen Geschäfte ans Tageslicht kommen.

»Die russische Kriminalität ist hier erst im Aufbau«, schätzt Militärankläger Kurus. »Die Tatsache, daß so viele sowjetische Kriminelle hierherkommen, zeigt, daß die Gesetze hier zu milde sind«, lautet sein Urteil. »Und unsere sowjetischen Gangster verbrüdern sich sehr schnell mit den Jugoslawen und Türken. Das haben wir alles schon erlebt.

Im Herbst 1990 haben wir wenige Meter vor der Garnison einige russische Emigranten festgenommen, die mit gestohlenen Autos handelten. Wir übergaben sie der deutschen Polizei. Die ließ sie schließlich wieder laufen, mit der Aufforderung, Deutschland zu verlassen. Doch die sind heute noch hier.«

Schlechte Zeiten sieht der praktisch denkende Kurus kommen, wenn der letzte GUS-Soldat erst einmal abgezogen ist und mit ihm die Militärstaatsanwaltschaft. Jetzt helfen die russischen ihren deutschen Kollegen ohne viel Aufhebens schnell und unbürokratisch: Anruf genügt. Doch später einmal werden umständliche Rechtshilfeersuchen notwendig werden.

Eine Schlüsselrolle wird in der näheren Zukunft vielleicht auch das Baltikum spielen. Bei zahlreichen »Vollstreckern« der Russenmafia taucht als Geburtsort Kaunas in Litauen auf, und ein Experte versicherte uns, die »Kaunaser Mafia« sei bekannt und berüchtigt.

Wir wurden informiert, daß Moskauer Gangster dabei sind, einen Menschenhandel aufzuziehen. Ahnungslose Frauen und Mädchen werden in Moskau als Putz- und Küchenhilfen für den Westen angeworben und zunächst nach Vilnius, der Hauptstadt Litauens, gebracht. Dort bekommen sie Papiere und ein Flugtikket nach Frankfurt am Main – einfach. Jugoslawische Zuhälter warten in der Mainmetropole bereits auf die menschliche Fracht aus dem Osten.

Auch die Wege für den Opiumhandel sind längst vorbereitet. Kurus: »Es wird heute schon aus der GUS geliefert. Der Grund sind die durchlässigen Grenzen seit dem Zerfall der UdSSR. Und ab dem 1. Juli 1992, wenn die freie Ausreise möglich wird, kann man nur noch aufpassen. Die deutschen Behörden sollten doch mal bei uns nachfragen, wer da so alles kommt«, schlägt er vor. »Aber das tut keiner.«

Die Mafia aus dem Reich des Sozialismus

Kann es sein, daß unter der kommunistischen Diktatur eine Mafia blüht und gedeiht, die so manchen italienischen Mafioso als Sonntagsschüler dastehen läßt? Die Antwort ist ein eindeutiges Ja! Und sie existiert schon seit uralten Zeiten, erzählt uns Alexander I.

74

Gurov, zu einer Zeit, da es die Sowjetunion und Gorbatschow als ihren Präsidenten noch gab, Chef der Abteilung organisierte Kriminalität im russischen Innenministerium in Moskau.

Nun könnte man vielleicht meinen, in einem Land, in dem so ziemlich alles zusammengebrochen ist, hat auch die Mafia kaum ausgeprägte Überlebenschancen. Doch das Gegenteil ist der Fall: Die Mafia ist das einzige Unternehmen, das in der zerfallenen Sowjetunion perfekt funktioniert. Etwa 500 Banden und 200 Syndikate haben das Riesenreich unter sich aufgeteilt, die am besten organisierten und stärksten beherrschen die Städte. Die Luft ist dort mitunter so bleihaltig, daß man die finsteren Winkel Siziliens zu Zeiten der brutalsten Mafiakriege geradezu als Erholungsgebiete bezeichnen könnte.

»Die Mafia in der Sowjetunion unterscheidet sich grundlegend von der italienischen, japanischen, amerikanischen und jeder anderen, ebenso wie sich unsere Wirtschaft mit ihren ständigen, dem Ausländer schwer zu erklärenden Mangelerscheinungen von der Wirtschaft entwickelter kapitalistischer Länder unterscheidet«, schreibt der *Iswestja*-Journalist Andrej Illesch in seinem Buch über die Sowjetmafia[9].

Das entscheidende ist aber: Wohl nirgends auf der Welt, vielleicht mit Ausnahme Japans, sitzt die Mafia in höchsten Regierungsräten, läßt sich mitunter schon gar nicht mehr vom Staat unterscheiden, denn die Nomenklatura und der Staatsapparat sind Teil dieser Organisation. Die Mafia ist vor allem ein Produkt der ehemals herrschenden KPdSU. Dies ist ein offenes Geheimnis in der ehemaligen UdSSR, und dort wundert sich auch keiner darüber.

»Unsere Mafia ist nicht nur organisierte Kriminalität, das ist staatliche Kriminalität. Das ermöglicht ein ganz anderes Organisationsniveau. Das sind keine bewaffneten Banden, die ein paar Beamte bestechen. Ernsthaft über unsere Mafia zu reden hat nur im Kontext mit der realen staatlichen Macht Sinn, wenn alle ihre Attribute wie Staatskasse, Armee, Miliz, Gericht einbezogen werden«, stellt der Journalist Illesch fest[10]. Auch die Polizei weiß dies. Die Strukturen konnten sich verfestigen, weil es der Polizei immer verboten war, gegen Funktionäre zu ermitteln. Sie durfte nicht einmal Material sammeln.

Die sozialistische Plan- und Mangelwirtschaft hat die Mafia erst geschaffen. Wo Mangel herrschte, fanden sich sofort welche, die bereit und in der Lage waren, diesen Mangel zu beheben – gegen entsprechende Rubel natürlich. Und dann gab es noch die, die an den Mangelbeseitigern verdienen wollten und so fort. Das war im Chicago der Prohibition, wo Mangel an Alkohol herrschte, nicht anders. Nur, daß in der Sowjetunion grundsätzlich Mangel an allem herrschte. Und oft genug wurde dieser Mangel erst künstlich geschaffen, wurden Warenlieferungen – von Moskau zugewiesen – in dunkle Kanäle umgeleitet.

Während die regulären Fabriken Schrott produzierten – sie bekamen meist nur schlechte Rohstoffe zugeleitet, und die oft zu spät –, gediehen die »Untergrundfabriken«. Es entstand die Schattenwirtschaft, die *Tenewaja Ekonomika,* das einzige, was jahrzehntelang im Sowjetsystem funktionierte.

Ein gutes Beispiel ist das der usbekischen Baumwollmafia, die mit gefälschten Planergebnissen jahrelang die Staatskassen plünderte. Die Fäden dieser Mafia reichten bis in die Staatsspitze, selbst Breschnews Schwiegersohn Juri Tschurbanow war darin verwickelt.

Die usbekischen Mafiosi rechneten jährlich sechs Millionen Tonnen Baumwolle ab, 4,5 Millionen Tonnen mehr, als produziert wurden. Für diese sagenhafte Meisterleistung agrarischer Tausendsassas ließen sie sich mit Orden behängen (vom Leninorden und »Held der Sowjetunion« abwärts) und kassierten vom Staat die stattliche Summe von 40 Milliarden Rubel.

Die ganze Tragweite kam nach dem Tod des »Königs von Usbekistan«, dem Parteiboß der Republik, Sharaf Raschidow, ans Licht. Vorher waren seriöse Ermittlungen überhaupt nicht möglich. Auch heute noch werden die Ermittlungen aus dem Staatsapparat immer wieder behindert und sind nicht wirklich abgeschlossen. Doch die bislang bekanntgewordenen Ergebnisse sind beeindruckend: Rund 18 000 Personen wurden aus der Partei ausgeschlossen, gegen 300 Angestellte des Innenministeriums und 600 leitende Funktionäre wurden Verfahren eingeleitet, ebenso wie gegen 30 Mitarbeiter der Staatsanwaltschaft. Die Zahl der übrigen Beschuldigten geht in die Tausende.

»Das organisierte Verbrechen in der Sowjetunion ist wie ein Hochhaus, in dem die obersten Stockwerke von der Partei bewohnt werden«, zitiert *Die Zeit* einen Moskauer Mafioso[11].

Beliebt bei der Sowjetmafia sind Joint-Ventures mit westeuropäischen oder US-amerikanischen Unternehmen. Auf keine andere Art läßt sich leichter Geld ins Ausland transferieren.

Auch Glasnost und Perestroika haben an dieser Entwicklung nichts geändert, werden es nicht, solange der Staat dirigistisch eingreift und Unternehmer, die Rohstoffe benötigen, diese nur bekommen, wenn sie zuvor entsprechende Stellen geschmiert haben.

Im Gegenteil: Die Mafia bedroht die demokratischen Bemühungen in der ehemaligen Sowjetunion. Durch die Umverteilung – die Armen werden ärmer, die reichen Mafiosi noch reicher – wächst im Land die Unzufriedenheit, wird der Ruf nach Recht und Ordnung immer lauter. Der Mafia kann das nur recht sein: Unter den alten Zuständen ist sie am besten gediehen.

Aus diesem Blickwinkel müssen auch die Nationalitätenkonflikte im zerbrochenen Riesenreich betrachtet werden. Es gibt Hinweise, daß die sowjetische Mafia die Freischärler in den Konfliktrepubliken Aserbaidschan und Armenien – zum Beispiel mit Waffen und Ausrüstung – unterstützt, während ihre ehemaligen Führer, die abgehalfterten Parteichefs, mit dem Versprechen, »Unter mir wäre das nicht passiert«, in Moskau antichambrieren. Ihnen geht es in der Tat um die Wiederherstellung der alten Ordnung und der Bürokratie, wo sie uneingeschränkt herrschen und absahnen konnten. Und so wäre die Beendigung des Demokratieprozesses in der GUS auch ein Sieg der Mafia.

Racket, wie in den USA die Schläger der Schutzgelderpressung heißen, so heißen sie nun auch in der GUS. Und »Racket« hat alles im Griff, was sich im Zuge der Perestroika an privatwirtschaftlichen Initiativen entwickelt. Schutzgeld muß jeder zahlen – ausnahmslos, versichern Moskauer Polizeiexperten –, natürlich auch all die kleinen Kriminellen, vom Schmuggler und Schwarzhändler bis hin zur Prostituierten und ihrem Zuhälter. Aber vor allem die neu entstehende Wirtschaft, die auf staatliche Genehmigungen und Rohstoffe angewiesen ist. Insofern hat sich am alten Beziehungsgeflecht nichts geändert. »Und mit einem weiteren Eindringen der organisierten Kriminalität in unsere Wirtschaft und Politik muß gerechnet werden«, davon ist auch Mafiabekämpfer Gurov überzeugt.

Daneben ist die sowjetische Mafia freilich in den klassischen

Bereichen der organisierten Kriminalität tätig: dem illegalen Glücksspiel und dem Rauschgifthandel. Nur allzuoft wird im Westen vergessen, daß die ehemalige Sowjetunion auch ein Rauschgiftproduzent und Lieferant für Haschisch und Opium ist. Die Hauptanbaugebiete liegen in den mittel- und zentralasiatischen Republiken wie Usbekistan, Kasachstan, Kirgisien, Aserbaidschan. 1989 wurden dort 1442 Mohn- und Hanffelder entdeckt. Im Tschu-Tal Kasachstans etwa wächst wilder Hanf auf etwa vier Millionen Hektar. Rund 130 000 Sowjetbürger sind derzeit »offiziell« als Drogenkonsumenten registriert, und der Drogenumsatz wird auf etwa 14 bis 15 Milliarden Rubel jährlich geschätzt[12]. Der Preis für ein Gramm Heroin ist in den vergangenen sechs Jahren von fünf bis sechs auf 100 bis 200 Rubel gestiegen.

In der gesamten ehemaligen UdSSR hat sich die Kriminalität 1989 um 32 Prozent erhöht, 2 461 692 Verbrechen wurden registriert, 1 303 958 Verbrecher wurden festgenommen. Doch die wirkliche Zahl der Verbrechen dürfte um ein Vielfaches höher liegen, hält man sich vor Augen, daß etwa bei Diebstahl und Korruption nur etwa fünf Prozent aller Fälle bekanntwerden.

Die Mafiosi unterhalten Armeen brutaler Schläger, die ihre Opfer auch foltern, wenn sie nicht freiwillig zahlen. Am schlimmsten breiteten sich die Gangster in Moskau aus, so schlimm, daß Ex-Präsident Gorbatschow verstärkt Milizen und Panzerwagen auf die Straße schickte – diesmal zum Schutz der Bürger.

Eine Episode, die die Härte des sowjetischen Gangstertums belegen soll, weiß auch ein BKA-Beamter zu erzählen. Anläßlich einer Dienstreise der Bundesfahnder nach Moskau wurden er und seine Kollegen in ein feines Moskauer Restaurant geführt. »Dort saßen an einem langen Tisch etwa vierzig Mitglieder einer Moskauer Bande und feierten. Es wurde viel getrunken, und irgendwann gab es plötzlich Streit.« Die Auseinandersetzung eskaliert, die tobenden Bandenmitglieder können schließlich nur noch von der OMON, einer bis an die Zähne bewaffneten Antiterroreinheit, in Schach gehalten werden. »Die sind wie Tiere in Seidenanzügen, und in Moskau sagte man uns, in spätestens zwei Jahren sind die auch bei euch«, so der BKA-Mann.

Die Automafia

Es ist 19.17 Uhr, Freitagabend, der 1. November 1991: Der 41jährige Pole Zbigniew Nawrot, Geschäftsmann in Hamburg, geht gemeinsam mit seiner Freundin zu seinem roten Ferrari Testarossa, den er vor dem Restaurant Çati in der Hamburger Poolstraße geparkt hat. Er öffnet den Wagenschlag und will sich gerade hinters Steuer setzen, da erschüttert eine gewaltige Explosion das Viertel, Scheiben in den umliegenden Häusern fliegen heraus, der Ferrari steht in Flammen, und Nawrot wälzt sich, eine lebende Fackel, auf dem Asphalt. Er und seine Lebensgefährtin werden mit schwersten Verbrennungen in die Klinik eingeliefert. Nawrot erliegt am 19. November seinen Verletzungen.

Erste Ermittlungen ergeben, daß die Attentäter osteuropäischen Sprengstoff verwendet haben, vermutlich über Funk gezündet. Ein Bombenattentat wie im besten Agententhriller. »Das sind amerikanische Zustände«, erregt sich dann auch Hamburgs LKA-Chef Wolfgang Sielaff.

Seit drei Jahren hatte Nawrot eine Im- und Exportfirma in der Ditmar-Koel-Straße im Viertel zwischen Michel und Landungsbrücken. Dies gilt seit einiger Zeit als das Zentrum der polnischen Schattenwirtschaft in Hamburg.

»Nawrot war einer von vier ›Großen‹«, zitiert die *Hamburger Morgenpost* einen Polen. »Dort wird mit allem gehandelt, was im ehemaligen Ostblock begehrt und teuer ist, große Gewinne verspricht«, verrät uns ein Kriminalbeamter, »vor allem Spirituosen, Zigaretten und Elektrogeräte.« Ein wenig erinnert uns dies an die Berliner Exilrussenszene aus der Kantstraße.

Verwickelt war Geschäftsmann Nawrot vermutlich in eine breite Palette krimineller Aktivitäten, mit der seit einigen Jahren die polnische Mafia von sich reden macht: Zigarettenschmuggel, Drogenhandel, Autodiebstahl und -schiebereien. Und Nawrot mischte ganz oben in der Spitze mit, heißt es. Da es aber über seine geschäftlichen Unternehmungen keinerlei schriftliche Aufzeichnungen gibt, kann dies keiner belegen. Gleichwohl darf man sich fragen, mit welcher Art von – nach außen hin nicht erkennbaren – Geschäften man genug Geld verdient, um sich einen 300 000 Mark teuren Sportwagen leisten zu können.

Das Geschäft florierte: Mehrmals die Woche wurde er am

Grenzübergang Pomellen gesichtet, wie er mit Koffern voller Geld in seine Heimat einreiste. »Das wurde von Mal zu Mal mehr«, berichtet ein polnischer Zollbeamter. Kein Wunder: Pro Container geschmuggelter Zigaretten stecken die Bosse 350 000 Dollar Gewinn ein. Vor allem aus Holland, aus Bremen und Hamburg kommt die Schmuggelware.

Wenige Wochen nach der Tat gelang es der Hamburger Kripo in Zusammenarbeit mit ihren polnischen Kollegen die drei Attentäter dingfest zu machen. Die drei Polen (»Bauerntölpel«, so ein Kripomann) hatten Spuren hinterlassen. Ein Zeuge hatte sie beobachtet und sich ihre Autonummer notiert. Auch der Auftraggeber des Mordes ist mittlerweile bekannt: Es handelt sich um einen 30jährigen Geschäftsmann aus dem polnischen Beelitz, der dort ein Geschäft für Elektrogeräte betreibt. Nach ihm wird international gefahndet, zuletzt soll er sich in Brasilien aufgehalten haben.

Für Siggi Konrad von der Hamburger Kripo sind noch viele Fragen im Mordfall Nawrot ungeklärt, auch wenn er drei Täter hinter Gitter hat. So ist nicht klar, ob der Beelitzer Pole nicht vielleicht nur ein Zwischenmann gewesen ist und ganz andere Größen dahinterstecken. Vor allem die Frage nach dem Motiv wartet auf Beantwortung: »Man muß danach aber auf jeden Fall im geschäftlichen Umfeld Nawrots suchen«, sagte er uns. Doch die halten alle dicht, keiner will etwas gesehen oder gehört haben. Konrad: »Da kommt man nicht weiter.«

Schon einmal hatten die polnischen Gangster Bombengrüße für ihren Landsmann: Das war am 27. September 1991 am Tor zur Tiefgarage des Hauses Kurze Straße Nr. 7, unweit vom Ort des zweiten Anschlags entfernt. Dort wohnte Nawrot, und die Bombe explodierte, kurz nachdem er seinen Ferrari in der Tiefgarage geparkt und diese verlassen hatte. Unklar ist, ob der erste Anschlag als Warnung gedacht war oder einfach nur danebenging.

Konrad ist dagegen überzeugt, daß die Bomben auch symbolische Bedeutung hatten: »Wenn man jemanden umbringen will, geht das einfacher.« Explosionen von Autobomben aber erregen Aufmerksamkeit. So etwas kann als Warnung für andere dienen. Auf eine Antwort auf diese Frage wird Konrad wohl noch lange warten müssen, denn selbst wenn der Beelitzer Elektrohändler gefaßt werden sollte, ist nicht gewiß, daß er auch redet.

Seit dem Niedergang der östlichen Diktaturen und den damit verbundenen Grenzöffnungen hat ein beispielloser Kiminalitätsimport in die Bundesrepublik eingesetzt. Die polnische Automafia ist in Berlin, Hamburg, Frankfurt, Stuttgart und München zugange. Neben den Autoschiebereien betätigen sie sich im Handel mit synthetischen Drogen, den Amphetaminen, die sie in ihrer Heimat herstellen.

Rumänische Roma-Familien schicken ihre Kleinsten gezielt auf Bettel- und Diebestour. Auch für Wohnungseinbrüche wird der Nachwuchs ausgebildet. »Was da aus dem Osten herüberkommt, ist meistens kriminell«, weiß ein BKA-Fahnder. Die Gründe sind so simpel wie einleuchtend: Die anständigen Menschen in diesen Ländern haben oft kaum die finanzielle Möglichkeit, noch kennen sie die Wege, um ihren armseligen Verhältnissen in Polen, Rumänien oder Bulgarien zu entkommen.

Seit 1987 treibt die polnische Automafia ihr Unwesen in der Bundesrepublik. Begonnen hatte es damit, daß die Diebe die Tankdeckel von Autos (hauptsächlich Golf Diesel) stahlen und damit Nachschlüssel anfertigten. Mittlerweile sind sie jedoch auf andere, lohnendere Objekte umgestiegen: Audi, Mercedes, BMW und Porsche, für die in Polen, aber auch in der ehemaligen Sowjetunion und der ČSFR gute Summen bezahlt werden.

Die Methoden sind vielfältig. So kaufen sich die Diebe in Polen echte Papiere, tragen die Fahrgestellnummern ein und fahren dann damit über die Grenze. Beliebt ist auch der Trick mit den Dublettenkennzeichen: Die Klauer suchen sich zwei nahezu identische Autos (Typ und Farbe). Eines wird geklaut, vom anderen wird die Autonummer in den gefälschten Fahrzeugschein eingetragen. Bei einer Polizeikontrolle fällt dies kaum auf, denn das Autokennzeichen stimmt ja mit dem überprüften Wagen überein und ist zudem nicht zur Fahndung ausgeschrieben.

Doch selten müssen sich die Diebe über solche Fragen den Kopf zerbrechen, denn meistens sind sie mit ihrer Beute schon in Polen, bevor der Besitzer den Diebstahl überhaupt bemerkt. Überführungen dieser Art erfolgen immer im Konvoi, darunter ein völlig legales Auto. Drohen Schwierigkeiten an der Grenze, benimmt sich der Fahrer im legalen Wagen so auffällig, daß er die Aufmerksamkeit der Zöllner auf sich lenkt; die anderen, gestohlenen Wagen, werden in solchen Fällen erfahrungsgemäß durchgewunken.

Auf Automärkten in Polen wechseln die Karossen dann ihre Besitzer, BKA-Fahnder haben dort schon so manchen im Westen gestohlenen Wagen wiederentdeckt.

Eine exakte Zahl der so operierenden Banden kennt niemand: Fest aber steht, daß sich viele Kriminelle auf diesem Gebiet tummeln, der Markt hart umkämpft ist. Die polnischen Schieberbanden bekriegen sich gegenseitig mit allen Mitteln und äußerster Brutalität. Sie beschießen sich mit Maschinenpistolen und abgesägten Schrotflinten, bewerfen sich mit Brandbomben und Handgranaten. Mitte September erstach ein polnischer Autoschieber die 53jährige polnische Prostituierte Jadwiga Matzen in Hamm. Deren Sohn hatte ebenfalls geschäftlich mit der Automafia zu tun und »vergessen«, einen größeren Betrag abzurechnen.

Als einer der großen Bosse in Polen gilt Nikodem Skotarczak, der von einer luxuriösen Villa in Danzig aus die Fäden zieht. Dabei hatte ihn die bundesdeutsche Justiz sogar einmal in Haft, aber mit einer kaum glaublichen Köpenickiade gelang es dem windigen Polen, aus der Berliner U-Haftanstalt Moabit schon nach einem Tag zu entkommen. Beim Besuch seines Bruders aus Polen tauschte er mit dem Kleider und Rolle und spazierte seelenruhig aus dem Gefängnis. Noch am selben Tag war er nach Polen verschwunden.

Beim BKA nimmt man an, daß Skotarczak eine Bande mit etwa 200 Mitgliedern kontrolliert. Stützpunkte hat er in Berlin, Hamburg, Paris, Prag, Stockholm und Kopenhagen. Neben dem Autohandel ist er in Falschgeld- und Rauschgiftgeschäfte verwickelt, läßt Gold, Diamanten und Ikonen schmuggeln.

Skotarczak und seine Konkurrenten in Warschau, Breslau, Kattowitz, Stettin und Posen verursachen jährlich einen Schaden von etwa einer halben Milliarde Mark. Ein Schaden, den alle Autofahrer bezahlen, denn die Versicherungen machen ihre Einbußen bekanntermaßen über höhere Tarife für ihre Kunden wett.

60 269 Autos wurden 1990 als gestohlen gemeldet, 23 440 davon sind nie wieder aufgetaucht, 38 Prozent mehr als 1989. Und 1991 waren es schon über 87 000 Wagen, die auf die Fahndungslisten kamen. Jeder dritte Diebstahl soll auf das Konto polnischer Banditen gehen. Allein in Berlin und Hamburg sucht die Polizei nach rund 20 000 verschwundenen Karossen.

Doch nicht nur Polen haben das lukrative Autogeschäft entdeckt: Am 6. März 1992 sprengten BKA-Beamte in Frankfurt, Offenbach und Worms einen Autoschieberring, der von Rumänien aus gesteuert wurde, 13 Gangster gingen in Haft. Auch Deutsche sind dabei, darunter allein vier Angestellte der Frankfurter Zulassungstelle. Die hatten komplette Computer-Datensätze für bestimmte Autos herausgegeben. Die Rumänen klauten ein Auto, suchten dann ein identisches Fahrzeug und besorgten sich über die Helfer in der Behörde alle nötigen Daten für einen Kraftfahrzeugschein. Dann ließen sie noch die entsprechenden Schilder anfertigen. Bei den Festnahmen wurden zudem ASU- und TÜV-Plaketten sowie die nötigen Dienstsiegel sichergestellt.

Vor allem verwendete die Rumänen-Gang die Masche mit dem »vorgetäuschten Diebstahl«: Sie mieteten sich teure Autos der Oberklasse. Die Autos wurden dann bis Bratislava, Wien oder Bukarest gefahren und dort übergeben. Der Mieter ging zur Polizei und meldete den Wagen als gestohlen. Dreimal ließ die Bande eigens Exilrumänen aus Florida einfliegen, auf deren Namen die Autos gemietet wurden.

Die Bezahlung läuft oft als Kompensationsgeschäft: Von ihren Auftraggebern bekamen die Autoschieber falsche Dollar, Rauschgift, Kreditkarten, Waffen, die wiederum in Deutschland abgesetzt wurden. So ist es für beide Seiten ein doppeltes Geschäft: Der Auftraggeber wird seine heiße Ware (Rauschgift oder Falschgeld) los, und der Dieb bekommt mehr für die Beute.

»Rumänien entwickelt sich zu einer Drehscheibe für gestohlene Autos«, berichtet der zuständige Ermittler beim Bundeskriminalamt. »Die Wagen gehen weiter in den Nahen Osten, und das Geschäft wird mit Sicherheit zunehmen.«

Auch im Osten, ob nun in der Ex-UdSSR, Polen, der ČSFR oder Rumänien, boomt die Kriminalität wie nie zuvor in der Geschichte dieser Länder: Allein in der ČSFR nahm die Zahl der bekanntgewordenen Delikte um 70 Prozent im ersten Halbjahr 1991 gegenüber dem Vorjahreszeitraum zu. »In den nächsten fünf Jahren müssen wir mit einem weiteren steilen Ansteigen der Kriminalität rechnen«, meint etwa Otakar Osmancik vom Prager Institut für Kriminologie und soziale Prävention.

Besorgniserregend ist für die osteuropäischen Strafverfolger, daß sich ehemalige Mitarbeiter fast aller osteuropäischen Geheimdienste nunmehr im OK-Milieu tummeln. Ob der tschechische StB (Hauptverwaltung Staatssicherheit), der KGB oder die rumänische Securitate – sie sind mittlerweile alle im Geschäft, nutzen ihre alten Verbindungen und Fähigkeiten. Geradezu berüchtigt ist die Bulgarian Connection, wo ehemalige Mitarbeiter des bulgarischen Geheimdienstes Waffengeschäfte und den Rauschgifthandel über die Balkanroute kontrollieren.

Die Zahl der Fälle, in die osteuropäische Täter verwickelt sind, nimmt in der Bundesrepublik zu. Das zeigt vor allem eines: Osteuropas Verbrecher haben Deutschland im Visier. Und wen immer auch wir bei der Polizei fragen, wir bekommen meistens die gleiche resignierte Antwort: »Diesen Mafiabanden kommen wir mit unseren Methoden nicht mehr bei.«

»Machen Sie Ihr Spiel«
In den Fängen der Cosa Nostra

Die Einladung war auf feinstes Bütten gedruckt: In goldener Prägeschrift verwies nur ein einziges Wort auf den illustren Gastgeber: Caesar's. Auch der Ort galt als durchaus angemessen: das noble Hotel Nassauer Hof in Wiesbaden. »Zu Ehren von Willi Schmitz & Ebby Thust«, so steht es auf der Innenseite, wird zum Cocktailempfang und anschließendem Abendessen gebeten.

Am Freitag, dem 3. November 1989, um 19 Uhr traf sich dann in Wiesbaden, was in der internationalen Welt der Roulettekugeln und Black-Jack-Karten Rang und Namen hat. Schneeweiße Rolls-Royce, flaschengrüne Jaguar, schwarze Mercedes-Limousinen glitten vor den Nassauer Hof, die in Frack und Pelz gehüllte High Society entstieg den Karossen.

Die Gastgeber ließen sich nicht lumpen und Speisen und Getränke vom Allerfeinsten auffahren: Hummer, Kaviar und Champagner verwöhnten die Gaumen der noblen Gesellschaft, exotisch gekleidete Schönheiten die Augen. Die Gastgeber hatten es sich etwas kosten lassen, man sah es auf den ersten Blick.

Eingeladen hatten W. Dan Reichartz, kein Geringerer als der Präsident des weltberühmten Casinos Caesar's Palace Las Vegas, Dolores Owens, verantwortliche Vizepräsidentin von Caesar's World International, und Peter Boynton, Präsident von Caesar's Atlantic City. Zweck der Gala: Die Amerikaner suchten für ihre Glücksspieltempel nach neuen Kunden unter den Reichen und Spielwilligen Deutschlands. Und offenbar gibt es genug davon.

Vier Männer aber waren nicht dabei: Louis Faella, Frank Pugliano, John Castagna und John Edward, »Jack«, Farell. Dabei hätten sie doch – wenigsten für einige der Anwesenden – den interessantesten Teil des Abends bestreiten können.

Diese vier Herren aus dem fernen Amerika reisen am liebsten inkognito. Vor allem schätzen sie es nicht, wenn die Polizei erfährt, wo sie sich gerade herumtreiben und aus welchem Grund, denn sie haben schon genügend Probleme: Die vier scheuen Gesellen sind Abgesandte der amerikanischen La Cosa Nostra

(LCN) und gehören zwei berüchtigten Mafiafamilien von der Ostküste der USA an, den Genoveses aus New York und dem Patriarca-Clan aus den Neuenglandstaaten. Unglücklicherweise hatte nun das FBI von ihren Reiseplänen nach Deutschland erfahren, und so zogen es die US-Mafiosi vor, in heimischen Gefilden zu bleiben.

Nicht wegen der Wiedersehensfreude mit alten Bekannten hatten die vier Gangster den langen Weg in Kauf nehmen wollen, handfeste Geschäfte zogen die Cosa-Nostra-Mitglieder nach Deutschland. Nach Erkenntnissen des FBI im Bundesstaat Connecticut beabsichtigten Faella und Konsorten, über die Gründung von neuen Kasinos in Deutschland und illegales Glücksspiel zu verhandeln – ein Geschäftsbereich, in dem noch immer die amerikanische Mafia den Ton angibt.

Und während im Nassauer Hof die Party von einem Höhepunkt zum nächsten trieb, interessierten sich auch andere Herren für die Notablen: Beamte des Bundeskriminalamtes. Die hatten von ihren amerikanischen Kollegen nämlich den entscheidenden Tip bekommen.

Observationsteams wurden in Marsch gesetzt, Telefonüberwachungen geschaltet: Doch die brachten ganz andere Dinge ans Tageslicht, und so stand am Schluß nicht die Zerschlagung eines internationalen Glücksspielrings, sondern – weil manche eben den Hals nicht voll genug bekommen können – die erstinstanzliche Verurteilung von Boxpromoter und Ex-Zuhälter Eberhard, »Ebby«, Thust wegen Erpressung Peter Grafs, Vater der Tennisspielerin Steffi Graf. Die BKA-Beamten sind sich aber noch heute sicher, daß ihnen dadurch ein »Volltreffer vermasselt« wurde.

Das illegale Glücksspiel ist noch immer eines der wichtigsten Standbeine des organisierten Verbrechens. In den verschwiegenen Privatklubs fallen die Würfel auch wenn es um Entscheidungen im kriminellen Milieu geht; sie sind zudem der Jahrmarkt für die Eitelkeiten der Halb- und Unterwelt-Parvenus. Schätzungen zufolge soll es in Westdeutschland etwa 400 bis 500 privat betriebene Spielkasinos geben, die meisten davon illegal. Genaue Zahlen kennt niemand.

Für offiziell zugelassene private Spielkasinos gelten eine Reihe gesetzlicher Bestimmungen; nicht zuletzt müssen die Betreiber eine Unbedenklichkeitsbescheinigung des Bundeskriminalamtes beibringen. Doch das wäre für die Betreiber kein Geschäft mehr: Denn das, was der Staat – der ja selbst gewinnträchtige Kasinos betreibt – seiner privaten Konkurrenz übrigläßt, ist mit einem Murmelspiel vergleichbar. Im besten Falle ließe sich damit soviel erwirtschaften, daß mit Müh und Not die Miete bezahlt werden könnte; vom Personal ganz zu schweigen.

Folglich wird getrickst. Da erfanden die Spielmacher Roulette-Varianten wie »Hadja-Kis-Rouletta 24«, wo es statt der üblichen 37 nur 24 Zahlenfelder gibt und bei dem angeblich schon gewinnt, wer über eine ausreichende Beobachtungsgabe und ein gutes Gedächtnis verfügt. Ähnlich argumentieren ja auch die Hütchenspieler. Die Chance zu gewinnen, tendiert aber gegen null, denn die Möglichkeiten zum Betrug sind vielfältig: Das geht von manipulierten Kesseln mit abgeflachten Stegen, Kugeln, die im Kessel unterschiedliche Geschwindigkeiten haben, bis hin zu Vorrichtungen, mit denen der Kessel vorzeitig abgebremst werden kann. Der auf solche Tricks eingeübte Croupier kann oft genug die Zahlen vorhersagen.

Bei den übrigen Glücksspielkarten sind immer noch die altbewährten Mittel wie gezinkte Karten oder Würfel im Einsatz. Und selbstverständlich die Technik, daß mehrere Spieler gegen einen spielen, ohne daß dieser etwas davon weiß: Alltag in bundesdeutschen Spielklubs.

Obwohl der Gesetzgeber den Höchsteinsatz auf zwanzig Mark beschränkt, wechselt nach Erkenntnissen bundesdeutscher Kasinofahnder so mancher Tausender den Besitzer, wird gespielt mit nach oben offenen Einsätzen – bis beim einen oder anderen wirklich nichts mehr geht. Bis zu 500 000 Mark Gewinn, so ermittelten Polizei und Steuerfahndung, wird monatlich in einem gutgehenden Kasino eingefahren. Daß das Finanzamt davon etwas sieht, darf bezweifelt werden.

Eine weitere Einnahmequelle ist der organisierte Spielbetrug in den etwas mehr als dreißig legalen Kasinos des Landes. Es gibt nicht wenige Berufszocker und reisende Falschspieler, die mittlerweile in fast allen Spielkasinos zwischen Bad Neuenahr und Monte Carlo Hausverbot haben.

Auf einen besonderen Dreh glaubte die Frankfurter Glücksspielszene gestoßen zu sein, um dem Gesetzgeber ein Schnippchen zu schlagen. Bis Anfang 1992 gab es allein in der Mainmetropole 13 illegale Spielkasinos, die als Vereine geführt wurden. Als Vereinszweck gaben die findigen Spieler Unverfängliches wie »Förderung und Pflege der Geselligkeit« oder »gemeinschaftliche Freizeitgestaltung mittels Geschicklichkeitsspielen« an. Fast ausnahmslos alle Gründungsmitglieder sind einschlägig vorbestraft und polizeibekannte Zocker, manche schon seit zwanzig Jahren.

Freilich dient das Aushängeschild »Verein« nur der Verschleierung seines wahren Zwecks. Die geselligen Runden waren nichts anderes als Kasinos, in denen illegales Glücksspiel betrieben wird. Der Aufnahmeantrag für die neuen Mitglieder – oft auch bekannte Zocker, die in den staatlichen Kasinos Hausverbot haben – ist das einzige, was sie von den früheren Kasinos unterscheidet.

Mitspielen durfte deshalb jeder, der in der Lage war, an der Tür seinen Namen unter ein Phantasieformular zu setzen, das nötige Bare vorausgesetzt. Draußen bleiben mußten jedoch die staatlichen Kontrolleure, denn auf Vereine ist das Gewerberecht nicht anwendbar. Und so bemängelte das Frankfurter Ordnungsamt zu Recht, daß der Spielbetrieb ohne gewerberechtliche Konzession und Überwachung lief.

Ein Großaufgebot der Polizei hat diesem Treiben allerdings am 28. Februar 1992 ein vorläufiges Ende gesetzt. Rund 350 Beamte von Kripo, Schutz- und Bereitschaftspolizei aus Frankfurt und Südhessen rückten in jener Nacht ins Frankfurter Bahnhofsviertel ein. Die Spielklubs wurden geschlossen, 144 Personen vorläufig festgenommen. Die gesamte Einrichtung einschließlich der Glücksspielgeräte, Jetons und auch das Geld der in den Klubs anwesenden Spieler wurden beschlagnahmt – insgesamt rund 200 000 Mark. Das in Spielerkreisen geläufige »Nichts geht mehr« hat seitdem in Frankfurt doppelte Bedeutung.

Seit Monaten hatte die Kripo die Aktion vorbereitet und hierfür auch Verdeckte Ermittler in die Kasinos eingeschleust, um den Beweis für das illegale Glücksspiel zu erbringen. Selbst innerhalb des Polizeipräsidiums wurde die Aktion streng geheimgehalten: Die meisten der an der Razzia beteiligten Beamten erfuhren erst wenige Minuten vor dem Einsatz Zweck und Ziel. Damit sollte verhindert werden, daß das Milieu vorzeitig einen Tip bekommt.

Das Stillschweigen machte sich bezahlt: Das Milieu war völlig überrascht. Es blieb keine Zeit mehr, irgendwelche Beweismittel verschwinden zu lassen. Im Vergleich zu anderen OK-typischen Straftaten aber wird das illegale Glücksspiel noch immer wie ein Kavaliersdelikt behandelt: Zwei Jahre Gefängnis sind die Höchststrafe, die Regel sind allerdings eher Geldstrafen von ein paar tausend Mark.

Staatsanwälte hätten illegales Glücksspiel lange Zeit für ein »Bagatelldelikt mit Lästigkeitscharakter« gehalten, meint etwa der Stuttgarter Staatsanwalt Helmut Krombacher. Erst bei den Ermittlungen im Fall des Glücksspielpapstes Manfred Hauschild »haben wir erkannt: Mensch, da wird ja dickes Geld verdient[1].«

Hauschild, der Kasinos in ganz Europa betreibt, war im November 1991 von einer Spezialeinheit der englischen Polizei festgenommen worden, nachdem er aus bundesdeutscher Haft verschwunden war. In Deutschland hatte ihn ein Gericht zu fünf Jahren und sechs Monaten Gefängnis wegen Beamtenbestechung und Steuerhinterziehung in Millionenhöhe verurteilt.

Ein Geschäftsfreund Hauschilds, der Hamburger Rigobert Taubert, in der Szene »der Pate« genannt, konnte sich rechtzeitig nach Polen absetzen: In Warschau, Danzig und Kattowitz, berichtet *Der Spiegel*, investierte er Schwarzgeld in Kasinos, flüchtete weiter nach Thailand und soll sich jetzt auf den Philippinen aufhalten.

Vielleicht gibt es ja einen einleuchtenden Grund für die praktizierte Rücksichtnahme: Nirgends kommen sich Strafverfolger und Kriminelle offenbar näher als in der Glücksspielszene. Journalisten in London hatte Zockerpapst Hauschild gesteckt, »massenhaft« decke die Polizei illegales Glücksspiel mit Millionengewinnen und erhalte dafür diskrete Informationen aus der Halbwelt.

In Baden-Württemberg etwa haben Beamte des Stuttgarter Landeskriminalamtes jahrelang den Griechen Mihail Sainidis gedeckt, der 15 Kasinos im Süddeutschen betrieb und damit Millionen machte. Dem LKA bot er dafür die Möglichkeit, über die Kasinos V-Leute und Verdeckte Ermittler in die Unterwelt einzuschleusen. Das muß so gut funktioniert haben, daß sich das LKA bei den örtlichen Ordnungs- und Polizeibehörden unter anderem für längere Öffnungszeiten der Sainidis-Klubs einsetzten und auch schon mal Razzien verhinderten.

Illegales Glücksspiel: international organisiert

OK-Experte Wilhelm Schwerdtfeger vom LKA in Düsseldorf hat sich ausgiebig mit dem Glücksspielmilieu beschäftigt. Seine Einschätzung: »Auf jeden Fall gibt es einen Zusammenhang zwischen dem Zockermilieu und dem organisierten Verbrechen. In der Bundesrepublik ist es so, daß sich die großen Spieler untereinander alle persönlich kennen und daß sie ihrerseits wieder Verbindungen zu anderen Größen haben, die sich wiederum um andere Bereiche der organisierten Kriminalität kümmern. Die Spieler sind natürlich auch Opfer von Schutzgelderpressungen und Raubüberfällen. Darum brauchen sie Schutz, und den gewähren ihnen wieder andere. Und so verdingen sie sich dann im Einzelfall bei denjenigen Größen, die in dem jeweiligen Gebiet das Sagen haben.«

Gibt es auch Verbindungen zwischem dem illegalen Glücksspiel und dem Handel mit Kokain? »Zum Eigenverbrauch auf jeden Fall. Da gibt es kaum welche, die nicht koksen. Aber andererseits muß ja auch das Geld irgendwo herkommen, das da verspielt wird, und das sind an einem Abend für eine Person nicht selten eine halbe Million Mark. Das kann nicht nur durch Spielen erworben werden. Es gibt Erkenntnisse darüber, daß solche Zocker dann auch in den Kokainhandel verstrickt sind«, sagt der LKA-Beamte.

Das Geschäft mit Würfeln und Karten ist grenzüberschreitend: So ermittelte das Bundeskriminalamt beispielsweise gegen einen Österreicher mit dem Spitznamen »Wiener Werner«, der Chef einer Gruppe Österreicher sein soll, die in Baden-Württemberg Spielkasinos betreibt. Auch in Antwerpen ist die Gruppe nach BKA-Erkenntnis aktiv.

In einem Informationsersuchen an Interpol heißt es, der »Wiener Werner« werde als »eiskalt und hochintelligent« beschrieben, und es sei ihm gelungen, in Spielkasinos, die ihm gehören, Strohleute einzusetzen und laut Pforzheimer Polizei weitere Gaststätten über Strohleute zu eröffnen, mit dem Ziel, Spielkasinos darin einzurichten. Konkurrenten müßten damit rechnen, Besuch vom »Wiener Werner« zu bekommen, der bisweilen dazu neige, Roulettetische bei solchen Besuchen mit dem Vorschlaghammer zu zertrümmern. Einen Teil seines Vermögens soll er mit Waffen- und Rauschgifthandel verdient haben.

US-Gangster leisten Europäern in Sachen Glücksspiel gerne »Entwicklungshilfe«, nicht ganz uneigennützig. Die US-Mafia kann auf langjährige Erfahrung zurückgreifen, und das Glücksspiel ist unverändert eine ihrer lukrativsten Einnahmequellen.

Die Spielerstädte Las Vegas und Atlantic City gelten als *open cities:* Nicht eine Mafiafamilie beherrscht dort die kriminellen Geschäfte, vielmehr gibt es Abmachungen unter vielen Familien, die sich den großen Kuchen teilen. »Die Cosa Nostra steckt in der Regel nicht direkt in den Kasinos drin«, erfahren wir beim FBI-Hauptquartier in Washington vom Chef der Abteilung organisiertes Verbrechen, Jim Moody. Bei den strengen Kontrollen der Kasinos durch den Staat würde eine direkte Beteiligung der Cosa Nostra auffallen. Aber: »Es gibt kein Kasino, wo sie nicht ihre Finger drinhaben.« Für die finanzielle Beteiligung werden Strohleute oder Strohfirmen vorgeschoben.

Er erzählt uns, daß die *mobsters* (Gangster) aber auch zahlreiche Firmen gegründet haben, die Dienstleistungen für die Hotel-Kasinos anbieten: Das beginnt bei Putzkolonnen, Wachleuten und Personal wie Croupiers und geht bis zur Lieferung von Lebensmitteln. Ihren Anteil am Glücksspielgeschäft kassiert die Cosa Nostra somit über Dienstleistungsverträge.

Als wir in Miami über die Verbindungen der Drogenmafia recherchierten, fragten wir den dortigen FBI-Chef William Gavin nach der Bedeutung und den Verbindungen im illegalen Glücksspiel. »Es gibt eine direkte Verbindung zwischen dem Glücksspiel und dem organisierten Verbrechen. Und es gibt auch Verbindungen zum Drogengeschäft. Das ist einfach ein weiteres Geschäft des organisierten Verbrechens. Bei uns haben wir zahlreiche Verbindungen zwischen dem organisierten und unorganisierten Glücksspiel und dem organisierten Verbrechen. Solange es Leute gibt, die spielen wollen, wird es Leute geben, die davon profitieren, und das sind unwahrscheinlich hohe Profite«, erzählt Gavin. »Das organisierte Verbrechen hat schon immer von oben abgeschöpft und das Geld in die Familie geschleust. Wir haben Hunderte von Leuten aus dem organisierten Verbrechen angeklagt, die mit der Glücksspielbranche zusammengearbeitet hatten. Können wir aber deshalb sagen, dies sei nun beendet? Nein, es ist noch immer ein Teil der Kultur des organisierten Verbrechens.«

Ob es wohl ein Zufall ist, wenn Leute der Cosa Nostra nach Deutschland reisen? Gavin lacht. »Wenn Leute der Patriarca-Familie in Deutschland sind, dann nicht, um Ferien zu machen oder wegen legaler Geschäfte. Und wenn sich Kriminelle aus Deutschland mit Kriminellen aus den USA treffen, dann können Sie sicher sein, daß etwas vor sich geht: Sie sind dabei, Profite zu machen. Sie sind jedenfalls nicht dabei, eine Kirche zu gründen.«

Wie es wirklich funktioniert, hat die US-Regierung bereits 1967 in dem Bericht *Task Force Report on Organized Crime* festgehalten: »In großen Städten mit organisiertem Verbrechen sind nur sehr wenige Glücksspiel-Operateure von kriminellen Organisationen unabhängig. Jeder, der unabhängig und erfolgreich ist, muß mit dem Besuch eines Repräsentanten des organisierten Verbrechens rechnen, der ihm Angst einjagt oder mehr Profit verspricht, wenn er mit der Organisation zusammenarbeitet. Die meisten Glücksspiele in großen Städten werden von einer ausgeklügelten Hierarchie des organisierten Verbrechens gegründet und kontrolliert.«[2]

Wir sollten feststellen, daß dies auch für Deutschland gilt.

Die Glücksspielkönige

In den USA hoffen wir mehr über die LCN-Abgesandten zu erfahren. In einem kleinen Coffee-Shop unweit der Pennsylvania Avenue/8th Street, dem Sitz des FBI-Hauptquartiers in Washington, treffen wir einen Special Agent, der sich seit Jahren mit dem organisierten Glücksspiel der US-Mafia beschäftigt. Der Agent hatte auf dem Treff außerhalb der FBI-Diensträume bestanden, denn auch in den USA unterliegen laufende Ermittlungsverfahren natürlich der Geheimhaltung.

»Sie möchten etwas über die Verbindungen der Cosa Nostra zu deutschen Gangstern erfahren«, beginnt er nach einem kräftigen Schluck Kaffee seine Rede. »Well, die Cosa Nostra hat schon in den frühen fünfziger Jahren immer wieder versucht, einen Fuß ins illegale Glücksspiel in Westeuropa und besonders Deutschland zu bekommen – teilweise auch mit beachtlichem Erfolg. In den großen Städten, den Zentren des Glücksspiels, suchen sie sich dafür Statthalter, also zum Beispiel Deutsche, die seit vielen Jahren eine einflußreiche Position im kriminellen Milieu haben. Aufgabe dieser Statthalter ist es, zum einen die Interessen der Cosa Nostra zu vertreten, zum anderen vermögende Spieler ausfindig zu machen, die dann durch betrügerische Manipulationen ausgenommen werden können. Diese Leute werden entweder in die USA gelockt, nach Las Vegas oder Atlantic City, oder die LCN schickt Profispieler zu Spielveranstaltungen nach Deutschland. Das sind meistens Treffen in exklusiven Hotels, die nur Eingeweihten bekannt sind und wohin Spieler aus ganz Deutschland kommen. Da geht es um Einsätze von 100 000 Mark und mehr.

Weiter versorgt die Cosa Nostra ihre Statthalter auch mit technisch perfekt manipuliertem Spielgerät wie gezinkten Karten, Würfeln und Roulettekesseln. Diese Dinge werden von echten Profis hergestellt. Wir nennen sie ›Mechaniker‹. John Edward Farell ist ein solcher Mechaniker und einer der besten Falschspieler außerdem«, berichtet der FBI-Mann. John Edward Farell: Dieser Name ist im Zusammenhang mit der Gala-Veranstaltung im Nassauer Hof gefallen; er sollte – wie beim FBI in New Haven zu erfahren war – mit anderen Cosa-Nostra-Mitgliedern an der Veranstaltung teilnehmen.

»Einer der wichtigsten ›Mechaniker‹ für die europäische Glücksspielszene ist der Grieche Nick Fiscatoris«, erläutert der FBI-Agent weiter. »Nicky betreibt seine Geschäfte von London aus und hat sehr gute Verbindungen zu deutschen Gangstern in Berlin und Hamburg.«

Enge Geschäftsbeziehungen pflegte Fiscatoris bereits vor mindestens zwanzig Jahren zu dem heute 63jährigen Texaner William Ray Davis, der unter anderem von Hamburg aus ein europaweit organisiertes Glücksspielnetz aufbaute. In enger Verbindung zu Davis, der wegen seiner betrügerischen Manipulationen mehrere Jahre in französischen Gefängnissen verbrachte und sich nach Interpol-Erkenntnissen nun in den Niederlanden aufhalten soll, stand unter anderem der Hamburger Unterweltpate Wilfried Schulz, genannt »Tante Frieda«, und dessen mutmaßlicher Angestellter, Davoud Dargahi, ein 59jähriger Perser aus Teheran. Dargahis Bedeutung in der bundesdeutschen Unterwelt ist nicht bis ins letzte Detail bekannt. Die Polizei rechnet ihn dem Spitzenmanagement des organisierten Verbrechens zu. In der Szene ist er als »König der Perser« bekannt. Von ihm wird noch die Rede sein.

Zurück zu Davis: Anfang der siebziger Jahre haben er und seine Lebensgefährtin Ursula Heym sich darangemacht, europaweit die Kontrolle über das illegale Glücksspiel an sich zu reißen. Ihr Einfluß, den sie mit Hilfe der US-amerikanischen Mafia und ihren Hamburger Helfern ausbauten, reichte schließlich von London bis Beirut.

Auch während seiner Zeit in Deutschland hatte Davis regelmäßig Kontakt zu den Mafiagrößen in den USA, vor allem zu Mitgliedern des Patriarca-Clans. Seine Verbindungen reichten bis zum 1983 verstorbenen Finanzchef der amerikanischen Mafia, dem legendären Meyer Lansky, und dem mächtigen Cosa-Nostra-Boß Santo Trafficante, dem weltweit uneingeschränkten Paten des illegalen Glücksspiels – bis zu seinem Tod im Jahre 1987.

Als die Sonderkommission der Hamburger Polizei nach langen und aufwendigen Ermittlungen am 2. November 1982 zuschlägt und die Wohnungen von Davis, Schulz und mehreren Helfershelfern zugleich durchsucht, findet sie ganze Wagenladungen voller manipulierter Zock-Utensilien, von der gezinkten Karte bis zum getürkten Würfel.

Wilfried Schulz wird verhaftet und wegen Steuervergehen, Förderung der Prostitution und Urkundenfälschung in zweiter Instanz zu zwei Jahren und sechs Monaten Gefängnis verurteilt. Zu einer Verurteilung wegen Mitgliedschaft in einer kriminellen Vereinigung reicht es nicht – was bei solchen Delikten bisweilen daran liegt, daß manchem Richter die nötige Phantasie und das Verständnis für die komplexen Zusammenhänge des organisierten Glücksspielbetruges fehlen. Ein tragisches Phänomen, das sich – wovon an anderer Stelle noch die Rede sein wird – quer durch die bundesdeutsche Juristenlandschaft zieht und was sie im übrigen mit nicht gerade wenigen Politikern verbindet.

Die deutsche Justiz versucht vergebens, Davis vor Gericht zu stellen: Sie kann ihm – trotz sichergestellter Beweismittel und monatelang abgehörter Telefone – keinen konkreten Fall eines Spielbetruges nachweisen und muß ihn laufen lassen.

Dies alles ist längst Kriminalgeschichte und nur insofern von Bedeutung, als es zeigen soll, daß heute, auf den Tag genau fast zehn Jahre nach der Hamburger Polizeiaktion, das Geschäft noch immer tadellos funktioniert – mit der tatkräftigen Unterstützung der Cosa Nostra.

Davon ist offenbar auch das FBI überzeugt: Unser Gesprächspartner in Washington legt schließlich ein Organigramm vor, das die angebliche Verflechtung einiger Deutscher zu der Cosa Nostra in den Neuenglandstaaten (Patriarca) und in New York (Genovese) darstellt. An erster Stelle auf der »deutschen Seite« findet sich der Name von Georgios Vassilioris.

»Wir sind 1989 auf Vassilioris gestoßen, als wir die Telefone von Louis Faella und John Castagna, beides Mitglieder der Patriarca-Familie, überwachten. Da fielen übrigens die Namen einiger Berliner Unterweltgrößen«, berichtet der FBI-Agent. »Es ging dabei um den Besuch einiger Berliner anläßlich des Boxkampfes von Mike Tyson in Las Vegas. Die LCN-Leute besprachen, man müsse sich gut um die Berliner Gäste kümmern, so wie man sich in Berlin auch um sie gekümmert habe. Dann wollte einer noch wissen, ob die ›Lieferung‹ angekommen sei. Damit waren gezinkte Würfel gemeint.«

Offenbar, so erfahren wir, besuchen sich deutsche und amerikanische Gangster am laufenden Band.

»Sie sehen also«, schließt unser Gesprächspartner in dem kleinen Coffee-Shop in der US-Hauptstadt, »das organisierte Verbrechen in den USA und in Deutschland arbeitet schon seit vielen Jahren eng zusammen.«

Zurück in Deutschland, suchen wir nach Belegen für die Berichte des amerikanischen Bundesagenten. »Beginnen Sie in Berlin«, hatte der US-Ermittler geraten.

Das Bermuda-Dreieck

Georgios, »Jorgo«, Vassilioris ist in der Unterwelt von Deutschlands neuer Hauptstadt kein Unbekannter ▮▮▮▮▮▮▮▮▮▮▮▮▮▮▮▮
▮▮▮
▮▮▮
▮

Die Berliner Polizei hat Kenntnis von mehreren Besuchen Vassilioris bei Fiscatoris in London ▮▮▮▮▮▮▮▮▮▮▮▮▮▮▮▮▮▮▮▮
▮▮▮
▮▮▮▮▮▮▮▮▮▮▮▮▮▮▮▮▮▮▮▮▮▮▮▮▮▮▮▮▮▮▮▮ Auch bei der Wiesbadener Gala im Nassauer Hof fehlte Jorgo nicht.

Sein Name hat eben einen gewissen Klang in der bundesdeutschen Szene.

Vassilioris betrieb unter anderem das Engelhardt-Stübl in der Grolmannstraße, wo eine Glücksspielspelunke sich an die andere reiht. Die Berliner nennen die Gegend Bermuda-Dreieck, weil dort neben Geld gelegentlich Menschen verschwinden.

Im Bermuda-Dreieck finden wir neue Spuren. Ein Informant aus der Berliner Glücksspielszene erzählt:

Woher bekommen Leute wie Vassilioris immer wieder ihre Kunden?

»Das wird dann als ein ›zufälliges Treffen‹ im Hotel arrangiert«, erzählt der Szenekenner. »Da sagt dann einer zum ›Patienten‹: Ach, welch ein Zufall, gleich kommt auch noch der X oder der Y, laß uns doch ein Spielchen machen.«

Auch vor den billigen Tricks drittklassiger Gangsterfilme schreckt die Berliner Glücksspielzunft nicht zurück: So machte sich ein gutaussehender Don Juan, der ebenfalls zum Zockerclan gehört, auf der Pferderennbahn an eine Hamburger Pferdezüchterin heran und nahm die Umgarnte nach allen Regeln der Kunst aus wie eine Weihnachtsgans.

Klaus Speer: Der Name ist untrennbar verbunden mit einem Stück Berliner Kriminalgeschichte. Bundesweit bekannt wurde er, nachdem sich seine sogenannte Speer-Bande am 27. Juni 1970 mit persischen Konkurrenten vor dem Lokal Bukarest in der

97

Westberliner Bleibtreustraße – der Volksmund nennt sie seitdem Bleistreustraße – mit Revolvern und Maschinenpistolen ein blutiges Feuergefecht lieferte. Ein Toter und drei Schwerverletzte war die Bilanz einer Schlacht nach bester Wildwestmanier, bei der es um die Vormachtstellung im Berliner Milieu ging. Selbst aus Frankfurt und Stuttgart waren die Luden eingeflogen, um Speer zur Seite zu stehen.

Eine etwas unrühmliche Rolle spielte die Polizei im Berliner Zuhälterkrieg: Dort wußte man von den Streitigkeiten – es hatte schon im Vorfeld Verletzte gegeben – und war auch über den bevorstehenden Showdown informiert. Warum er von der Polizei nicht verhindert wurde, blieb unklar.

Doch nach dem Gewitter klärte sich die Luft: »Perser-König« Davoud Dargahi kam nach Berlin und vermittelte zwischen den verfeindeten Parteien. Speer aber wurde nach monatelanger Flucht durch halb Europa in Berlin gestellt und wegen »Raufhandels« zu zwei Jahren und drei Monaten Haft verurteilt. Er saß die Strafe ab.

Was ist aus dem einstigen Unterweltkönig geworden, und vor allem: trifft es zu, daß er der »große Spielmacher« ist? Obwohl die ehemalige Kiezgröße hin und wieder Journalisten eine Audienz gewährt, gelingt es uns nicht. Auch sein Rechtsanwalt, das ehemalige RAF-Mitglied Horst Mahler, will uns keine Türe öffnen. Zu gerne hätten wir doch erfahren, was hinter der schillernden Figur des heute 48jährigen steckt.

»Ich bin ein ganz normaler Geschäftsmann«, erzählt er gerne anderen über sich selbst. Mit dem Schweizer Millionär Wilfried Sauerland organisiert er Profi-Boxkämpfe. Dann träumt er noch davon, einmal als Abgeordneter in den Bundestag einzuziehen.

Speer ist ein Mann mit Verbindungen: Beste Beziehungen werden ihm zu CDU-Größen nachgesagt, vor allem zu Berlins ehemaligem Innensenator Heinrich Lummer. Speer bewegt sich bisweilen in der Topsociety, läßt sich mit Politprominenz ablichten: Ein Foto zeigt die Szenegröße 1987 anläßlich einer Benefizveranstaltung der Deutschen Rheuma-Liga, Schirmherrin war die Ehefrau des Regierenden Bürgermeisters Diepgen, gemeinsam mit Hannelore Kohl und dem späteren Verteidigungsminister Rupert Scholz[3].

Womit verdient Klaus Speer heute sein Geld? Daß er gerne

spielt, bestreitet er nicht. Und wer sät . . . »Er gewinnt im Lotto«, erzählt Advokat Mahler treuherzig. Ja, Glück braucht der Mensch.

Ist Klaus Speer tatsächlich das Unschuldslamm, wie sein Rechtsanwalt glauben machen will? Die Berliner Staatsanwaltschaft ist da gänzlich anderer Meinung: Seit 1988 ermittelt sie gegen Speer, unter anderem wegen Bestechung, Wechselbetrugs, Körperverletzung und räuberischer Erpressung. Die Ermittlungen gegen die Szenegröße und sechs weitere Beschuldigte – darunter auch Speer-Intimus Jorgo Vassilioris – werden unter strengster Geheimhaltung vorangetrieben: Zeugen werden Tag und Nacht von bis an die Zähne bewaffneten Polizeibeamten geschützt – offenbar fürchtet man um ihr Leben. In der Szene kursiert das Gerücht, jemand habe ein Kopfgeld auf den ermittelnden Staatsanwalt ausgesetzt. Einem Polizeibeamten, der als Zeuge aussagen soll, wurde in der Szene geraten, sich besser eine Weile nicht in Berlin blicken zu lassen.

Am 10. Juli 1990 schlägt die Polizei zu: »Razzia! Klaus Speer – ›König der Unterwelt‹ festgenommen«, betitelt am nächsten Tag die *Berliner Morgenpost* einen Artikel über die »Riesenrazzia gegen die organisierte Glücksspiel-Mafia in West-Berlin«. Der Aufwand war beachtlich: 200 Polizeibeamte durchwühlten etwa vierzig Nachtklubs, Spielhöllen, Sportstudios und Wohnungen in der Stadt.

Was ist dem Mann vorzuwerfen, dem doch die wunderbare Wandlung vom Saulus zum Paulus gelungen sein will? Angeblich will sich Speer weitgehend aus dem Milieu zurückgezogen haben, sagt er immer wieder in Interviews. Das erstaunt, denn nach wie vor gehören Deutschlands Unterweltgrößen zu seinen engsten Freunden, trifft er sich regelmäßig mit ihnen. Nun, für seine Freunde ist bekanntlich jeder selbst verantwortlich.

Der Frankfurter Boxpromoter Eberhard, »Ebby«, Thust gehört dazu, ebenso wie Wilfried Schulz oder der Hamburger St. Pauli-Pate Kalle Schwensen, genannt »Neger Kalle«: Über Schwensen – zur Zeit der Recherchen für dieses Buch saß er wegen Raubes und gefährlicher Körperverletzung in Berliner U-Haft – sagte Speer gegenüber dem Reporter der *Hamburger Morgenpost,* Thomas Hirschbiegel: »Mein Freund Kalle ist unschuldig, dem muß ich jetzt helfen.«

Blendende Kontakte unterhält der Berliner zu dem Zuhälter Hagen Detlef Wolf – einem »Kriegskameraden« aus Zeiten der Bleibtreustraße –, der laut FBI auch zur Glücksspiel-Connection der Cosa Nostra gehört.

Wolf gehört zu den Arrivierten: Dem Vernehmen nach soll er jetzt mit Zierfischen handeln – aus Kolumbien. Nebenbei läßt er sich immer wieder mal in den neu entstehenden Rotlichtbezirken im Osten Deutschlands blicken.

Für seine Freunde geht Speer meilenweit, manchmal auch über die Grenze der Legalität hinaus: Für den Gelsenkirchener Willi Schmitz, eine der zentralen Figuren im westdeutschen Glücksspielmilieu, ließ er den Polizeicomputer nach Fahndungsnotizen durchstöbern. Dabei war ihm ein 50jähriger Oberkommissar, Kontaktbereichsbeamter am Ku'damm, behilflich. Mindestens zehnmal, ermittelte die Polizei. Zum Dank spendierte ihm Speer heiße Nächte mit käuflichen Mädchen. Doch auch Bargeld gab es. Artig spricht der Polizist eines Tages in Speers Sportstudio vor: »Entschuldigen Sie, Herr Speer, ick wollt nich stören, aber wie es mit meinen 500 Mark wär.« Speer lacht, schnippt einen seiner Muskeljungs herbei und zahlt den Ordnungshüter aus.

Pech für den Beamten wie für Speer: Auf der hauseigenen Videoüberwachungsanlage hat ein Zeuge die devote Vorstellung beobachtet und sie später der Polizei gesteckt. Weil Speer die Bestechung einräumt, wird er wenige Wochen nach seiner Festnahme von der weiteren U-Haft verschont.

Speer verleiht Geld, sagt er selbst. Zu völlig überhöhten Zinsen, sagt die Polizei. Kredithai, sagt dazu das Volk. Die Richter werden entscheiden müssen.

Einer, der einschlägige Erfahrungen mit Speers Finanztransaktionen hat, ist der Geschäftsmann Klaus John. Selbst ein Betrüger, spekulierte er mit Immobilien: Das Geld dazu bekam er unter anderem über Speer, dem er dafür wiederum Wechsel gab. Die Immobiliengeschäfte platzten wie die Wechsel.

John ist Zeuge der Anklage: Speer und sein Adlatus Vassilioris sollen den Kaufmann bedroht und verprügelt haben. John genießt seitdem den Schutz der Polizei.

Jorgo erschien in Johns Büro und mahnte die ausstehenden Gelder an – mit Nachdruck: Er warf den Schreibtisch auf den Säumigen.

Hat auch Speer John bedroht oder nicht? Nach der Auseinandersetzung mit Vassilioris will der völlig verängstigte John bei Speer angerufen haben. ████████████████████

██

███████████ O-Ton John: »Und da hat der Herr Speer gesagt, naja, das könnte auch noch schlimmer kommen.«

Und es kam schlimmer: Eines Tages bezog John in Speers Sportstudio Prügel – vom Chef persönlich, behaupten Zeugen.

Ein Ohr kann man schon mal verlieren in der Stadt an der Spree, davon kann der Gastwirt Uhlmann ein Lied singen: Weil der »Bel Ami«-Chef seine Schulden nicht rechtzeitig zahlte, fielen die Geldeintreiber in einer Discothek über ihn her: Er wurde zusammengeschlagen und bekam ein Ohr abgeschnitten. Von wem, ist bis heute ungeklärt. Rein zufällig wurden auch Klaus Speer und sein Freund Leo Dubiel Zeuge der brutalen Abstrafaktion. Es gab mal wieder Ärger, und alle waren da.

Speer ist ein Mann mit Sinn fürs Geschäft, Speer ist Finanzier: Er greift vor allem Leuten unter die Arme, die nicht gerade vom Glück verwöhnt sind. Mit anderen Worten: Er leiht denen Geld, die es im Spiel gegen Vassilioris und Konsorten verlieren. Speer ist der Mann mit den Wechseln.

██
██
██
██

███████████████████ Mit Speer selbst sind die Glücksspielgewinne jedenfalls so nicht in Verbindung zu bringen.

Doch auch Speer ist nicht endlos flüssig: Er arbeitet deshalb vorzugsweise mit dem einflußreichen Berliner Geschäftsmann Horst Lehmann zusammen. Der Getränkegroßhändler und Eigner oder Mitbesitzer unzähliger Berliner Kneipen – die er sammelt wie andere Briefmarken – zählt zu den reichsten Männern Berlins, ein Mann, der privat gelegentlich mit Leuten wie dem arabischen Waffenhändler Adnan Kashoggi verkehren soll – wie man hört.

»Getränke-Lehmann« diskontiert die Wechsel, die Speer und seine Kumpane aus ihren diversen Geschäftstätigkeiten so anschleppen; Lehmann gilt deshalb als Speers Finanzier und dürfte daran – neben seinem Kneipenimperium – nicht schlecht verdienen.

Aus diesem Grund hat die Berliner Kripo im Ermittlungsverfahren gegen Speer auch Lehmanns Geschäftsräume auf den Kopf gestellt. Berlins Generalstaatsanwalt Hans-Joachim Heinze hat aber in aller Deutlichkeit gesagt, daß gegen Lehmann selbst derzeit nicht ermittelt wird.

Die meisten Kriminellen träumen sicherlich vom Sprung ins bürgerliche Leben, verbunden mit der gesellschaftlichen Anerkennung. Dies ist die Spitze der kriminellen Karriereleiter. Für die organisierte Kriminalität ist das Erreichen dieser Stufe gleichsam symptomatisch. Dieses Bestreben ist es, das die OK so gefährlich macht: Hat der Boß den Sprung erst einmal geschafft, ist er für die Justiz meistens nicht mehr zu greifen. Er selbst betreibt legale Geschäfte, unterhält Firmen und zahlt dafür wahrscheinlich Steuern. Sein »legaler« Mantel schützt nunmehr auch seine illegalen Geschäfte (sein »kriminelles zweites Standbein«), die er weiter betreibt (oder weiterhin betreiben läßt). Er hat noch unablässig sprudelnde Geldquellen, die ihn gegenüber seiner legalen Konkurrenz unangreifbar machen. Kreditlimits und Wirtschaftlichkeitsberechnungen sind für diese Art von Geschäftsleuten keine Themen.

»Dies drückt sich auch in der beruflichen Selbsteinschätzung aus: Die selbstgewählte Bezeichnung Kaufmann ist in der Szene sehr häufig anzutreffen. Die Drahtzieher sehen sich selbst nicht als Straftäter, sondern als Geschäftsleute«, heißt es in einer 1988 veröffentlichten BKA-Studie[4].

Klaus Speer hat es geschafft: Berlins Strafverfolger vermuten, daß es ihm gelungen ist, in das (mehr oder weniger) legale Wirtschaftsleben vorzudringen. ████████████████████ ████████████████ ████████████████████████ ██████████████████ In Spielerkreisen erinnert man sich noch heute an den Betreiber einer Kommerze, jener illegalen Spielklubs in Hinterzimmern, der es Ende der Siebziger entgegen dem Rat aller dennoch versucht hat: Dies trug ihm den Besuch von Speer-Freund Hagen Detlef Wolf und zehn finsteren Gesellen ein. Wolf sah zu, während die Gesellen den Widerspenstigen verprügelten und anschließend die Kommerze renovierten – mit dem

Baseballschläger. Daß Speer, der zu jener Zeit im sonnigen Spanien weilte, den Auftrag dazu erteilt hat, konnte gleichwohl nicht bewiesen werden. Fest steht nur, daß er kurz vor seiner Abreise noch über Zahlungen mit dem Kasinobetreiber verhandelt hatte.

In einem zweiten Fall waren solche Interventionen freilich nicht mehr nötig, die bloße mündliche Aufforderung Speers reichte aus. Speer ist eben der Mann, der es geschafft hat, sein Wort hat Gewicht. ████████████████████████████

Der FBI-Agent in Washington hatte uns erzählt, Speer gelte bei der Cosa Nostra als »die Nummer eins in Berlin«.

Speer in einem Rundfunk-Interview am 24. Juni 1986: »Wenn ich was organisiere, muß es bei mir perfekt sein. Ich bin ein ganz großer Pedant, und ich bin der Meinung, daß ich, gerade weil ich das bin, es zu etwas gebracht habe. Ich habe ein sehr großes Durchsetzungsvermögen, ich spüre das auch in mir. Das wird mir auch von vielen Leuten bescheinigt, nicht nur in Berlin, außerhalb von Berlin, außerhalb der Bundesrepublik. Das bestärkt mich immer zu neuen Initiativen, und ich habe noch viele, viele Pläne.«

Von Frankfurt nach Las Vegas:
Die Caesar's-Palace-Connection

Es war im wahren Sinne des Wortes eine verhängnisvolle Affäre: Die Liaison mit dem Ex-Nacktmodell und Ex-Callgirl Nicole Meisner kostete den Vater von Tennisspielerin Steffi Graf glatt 800 000 Mark. Nicht daß die Ansprüche Nicoles dem Graf-Vater das Geld aus der Tasche gezogen hätten, Graf zahlte die stattliche Summe, damit die Geschichte das blieb, was sie von Anfang an hätte sein sollen: ein Geheimnis. Daran war ihm ganz besonders gelegen, als Nicole dem Don Juan plötzlich die angebliche Frucht der ebenso kurzen wie teuren Liebschaft präsentierte: Tara-Tanita, mittlerweile fast drei Jahre alt.

Von Graf soll sie sein, die kleine Tochter – was später freilich durch ein Gutachten widerlegt wird. Aber da hat Vater Graf schon bezahlt: an Eberhard, »Ebby«, Thust, Nicoles wahren Freund, der freilich nichts anderes im Sinn hatte, als das Wohlergehen von Freundin und Kind. Deshalb machte er ein Angebot, das einer wie

Graf nicht ablehnen konnte: entweder Kohle oder Presse! »Ein ganz normales Geschäft«, sagte er den verblüfften Richtern.

Die wollten ihm das nicht so recht glauben und verurteilten ihn am 20. Februar 1992 in erster Instanz wegen Erpressung. Dagegen hat er Berufung eingelegt. Doch kaum sitzt er in Frankfurter Untersuchungshaft, legt das Finanzamt nach. Ein weiterer Haftbefehl ergeht, diesmal wegen Steuerhinterziehung. Gegen 800 000 Mark Kaution kauft er sich Anfang Mai 1992 aus der U-Haft frei.

Thust kann auf eine bewegte Vergangenheit zurückblicken: seine Karriere beginnt er im Frankfurter Zuhältermilieu. Verurteilungen wegen Körperverletzung und Schießereien lassen ihn unbeeindruckt. Er arbeitet als Geschäftsführer in einem Bordell des Frankfurter Unterweltkönigs Hersch Beker, bringt Mädchen aus Brasilien nach Deutschland, damit sie als Prostituierte arbeiten. Immer wieder taucht das Gerücht auf, die Frauen seien mit Drogen zur Prostitution gezwungen worden.

Bald entdeckte er, daß mit Bordellen mehr Geld zu verdienen ist. 1975 wurde der Verein International European-Asia Peace Union gegründet. Thust fungierte zunächst als Vizepräsident, Ehefrau Roswitha wurde Schriftführerin. Nach dem Ausscheiden des Präsidenten war Ebby quasi der Verein.

Getreu dem Motto der amerikanischen Flower-Power-Bewegung *Make love, not war* interpretierte auch Thust seine »europäisch-asiatische« Friedensbewegung. Am Sitz des Vereins in der Taunusgemeinde Schmitten richtete er kurzerhand einen bordellartigen Saunaklub ein. Von den Mädchen, die er dort beschäftigte, kassierte er 70 Mark je Freier. Von da an begann das Unternehmen Thust zu expandieren. Im September 1976 meldete Roswitha Thust einen Saunaklub in der Offenbacher Schreberstraße an. Auch hier wieder mußten die Mädchen 70 Mark pro Freier abführen.

Anfang der achtziger Jahre bekam das Geschäft neue Dimensionen. Thust legte sich in der Offenbacher Ludwigstraße den Nobel-Saunaklub Penthouse und im selben Haus noch eine Hostessenwohnung zu. In Mühlheim/Main betrieb er den Mini-Club, in einem Haus, das Schwester Michaela angemietet hatte.

Ab September 1986 öffnete der Saunaklub Amphore in Niedernhausen seine Pforten. Das Haus in der Frankfurter Straße hatte Thust-Bruder Wolfgang angemietet, betrieben wurde das

Bordell von Ebby. Damit das Ganze aber nicht so ersichtlich wurde, schloß Ehefrau Roswitha, vertreten durch Ebby, mit einer der Prostituierten einen Untermietvertrag ab. Die Hälfte der Einnahmen wanderten in Ebbys Taschen.

Daneben betrieb er noch kurzfristig eine Hostessenwohnung in der Wiesbadener Coulinstraße. Nunmehr war auch die Steuerfahndung auf den geschäftstüchtigen Ebby aufmerksam geworden, wiesen doch dessen Steuererklärungen gewisse Lücken auf. Die Steuerfahnder schließlich entdeckten weitere Spuren zu zwei Hostessenwohnungen in Wiesbaden, in Glashütten-Schloßborn, Roth und Idstein.

Wir wollen wissen, was sich hinter diesem Mann verbirgt, zu dessen Ehren die Topmanager der amerikanischen Kasinoszene eine Gala veranstalten, der jedoch nach Ansicht des Bundeskriminalamtes ein Organisator des illegalen Glücksspiels mit Verbindungen zur amerikanischen Mafia sein soll. Wir haben uns mit ihm verabredet.

Thust residiert in der Taunusgemeinde Niedernhausen-Engenhahn im Nobelviertel Wildpark, wo großzügige Waldflächen und millionenteure Villen sich abwechseln. Wer im Wildpark leben will, braucht schon das nötige Kleingeld: Allein für den Preis der Grundstücke dort baut sich Otto Normalverbraucher ein ganzes Haus.

Die weiße Villa im Pirolweg ist von einer hohen Mauer geschützt. Eine professionelle Videoüberwachung – wie man sie sonst nur von Hochsicherheitsbereichen kennt – läßt auf jeden Ankömmling ein skeptisches Auge werfen.»Titus Palace«[5] steht in goldenen Lettern neben dem Tor, das sich jetzt automatisch öffnet. Den Weg zur Villa säumen griechische Bronzen (solche ohne Arme und Beine), vorm Haus steht ein schwarzer Mercedes 500 (weiße Lederausstattung). Thust läßt nichts aus, um das landläufige Klischee eines Gangsters zu bestätigen.

Salopp gekleidet, öffnet uns der Hausherr die Tür, lädt uns zur Besichtigung seines bescheidenen 16-Zimmer-Domizils ein. Über der Tür hängt ein großer Spiegel. Darauf können wir lesen:»Ich lebe zwar ständig über meine Verhältnisse, aber noch lange nicht standesgemäß.«

Die Wände sind bedeckt mit großformatigen Fotos: Sie zeigen

Thust, mal mit Muhammed Ali, mal mit Sylvester Stallone (Rocky), mal mit Lee Sugar Robinson. Nun ja, Thust ist Boxveranstalter. Und auch hier wieder: griechisch-römische Gipsköpfe in Hülle und Fülle, Säulen aus weißem, offener Kamin aus rosafarbenem Marmor. Das Interieur ist – schlicht gesagt – an Geschmacklosigkeit kaum noch zu überbieten. Aber über Geschmack läßt sich ja bekanntlich nicht streiten.

»Ich lebe mit meiner kriminellen Aura ganz gut«, meint er selbstsicher, als wir ihn nach seinen aktuellen Problemen befragen. Ungehemmt plaudert er über sein Verhältnis zum BKA, das kein gutes ist, und staunt bisweilen – mit einer Spur Bewunderung –, was die Beamten so alles fertigbringen: »Ich hab' mein Auto ein bißchen getunt, das fährt jetzt 280. Und da bin ich mit 280 von Mannheim nach Frankfurt gefahren und hab gedacht, keiner könnte mir folgen. Später habe ich dann in der Ermittlungsakte gelesen, daß sie mir trotzdem gefolgt sind.«

Er gibt sich unschuldig: Das BKA hat sich da was zurechtgelegt, will er uns weismachen. »Das kommt doch irgendwie vom FBI. Die haben da ein paar Überseetelefonate verfolgt, und jetzt wollen sie mir etwas anhängen.« Ja, er kennt Jack Farell, den Mann von der Cosa Nostra. »Ein ganz guter Bekannter von mir. Er war ein paarmal hier, auch zu meiner Geburtstagsparty bei mir zu Hause.« Auch Faella kennt er, der sei so etwas wie »technischer Leiter« von Glücksspielen. Eine nette Umschreibung für Falschspieler.

»Das sind eben große Zocker. Zocken ist ihr Leben.«

Thust kokst, das gibt er zu. Kleinigkeiten, die fast schon gesellschaftsfähig sind, meint er. Die Polizei hat auch schon welches bei ihm gefunden: 0,4 Gramm zuletzt an der deutsch-französischen Grenze (Freundin Nicole hatte 16 Gramm dabei). Er wurde daraufhin erst mal festgenommen, blieb ein Wochenende hinter schwedischen Gardinen. »Wenn so was hier in Frankfurt oder Wiesbaden passiert, dann macht der Polizist *pfff* und bläst es weg. Das rentiert sich ja nicht mal, einen Vorgang deshalb zu schreiben«, empört er sich. Den Beweis dafür, Thust habe auch mit größeren Mengen Rauschgift zu tun, konnte die Polizei bislang nicht antreten.

Er erzählt uns von Las Vegas, wo er wie ein König empfangen werde und wo an den Würfeltischen schon mal 100 000 Dollar in Sekunden den Besitzer wechseln.

Woher das Geld für solche Einsätze kommt? fragen wir. Woher

das Geld kommt, mit dem wir unser Frühstück bezahlen, will er wissen. »Es muß niemand nachweisen, woher er das Geld hat. Hauptsache, er hat es«, erläutert uns Thust die Gepflogenheiten in der Welt der Fortuna. »Ich bin ein *High Roller*[6]. Das ganze Leben ist ein Spiel, und im wahren Leben bleibt man sein Leben lang ein Räuber«, lautet sein Credo. »Schön, wenn man immer auf der Gewinnerseite steht.«

Steht er immer auf der Gewinnerseite? »Mein Leben ist ein Auf und Ab. Aber ich gehe nach dem Leitspruch: Ich bin immer oben, und wenn ich ab und zu unten bin, dann ist unten oben.«

Thust als einen Paten des organisierten Verbrechens anzusehen, wäre dem Mann zuviel der Ehre angetan. Ebby Thust lebt mehr oder weniger von seinen guten Beziehungen; zusammengeführt, ergeben diese jedoch ein hochkriminelles Geflecht, das seinesgleichen sucht.

Da ist zunächst einmal der Finanzmakler und Betrüger Heinz Sehrbrock. Die beiden verband so manches gemeinsame Geschäftsinteresse, unter anderem die Idee, Tennisvater Graf zu erpressen. In Österreich wegen Betruges in Millionenhöhe zu dreieinhalb Jahren Haft verurteilt, gelingt ihm am 2. Mai 1991 die Flucht aus dem Wiener Krankenhaus Rudolfina, wohin er wegen einer bevorstehenden Beinoperation verlegt worden war. Größen der Wiener Unterwelt sollen ihm geholfen haben. »Das war gut vorbereitet«, erzählt uns ein Wiener Gendarmerieoberst.

Sehrbrock ist ein kriminelles Allroundgenie: Für die amerikanische Cosa Nostra etwa ist er ein Mittelsmann für die Verteilung gezinkter Glücksspielutensilien in Deutschland. Sein Kontaktmann ist John Edward Farell.

Etwa 1987 lernte Sehrbrock den Bauunternehmer Johann Haas aus dem oberösterreichischen Schärding kennen, ehemaliger Besitzer des Bau- und Brauereiimperiums der Familie Kapsreiter.

Bei einem Treffen der beiden im Oktober 1988 im Vösendorfer City Club in der Nähe von Wien sind auch Thust, Heinz Bachheimer, genannt »der Rote«, dem blendende Kontakte zum Wiener Polizeichef nachgesagt werden und der in der österreichischen Presse als der Wiener Unterweltkönig bezeichnet wird, und ein Deutscher namens Lorenz Pfisterer dabei.

Haas ist in Geldnöten: Sein Firmenimperium trieb er in den Konkurs, doch in der Schweiz hatte er schon wieder neue Geschäftsmöglichkeiten aufgetan. Über Strohleute wollte er eine Firma aufkaufen und benötigte dafür 40 Millionen Mark.

Zunächst versucht Sehrbrock das Geld bei der Deutschen Pfandbriefanstalt in Wiesbaden lockerzumachen, indem er falsche Wertgutachten für die Haas-Firma Kapsreiter vorlegt.

Am 15. Februar 1990 trifft Sehrbrock im Linzer Hotel Schillerpark mit Haas zusammen. Dem Österreicher könne geholfen werden, meinte Sehrbrock nun. Er und seine Freunde hätten eine Methode, wie man Geld vermehren könne. Alles, was man dazu brauche, sei eine spezielle Chemikalie, eine bestimmte Menge Hundertdollarnoten und noch mal die gleiche Menge Eindollarnoten. Die Eindollarnoten würden zuerst gewaschen, dann würden die Hunderter auf das gebleichte Dollarpapier mittels der Chemikalie »kopiert«.

Wenn Haas bereit wäre, 75 000 Dollar für die Chemikalie zu bezahlen und noch mal für 700 000 Dollar Banknoten zu kaufen, wäre das Geschäft perfekt. Haas war bereit.

Am 5. März 1990 kommt der europaweit bekannte Geldfälscher Paul Baeyens auf dem Wiener Flughafen Schwechat an. Dort erwartet ihn bereits die weiße Mercedes-Limousine von Pfisterer und bringt den Belgier auf den Haasschen Gutshof nach Strasshof.

Eineinhalb Wochen später stößt der Belgier Michael Alexandroff zu der Gruppe, ein Kasinoexperte.

Doch die österreichische Polizei hatte die Fälscherbande längst im Auge. Sie hatte einen entscheidenden Hinweis vom BKA erhalten. Am 21. März 1990 wird die Bande festgenommen, Sehrbrock und Alexandroff in Vösendorf, Pfisterer, Baeyens und Haas in Strasshof. Dort waren die Gangster gerade dabei, die Eindollarnoten zu bleichen, 20 000 Stück hatten sie schon geschafft, genug, um Falschgeld im Wert von umgerechnet 3,5 Millionen Mark herzustellen.

In der niederösterreichischen Sicherheitsdirektion sagte man uns, Sehrbrock sei die rechte Hand Thusts.

Ein anderer Spezi Thusts ist der Gelsenkirchener Unterweltler Willi Schmitz. Auch er eine hochkarätige Figur im illegalen Glücksspiel, zu dessen Ehren die Caesar's-Palace-Manager zum Empfang luden. Wir erinnern uns, seinen Namen (wie übrigens den von Thust) ebenfalls auf dem Organigramm gesehen zu haben, das uns der FBI-Beamte in Washington gezeigt hatte.

Schmitz soll enge Verbindungen ins Jugoslawenmilieu haben. Ein Name, der in diesem Zusammenhang genannt wird, ist Darko Asanin[7]. Der Jugoslawe, der jetzt vermutlich in Belgrad lebt, war während seiner Zeit in Deutschland an mehreren Spielkasinos, auch in Belgien und Holland beteiligt. Die jugoslawische Glücksspielszene hat wiederum Kontakt zur amerikanischen Cosa Nostra.

»Gewinne aus dem illegalen Glücksspiel werden häufig in den Kokainhandel reinvestiert«, erzählt uns der LKA-Drogenfahnder Horst Durkowyak.

Es ist Montag, der 20. Januar 1992, gegen 18 Uhr: Predrag, »Dado«, Djurisic, ein führendes Mitglied der berüchtigten Jugo-Mafia und europaweit tätiger Kokaindealer, besucht seinen Freund Ebby in dessen Villa im Wildpark. Geschäftliche Besprechungen stehen an. Gegen 19 Uhr verläßt Djurisic die Thust-Villa, geht zu seinem vor dem Haus geparkten Mercedes 560 SL (den Wagen hat er von Thust-Freund Jürgen Mehdenbach aus Hagen) und steigt in den Wagen.

Gerade als er das Auto gestartet hat, fallen aus nächster Nähe drei Schüsse aus einer automatischen Schrotflinte, Djurisic bricht tot hinter dem Steuer zusammen.

Als einen der Hauptverdächtigen sieht die Polizei den jugoslawischen Gangsterfürsten Rade, »Cento«, Caldovic an[8]. Sein mutmaßliches Motiv: Djurisic wurde zu mächtig, hatte sich vorgenommen, Cento als Chef abzulösen. Kurz vor der Hinrichtung in Engenhahn ohrfeigte Caldovic seinen Widersacher in aller Öffentlichkeit. Djurisic soll Rache geschworen haben.

Die Familie Djurisic indes ist überzeugt, daß auch Thust mit dem Mord etwas zu tun hat. Thust freilich gibt sich entsetzt und weiß von nichts.

Merkwürdig aber: Zwei Tage nach dem kaltblütigen Mord fährt Thust gemeinsam mit seinem alten Freund Hagen Detlef Wolf zu Caldovic nach Offenbach, erfahren wir bei der Wiesbadener Kripo.

Auch Caldovic übrigens ist ein Freund des Glücksspiels, in Süddeutschland ist er an etlichen Spielklubs beteiligt. Kontakte hat er etwa zu dem baden-württembergischen Glücksspielkönig, dem Griechen Mihail Sainidis, dessen Machenschaften und dubiose Verbindungen zum Stuttgarter Landeskriminalamt zu einem regelrechten Glücksspielskandal im Ländle führten.

Die Zocker aus dem Milieu reisen offenbar gerne in die Alpenrepublik Österreich: Beim Innenministerium in Wien liegen kriminalpolizeiliche Erkenntnisse in Sachen illegales Glücksspiel vor über Ebby Thust, Georgios Vassilioris, Hagen Wolf, Frank Pugliano (Cosa Nostra), Willi Schmitz, Jürgen Mehdenbach und William Davis, den Mann, der von Hamburg aus ein europaweites Glücksspielimperium aufbauen wollte.

Eine alte Freundschaft verbindet Thust mit dem Frankfurter Immobilienmakler Alfred Glatt[9]. Auch Glatt, ein Kind aus dem Milieu, hatte als kleiner Betrüger und Zuhälter seine Karriere begonnen, avancierte zum Kredithai. Vorübergehend verschwand er für zwei Jahre im Knast wegen mehrfachen Grundstücks-, Bau-, und Wechselbetruges. Ermittlungen wegen Steuerhinterziehung, Hehlerei, Kreditwuchers und Mitgliedschaft in einer kriminellen Vereinigung schlossen sich an – wie Thust eben ein Mann mit bewegter Vergangenheit.

Innerhalb weniger Jahre aber brachte er es zum angesehenen Immobilienmakler mit mittlerweile eigenem Grundbesitz von geschätzten 50 Millionen Mark – mehr als die Hälfte davon unbelastet. Heute macht Glatt Geschäfte in dreistelliger Millionenhöhe, betätigt sich nebenei als Sponsor von Sportvereinen. Im Osten Deutschlands kauft er ganze Häuserzeilen auf, wie es bei der Berliner Kripo heißt, mutmaßlich mit Geld aus dem Milieu. Denn zur bundesdeutschen Unterwelt hat der Glatt noch immer seine Verbindungen.

Nach bislang unbestätigten Gerüchten soll Thust seinen Aufstieg Glatt verdanken, der ihm des öfteren finanziell unter die Arme gegriffen habe. So zum Beispiel in den siebziger Jahren, als Thust noch versuchte, im südhessischen Babenhausen Fuß zu fassen. Die Kleinstadt ist so etwas wie die Reeperbahn Hessens, dort stationierte US-Soldaten hatten schon immer einen großen Bedarf an käuflicher Liebe.

Ob sie dort den Mafiaabgesandten Fiscatoris besuchen, konnte uns niemand sagen. Besuch bekommt er ab und an auch von anderen zwielichtigen Gestalten, wie etwa dem ehemaligen Eurogang-Mitglied Franco della Puppa[10].

Gerngesehener Gast ist Glatt in Las Vegas, ebenso wie zahlreiche seiner engsten Freunde, denn der Makler ist ein Freund des Glücksspiels.

Bereits zum Jahreswechsel 1986/87 hatten Thust und Sehrbrock in einer Bar den Leiter der Kreditabteilung einer Frankfurter Bank, Hubert Klempert, kennengelernt. Die drei sind sich sofort sympathisch, vor allem verbindet sie die Spielleidenschaft. Klempert allerdings ist diesbezüglich nicht gerade vom Glück verwöhnt, ist vielmehr hoch verschuldet. Das freilich kommt Thust und Sehrbrock wie gerufen, die in dem Mann mit den guten Bankkontakten eine sprudelnde Geldquelle erkennen.

Um gemeinsam Geschäfte durchziehen zu können, gründen die drei in Wiesbaden die Firma GFI, später noch die GEFA. Die beiden Firmen vermitteln in der Folgezeit Kredite über Klemperts Bank an ausgewählte Kunden des Maklers Glatt.

Auch Glatt profitierte von Klempert: Der agile Bankmann besorgte ihm über seine Bank Darlehen in Höhe von insgesamt etwa 35 Millionen Mark. Eingefädelt wurden die Finanzierungen wiederum von Sehrbrock.

Von der Wiesbadener Kripo bekamen wir die Information, daß Immobilienmakler Glatt monatlich 30 000 Mark an Caldovic bezahlen soll. Wofür ist nicht bekannt. Als Caldovic im Frühjahr 1992 aus der Bundesrepublik ausgewiesen wird, soll Thust einen Teil des Inkassos übernehmen: monatlich 7000 Mark.

Thust und Glatt aber, das ist die Caesar's-Palace-Connection. Die beiden Geschäftsmänner beschlossen, eine Art Reisegesellschaft zu gründen, um vermögende Deutsche nach Las Vegas zu karren. Die Briefbögen für die neue Firma waren schon gedruckt. Mit Hilfe ihrer amerikanischen Freunde hätten sich ungeahnte Geschäftsmöglichkeiten ergeben.

Für die Reisen wollte Glatt seinen Privatjet zur Verfügung stellen, wie er ihn auch manchmal bekannten Zuhältergrößen für deren Trips überläßt. Das BKA glaubt, die Urlauber in Sachen

Glücksspiel sollten in Las Vegas dann nach Strich und Faden ausgenommen werden.

Das Bundeskriminalamt war den beiden schon dicht auf den Fersen, doch dann machte Thust mit der Graf-Affäre einen Strich durch die Rechnung. Als die Telefonüberwachung die Erpressung ans Tageslicht förderte, mußten die BKA-Beamten handeln. Das Legalitätsprinzip schreibt vor, daß Polizisten zur Tat schreiten müssen, wenn sie von einem Verbrechen erfahren.

Die Macht der Krake
Mafia, Camorra GmbH & CoKG

Carlos Andrés Pérez, in seiner Heimat kurz und bündig CAP genannt, Staatspräsident von Venezuela, ist einer der reichsten Männer der Welt. Sein riesiges Vermögen verdankt er weniger seiner Tätigkeit als Rechtsanwalt als seiner achtjährigen Regierungszeit. Pérez, Vorsitzender der *Acción Democratia* (AD), nennt sich Sozialdemokrat, ist gerngesehener Gast der Sozialistischen Internationale.

Genausogern wird er von der konservativen US-Regierung in Washington empfangen. Der Grund: Venezuelas Wirtschaft boomte in der Vergangenheit, insbesondere wegen der reichhaltigen Bodenschätze, vom Erdöl bis zu Gold- und Diamantenvorkommen. Das Land, von Guyana, Brasilien, Kolumbien und der Karibik eingeschlossen, schien eines der wenigen wirtschaftlich blühenden und einigermaßen demokratischen Länder Lateinamerikas zu sein.

Allmählich aber wird eine düstere Wirklichkeit sichtbar. Unter der Regierung von Pérez konnte sich eine internationale Verbrecherkultur entwickeln, die für ein »demokratisches Land« einzigartig ist.

Kolumbien, Bolivien oder Peru – das waren und sind die Sündenböcke im internationalen Drogenhandel. In Venezuela aber, dessen Nationalhymne »Ruhm dem tapferen Volk« verheißt, wurden die ersten narrensicheren Methoden der Geldwäsche entwickelt, gab und gibt es Zentren der mächtigsten kriminellen Syndikate der Erde, die den weltweiten Markt für Heroin, Haschisch und Kokain untereinander steuern und aufteilen.

Nur wenige Länder der Welt sind ein so sicheres Rückzugsgebiet für Topgangster aus aller Welt, wie es Venezuela bis heute ist. Erst seit 1991 kommt diese Wahrheit langsam ans Licht einer breiten Öffentlichkeit, wird immer deutlicher, welch wichtiger Umschlagplatz Venezuela für Kokain und Heroin aus Kolumbien oder Bolivien ist, die sowohl nach Europa als auch in die USA gehen.

113

Am 16. Dezember 1991 beschlagnahmte die *Drug Enforcement Administration* (DEA) in Miami 16 Tonnen Kokain aus Kolumbien. Versteckt war das weiße Pulver in 23 000 grauen Betonpfählen, je sieben Kilo pro Pfahl. Das war die größte jemals sichergestellte Einzellieferung. Sie wurden zunächst ganz offen auf einem Abstellplatz in Miami gelagert. Sobald entsprechende Arbeitskapazitäten bei den Schmugglern vorhanden waren, transportierten zehn Tieflader die kostbare Fracht – mit Zwischenstation auf drei anderen Lagerplätzen – in ein nahe gelegenes Lagerhaus inmitten eines Industriegeländes.

Die Handlanger mieteten ein Lagerhaus für 5900 US-Dollar pro Monat, buddelten dort ein großes Loch in den Boden und kleideten es mit Metall aus, um das Kokain darin zu lagern. Darüber errichteten sie ein Büro, ein Haus im Lagerhaus.

Hinter den verschlossenen Türen bohrten die Helfershelfer der Drogenbosse die Betonpfosten auf, holten die darin verpackten Kokainpakete heraus. Nur durch den nächtlichen Lärm, der den Nachbarn auffiel, kam die Polizei, die mit fünfzig Agenten 160 Tage lang observierte, hinter die »geniale Verschleierung« des Kokainschmuggels, wie es DEA-Fahnder in Miami beschreiben. Später stellte sich heraus, daß dies schon die dreizehnte Lieferung solcher Betonpfosten war.

Immerhin konnten die DEA-Agenten die Spuren des Kokains zurückverfolgen ins 2180 Kilometer entfernte Venezuela. Abgesandte des Cali-Kartells hatten dort die Betonfirma Tranca aufgekauft, die Besitzer großzügig entlohnt, aber zur Bedingung gemacht, daß sie weiterhin nach außen die Geschäfte führen. Und so die DEA: »Wir haben zahlreiche Informationen, daß sie dabei sind, weitere Industrieunternehmen in Venezuela aufzukaufen. Die sollen benutzt werden, um Kokain zu exportieren. Auf kolumbianischer Seite sind die Hauptakteure des florierenden Kokainschmuggels durch Venezuela die Bosse von Cali, die Drogenbarone Orejuela und Herrera.« Rodriguez Orejuela, wichtigster Drogenbaron aus dem kolumbianischen Cali, war und ist häufiger Gast in Venezuela. Er verfügt sogar über einen venezolanischen Paß.

Die Hintermänner des kolumbianischen Drogenkartells sind aber viel bedeutender, ein sizilianischer Mafiaclan, »der mächtigste der

Welt«, wie ihn Special Agent David F. Lorino, Vertreter der DEA an der US-Botschaft in Caracas, beschreibt.

Was die DEA schon lange vermutete, war durch den Megafund Kokain in Miami endgültig klar: Venezuela war und ist nicht nur ein famoser Platz für Geldwäsche, sondern ist wichtigster Brükkenkopf für Drogenschmuggel in Richtung USA und Europa geworden.

Die Entwicklung konnte jedoch nicht unerwartet gekommen sein. Denn Venezuela war seit Jahrzehnten ein Geheimtip für Geldwäscher, insbesondere für die italienische Mafia. 1980, lange bevor die Kolumbianer massiv ins Kokain- und Geldwäschegeschäft eingestiegen sind, konnten die Venezolaner 1,1 Milliarden Dollar in Florida in Immobilien investieren. Die Drogenflut in den achtziger Jahren brachte neue immense Einnahmen.

Spätestens seitdem es mit der Wirtschaft Venezuelas in den letzten Jahren rapide bergab ging, bildete sich die unheilvolle Allianz aus Politikern und Rechtsanwälten, die in den Drogenhandel involviert sind. »Es gibt eine absolute Verflechtung von Politik und Banken«, erzählt uns auch Peter Rathsmann, der BKA-Verbindungsbeamte in Caracas.

Das Schmuggelnetz aus und über Venezuela, enthüllten inzwischen die US-Behörden, profitiert von den ausgezeichneten Kontakten zu diversen staatlichen Dienststellen. Beispielsweise dem DIM, dem venezolanischen Militärischen Nachrichtendienst, zu verschiedenen Abteilungen der PAE, einer Polizeieinheit, und insbesondere zur DISIP, dem Nationalen Nachrichtendienst, der mit den Drogenhändlern aufs engste verbunden ist. Drogenhändler, die außerhalb Venezuelas verhaftet wurden, weisen häufig »sichere Papiere« vor, ausgestellt von der DISIP.

Bis in höchste Stellen des Präsidentenpalastes gelang es der Drogenmafia, sich im Lauf der letzten Jahre in Venezuela einzukaufen. Zu ihren Komplizen zählen selbst engste Mitarbeiter von Staatspräsident Carlos Andrés Pérez. Sein langjähriger Sicherheitschef mußte abgelöst werden, weil er zu innig mit Drogenhändlern aus Kolumbien paktierte.

José Manzo Gonzalez, Justizminister in der Regierung Pérez trat im März 1988 zurück, weil er eine geheime Polizeitruppe unterhalten hatte, »die in den Rauschgiftschmuggel verstrickt war«, meldete die *International Herald Tribune* am 30. März 1988.

Wenig später tauschte, gegen heftigen Widerstand des Staatspräsidenten, selbst der Gouverneur von Caracas, Adolfo Ramirez Torres, seinen barocken Regierungspalast gegen eine Zelle im Gefängnis von Caracas.

Er war Kandidat für den Vorsitz der herrschenden Regierungspartei, der Demokratischen Aktion. Zum Verhängnis wurden ihm die engen Verbindungen zu Drogenhändlern.

Ohne gewaltigen Druck aus den USA wäre Torres heute noch in Amt und Würden. Torres wurde immerhin eingesperrt. Aber, empören sich die DEA-Agenten, er kann mit seinem tragbaren Telefon aus seiner komfortablen Zelle frei herumtelefonieren, und ebenso freizügig wird er angerufen. James, »Jim«, A. Shedd, DEA-Agent aus Miami: »Wir hatten hier einen Fall, wo Banker, Politiker und hohe Regierungsbeamte in den Kokainschmuggel verwickelt waren. 1990 bearbeiteten wir einen Fall, wo gutsituierte junge Leute, Anfang zwanzig, mit Drogenhändlern paktierten. Das waren alles Kinder sehr reicher Familien, die mit dem ehemaligen Gouverneur von Caracas verbunden waren.«

Der Fall Torres hätte eigentlich weitere Ermittlungen auslösen müssen. Beispielsweise gegen einen ehemaligen Finanzminister und gegen hochrangige Militärs. Doch nichts geschah, obwohl alle in große Drogenschmuggeloperationen verwickelt sind.

Selbst der sozialdemokratische Staatspräsident soll es sein, behauptet der ehemalige Präsident der Drogenkommission im venezolanischen Parlament, Luis Hernández Morales: »Pérez arbeitet für Cali. Miguel Massa, Chef des DAS *[Departamento Administrativo de Seguridad]* in Bogotá gehörte auch zum Cali-Kartell. Jetzt ist er Berater des Präsidenten Pérez im Kampf gegen Drogen.«[1]

Eine kleine Oligarchie herrscht, präsidiert von dem Politiker CAP, der in öffentlichen Veranstaltungen gerne von der sozialen Reformpolitik spricht. Die ist nirgendwo zu spüren, im Gegensatz zu der blühenden Korruption der politischen Klasse.

Die hat inzwischen schwindelerregende Höhen erreicht. Mehr als hundert Verfahren gegen hohe Beamte, gegen Senatoren und Generäle sind vor dem Obersten Gericht anhängig. Verurteilungen gab es bislang nicht. Und Venezuela, der drittgrößte Erdölproduzent der Welt, versinkt in Armut. Ein Drittel der Bevölkerung mußte 1991 unterhalb des Existenzminimums leben. Demgegenüber besitzt eine hauchdünne Schicht von vermögenden Venezolanern 89 Milliarden Dollar auf Auslandskonten. Fast dreimal soviel wie die gesamte Staatsschuld.

Genauso schwerwiegend sind die permanenten Menschenrechtsverletzungen. 1988 wurden 14 gegen die Armut protestierende Landarbeiter vom Geheimdienst gefoltert und ermordet. 1989 starben – je nach Quelle – 300 bis 3000 Menschen, als protestierende *Caraqueños* aus den Slumvierteln der Hauptstadt ins Zentrum marschierten und die Armee das Feuer auf sie eröffnete. Und 1991 wurden 300 Menschen von den »Sicherheitskräften« ermordet.

Die Herrschaft einer kleinen Elite und eine breite Verelendung der Bevölkerung, das ist das, was der sozialdemokratische Staatspräsident an fortschrittlichen demokratischen Errungenschaften auf sein Konto verbuchen kann. Kaum einer schüttelt daher den Kopf, selbst wenn es noch so unglaublich klingen mag: Venezuela ist für die weltumspannende sizilianische Mafia zu ihrem wichtigsten Außenposten geworden, wichtiger noch als Italien, die Mutter der Mafia.

Die Sizilianer kommen

Der Bergrücken Avila trennt wie eine Mauer die venezolanische Karibikküste mit den gleich Perlen auf einer Schnur aneinandergereihten vorgelagerten Inseln und die Millionenmetropole Caracas. Die Caraqueños, wie sich die Bürger von Caracas nennen, müssen, sofern sie über genügend Geld verfügen, auf nichts verzichten: Kunstgalerien, unzählige Kulturveranstaltungen, eine nur manchmal von der Zensur geknebelte Presse und, was für die meisten Caraqueños am wichtigsten ist, in nicht mal einer Stunde können sie die Strände des Karibischen Meeres mit dem Auto erreichen.

Caracas. Palmengesäumte hochherrschaftliche Villen direkt in der Stadt, prächtige Hochhäuser, alles überragende Bankpaläste und unzählige kleine Wechselstuben – ein Geldwäscherparadies.

Ständig verstopfte Autobahnen durchschneiden die Metropole, eine Metro durchquert die Innenstadt, in deren luxuriösen Geschäften alle Luxusgüter der Welt feilgeboten werden. Und daneben, wie ein sich ausbreitendes Geschwür, die Slumviertel, in denen es weder Wasser noch Elektrizität gibt, Hütten, die bei heftigen Regengüssen hinweggeschwemmt werden.

Doch am Samstag, dem 21. Oktober 1989, trübte keine Regenwolke den Himmel über Caracas. In einem Luxushotel sind die letzten Festvorbereitungen gerade abgeschlossen, Blumengirlanden schmücken den Grand Salon des Caracas Hilton. Langsam fahren die ersten Gäste in großen Limousinen vor, eskortiert von der Polizei DISIP. Eine der bedeutendsten Familien Venezuelas hat zur Hochzeit ihrer Tochter eingeladen. Vor dem Eingang zum großen Salon lächeln die Festgäste gelassen in die Kameras bereitstehender Fotografen. Aus Respekt vor dem Brautvater und um die Tochter zu ehren, sind sie gekommen. Venezolanischer Geldadel könnte man vermuten, wenn da nicht soviel italienisch gesprochen würde.

Die »Ehrenwerte Gesellschaft« aus Venezuela, Italien, USA und Kanada ist eingeflogen, will der in weißen Tüll gehüllten 19jährigen Braut zu ihrer Hochzeit gratulieren. Maria Cuntrera, so heißt die Braut, heiratet einen Landsmann, den 1957 geborenen Antonino Mongiovi. Seine Familie unterhält schon seit geraumer Zeit gute Kontakte zu dem Brautvater. Mag er für die Braut im Zustand der Unschuld in die Ehe gehen, für die Polizei gilt das nicht. Spätestens seit 1983 ist er bei der römischen Finanzpolizei als Drogenhändler und hochgefährlicher Mann der Mafia aktenkundig. In den Dossiers der amerikanischen DEA wird er als »Hauptlieferant für Kokain und Heroin in den Raum Florida geführt«. Das war zu der Zeit, als er in Miami Präsident der Immobiliaria Tropical C. A. war, eines Unternehmens mit Hauptsitz in Caracas. Nachdem er die USA fluchtartig verlassen mußte – die DEA wollte ihn in eines der vielen *Recreationcenters*, das Gefängnis, bringen –, führte er seine Drogengeschäfte in Caracas weiter.

Paolo Cuntrera, sein künftiger Schwiegervater, im Frack, weiß zu diesem Zeitpunkt noch nicht, daß sowohl in Italien wie in den USA die Polizei gegen ihn wegen Zugehörigkeit zu einer Mafiaorganisation und Drogenhandels ermittelt. Das wäre ihm damals schon ziemlich gleichgültig gewesen. Die meisten seiner internationalen Familienmitglieder werden seit Jahren mit internationalem Haftbefehl gesucht. In Venezuela leben sie schließlich unbehelligt trotz der dringenden Fahndungsersuchen um Auslieferung an die USA und an Italien.

Entsprechend »ehrenwert« wie Bräutigam und Brautvater sind viele der Festgäste: führende Mitglieder des gefährlichsten Gangstersyndikats der Welt, der italienischen Mafia. Denn der Vater von Maria Cuntrera ist einer der mächtigsten Paten der italienischen Mafia, gilt gar als einer der Köpfe der Krake. Es ist der smarte 50jährige Paolo Cuntrera.

Als wir Anfang 1992 im Caracas Hilton nach den Fotos der illustren Gesellschaft fragen, wird uns zuerst versichert, daß wir sie natürlich sehen können. Doch am nächsten Tag gibt es weder Fotos, noch hat es, so die Geschäftsleitung des Hilton, je eine Hochzeit am 21. Oktober 1989 gegeben. Der DEA-Agent aus Caracas, den wir daraufhin ansprechen, kann darüber nur lachen. »Das ist alles gelogen, was die Ihnen sagen. Natürlich hat es eine Hochzeit gegeben, und natürlich gibt es Fotos.« Dann holt er ein großes schwarzes Album und blättert es durch. Arm in Arm, im schwarzen Frack, begleitet von ihren Ehefrauen in langen Abendkleidern, posieren die Bosse der italienischen Mafia vor dem Eingang zum Grand Salon des Hilton Hotels. Unter ihnen weltweit gesuchte Topgangster, die der Cupola, dem höchsten Entscheidungsgremium der sizilianischen Mafia, angehören.

Diese Hochzeit war mehr als ein Symbol. Sie war, zumal die DISIP (staatlicher Nachrichtendienst und Polizei) die Ehrenwerte Gesellschaft abschirmte, die unverschämte Demonstration der Macht und des gewaltigen Einflusses, den die italienische Mafia in Venezuela ausübt.

Die Krake

Die ersten italienischen Mafiosi wanderten in den späten vierziger Jahren nach Caracas ein, die zweite Welle traf Ende der sechziger, Anfang der siebziger Jahre ein. Nicht das angenehme tropische Klima oder die Abenteuerlust, den Amazonas zu erforschen, zog sie nach Venezuela. Ihr Ziel war schon in Sizilien vorgegeben: »Sie kamen, um die Verbindung aufzubauen, den Kraken zu etablieren«, sagt der DEA-Agent Jim Shedd in Miami.

Bereits für den ersten Cupola-Paten, Cichiteddu Greco, wurde Caracas die zweite Heimat, als er sich aus Sizilien, aus Angst vor polizeilichem Zugriff, absetzen mußte.

»Von der italienischen Polizei totgesagt, lebte Greco unter dem Namen Renato Martino Caruso die nächsten 16 Jahre als Schlüsselfigur des internationalen Rauschgifthandels weiter. Er starb 1979 in seinem Bett an Leberzirrhose.«[2]

Auch ein anderes hohes Mafiamitglied, Antonio Napoli, der als einer der größten Rauschgifthändler der Welt in den Polizeidossiers geführt wurde, setzte sich, als ihm der Boden in den USA zu heiß wurde, nach Caracas ab. Er erwarb eine Rinderfarm und mehrere Milchpulverfabriken. Jahrzehnte hatten die mächtigen Mafiaclans Zeit, sich wie ein Krake auszubreiten. Fragt man heute in Caracas, ob bei der Polizei oder Journalisten, wo denn dieser Krake zu finden sei, hört man lapidar: »Gibt es nicht.«

Kriminalkommissar Guillermo A. Jiménez reibt sich die Hände, wenn er davon spricht, irgendwann einmal die Rechtsanwälte dieser Krake verhaften zu lassen. »Dann sperre ich sie in eine kleine Zelle und lasse sie eine Zeitlang schmoren. Das wird mein größter Triumph werden.« An die Topgangster aber, für die diese Rechtsanwälte arbeiten, glaubt selbst er nicht, jemals heranzukommen: die Paten Cuntrera-Caruana.

Diese Namen stehen für einen der mächtigsten Mafiaclans der Welt. Auf der Plaza Caracas trinken sie manchmal *café negro*, lassen sich ihre Schuhe von den herumwieselnden Schuhputzern glänzend reiben und gehen dann ein paar Straßen weiter zur Barbería Lino. Der Besitzer, Lino Marchetti, war natürlich ein ehrenwerter Gast bei der Hochzeit von Maria Cuntrera, ist aber viel mehr als ein geschickter Friseur. Von seinen rotbezogenen Ledersesseln aus, auf denen er die Kunden rasiert und ihre strapazierte Gesichtshaut balsamiert, wird rege in alle Teile der Welt telefoniert, hauptsächlich nach Sizilien und New York. Das Friseurgeschäft dient als Drehscheibe für Absprachen zwischen den Mafiamitgliedern in aller Welt.

Bis zum heutigen Tag haben die Familien Cuntrera und Caruana untereinander geheiratet, von wenigen Ausnahmen abgesehen. Keine andere Familie fand und findet Eingang in die illustre Gesellschaft des Mafiaclans. Die Ausnahme ist ein Alfonso Vella, verheiratet mit Anna Spataro. Eine ihrer Töchter, Giuseppa Vella, heiratet Pasquale Cuntrera. Aus dieser Ehe gehen vier Cuntrera-Kinder hervor. Zwei Töchter und zwei Söhne. Beide Söhne sind fest im kriminellen Geschäft etabliert.

Ein immer gleichbleibendes Muster, das bis heute gültig ist: Kaum waren die Kinder der alten Cuntreras oder Caruanas verheiratet, stößt man in Polizeiakten auf Ermittlungen wegen Raubes, Mordes, Erpressung und Drogenhandels. Auch wenn es manche selbsternannten Mafiaexperten nicht wahrhaben wollen, das Blut verbindet die Mafiaclans, und selbst der Rausch nach immer mehr Geld kann diese Familienbande nicht zerschneiden.

Ein DEA-Agent trifft Pasquale

Beinahe wäre es einem der Mafiabosse, dem damals 59jährigen Pasquale Cuntrera, an den Kragen gegangen und er in die von der DEA aufgestellte Falle getappt. Das war 1989. Seit einigen Monaten bereits ermittelten Agenten der DEA gegen die Cuntreras-Caruanas. Doch nie hätten sie damit gerechnet, daß sich die Bosse der Familie – schließlich wurden ja immer wieder mal einige ihrer Familienmitglieder verhaftet – selbst die Hände mit Heroinschmuggel dreckig machen würden. Anknüpfungspunkt für die DEA war Raffaele Bellizzi.

Mit ihm traf sich, am 25. Januar 1989, ein DEA-Undercover-Agent. Während des mit einer Video-Aufzeichnung überwachten Treffens protzte er mit seinem innigen Verhältnis zur Cuntrera-Caruana-Familie, erzählte freimütig, daß er sich bei den venezolanischen Einwanderungsbehörden für sie verbürgt hätte, also sehr gute Kontakte zu ihnen habe. Bei späteren Treffen mit dem DEA-Agenten offenbarte er sogar, daß er, als er noch im Reedereigeschäft in Venezuela war, Heizkessel auf den Schiffen benutzt habe, um Drogen und Geld für die Cuntrera-Caruana-Familie zu transportieren.

»Ich kann ohne Probleme Heroin vertreiben«, vertraute er dem DEA-Agenten schließlich an. Was den Agenten aufhorchen ließ, war eine weitere Bemerkung. »Ich organisiere diesen ganzen Handel für die Caruanas-Cuntreras.« Die Gelegenheit schien günstig, den Bossen des Clans endlich das Handwerk zu legen.

Mit einer falschen Legende ausgestattet, fuhr der DEA-Mann am 27. Oktober 1989 nach Caracas. Und siehe da, Bellizzi brachte ihn sofort zu Pasquale Cuntrera, der in der Wohnung von Bellizzi auf den neuen Kunden aus Amerika wartete. Beim gemeinsamen Lunch diskutierte der DEA-Agent mit Cuntrera den Drogenschmuggel und die Geldwäschemöglichkeiten. Der Agent wollte gerade am Wein nippen, da fragte ihn Cuntrera, ob er Michele Catalanotto kenne. »Nein«. Dann wollte Cuntrera von seinem neuen Geschäftspartner aus Amerika wissen, was er von Michele LaScala hält. »Der ist ein Ehrenmann«, antwortete der Undercover-Agent, dem es bei der Frage, wie er uns später erzählte, doch etwas mulmig wurde. Cuntrera schlug mit der Faust auf den Tisch, »daß die Krabben fast von den Tellern gepurzelt sind«, erinnert sich der Agent.

»Das ist ein Schwein und ein FBI-Informant, mit dem rechnen wir noch ab.« Nach dem gemeinsamen Essen und Austausch von Einschätzungen bestimmter Mafialeute wurden die Telefon- und Telefaxnummern ausgetauscht. Nur sie sollten für die Absprache weiterer Kontakte benutzt werden. Cuntrera wußte immer noch nicht, wer sein Gegenüber wirklich war. Wohl der Grund dafür, daß er derart freizügig über eine »große Anzahl von Drogentransaktionen gesprochen hatte«, meinte später der DEA-Mann.

Prompt lief am 5. Dezember bei dem DEA-Agenten ein Fax ein, Absender Pasquale Cuntrera. Für eine Ladung Haschisch, 6000 Kilogramm, sollten 200 000 Dollar auf die Innerbank auf der holländischen Antilleninsel Aruba überwiesen werden, Kontoinhaber: Alfonso Cuntrera, Sohn des Pasquale.

Am 12. Dezember 1989 unterbreitete Pasquale Cuntrera, dokumentiert durch ein heimlich abgehörtes Telefongespräch, den Vorschlag, welche Leute den Haschischdeal abwickeln sollten. Der Agent aber lehnte ab. Mitte März traf sich der DEA-Agent erneut mit Bellizzi in Miami. Er bot ihm an, daß er einen »Heroinüberschuß« zu verkaufen hätte, und bat Bellizzi, seinen Chef Pasquale Cuntrera zu kontaktieren, um weitere Kunden zu bekommen. Bellizzi stimmte zu, fuhr sofort wieder nach Caracas, um Pasquale Cuntrera von dem Angebot zu unterrichten. Ihr Treffpunkt war das Hotel Royal mitten im Zentrum von Caracas, das zu den Besitztümern der Caruanas gehört.

Einige Tage später kehrt Bellizzi nach Miami zurück. »Ja, Cuntrera ist an dem Geschäft interessiert.« Und er werde einen Vertrauten, Finnaca, nach New York schicken, weil er dort die Abnehmer kennt. Am 18. April 1990 kommen zwei Cuntrera-Abgesandte aus Kanada in New York an. In derselben Nacht trifft sich der DEA-Agent erneut mit Finnaca und dem Mann aus Kanada, um die Lieferung von 20 Kilogramm Heroin und die Zahlungsweise abzusprechen. Während dieses Treffens, die Mafialeute wissen immer noch nicht, wer ihnen da eigentlich gegenübersitzt, geht Martello ans Telefon, spricht mit einem »Nino« und teilt ihm mit, daß er ihn am nächsten Tag treffen will. Mit versteckten Kameras beobachten andere DEA-Agenten, daß sich dieser »Nino« mit Martello am Rande des Helmsley Park-Lane-Hotels trifft und ein Stück Papier entgegennimmt. Auf diesem Papier, das später dem Undercover-Agenten übergeben wird, ist der Platz eingezeichnet, auf dem die Übergabe des Heroins stattfinden soll. Die Großdealer der Mafia überwachen zu dieser Zeit schon die Bewegungen des DEA-Agenten, den sie ja für einen potenten Lieferanten halten, wissen jedoch nicht, daß sie dabei selbst beobachtet werden.

Am nächsten Tag packt der DEA-Agent das Heroin in ein Auto und stellt es an dem vereinbarten Platz ab. Martello nimmt den Wagenschlüssel entgegen. »Nino« beobachtet alles von einem in der Nähe parkenden Wagen aus. »Nino« steigt aus, nachdem der vermeintliche Lieferant den Parkplatz verlassen hat, übernimmt den Autoschlüssel und fährt zu seiner Wohnung. Wenig später kommt auch Martello an, der seinen Freund »Nino« in einem separaten Auto nachfährt. Dann schlägt die Polizei zu und verhaftet beide.

Die Unantastbaren

Erstmals in ihrer langen kriminellen Karriere schienen die Cuntreras-Caruanas echte Probleme zu bekommen. Denn die Amerikaner verlangten jetzt die Auslieferung von Pasquale Cuntrera wegen seiner Verwicklung in den Drogendeal. In Caracas gingen sogar erstmals Abgeordnete an die Öffentlichkeit und forderten die Ausweisung der Caruanas und Cuntreras. Denn die seien, so die neue Erkenntnis, mit falschen Papieren Bürger Venezuelas geworden. Und plötzlich entdeckte man auch, wie tief der honorige Clan bereits in das Wirtschaftsleben Venezuelas eingedrungen war: Anfang der achtziger Jahre gegründet, handelt es sich in der Regel um Firmen, über die ausschließlich Drogengelder gewaschen werden:

Eine Auswahl ihrer Firmen, die illegale Drogengelder in den normalen Wirtschaftskreislauf einbringen, Firmen, die von Immobilien, Viehzucht, Reisebüros, Spielkasinos bis hin zu einer Hochseeflotte alles unter einem Dach vereinen: Comercial Brazil S. A. Agropecuaria Gasmichelin, Naviera Turista de Oriente, Corporación Mueble Riz Mari, Acerso Prensados, Multicolor Venezuela, Agrapecuaria Amanco, Inversiones Paogos, Grupo Ocho Selecciones, Grupo F. C. Siculo S. R. L., Constructora Maplisa, Inversora Ganipa, Vera Pizza S. A., Boulevar de Paris, Inversiones Cuntrera, Cosmos Records. Diese Liste wurde 1992 erstellt und erhebt keinen Anspruch auf Vollständigkeit. Alle Unternehmen werden von Strohleuten geführt, sind miteinander verschachtelt. Die Besitzer, in unterschiedlicher Zusammensetzung, stehen fest: Paolo Cuntrera, Luciano Zambito, Gaspare Cuntrera, Antonino Mongiovi. Die Mafiaverbrecher Giuseppe Cuffaro, Paolo Cuntrera und Alfonso Caruana beispielsweise firmieren als Geschäftsführer der Aceros Prensados, eines Unternehmens, das sowohl im Ölgeschäft wie im Spielkasinogeschäft Aktivitäten entwickelt.

Luciano Zambito, in Kanada wegen Drogenhandels verurteilt, ist immer noch, zusammen mit Giuseppe Cuntrera, Besitzer der Firma SIEX, Superintendencia de Inversiones Extranjeras. Giuseppe Cuntrera wird seit 1983 mit internationalem Haftbefehl aus Rom gesucht. *If found, please detain and immediately inform,* so der Schlußtext des Interpol-Haftbefehls. Der Gesuchte, der in seinem Lebenslauf einmal als Beruf »Landarbeiter« angegeben hatte, betreibt weiter seine millionenschweren kriminellen Geschäfte von Caracas aus.

Die sizilianische Mafia hat mehr als dreißig Unternehmen und in den vergangenen Jahren 1,65 Milliarden Bolivar (72 Millionen Mark) bewegt, sie besitzt mehr als hundert Bankkonten, rechnete Polizeikommissar Guillermo A. Jiménez aus.

Nach den neuesten Enthüllungen des Jahres 1990 verwies Vladimir Gessen, Abgeordneter und Mitglied der Drogenkommission im venezolanischen Kongreß auf den Artikel 37 des Ausländergesetzes, der ausdrücklich besagt, daß jeder Ausländer zur *persona non grata* erklärt werden kann, der einem Gerichtsverfahren in einem anderen Land unterliegt. Nach Artikel 46 desselben Gesetzes können »diese Leute sogar festgenommen und in Untersuchungshaft genommen werden«, tönte damals der Abgeordnete[3].

Seitdem fordert er nichts mehr. Denn nach seiner Intervention bekam der rührige Drogenbekämpfer einen neuen Posten zugeschoben. Er wurde zum Minister für Tourismus ernannt. Und seither kommt kein Wort mehr über seine Lippen, die Cuntreras-Caruanas betreffend.

Heftigen Widerstand gegen die Cuntreras-Caruanas leistete auch der Präsident der Drogenkommission im venezolanischen Kongreß, Luis Hernández Morales, 46 Jahre alt. Er setzte alle Hebel in Bewegung, damit die Cuntreras-Caruanas ausgeliefert werden, und forderte eine gezielte Untersuchung der Verbindungen zwischen Polizei, Regierungsstellen und der Mafia. Soviel Engagement gegen die führende Mafiafamilie wurde ihm zum Verhängnis.

Der Abgeordnete der Liberalen Partei hatte nicht gewußt, daß sein Generalsekretär – wie die der anderen Parteien auch – hohe Geldsummen vom Mafiaclan kassiert hatte.

Hernández Morales wurde nicht nur ziemlich schnell seines Postens als Präsident der Drogenkommission enthoben, sondern auch gleich aus seiner Partei rausgeworfen. »Die waren alle mit den Cuntreras-Caruanas zusammen«, erzählt er uns in einem Hotel in Caracas. Jetzt ist Hernández Morales Abgeordneter einer neuen kleinen Partei. In seinem Wahlkreis Maracaibo muß er zusehen, daß sich nichts geändert hat: »Über unsere Provinz laufen alle Drogengeschäfte. Die kommen mit Autos über die Grenze, mit Flugzeugen, niemand unternimmt was gegen sie.«

Seitdem Hernández Morales seiner Ämter verlustig ging – wenig später folgte ihm noch Manuel Ibedaca Romero von der Guardia Nacional (auch er hatte zu intensiv die in Venezuela bestimmenden Mafiaclans kritisiert) – herrscht wieder Ruhe in den Zeitungen und im Fernsehen.

Nur im Polizeipräsidium von Caracas wacht unverdrossen ein Kriminalkommissar weiter über einen ständig größer werdenden

Stapel Akten, die inzwischen so zahlreich sind, daß sie nicht mehr sicher in den Aktenschränken verstaut werden können.

Kommissar Guillermo A. Jiménez arbeitet seit sechs Jahren am Fall der Mafiafamilie, er ist in Venezuela der einzige, der allen Auflagen des Innenministeriums zum Trotz Unterlagen sammelt. In seinem kleinen Büro im vierten Stock der Polizeizentrale hängen die Wände voller Auszeichnungen für seinen Kampf gegen Drogenhändler. »Jaimes Paolo Pavanelli, einer der sieben wichtigsten Männer der Mafia. Vor zwei Jahren habe ich ihn verhaftet. Er hatte ein wichtiges Finanzzentrum in Italien gegründet. Jetzt ist er wieder frei und hat drei kolumbianische Söldner gedungen, um mich ermorden zu lassen.«

Wie auf einer anderen Ebene Schwierigkeiten entstehen, wenn man in Venezuela an die Köpfe der Mafiahydra herankommen will, beweist allein die Tatsache, daß es bis jetzt keinerlei aktuelle Fotos von den Caruanas und Cuntreras gibt, allenfalls die alten Fahndungsfotos der italienischen Polizei. »Sie haben öffentliche Bedienstete gekauft, die ihnen auch falsche Papier verschafft haben, und die haben alle Fotos, als sie bei uns den Antrag auf die venezolanische Staatsbürgerschaft stellten, vernichtet«, weiß Jiménez.

Nach der öffentlichen Diskussion über diese Mafiafamilie im Jahre 1990 wurden ihm ebenfalls Steine in den Weg gelegt, durfte nicht weiterermitteln werden. Ihn kümmert das nicht.

Kommt er einmal ins Reden, ist er nicht mehr zu stoppen. Von ihm haben wir den bislang einzigen Familienstammbaum des Clans erhalten, 365 Familienmitglieder allein in Venezuela zählt er. Keiner der ins Erwachsenenalter Gekommenen ist nicht in die kriminellen Machenschaften des Clans verstrickt. Ob in Aruba, Venezuela oder Kolumbien – überall haben sie ihre Finger drin. »Sie sind so geschickt vorgegangen, dank dem Einsatz von Strohmännern und Rechtsanwälten, daß sie nicht zu fasssen sind. Wir wissen, daß sie beispielsweise auf Aruba über enorme Besitzungen verfügen, über Immobilien, Finanzzentren, Spielkasinos, Hotels, und dabei Millionensummen bewegen. Aber wie sollen wir es ihnen nachweisen? Auf den Cayman-Inseln gründen sie Banken. Von dort läuft der Geldfluß in die USA und dann wieder zurück nach Venezuela. Wir wissen, daß sie auch im Waffenschmuggel aktiv sind.«

»Sie strecken ihre Hände nach den Karibikinseln aus. Dahin sind sie vor uns ausgewichen. Wir haben zur Zeit einen Ermittlungsvorgang, der aus 14 Einzelfällen besteht. Jeder Teil füllt bisher mehr als 350 Seiten«, vertraut uns ein hoher Polizeioffizier an.

Doch über die explosiven Beziehungsgeflechte, die entstanden sind, redet niemand. Zum Beispiel die Banco Consolidado in Caracas, ein mächtiger Geldgigant. Von der Bank aus wird der gesamte Wahlkampf der venezolanischen Christdemokraten, COPEI, für die Präsidentschaft von Eduardo Fernandez organisiert. In einer benachbarten Villa, in der Quinta Sto. Remo im Stadtteil La Castellana hat sich das Wahlkampfkomitee eingerichtet. Das Haus gehört Giuseppe Cuntrera. Die DEA-Agenten, die wir später auf diese Verbindung ansprechen, bestätigen unsere Informationen. »Aber sagen Sie das nicht unserem Botschafter. Wir haben derzeit doch so gute Beziehungen zur Regierung.«

Stadtbekannt ist jedenfalls, daß der christdemokratische Präsidentschaftskandidat Drogengelder für seine Kampagne einsetzt. Aber, so hören wir vom BKA-Verbindungsbeamten, das sei »eigentlich üblich.«

In einem Apartmenthaus, im Edificio Ikarus, lebte bis Anfang dieses Jahres Maria Cuntrera. Im 12. Stock, mit einem separaten Aufzug direkt in die Wohnung, 250 Quadratmeter groß, Preis pro Apartment 10 Millionen Bolivares. »Das sind nette Leute, freundlich, zuvorkommend. Ich habe von ihnen immer viel Trinkgeld bekommen. Sie besitzen Discos, Restaurants, Spielkasinos und Pizzerien in Caracas«, plaudert freundlich der Pförtner des Apartmenthauses. Mit ihrem Mann, dem Gangster Antonino Mongiovi, ist Maria Cuntrera inzwischen in die venezolanische Millionenstadt Valencia umgezogen.

Eine kuriose Geschichte verbindet sich mit der Vermietung dieses Apartments. Die Cuntreras suchten Nachmieter und wandten sich sinnigerweise an die amerikanische Botschaft, wollten, so ein DEA-Agent, »unserem Chef in Caracas die Wohnung vermieten«. Angeboten wird die Wohnung von dem kleinen, aber feinen Maklerbüro Bienes Raíces C. A. Der Eigentümer, Raymondo Rovero, blättert in bunten Prospekten für Immobilienanlagen, an denen auch Deutsche finanziell beteiligt sind. Was er nicht sagt. Er ist Verbindungsmann zu den Cuntreras und hat bis vor wenigen Jahren das Hotel Tennessy als Buchhalter geführt. Ein Hotel der

Cuntreras-Caruanas, berichtet Kommissar Nerio Renjifo Griman von der Drogenpolizei.

Sucht man unter den Hotels der Cuntreras-Caruanas an der Sabana Grande das Hotel Ariston, Hotel Terminius, Hotel Odeon oder Hotel Eden, sagt freilich niemand, daß sie der Mafiafamilie gehören.

Der Besitzer des Hotels Royal erleidet fast einen Nervenzusammenbruch, als wir ihn danach fragen, welche Verbindungen er zu den Cuntreras-Caruanas hat und was das Hotel mit dieser Mafiafamilie zu tun habe. Empört, daß man ihn mit dieser Familie in Verbindung bringt – im nächsten Satz schon sagt er, die Namen kenne er überhaupt nicht –, zückt er seinen Personalausweis. »Ich bin Spanier, das Hotel gehört mir und meinem Sohn.« Um uns zu überzeugen, zeigt er uns sogar noch die Eigentümerurkunden. Aus denen geht in der Tat hervor, daß er der Besitzer ist.

Miteigentümer ist aber ein Italiener und der, so verrät uns später die Polizei, gehöre zum Mafiaclan. Über Strohmänner, klärt man uns auf, habe er alle Hotels in Händen. Die Besitzer sind nur Handlanger. Der Hotelier, der Spanier in Caracas, hat aber nicht so sehr Angst davor, daß er sich als Strohmann entpuppt, sondern fürchtet, daß die Gäste ausbleiben, Gäste auch aus Deutschland. »Wenn der Name Cuntrera-Caruana mit mir in Zusammenhang gebacht wird, dann bin ich ruiniert.«

Polizeiberichte, die uns zur Verfügung gestellt wurden, sprechen eine klare Sprache: »An all diesen Firmen sind grundsätzlich Italiener mit Kapital beteiligt. Die Hotels beispielsweise wurden für eine Summe von je 10 Millionen Boleros [Bolero ist der gängige Ausdruck für Bolivares] gekauft, während der wirkliche Wert viel höher liegt.«

Auffallend ist außerdem, daß viele Portiers der Hotels, die den Cuntreras-Caruanas gehören, aus Medellín kommen. Einer ist so keck und warnt vor weiteren Recherchen über die Familie. »Die können hier alles zerstören, auch Sie. Bedenken Sie, daß Sie nicht in Europa sind, sondern in Südamerika. Da spielen Menschenleben keine große Rolle, das ist eine andere Mentalität.«

»Reiche Leute sind es«, betont er, »in der Stadt läuft nichts, ohne daß sie davon erfahren würden.« Nach entsprechendem Drängen ist er immerhin bereit, einen Kontakt zu Paolo Cuntrera herzustellen. Über den Besitzer des Hotels, in dem er als »Portier« arbeitet. »Der kennt die gut. Aber ich kann Ihnen jetzt schon sagen, die werden nicht mit ihnen reden.« Er behielt recht.

ABC – »die Inseln unter dem Wind« werden drei der Venezuela vorgelagerten Eilande häufig genannt. A für Aruba, C für Curaçao und B für Bonaire. Die Inseln A und C werden von den Cuntreras bevorzugt. Aruba, ein Paradies. Schwarzes Gold, Erdöl, wurde noch bis Mitte der achtziger Jahre gefördert. Die Raffinerien sind jetzt stillgelegt. Die Goldminen haben nur noch Museumswert. Geldrausch ist es unter anderem, der Aruba zu einem Paradies für die Mafia gemacht hat. Die schöne Landschaft und das traumhafte Klima ziehen Touristen wie Gangster an. Letztere, etwa die Cuntreras, bauen Hotels und Spielkasinos auf Aruba.

Für Schmuggler aller Schattierungen ist Aruba ein Steuerparadies und eine Oase der Straffreiheit, ein Zentrum der Geldwäsche. Die Aruban Bankers Association ist stolz auf ein Bankgeheimnis, das selbst Schweizer Banker geschwätzig erscheinen läßt. Devisengeschäfte müssen nicht an die Zentralbank gemeldet werden. Daher ist es nicht weiter verwunderlich gewesen, daß ein Teil des Drogengeldes, das 1990 von Panama ins Ausland transferiert wurde, auf Banken nach Aruba überwiesen wurde. Aruba ist noch auf eine weitere Errungenschaft stolz, der sich Drogenschmuggler gerne bedienen, die Freihandelszone. Ein Gesetz aus dem Jahre 1988 macht es möglich, bestimmten Unternehmen Steuerfreiheit zu gewähren. Attraktiver noch für viele: Die Besitzer können anonym bleiben. Einzige Restriktion ist, daß lediglich Ausländer solche Gesellschaften gründen dürfen. All das ist ideal, um auch Drogengelder verschwinden zu lassen. Fazit eines *Narcotics Control Report* des US-Außenministeriums aus dem Jahr 1991:

»Da in verschiedenen südamerikanischen Staaten Devisen kontrolliert werden, spielen die arubischen Banken und Handelsgesellschaften eine Schlüsselrolle in der Finanzierung des Schmuggels einschließlich des Drogenhandels.«

Schönes Aruba: Blendendweiße Sandstrände, ein smaragdgrünes Karibisches Meer, immerwährender Sonnenschein und kühlende Passatwinde.

Dahin, zu seinen Hotels und nach Oranjestad, in sein Haus Tonki Flip 78, zieht es besonders Paolo Cuntrera. In Aruba hat er für sich und die Mafia, wie es Polizeikommissar Jiménez sagte, zahlreiche Kasinos, Hotels und Finanzgesellschaften erworben.

Den Amerikanern ist das seit langem ein Dorn im Auge. Immerhin steht Aruba unter niederländischer Regierungshoheit, was Außenpolitik und Wirtschaft angeht.

»Er fliegt mit seinem Privatflugzeug nach Aruba ein und aus, ohne jegliche Zollkontrolle, und Zollbeamte von Aruba eskortierten ihn sogar noch. Wir haben die Auslieferung beantragt. Aber niemand reagiert. Man kann sich da fragen, wieweit die Verwicklung der Regierung geht.«

In dem Ferien- und Geldwäscheparadies Aruba scheinen sich zudem Händler aufzuhalten, die Chemikalien dealen, mit denen Kokapaste zu Kokain veredelt wird. Interpol Aruba jedenfalls schickte 1991 ein dringendes Fahndungsersuchen nach Deutschland und wollte wissen, wer der Reeder eines Schiffes sei, der Aceton über Aruba nach Honduras transportiert hatte. Ein Unternehmen im deutschen Illertissen.

Doch wieder zurück in das brodelnde, im Verkehr erstickende Caracas. Ein merkwürdiges Gefühl der Ratlosigkeit befällt den, der sich nach der Mafiafamilie erkundigt. Jeder weiß, daß es diese Mafiafamilie gibt. Aber niemand kennt sie wirklich. Ein Phantom? Überall könnte man sie treffen, im Hotel Odeon an der Grande Sabana, auf der Straße.

Warum sind sie so sicher? fragen wir uns ständig. Beraten durch hochqualifizierte Finanzmanager und Rechtsanwälte aus Caracas und Mailand, haben sie zweifellos ein perfektes Geldwaschsystem entwickelt.

Sicherlich ist es kein Zufall, daß bekannte italienische Banken in Caracas ihre Niederlassung haben. Die Banca Commerciale Italiana, Banca Nazionale del Lavoro, Banca Popolare di Novara und die Banca di Nova Scotia. Es handelt sich um Geldinstitute, die auch in den Ermittlungsberichten der Polizei im Zusammenhang mit den Cuntreras-Caruanas besondere Erwähnung finden.

Um nicht aufzufallen, bewegt der Clan natürlich das Geld nicht selbst, sondern beschäftigt sogenannte Boten. Von den »Boten« geht das Geld an die Strohleute. Über diese wird das Geld gewaschen. Die Strohleute selbst werden einem besonderen Ausleseverfahren unterworfen. Sie dürfen bislang nicht »auffällig« geworden sein. In diesem Zusammenhang spielen die vielen kleinen Wechselstuben eine bedeutende Rolle.

Die Gewinne aus dem Drogenhandel, Dollars, Franken, D-Mark, Peseten und andere Währungen, werden in diesen so unscheinbaren Wechselstuben eingetauscht. Der Vorteil für die Einzahler: Niemand fragt nach ihrem Namen, niemand verlangt eine Identifizierung. Die Inhaber dieser Wechselstuben wiederum stecken mit den Cuntreras-Caruanas unter einer Decke. Mit dieser ausgetüftelten Methode kann weder die Herkunft noch der Empfänger des Drogengeldes festgestellt werden, und immer tauchen dabei fiktive Gesellschaften auf. »Nach Durcharbeitung der Akten kam die Abteilung zu dem Schluß, daß es die Aufgabe der Familie ist, fremdes Kapital in Venezuela unterzubringen. Geldwäsche ist ihre Hauptaufgabe.«[6]

Anfang 1992 wird die Summe, die sie über ihre Firmen gewaschen haben, auf drei Milliarden US-Dollar geschätzt. Ein Betrag, der wahrscheinlich viel zu gering angesetzt ist, weil man bislang keinerlei Kenntnis von allen Geschäften auf internationaler Ebene der Mafiafamilie hat. Wenn allein über Venezuela drei Milliarden Dollar geschleust wurden, wie groß muß dann die Summe sein, die sie in Uruguay, der Schweiz, Spanien und Thailand wuschen?

Immerhin liegen gegen sie internationale Haftbefehle vor, und sie leben in Venezuela mit falschen Papieren, wie ja selbst der Kripochef zugegeben hat. Von wem werden sie also geschützt? Ist es ihre Verbindung zur DISIP, diesem venezolanischen Nachrichtendienst, der mit seinen grellgelben japanischen Luxuslimousinen patrouilliert und vor dem jeder Angst hat? Oder die Verwicklung der Regierung in den internationalen Kokainhandel?

»Sicher«, bestätigen uns Beamte der DEA, »und sie sind ja groß ins Kokaingeschäft eingestiegen. Da gibt es wiederum die Verwicklung mit der Regierung.«

Haben die Cuntreras-Caruanas zuerst, Mitte der achtziger Jahre, aufs innigste mit dem Medellín-Kartell kooperiert, wechselten sie, als die obersten Bosse des Medellín-Kartells ins »Villen-Gefängnis« von Bogotá eingewiesen wurden, zum inzwischen mächtiger gewordenen Cali-Kartell.

Der Moloch

Schließlich stoßen wir auf eine ganz neue Entwicklung, mit neuen internationalen Dimensionen. Begonnen hatte das damit, daß sich die Cuntreras-Caruanas in zwei Banken einkauften, eine in Uruguay und eine in Caracas. Für die Banco Internacional, eine der größten Venezuelas, legten sie 50 Millionen Dollar auf den Tisch. »Für sie ein Klacks«, meint dazu der zuständige DEA-Agent in Caracas. »Mit drei oder vier Herointransaktionen haben sie das wieder eingespielt.«

Wer soviel Geld investiert, um Einfluß in großen Banken zu gewinnen, macht das nicht um des Prestiges willen. Tatsächlich verbirgt sich dahinter eine neue, eine grandiose Operation der Krake Mafia.

Zum erstenmal in der Geschichte der sizilianischen Mafia sucht man Verbündete nicht nur in einer Region der Welt, die bislang wegen ihres enormen Reichtums nicht auf das offene kriminelle Geschäft angewiesen schien – dem Nahen Osten –, sondern bei einem Familienkonzern, der bislang vollkommen »unbeleckt war«, wie es uns ein hoher DEA-Beamter mitteilt.

Vertrauliche Informationen von Polizei und DEA in Caracas – beide sind gerade am Beginn ihrer Ermittlungen – ergeben ein Szenario, wie es Hollywood nicht besser hätte erfinden können. Ein gigantisches Verbrecherimperium wird seit 1991 aufgebaut. Der andere Partner, der mit den Cuntreras-Caruanas die beiden Banknamen gekauft hat, ist der Clan Emilio Makarem. Die Freundschaft der beiden Familien begann in der wegen der brütend-schwülen Hitze gefürchteten Stadt Maracaibo, an der Ostküste von Venezuela gelegen.

Maracaibo, Hauptstadt der Provinz Zulia, liegt zwischen dem Golf von Venezuela und dem Binnensee, am Eingang zum Lago de Maracaibo. Ideal ist die Stadt auch wegen der Nähe zur kolumbianischen Grenze. Riesige Ländereien sind über die Provinz verstreut – ein Gebiet, das von den Drogenhändlern Venezuelas gemeinsam mit denen des kolumbianischen Cali-Kartells kontrolliert wird.

Internationaler Waffenhandel und Drogenhandel, dafür bietet Maracaibo glänzende Voraussetzungen. Ein mächtiges Unternehmen in Maracaibo, die Grupo Makarem, ist der Ableger eines

Multis aus dem Libanon. Emilio Markarem ist der Don eines Clans, dessen riesiger Konzern im Libanon sitzt und hervorragende Geschäftsbeziehungen zu den Scheichs von Kuwait und Saudi-Arabien unterhält. »Die englische Regierung hatte bei uns nachgefragt«, berichtet ein hoher Polizeibeamter aus Caracas, »ob wir etwas gegen das Unternehmen Makarem hätten, das bereits mit dem englischen Königshaus Geschäftsverbindungen pflegt. Wir haben entsetzt abgewunken und die Polizei in London gewarnt.« In London unterhält Riad H. Makarem ein Import- und Exportgeschäft. Offizielles Geschäftsziel ist der Verkauf von Fahrzeugen. Zwei andere Familienmitglieder, Shawky A. Makarem und Janine P. Makarem sind Direktoren der Firma Ramco Export & Marketing Ltd. in der noblen Regent Street. Dabei sind die Makarems schon in Venezuela präsent.

Und eine gewaltige Investition hat die neue Verbrechergemeinschaft Makarem/Cuntrera-Caruana bereits getätigt. Für das Cali-Kartell investierten sie 26 Milliarden Rubel in Rußland. Daß Drogengeld von Cali auch in arabischen Ländern gewaschen wurde, war zwar einigen Polizeidienststellen bekannt. Nicht aber, über welche gigantische Wirtschaftsmacht dieses neue internationale Verbrechersyndikat derzeit verfügen muß.

Verbindungen, die wir in Gesprächen mit Polizeidienststellen, Nachrichtendiensten und amerikanischen Fahndungsbehörden herausfinden konnten:

In Ojeda, der am östlichen Ufer des Maracaibo-Sees gelegenen Stadt, führen die beiden Brüder Juan und Jorge Metropoulos eine bekannte Reederei. Sie verschiffen Waffen aus Europa nach Kolumbien und auf dem Rückweg Drogen nach Europa. Diese beiden »Reeder« haben enge Kontakte zu Makarem und Cuntrera-Caruana. Makarem wiederum hat enge Beziehungen nach Cali. Zu dem ehrenwerten Präsidenten der Financial Corporation in Cali, einem Giorgios Kalpohagiannis Giliusky, und zu Eduardo Gaitan Duran, einem Banker der Bank of Bogotá. Ein Geschäft auf Gegenseitigkeit ist entstanden.

Kapital für den Waffeneinkauf in Europa erhalten die griechischen Reeder über den arabischen Staatsbürger Abu Dhan. Diese Waffen werden dann nach Kolumbien und in andere lateinamerikanische Länder geschmuggelt, mit einem Zwischenstopp in Surinam. Mit den gleichen Schiffen und auf der gleichen Route schikken sie Drogen nach Europa. Sie besitzen jedoch nicht nur eine Reederei, sondern auch eine Fabrik in Ojeda, in der sowohl Sprengstoffe wie Munition produziert werden. Niemand weiß bislang in Venezuela, wie sie überhaupt eine offizielle Genehmigung für diese Fabrik erhalten haben. Was man aber inzwischen herausgefunden hat: Finanziert und gesteuert werden die Griechen von der Gruppe Makarem/Cuntrera-Caruana.

»Unbegreifliche Geldsummen«, so auch unser DEA-Kontaktmann in Caracas, »zirkulieren derzeit in Südamerika. Geld, das von diesen beiden Gruppen investiert wird.« Das Drogen- und Ölgeld hält seinen Einzug derzeit in Südamerika. Nach dem Geheimdienstbericht aus Caracas zu urteilen, transferiert die Makarem-Gruppe über Panama und die Antillen enorme Mengen Geld auf die kolumbianische Bank of Bogotá und bezahlt die Reeder und Munitionsfabrikanten Metropoulos für ihre Waffenschmuggel- und Drogenschäfte. Im Auftrag des Cali-Kartells.

Doch nicht nur das. In Peru, Ecuador, Uruguay kauft diese neue Verbrecher-Holding seit 1991 in erheblichem Maße Gold ein. Schon 1985 meldete das *Mining Journal*, daß die Makarem-Familie eine Firma gründete, die die Rechte erhielt, Diamanten und Gold in Venezuela auszubeuten. »Und«, so bestätigt auch die Kripo in Caracas, »in Saudi-Arabien, Surinam, USA und Deutschland sitzen bereits Repräsentanten dieser Gruppe.«

»Bislang«, so der oberste Kripomann für das organisierte Verbrechen in Venezuela, Guillermo A. Jiménez, »haben sie schon über tausend Firmen gegründet.«

Damit nicht genug: Nach den uns vorliegenden geheimen Informationen der DEA, rekrutieren sie Killer für das Cali-Kartell und beliefern sowohl paramilitärische Gruppen Kolumbiens als auch die *Fuerzas Armadas Revolucionarias de Colombia*, FARC, mit Waffen. Die FARC gilt als größte Guerillagruppe Kolumbiens, die sich zu einer selbsternannten Schutztruppe für die Kokainanbauer entwickelt hat und zusammen mit den Drogenbaronen den Kokainschmuggel organisiert. Vom Narco-Terrorismus ist die Rede.

Vor was sich die internationalen Polizeibehörden fürchten, liegt auf der Hand. Bislang hatte man es schon mit großen Verbrechersyndikaten wie der sizilianischen Mafia zu tun. Die konnten nicht bekämpft werden. Jetzt verbrüdert sich diese Mafia aber mit einem arabischen Konzern, der über Öl- und Waffengeschäfte Kapital in bisher ungeahntem Ausmaß in die hochkomplexe internationale Volkswirtschaft einbringen kann. Wenn diese Verbindung, warnten uns die wenigen, die bislang von der neuen Verbrecher-Holding überhaupt wissen, nicht rechtzeitig zerschlagen wird, dann »ist ein gigantisches Verbrecherimperium entstanden, dem es leichtfallen wird, die demokratischen Regierungen kraft seiner enormen Finanzkraft auszuschalten«, sagt Guillermo A. Jiménez, Chef der Abteilung organisiertes Verbrechen bei der Polizei Caracas. Daß das alles keine Hirngespinste sind, bestätigt auch die DEA in Caracas. Und als wir beim Bundeskriminalamt in Wiesbaden beim zuständigen Referatsleiter für OK, Jürgen Maurer, nachfragen, ob ihm der Name Makarem bekannt sei, antwortete er: »Ja.«

Kopf der Krake?

Ob Kopf der Krake oder einer der mächtigsten Mafiaclans der Welt – in einem waren sich unsere Gesprächspartner sowohl in Venezuela wie in den USA alle einig: Die Cuntreras-Caruanas gehören zu den mächtigsten Clans der Welt. FBI-Agent Klaus Rohr glaubt zwar, daß es noch andere mächtige Clans gibt. Aber sein DEA-Kollege in Caracas geht da schon weiter: »Ob es der Kopf der Krake ist, kann ich nicht sagen. Doch es ist sicherlich das mächtigste Mafia-Hauptquartier außerhalb Italiens.« Kriminalkommissar Jiménez sieht das genauso. »Wir kennen keine andere Mafiafamilie mit solch einer Macht.« Eine Macht, die sowohl im Heroin- wie im Kokainhandel führend ist. Das verdeutlichen die Routen, die die Kokainschmuggler 1991/1992 benutzten. »In Richtung Europa: Cúcuta (Kolumbien)-Caracas-Aruba-Madrid-Amsterdam oder Cúcuta-Caracas-Trinidad-Europa beziehungsweise Cúcuta-Caracas, Margarita-Europa.«[7] Die Europaroute läuft immer über Venezuela und über jene Inseln, auf denen auch die Cuntreras-Caruanas ihre Stützpunkte haben.

Und Hernández Morales, der Ex-Präsident der Drogenkommission, meint gar: »Das ist der Kopf der Krake. In den achtziger Jahren haben sie in Kanada, USA und Medellín einen Pakt geschlossen. Sie haben den Vorsitz in den Geldwäscheoperationen der Mafia. Sie koordinieren weltweit den Kokain- und den Heroinhandel. Niemand kann sich bislang mit ihnen vergleichen.«

Deutsche Spuren

Wie aus vielen Gesprächen mit der venezolanischen Polizei und der DEA klar hervorgegangen ist, bestehen auch Verbindungen nach Europa, insbesondere England, Italien, Belgien, Spanien[8] und Deutschland. Kripokommissar Jiménez, der den Familienstammbaum der Cuntreras-Caruanas wie einen Schatz in seinem Büro aufbewahrt, hat uns auf die Familien Spataro und Bellavia hingewiesen. Die haben Kontakte nach Deutschland. »Sie haben Pizzerien, die von ihren Verwandten betrieben werden.«

Außerdem seien aus Bonn Ende der achtziger Jahre Luxusautos im Auftrag der Caruanas nach Amsterdam, von dort nach Rotterdam und weiter nach Caracas verschifft worden. Ähnliche Hinweise erhielten wir von DEA-Agent David F. Lorino: »Fest steht nach unseren Ermittlungen, daß Pasquale Caruana (der 1961 geborene) und Giuseppe Cuffaro in Deutschland waren.«

Am Grenzübergang Weil/Basel gingen sie der Polizei im Herbst 1988 ins Netz, als sie in die Schweiz einreisen wollten. Sie waren dabei, neue Vertriebswege für Rauschgiftlieferungen aus Südostasien aufzubauen und die daraus resultierenden Gewinne in Deutschland reinzuwaschen, »möglicherweise auch in legalen Wirtschaftsunternehmen zu reinvestieren«, heißt es beim Bundeskriminalamt in Wiesbaden.

Es war aber nicht der erste Besuch von Cuffaro und Caruana in Deutschland. Bereits 1978 kamen die beiden in die Bundesrepublik mit einer größeren Menge Bargeld. Damals versäumten sie, 600 000 Dollar zu deklarieren. Nach Zahlung der Geldstrafe reisten beide in die Bundesrepublik ein. Die erneute Reisetätigkeit von Cuffaro begann im September 1987 in die Bundesrepublik. Nach Polizeierkenntnissen hat er sich nachweislich 221 Tage in Deutschland aufgehalten. Dazwischen jettete er viermal nach Thailand, einmal nach Venezuela und einmal nach Kanada.

Drei Städte bevorzugte er: Frankfurt als Finanzmetropole, Baden-Baden wegen des Spielkasinos (25mal war er außerdem

Gast in einem luxemburgischen Spielkasino) und Wiesbaden, um seine Verwandten im Raum Saarbrücken und Köln zu besuchen. Manchmal ist er auch nach Hamburg gefahren, um Giuseppa Camellar vom Vella-Clan zu besuchen. Der besitzt dort eine Pizzeria, »unter falschem Namen«, wie uns Jiménez berichtet hatte.

Seine ausgedehnten Reisen, 33 000 Kilometer legte er im Mietwagen zurück, führten ihn beispielsweise nach Belgien. Pasquale Dimora war der dortige Resident. In Brüssel betreibt er zwei Pizzerien, in der auch häufig Beamte der EG-Kommission eine Pizza essen. Dimora wiederum unterhält Verbindungen zu seinem Landsmann Di Luciano, einem Schloßverwalter, zu Chiaro, einem Bauunternehmer, und Graziano, einem Bekleidungsunternehmer. War er wieder in Frankfurt zurück, führte er von seinem Zimmer in einem Nobelhotel aus zahllose Telefongespräche: nach Thailand, Kanada, USA, Venezuela, Belgien, Spanien, Luxemburg, Italien, Frankreich, Großbritannien und der Schweiz – die Verwandtschaft ist ja auch über alle Länder der Welt verteilt.

Pasquale Caruana dagegen hielt sich lediglich 45 Tage in Deutschland auf. In dieser Zeit, zwischen 1987 und 1988, traf er sich mehrmals mit seinem Freund Cuffaro. Gemeinsam fuhren sie dann in verschiedene deutsche Städte, in die Schweiz und nach Luxemburg.

Natürlich konnten sich die Venezolaner auf ihre Landsleute beziehungsweise ihre Verwandten in Deutschland verlassen. Was die wiederum für die Mafia so interessant machte: Sie betreiben alle Pizzerien und sind untereinander verwandt. Cuffaro und Caruana gingen nur zu den Bekannten und Verwandten, die aus Siculiana stammten, wie sie selbst. »Im Rahmen von Telefonüberwachungen durch die italienischen Behörden wurden weitere Kontakte zu Landsleuten in anderen Bundesländern bekannt. Zum Teil sind diese Personen im Rahmen der Ermittlungen örtlicher und überörtlicher OK-Dienststellen schwerer Gewaltverbrechen in der Bundesrepublik Deutschland verdächtig.«[9]

Im Auftrag der Mafiafamilie beschafften diese örtlichen Residenten, harmlose Pizzabäcker, wiederum Strohleute, die beispielsweise die Lager (für den Umschlag der Drogen) anmieten, Kurier- und Kontrollarbeiten übernehmen, ohne vielleicht zu wissen, wer die Hintermänner sind. Wichtiges Kriterium ist bei der Auswahl der Residenten, genauso wie in Venezuela, daß sie aus der »Familie« stammen und polizeilich nicht in Erscheinung getreten sind. Sie sind das »Kanonenfutter«. Werden sie geschnappt oder ihre Aktion durch die Polizei gestört, wissen sie von nichts, können nichts über ihre Hintermänner aussagen. Und sie sind der *omertà* verpflichtet, dem Schweigen. Brechen Sie diesen Schwur, müssen sie damit rechnen, ermordet zu werden.

In Nordrhein-Westfalen jedenfalls scheinen Caruana und Cuffaro besonders liebe Verwandte zu haben. Die betreiben dort seit 1985, gemeinsam mit einem Neffen des Pasquale Caruana, eine Firma für Lebensmittel Im- und Export und eine Firma für Insektenvernichtungsmittel. Das weist auf Parallelen zu einem britischen Unternehmen hin, das 1985 die Heroinlieferungen aus Thailand organisierte. Die Firma war im britischen Handelsregister ebenfalls als Kleinunternehmen für Lebensmittelprodukte eingetragen.

Beliebter Aufenthaltsort der Cuntreras-Caruanas war deshalb gerade der Großraum Köln. Bekannt ist, daß die sizilianische Mafia hier seit geraumer Zeit diverse Stützpunkte aufgebaut hatte.

In Solingen beispielsweise wirkte »Leo«, Leonardo Tranchina. Am 28. September 1990 verhafteten ihn die aus Neapel herbeigeeilten Carabinieri, nachdem er dabei überrascht worden war, wie er mit einem LKW eine große Menge Waffen, Munition und anderes explosives Material transportierte.

Leverkusen: Am Konrad-Adenauer-Platz, im Sette-Bello, ist die sizilianische Mafia unter sich. Das kleine armselige Bistro ist der Ort, wo eine Vielzahl krimineller Geschäfte abgesprochen werden. Selbst im hintersten Sizilien ist das Café bekannt, was nicht am Espresso liegt, der dort serviert wird, sondern weil es ein Koordinationszentrum für Mafiaaktivitäten im Westen Deutschlands ist.

Nur eine Straße weiter ist ein anderes italienisches Lokal, ebenfalls mit Mafiageschichte. Das Ai Trulli.

Im September 1990 wurde der sizilianische Richter Rosario Livatino ermordet, die Killer kamen aus Leverkusen. Im Ai Trulli hatten sie die Mordtat geplant. Der Besitzer der Pizzeria war drei Jahre zuvor der Polizei aufgefallen. Damals fuhr er in seinem Wagen einen Mafiakiller und sein Opfer nach Haltern. Am Halterer See wurde der Mann erschossen und danach verbrannt. »Ich wurde gezwungen, dorthin zu fahren, habe Familie in Italien und Angst«, gab später der Pizzeriabetreiber der Polizei zu Protokoll. Mehr konnte man ihm nicht nachweisen. Die Rechtsanwälte des Ai-Trulli-Besitzers beharren indes darauf, daß das alles nicht stimmt, obwohl es in den Akten der italienischen Polizei in Palermo beziehungsweise in Leverkusen festgehalten ist.

Leverkusen ist überhaupt eine bedeutsame Stadt für die Mafia, was dadurch deutlich wird, daß die Polizei »etliche Schießereien und Mordfälle« aufklären mußte. Jürgen Weidemann von der Kripo Leverkusen: »Es sind Morde auf Bestellung, angeordnet von Mafiafamilien in Sizilien. Die Tatbestände wurden immer geklärt, aber nie die Motive.«

Köln-Porz ist gleichfalls ein beliebter Treffpunkt für Mafiaangehörige; so suchten Caruana und Cuffaro häufiger bestimmte Adressen auf. Dort lebt nämlich einer ihrer wichtigen Residenten, Pasquale Coirazza. Dessen Namen haben wir bereits beim Kripochef in Caracas gehört. Der Pizzeriabesitzer hat drei Brüder: Vincenzo Coirazza betreibt in Köln-Porz eine Pizzeria, wie auch sein Bruder Pietro, der dritte im Bunde ist Bruno Prospero, ebenfalls Pizzeriabesitzer. Vincenzo kennt, als wir ihn auf seine Verbindungen zu Giuseppe Cuffaro und Pasquale Caruana ansprechen, keinen der Erwähnten. »Habe ich nicht gesehen, kenne ich nicht.« Wenn seine Gäste wüßten, daß er beide bei ihren Drogengeschäften unterstützt hat, wie das Bundeskriminalamt zu berichten weiß, würden sie vielleicht nicht mehr so bedenkenlos dort Cannelloni und Spaghetti a la Siciliana verzehren.

Die Polizei weiß inzwischen, daß es überall in Deutschland Ableger der Mafia gibt, daß Restaurants und Pizzerien Ruheräume für gesuchte Mafiatäter sind. Und was immer auffällt: Der Mafioso mag noch so wichtig innerhalb der Hierarchie sein, er wird in Deutschland diesen Status nicht durch herausragende Positionen demonstrieren. Entsprechend häufig findet man, wenn man denn findet, Kellner, Köche oder sogar Geschirrspüler in den Pizzerien und italienischen Restaurants, die in Wirklichkeit wichtige Mafiamitglieder sind.

»Es gibt eine Linie Köln–Saarbrücken nicht nur für Kokain. Heiße Ware jeder Art, illegale Arbeitnehmervermittlung oder Raubkriminalität. Italiener fahren nach Saarbrücken, Leute aus

Saarbrücken kommen hierher«, hören wir bei der Kripo in Leverkusen. Und als der Heroinkanal aus der Türkei wegen des Bürger-
krieges in Jugoslawien zeitweilig verstopft war, organisierten die
Italiener den Transport: von Holland über Köln/Leverkusen nach
Italien. Und schließlich eine neue Spur.

Auf dem Weg von Köln nach Luxemburg machten auch Caruana und Cuffaro mehrmals Stopp im Saarland.

Saarländische Wunder

Gangster halten sich gerne im Saarland auf, wissen sie doch, daß
der Bekämpfung des organisierten Verbrechens im sozialdemo-
kratisch regierten Mini-Bundesland keine besondere Bedeutung
geschenkt wird. Gerade mal sieben (!) Beamte bemühen sich im
Kriminalpolizeiamt des Saarlandes, organisiertes Verbrechen zu
bekämpfen. Ermittlungen der Polizei im hochkriminellen Milieu
werden, so hörten wir immer wieder, von der Staatskanzlei als
eher lästig angesehen. Niemand wird sagen, daß es eine irgendwie
geartete Zusammenarbeit zwischen Unterwelt und der Staatskanzlei gibt. Doch mit der Moral hapert es gewaltig. Da gibt es
einen Mann, Hugo Lacour, der Ende 1969 schon in der *Saarbrük-
ker Zeitung* als »Schrecken des Saarbrücker Vergnügungsviertels
beschrieben wurde: einen Mann, der das Nachtleben des Saarlandes beherrschte, bis 1987 wegen des Verdachts des Mordes an
einem Antiquitätenhändler ein Haftbefehl gegen ihn erlassen
wurde. Der Haftbefehl wurde ihm im Gefängnis eröffnet, in dem
er bereits wegen Überfalls auf einen Sparkassenboten einsaß. Nun
geschah Seltsames. Im Saarbrücker Szenelokal Club 1900, in dem
Unterwelt und Schickimicki verkehren, fragt man sich, warum
denn Hugo Lacour nicht auch wegen des Mordes an dem Antiquitätenhändler angeklagt wurde. Den Grund erfahren wir im französischen Gefängnis Metz, wo Lacour derzeit noch einsitzt. Er
habe zwei Briefe von der Staatskanzlei in Saarbrücken erhalten.
In einem dieser Briefe heißt es, »Lieber Hugo, in Deiner Sache
gibt es momentan nichts Neues. Ich werde mich aber bemühen,
am Ball zu bleiben . . .«

Vielleicht hatte man in der Staatskanzlei Angst, Lacour werde
etwas ausplaudern. Beispielsweise, daß in seinem Nachtklub Cas-

cade nachts die Hüllen von höchsten saarländischen Politikern fielen. Die Bardame Yvonne kann sich noch gut an diese Szenen erinnern. Ein ebenfalls im Gefängnis einsitzender Wirt, er hat mit Kokain gedealt, soll darüber hinaus gesagt haben, daß auf den Gästelisten seiner Parties mit reichlich Frauen und Kokain auch hohe Politiker und Beamte stünden. Und schließlich fragt man im Bundeskriminalamt, warum das Saarbrücker Ordnungsamt sich so ausführlich über Hipolito Pérez, einen Kellner, informierte, der wegen 100 Gramm Kokain im Gefängnis saß. »Das ist ganz ungewöhnlich«, hören wir in Wiesbaden. Ungewöhnlich ist nicht nur, daß der Kellner gerade mal 14 Tage in Untersuchungshaft saß, sondern auch, woher er kommt. Er war Kellner des Saarbrücker Nobellokals La Guitarra, in dem wiederum die höchsten saarländischen Regierungsspitzen verkehrten. In der Völklinger Bar 66, in dem Kolumbianer arbeiten, für die Hipolito Pérez gedealt hat, wird ganz offen darüber gesprochen, daß es Leute in der Staatskanzlei gebe, die koksen.

Bei einer solchen Moral stört die Polizei.

»Wenn wir mit einem Informanten einen Kaffee trinken wollen, müssen wir erst die Genehmigung für die entstehenden Kosten vom Kriminaldirektor einholen.« Nun gibt es aber im Saarland noch andere Verbrecher, die eigentlich auch verfolgt werden sollten. Wird etwa ein Beamter krank, geht gar einer auf einen Fortbildungslehrgang, dann bricht alles zusammen.

Alles ist folgerichtig zusammengebrochen, als man die Aktivitäten der Topverbrecher aus Venezuela und die ihrer Residenten im Saarland verfolgen wollte. Zwar wurden ein paar Hausdurchsuchungen durchgeführt und einige Telefone abgehört. Das war es. Bevor überhaupt richtig ermittelt werden konnte, fehlte das Geld für weitere polizeiliche Maßnahmen, zum Beispiel für Dienstreisen nach Italien oder den Einsatz eines Verdeckten Ermittlers. Staatsanwalt und der Leiter der OK-Dienststelle setzten sich daher zusammen und kamen zu dem weisen Entschluß: »Jetzt müssen wir zugreifen. Wir haben weder Zeit noch Finanzmittel, um längerfristig zu ermitteln.«

So geschah es auch. Das voraussehbare Ergebnis: kein Ergebnis. Dabei gab es so viele Anhaltspunkte, zum Beispiel in St. Ingbert und Neunkirchen. Warum konnte man nicht herausfinden, wie der familiäre Hintergrund eines Giuseppe Caruana aussieht?

Der fiel dadurch auf, daß ihn unbekannte Täter auf einem Autorastplatz mit zwei gezielten Schüssen in den Bauch lebensgefährlich verletzten. Als wir ihn befragten, sagte er, es hänge damit zusammen, daß man ihm sein Auto stehlen wollte. Die Polizei in Saarbrücken dagegen glaubt nicht so recht daran. Giuseppe jedenfalls lebt in einer kargen Wohnung, ist entweder arbeitslos oder arbeitet als Gelati-Verkäufer.

Einen bedeutenderen Helfershelfer der Mafiafamilie aus Venezuela stöberten wir dagegen in St. Ingbert auf. Aus den Polizeiunterlagen haben wir bislang erfahren, daß Gerlando Caruana, Resident des Kraken in der Schweiz, enge Beziehungen zu einer Familie Triassi hat, mit ihr verwandt ist. Die Brüder Vincenzo, Agostino und Vito sind alle im sizilianischen Siculiana geboren. Als sie nach St. Ingbert kamen, erinnern sich Bekannte, waren es junge Leute, Pizzabäcker. Zuerst verdienten sie schwarzes Geld durch Versicherungsbetrug, dann im Handel mit Anabolika, Vito später mit Heroin, vertraute uns ein Zeuge an. Die Polizei bestätigt diese Information, hat jedoch bislang keine Beweise gefunden.

Agostino eröffnete in St. Ingbert die Pizzeria San Marco und kaufte später mehrere Immobilien. Vito Triassi war ein gefürchteter Boxer, Besitzer eines Body-Building-Studios. Häufig fuhren sie nach Sizilien, um Urlaub im sonnigen Süden zu machen. Dort trafen sie die Mafiafamilie Santo Caldarella. Dieser Clan Caldarella füllt in der Niederlassung von Interpol Rom mehrere Aktenbände. Er wird nicht nur als Topgangster, sondern auch als einschlägig bekannter Drogenhändler beschrieben. Erwähnt werden auch seine engen Kontakte zu Pasquale Cuntrera. »Ich habe mein Geld im Steinbruch verdient, in Venezuela«, erzählt er seinen Gästen, die ihn einmal auf seinen Reichtum angesprochen haben. Die Triassis, die dabeisitzen, nicken zustimmend. Ein anderer Verwandter der Triassis in Agrigrento lebte jahrelang in Kanada. Sein Vermögen hat er mit dem Verkauf von Süßigkeiten in Kanada erworben, will er den Zuhörern weismachen. Die Gäste sind beeindruckt, wie gut die Triassi-Brüder mit diesen Mafiabossen zurechtkamen.

Vito Triassi hat eine Zeitlang mit Carmen zusammengelebt, einer jungen Frau aus St. Ingbert. Es ist der 20. Mai 1986. Seit zehn Tagen ist Carmen nach einem Streit aus der gemeinsamen Wohnung aus- und in das Haus ihrer Familie wieder eingezogen. Gegen neun Uhr klingelt dort das Telefon. Am Apparat ist Vito Triassi. »Meine Mutter aus Siculiana ist gekommen. Sie möchte so gerne unsere Tochter sehen.« Carmen weiß nicht recht, ob sie zu ihm hingehen soll. Sie fragt ihre Mutter: »Was soll ich machen?« – »Das mußt du wissen.«

Carmen nimmt das Kind und geht in die Wohnung ihres Ex-Freundes Vito. Später ruft sie bei ihrer Mutter an und sagt: »Ich bin alleine in der Wohnung. Alle sind in der Stadt.« Nicht nur Vito ist in die Stadt gegangen, sondern die gesamte Großfamilie Triassi. Eine Zeugin, mit der wir reden konnten: »Alle haben gemeinsam das Haus verlassen bis auf Carmen und ihre Tochter.«

Seitdem ist Carmen verschwunden. »Sie ist wutentbrannt bei mir raus«, gibt Vito der Polizei zu Protokoll. Sofort wird der Verdacht geäußert, daß Carmen von einem der Triassi-Brüder ermordet wurde. In Agostino Triassis Pizzeria San Marco wurde daher der Betonboden des Kellers aufgebohrt – auf saarländisch. Es war eine Probebohrung, drei Löcher von gerade 10 Millimeter Durchmesser. Entgegen dem Rat der Polizei lehnte die Staatsanwaltschaft eine weitergehende Untersuchung des Betonbodens ab. Niemand weiß warum. »Die Brüder jedenfalls«, erinnert sich die Polizei, »haben mit kalten Gesichtern dagestanden, so als interessiere sie das alles nicht und als wollten sie sagen, hier findet ihr nichts.« Bei drei Löchern von zehn Millimeter im Boden mußten sie überhaupt nicht befürchten, daß etwas entdeckt wird.

»Sie wußte zuviel und wollte reden«, so die Polizei und Bekannte der Triassis. Beweisen konnte man es nicht. Kurz nach diesem merkwürdigen Verschwinden – die Triassis behaupten, daß »Carmen mit einem Amerikaner durchgebrannt sei« – verläßt Vito Triassi St. Ingbert und zieht nach Rom. Er nimmt die einzige Zeugin mit, die Tochter, obwohl das Sorgerecht den Eltern von Carmen zugesprochen wurde. Manchmal schicken Carmens Eltern noch ein Paket mit Spielsachen nach Rom. Dort trifft Vito noch einmal gemeinsame Bekannte aus Deutschland, erzählt ihnen, daß er jetzt einen Chemiker beschäftige. »Wenn du Anabolika produzierst, hast du ja jetzt jemand, der auch mit Heroin umgehen kann«, sagen sie. Vito ist nach dieser eher flapsig hingeworfenen Bemerkung wütend geworden, erinnern sich die Besucher. »Damit spielt man nicht.«

Als wir Agostino Triassi im Frühjahr 1992 besuchen und auf seine Verbindungen zu Gerlando Caruana ansprechen, aber besonders nach dem rätselhaften Verschwinden der Lebensgefährtin seines Bruders fragen, beginnt er zu toben. Dann ruft er einem großen Muskelprotz zu:»Nimm den Schlüssel und schließe das Lokal ab.« Gleichzeitig geht er mit einem dicken gläsernen Aschenbecher auf einen Kollegen los, von dem er vermutet, daß er dieses Gespräch heimlich aufgezeichnet habe. Die Gäste im Lokal trinken derweil in aller Ruhe ihren Rotwein und kümmern sich nicht um das, was da vorfällt. Selbst ein am Nachbartisch sitzender Polizeibeamter in Zivil – das erfuhren wir erst später – aß lieber in aller Ruhe seine Pizza, als sich einzumischen. Wir wollen die Polizei holen, doch der wutentbrannte Agostino läßt uns nicht ans Telefon. Als wir nach einer halben Stunde versuchen, aus dem Fenster zu flüchten – schließlich wissen wir nicht, mit wem er wirklich telefoniert hat –, hören wir die ernst zu nehmende Warnung:»Wenn ihr das versucht, machen wir euch fertig.«

Es ist immerhin fast Mitternacht, da eilt von Agostino telefonisch herbeigerufen, ein Rechtsanwalt in die Pizzeria. Wir wundern uns. Erst jetzt kann die Polizei verständigt werden. »Da habt ihr einen wunden Punkt getroffen«, meinen später die Beamten der St. Ingberter Polizei. Und das Bundeskriminalamt bestätigt uns:»Ja, Agostino Triassi hat 1987 und 1988 die Mafiafamilie Cuntrera-Caruana unterstützt.«

Im saarländischen Dillingen, zuständig ist das Landeskriminalamt, das so schnell die Ermittlungen gegen die Cuntreras-Caruanas einstellte, lebt ein anderes Mafiamitglied. Er gehört zur Familie Bellavia, verwandt wiederum mit den Cuntreras-Caruanas in Sizilien.

Hintergrund ist der Mord am Richter Rosario Livatino, dessen Killer aus Leverkusen kamen. Am 4. April 1990 beantragte der *Alto Commissario* in Rom die Genehmigung zum Abhören von Telefongesprächen verdächtiger Mafiamitglieder. Sie sollen unter anderem Unternehmer in Licata erpreßt haben. In diesem Zusammenhang hörte die Polizei mit, wie ein Angelo Bellavia mit seinem »brüderlichen Freund« Carmelo Gueli in Licata telefonierte. Er bat ihn, ihm eine zuverlässige Person zu besorgen, die *acchianassi e scinnissi* (sizilianischer Ausdruck für hinunter- und hinauffährt).

»Sofort?« fragte Gueli. »Je früher, desto besser. Wir geben ihm 30 *Cucuzzeddi e si ni Scinni* (30 Kürbisse, und er fährt wieder zurück), antwortet Bellavia. Die italienische Polizei zu dem Ausdruck Kürbisse: »Der unkonventionelle Ausdruck Cucuzzeddi läßt darauf schließen, daß ein Drogen- und Waffenhandel in Gang gesetzt werden sollte.«

Gueli erklärt sich bereit, die geeignete Person zu suchen und bittet seinen Freund, in zwei Tagen wieder anzurufen. Pünktlich am Donnerstag, dem 3. Mai 1990, ruft Angelo Bellavia wieder bei seinem Freund Gueli in Licata an und erhält die Mitteilung: »Ich habe die Freunde gesehen, alles ist in Ordnung.«

Am 21. September 1990 wurde der 38jährige Richter Rosario Livatino erschossen. Verantwortlich für das Attentat war die Familie Di Caro. Dieser Mord soll ohne Zustimmung des Mafiabosses von Canicatti, Don Antonio Ferro, erfolgt sein. Die Strafe für diese Eigenmächtigkeit folgte wenig später. Bis dahin hatte der Di Caro-Clan die Erlaubnis, den Raum Saarland, Rheinland-Pfalz und Teile von Baden-Württemberg mit Heroin zu versorgen. Diese Erlaubnis wurde entzogen und dem Clan der Familie Angelo Parla übergeben. Und dieser Mafiaclan sitzt derzeit noch vollkommen unbelästigt im schönen Saarland.

Wieder zurück zu Bellavia.

Angelo Bellavia aus Dillingen hat nicht nur illegale Arbeitsvermittlung organisiert, sondern unterhielt nach Angaben der italienischen Polizei »auch Kontakte zu Drogenhändlern«.

Er ist eine bekannte Figur. 1983 wurde er wegen bewaffneten Raubüberfalls in Deutschland festgenommen, flüchtete wenig später aus dem Gefängnis und fand in Belgien und Luxemburg Zuflucht. 1984 wurde er in Luxemburg von der Polizei entdeckt, konnte sich jedoch durch eine wilde Schießerei deren Zugriff entziehen. Sechs Monate später wurde er in Belgien verhaftet. Inzwischen, das heißt seit 1990, sitzt er in einem Saarbrücker Gefängnis. Den Verdacht des Rauschgift- und Waffenhandels, den die italienische Polizei erhob, konnten die Saarbrücker Beamten gleichwohl nicht erhärten. Bei ihren Arbeitsbedingungen auch kein Wunder.

In diesem Klima fehlender Ermittlungsmöglichkeiten der Polizei und einer Staatsanwaltschaft, die vom Wesen organisierten Verbrechens wenig versteht, war es für die Familie Cuntrera-Ca-

ruana ein leichtes, viele Verbündete zu suchen und ihr Drogen-
und Erpressungsnetz weiter auszubauen.

Nach erfolgreichen Besuchen bei Verwandten und Helfershelfern, Strohleuten und Residenten in Deutschland zog es Pasquale
Cuntrera und Giuseppe Cuffaro danach häufig in die Schweiz,
nach Genf.

Genf hat für viele Drogenbarone aus aller Welt einiges zu bieten:
Rechtsanwälte und Notare. Als die deutsche Polizei die Unterlagen des festgenommenen Pasquale Cuntrera sichtete, stieß sie auf
die Telefonnummer eines Genfer Rechtsanwalts. Er ist Aufsichts-
ratsmitglied in sieben Aktiengesellschaften. Weitere Aufsichts-
ratsmitglieder sind kanadische, französische, belgische und
Schweizer Staatsangehörige. Das Aktienkapital, soviel konnte
man herausfinden, beläuft sich auf 1,2 Millionen Franken. Und
wie in Venezuela wird alles verschleiert. Geschäftsziele sind
hauptsächlich der Erwerb/Verkauf und Unterstützung/Nutzbar-
machung von Patenten und Marken, Investitionen und Anteilen,
Durchführen von Finanz-, Handels- und Immobiliengeschäften,
Dienstleistungen an Firmen, insbesondere Führung, Beratung,
Information, Erkenntnisverarbeitung, Handel mit Mobilien. Eine
merkwürdige Übereinstimmung. Denn dieses Geflecht deckt sich
genau mit jenen Unternehmen, die die Cuntreras-Caruanas in
Venezuela aufgebaut haben. Sie bilden ein Konsortium mit der
Möglichkeit, untereinander zu arbeiten und Kapital umzuschich-
ten, ohne Dritte einzubinden. Es sind Briefkastenfirmen, wie in
der Schweiz und in Liechtenstein so üblich.

Eines haben sie gemeinsam. Sie zeichnen sich, wie es die Finanzexperten beim BKA ausdrücken, durch »organisierte Unver-
antwortlichkeit« aus. Bezeichnend ist, daß die Verwaltung der
Unternehmen von einem angeblich ahnungslosen Rechtsanwalt
übernommen wird, der ungeprüft alle Angaben seiner Auftraggeber übernimmt und gegen entsprechend hohes Entgelt mit seinem
»guten« Namen Erklärungen abgibt und Verträge schließt.

Was damit erreicht wird, liegt auf der Hand. Drogengelder
können problemlos gewaschen, das daraus resultierende »legale«
Kapital wieder in normale Wirtschaftsunternehmen investiert
werden. Die wahren Kapitalgeber und Firmeninhaber, die sizia-
lianische Mafia in diesem Fall, bleiben immer im Hintergrund.

Sicher ist eines. Die Krake Cuntrera-Caruana betreibt noch immer in Europa, ob Italien, Schweiz, Belgien oder Deutschland, ihr schmutziges Geschäft mit Mord und Drogen, mit Erpressung und Korruption. Sie streckt unbeeindruckt von Polizeiaktionen ihre Arme weiter aus, selbst wenn einige ihrer Führungsleute, wie Pasquale Cuntrera oder Giuseppe Cuffaro verhaftet wurden. Ein Fangarm wird abgeschlagen, und wenig später ist ein neuer Arm gewachsen. Ein im Grunde genommen erbärmliches Ergebnis jahrelanger Ermittlungsarbeit gegen den führenden Mafiaclan. »Das ist richtig«, sagt uns Jürgen Maurer vom BKA in Wiesbaden. »Aber wir haben nicht das Instrumentarium, um solch eine hochkomplexe Organisation zu zerstören. Wir müssen also davon ausgehen, unabhängig davon, ob wir bestimmte Führungspersonen festnehmen oder nicht, daß die Unterstützungsmöglichkeiten, die logistische Basis weiter fortbesteht.«

Wie formulierte es Josef W. Geißdörfer vom Bayerischen Landeskriminalamt resignierend? »Es gibt in Deutschland und Europa für Mafia und Camorra keine weißen Flecken mehr.«

Das idyllische Hof an der Saale, eine ostfränkische Kleinstadt, war bis zur Grenzöffnung im November 1989 deutsches Hinterland. *Hinterland* werden despektierlich im 1450 Kilometer südlich liegenden Neapel die Dörfer und Kleinstädte rund um die Millionenstadt am Vesuv genannt. Aus dem neapolitanischen *hinterland* tauchen, seitdem die Grenzen zwischen Ost und West nur noch verblassende Erinnerung sind, urplötzlich viele Italiener im bayerischen Hinterland, in Hof auf, essen bei Landsleuten, übernachten und fahren wenig später weiter – in Richtung neue Bundesländer. In Hof gibt's auch Pizza und Pasta. Im Ristorante Pronto. Das Lokal, mitten auf der Hauptstraße, wurde 1988 von einem jungen italienischen Ehepaar für die beachtliche Monatsmiete von 6600 Mark gepachtet. Das Geschäft läuft blendend, viele deutsche Gäste kommen vorbei.

Ab August 1990 muß es sich bei durchreisenden Italienern herumgesprochen haben, daß die Pasta prima ist und die Geschäfte gut gehen. Unter den italienischen Gästen befinden sich auch Verkäufer italienischer Kleidung. Aufbruch im Osten – neue italienische Mode wollen die bislang mit modischen Artikeln nicht verwöhnten Ostdeutschen tragen. Schicke italienische Modearti-

147

kel – Lederjacken sind besonders begehrt – finden reißenden Absatz. Leider ist das, was als hochwertige Kleidungsstücke teuer bezahlt wird, billigster Ramsch.

Fünf Italiener aus Neapel, die am 19. März 1991 im Pronto eine Flasche Wein für 40 Mark getrunken hatten, tauchten zwei Tage später wieder auf. Die Pächter haben nicht vergessen, wie sie sich verabschiedet hatten. Weil sie mit der Qualität nicht einverstanden waren, weigerten sie sich, den Wein zu bezahlen. An diesem Tag, einem Donnerstag, legten sie es offensichtlich wieder darauf an, einen Streit zu provozieren. Anführer der Gruppe, erinnert sich später der Pächter, war ein elegant gekleideter Mann im Nadelstreifenanzug. Der sei es auch gewesen, der im Hausflur mit einem zirka siebzig Zentimeter großen, massiven eisernen Aschenbecher auf ihn eingeschlagen habe, während ihn die anderen festhielten. Nicht weniger brutal traktierten die unheimlichen Männer aus Neapel den Kellner: Schläge mit dem Aschenbecher, Tritte in den Unterleib, soviel zumindest erzählen die Opfer der Polizei. Und noch etwas: Ansonsten hüllen sie sich in Schweigen. Kein Wort von Schutzgelderpressung. Während seiner Aussage war der mißhandelte Pächter kaum in der Lage eine Tasse Kaffee zu trinken, ohne den Inhalt zu verschütten. Er hatte höllische Angst. Die haben er und seine junge Frau bis zum heutigen Tag.

Das ist doch ein typischer Fall von Schutzgelderpressung, vermutete das Bayerische Landeskriminalamt, als es von dem Vorfall erfuhr.

Schutzgelderpressung »ist eine der gewalttätigsten und menschenverachtendsten Delikte überhaupt«, so ein Kriminalpolizist, Schutzgeld ist in Italien etwas Selbstverständliches. Aber im hintersten Bayern, in Hof? Einer der Schläger, der 28jährige Gaetano Venturini, trägt die Zeichen neapolitanischen Lebens im Gesicht: eine schiefe Boxernase und eine lange Narbe am linken Kiefer. Er war sich so sicher, daß ihn niemand verpfeifen würde, daß er nach der Schlägerei, Wochen später, wieder nach Bayern kam. Diesmal wurde er verhaftet.

»Es ist der 4. November 1991. Venturini wird, gegen 14 Uhr, von zwei Polizeibeamten in das Büro des Ermittlungsrichters beim Amtsgericht Hof zur Haftprüfung gebracht. Vor dem Büro des Ermittlungsrichters hängt eine ganze Traube von Italienern herum, Verwandte und Bekannte aus Neapel. Als der Haftprüfungstermin beendet ist – die beiden Polizeibeamten wollten gerade das Büro mit ihrem Gefangenen verlassen –, versucht sich Venturini von den Polizisten loszureißen. Das Getümmel im Richterzimmer hören draußen die Verwandten. Als wäre es abgesprochen, drücken sie sofort die Tür auf und versuchen Venturini zu befreien. Einer der Polizeibeamten erinnert sich: »Von hinten packte jemand meine Krawatte und zog sie fest. Mit einer Hand mußte ich deshalb Venturini loslassen und meine Krawatte lösen, denn die Luft wurde knapp. Plötzlich hatte ich nur die Strickweste in der Hand.« Der andere Polizist konnte sich nur deshalb vor dem wütenden Clan retten, weil er seine Pistole zückte und sich ins Zimmer des Ermittlungsrichters zurückzog.

Venturini flüchtete in Richtung neue Bundesländer.

Fünf der an der Gefangenenbefreiung beteiligten Familienangehörige, unter anderem die Ehefrau von Gaetano Venturini, die 28jährige Antonietta, werden verhaftet. Arme Schlucker könnte man denken. Zwei junge Mütter, zwei arbeitslose Familienmitglieder und ein Textilhändler.

Durch sechs Rechtsanwälte vertreten, davon vier aus München, müssen sie sich Anfang Dezember 1991 vor dem Amtsgericht wegen der Gefangenenbefreiung verantworten. Der Vorwurf der Staatsanwaltschaft: »Vergehen der Gefangenenbefreiung, Vergehen des Widerstandes gegen Vollstreckungsbeamte und Vergehen der vorsätzlichen Körperverletzung.« Diesmal wollte die Justiz kein Risiko eingehen. Im Vorraum des Gerichtssaals lagen Metalldetektoren bereit, zehn Polizisten saßen vier Zuhörern gegenüber. »Die fünf Italiener, alle zwischen 26 und 30 Jahre alt, saßen wie ein Häuflein Elend auf der Anklagebank. Immer wieder brachen sie in Tränen aus, der Bruder des Geflohenen weinte ständig.«[10]

Die Fluchthilfe sei eine spontane Reaktion gewesen, argumentierten eindringlich die Rechtsanwälte. Der ehrwürdige Richter Peter Unglaub und die Staatsanwältin nickten zustimmend. Weihnachten stand bevor, und man wollte möglichst schnell das Verfahren abgeschlossen haben. Daher machte sich niemand die Mühe, etwas über die Hintergründe des Geflohenen und seiner Fluchthelfer herauszubekommen. Den Anwälten war das gerade recht.

Dabei wäre es die Pflicht von Richter und Staatsanwalt gewesen, sich darüber zu informieren, woher denn die Familie gekommen ist, und dementsprechend die Gefangenenbefreiung zu bewerten, ob es einen Zusammenhang zur Camorra gibt. So exotisch klingende Wörter wie Camorra und Schutzgeld, erinnert sich eine Berichterstatterin, wurden kein einziges Mal in dem Verfahren erwähnt. Dabei hatte die Staatsanwältin noch in der Anklageschrift einen Beamten des Landeskriminalamtes München als Zeugen geladen.

Ob es Absprachen zwischen dem Richter, der Staatsanwältin und den Verteidigern gab, ist nicht bekannt. Nachzulesen ist jedoch, daß die Rechtsanwälte in ihrem leidenschaftlichen Schlußplädoyer darum baten, auf eine Geldstrafe zu verzichten. Die Angeklagten hätten doch Kinder und seien arm, müßten mit »Monatseinkommen jeweils zwischen 1000 und 2000 Mark« auskommen. Das wiederum war ein Argument, dem sich der Richter nicht anschließen wollte. »Schließlich war es ihnen auch möglich, die nicht unerheblichen Aufwendungen für die Rechtsanwälte aufzubringen.«

Die Angeklagten profitierten jedenfalls von einem mild gestimmten Richter. Geringe Haftstrafe auf Bewährung und Geldstrafen zwischen 500 und 1000 Mark, lautete sein weiser Urteilsspruch. Freudig verließen die Neapolitaner, die letzten Tränen sind vergossen, den Gerichtssaal und werden, wie es Richter Unglaub in seinem menschlich anrührenden Schlußsatz formulierte, »Weihnachten mit den Kindern feiern können«.

Dabei war doch alles so eindeutig.

Venturini aus Hof geflüchtet, und die »Familienmitglieder«, die ihn befreit hatten, sind Mitglieder des Licciardi-Clans. Gennaro Licciardi ist der oberste Boss dieser Verbrecherfamilie. Er beherrscht am Rande Neapels das Städtchen Secondigliano. Die Haupteinnahmen ihrer skrupellosen kriminellen Geschäfte kommen aus dem Drogenhandel, illegalen Glücksspiel und Schutzgelderpressung.

Daher war der Hintergrund der Aktion in Hof nicht nur, daß minderwertige Kleidung mit irrsinnigen Gewinnspannen in die neuen Bundesländer vertrieben wird. Der Kleiderhandel war und ist lediglich die logistische Basis, die künftig für den Rauschgifthandel benutzt werden soll.

Verbindungen nach Neapel

Der Licciardi-Clan, auf der Rangliste der mächtigsten kriminellen Syndikate Italiens auf Platz neun, hat seit der Öffnung der deutsch-deutschen Grenze in Richtung Osten expandiert. Seine Leute drehen Billigkleidung als Edelklamotten im Osten Deutschlands an, und er organisiert den Drogenhandel in Richtung Osten. Was jedoch viel bedeutsamer ist: Der Clan untersteht wiederum dem künftigen »Superboß der Camorra«, Don Carmine Alfieri[11].

Alfieri, 47 Jahre, ist berüchtigt, repräsentiert er doch eine neue Generation in der Camorra. Illegales Glücksspiel, Erpressung, Raub und natürlich Kokainhandel werden von ihm »gemanagt«. »Wie ein Industrieunternehmen«, faßt die Kriminalpolizei (Criminalpol) von Neapel die bisherigen Erkenntnisse über diesen Mann und seine Familie zusammen.

Zweifellos ein wichtiger Clan, der etwa 80 Prozent des Drogenhandels im Hinterland dirigiert, mehr als 4000 Camorramitglieder verneigen sich in Ehrfurcht vor ihm, seine Befehle werden bedingungslos ausgeführt. Auf 1500 Milliarden Lire wird sein Vermögen geschätzt, das sind umgerechnet zirka zwei Milliarden Mark.

Nach Berichten der amerikanischen DEA organisiert die Camorra den Transport von wöchentlich einer Tonne Kokain aus Kolumbien. Die Mazarella Brüder, Neffen von Michele Zaza, stehen dabei an der Spitze des drittgrößten »Unternehmens« Neapels nach Alfa Romeo und dem staatlichen Stahlwerk.

Die einstige Perle des Königreichs der Bourbonen, Neapel, ein Zentrum blühenden kulturellen Lebens, ist ruiniert. Ein paar barocke Kirchen, vergammelte Pallazzi und Katakomben sind übriggeblieben. Restauriert sind die Straßenzüge, in denen reiche Neapolitaner flanieren, um in sündhaft teuren Geschäften einzukaufen. Nur ein paar Schritte weiter stapelt sich der Abfall, hängen zwischen abbruchreifen Häusern, wie die Fahnen der Kapitulation, Wäschestücke in den düsteren Gassen. »Oh, wie malerisch« bewundern die Touristen die Romantik des Elends.

Die Via Armando Diaz ist eine breite Straße. Ein mächtiger, im klassizistischen Stil gebauter Gebäudekomplex ist das Polizeipräsidium, die *Questura*. Mit den Auswirkungen des sozialen Infernos kämpfen hier verschiedene Polizeidienststellen. Zum Beispiel der Leiter der Criminalpol.

Umberto Vecchione ist ein kleiner, agiler Mann. Er untersteht dem römischen Innenministerium und leitet die Ermittlungen gegen eine übermächtige Verbrecherorganisation, die Neapel erobert hat, die Camorra. Seit geraumer Zeit warnt er zudem vor der Invasion der Camorra in Richtung Norden. »2000 Camorristen sind derzeit im Osten Deutschlands aktiv«, stellt er nachdrücklich uns gegenüber in seinem Büro fest. Ständig wird unser Gespräch unterbrochen, kommen Beamte mit Computerauszügen ins Zimmer. Immer neue Horrormeldungen. Stadtteil für Stadtteil hat die Camorra eingenommen, und die Polizei ist hilflos.

Die Camorra hat schon lange keine auf Neapel oder das Hinterland beschränkten Grenzen. Das war der Anlaß für Vecchione, nach Frankfurt zu fahren, um mit den Frankfurter Kollegen Erfahrungen auszutauschen. Warum Frankfurt? »Weil dort die Camorra auch ihre Residenten hat«, antwortet er. »Denn die Camorra ist in ständiger Bewegung, und in der letzten Zeit ist es ihr gelungen, Wurzeln in den angrenzenden Ländern, wie Österreich und Deutschland, zu schlagen.«

Im Gespräch erzählt er uns von einigen seiner Probleme. »Wir verhaften sie, von einem Gericht werden sie nicht länger als sechs Monate eingesperrt, sie kommen wieder heraus, werden wieder verhaftet, ein ständiger Kreislauf.«

Die Mördergesellschaften

Das organisierte Verbrechen in Italien beschränkt sich nicht allein auf die sizilianische Mafia, genauer die Cosa Nostra mit 186 Familien und zirka 500 Mitgliedern und die Camorra mit 106 Familien und ebenfalls zirka 5000 Mitgliedern, sondern umfaßt auch die 'Ndrangheta mit 141 Familien und 5100 Mitgliedern und die Sacra Corona Unità mit 20 Familien und etwa 1000 Mitgliedern. Gewalt und Einschüchterung sind ihre Methode, um zu Macht und Einfluß zu kommen.

Im Lauf des Jahres 1990 wurden in Italien 1692 Fälle von Totschlag registriert, davon zwei Drittel allein in Neapel und Kampanien, also dem *hinterland*. Und die Zahl gemeldeter Morde steigt ständig weiter. 1991 starben allein 700 Menschen bei den blutigen Auseinandersetzungen der Camorraclans.

Sie monpolisieren regional und überregional den gesamten kriminellen Markt: vom Lotto und illegalen Glücksspiel über Handtaschenraub, Prostitution, Einbruch, Erpressung bis hin zum Drogenhandel und der Einflußnahme auf Verwaltung und Politik – sie sind in jeder Beziehung grenzenlos. Der Verfall des italienischen Staates schafft die materiellen Voraussetzungen für den Machtzuwachs der Mafia. »Die Mafia betrieb und fördert aktiv die Aushöhlung der demokratischen Institutionen und die Veränderung der verfassungsmäßigen Verhältnisse einer ganzen Region.«[12]

Heute ist die Mafia eine kriminelle Organisation mit einer pyramidalen Struktur. Das Kommando führt die Cupola, das höchste Entscheidungsgremium der verschiedenen Familien. Koordiniert werden die Entscheidungen der Cupola von der bis heute geheimen *Interprovinziala*.

Mafia beziehungsweise Cosa Nostra ist ein Staat im Staate mit eigenen Gesetzen, die den Mitgliedern mit Gewalt aufgezwungen werden. »Die Auswahl der Mitglieder der Organisation erfolgt mit besonderer Sorgfalt: Nur Kriminelle, die sich bewährt haben, haben eine Chance, aufgenommen zu werden, und zwar nach einer aufmerksamen, verdeckten oder direkten Beobachtung, mit dem Ziel festzustellen, ob der Kandidat die Eigenschaften besitzt, die für unverzichtbar erachtet werden: vor allem Erbarmungslosigkeit und Verschwiegenheit ... die Beachtung des Gesetzes des Schweigens wird in einer so extremen Form verlangt, daß ›Ehrenmänner‹, die unter besonderen Bedingungen, wie z. B. die einer längeren Haftstrafe, die kleinsten Anzeichen zeigen, von der starren Haltung der absoluten Verschwiegenheit abzuweichen, Gefahr laufen, exekutiert zu werden ... Kenntnisse über die Zusammensetzung und die Anzahl der Mitglieder der einzelnen Familien sind nur den allerhöchsten Chargen vorbehalten.«[13]

»Drei Ebenen zeichnen die Mafia aus«, schrieb 1983 bereits Giuseppe Fava, der Gründer der Zeitschrift *I Siciliani*, »Mörder, Denker und Politiker.«

Die Mörder und ihre Schlägertrupps sind die »Polizei« und Urteilsvollstrecker der Cosa Nostra. Sie sorgen beim Fußvolk für Disziplin, schüchtern lästige Zeugen ein und liquidieren den, der die Geschäfte gefährden könnte: Überläufer, V-Leute, Polizeifahnder, Untersuchungsrichter, Journalisten. Die Denker sind

Anwälte, Bankiers, Anlageberater, Steuerberater und Marktstrategen. Sie haben die Aufgabe, kriminelle Einkünfte mit Kompetenz und Phantasie durch legale Operationen reinzuwaschen. Ohne diese Spezialisten wäre der moderne Verbrechertypus »Mafiaunternehmer« überhaupt nicht denkbar. Gegenüber diesem Expertenstab ist die Polizei machtlos. Und die Politiker schließlich sind diejenigen, die sich kaufen lassen oder mit der Mafia paktieren, weil sie ihre Macht sichert.

Camorra – das waren Gruppen von Verbrechern, die sich keinem Kommando unterwarfen, Banditen, die wahllos operierten. Dann kam, Ende der siebziger Jahre »Il Professore«, der Gangster Raffaele Cutolo, der Pate von Neapel. Mit ihm tauchten aus dem Hinterland von Neapel jüngere, brutalere Camorristen auf, um Schutzgelder, Geschenke und Kollekte einzutreiben. Sie arbeiteten für Cutolo. Um *padrone della piazza* zu werden, alleiniger Boß, läßt er hinrichten und beschützen. Die Killer seiner Organisation schießen alle Konkurrenten vom Markt des Verbrechens. Don Raffaele verkündet den Tod der alten Camorra. Und er schafft es. Das mittelalterliche Medici-Schloß von Ottaviano mit 365 Räumen gehört dem Mann, den man noch vor Jahren als »Mezza Sega«, als kleine Nummer, verhöhnte. Seine Initialien R und C hat er sich zu einem Wappen verschnörkeln lassen.

Don Raffaele Cutolo mordet, läßt morden und schreibt Gedichte. ». . . leider waren deine Eltern Meister des Verrats/Du aber wachse gesund und anders/Vergiß alles und alle für ein besseres Leben.« Dieses zynische Gedicht widmete er dem 13 Monate alten Sohn von Antonio Cuomo. Der ist abtrünnig geworden und auf Befehl von Cutolo im Gefängnis ermordet werden. Wenig später traf die Rache des Don die Mutter des Babys, weil sie bei der Polizei gegen Cutolo aussagen wollte.

An der Spitze seines Unternehmens, der »Nuova Camorra Organizzata« stehen mit altväterlichem Blutschwur auf den Don eingeschworen, er und fünf Prokuristen. Diesem Generalstab sind ein Dutzend *capo-zona* (Gebietsleiter) verantwortlich, die in ihrem Territorium für Erpressung, Raub, Schmuggel, Drogen, Glücksspiel und Prostitution zuständig sind.

Der Kampf des jungen Gangsters um die Vorherrschaft in Neapel und dem Hinterland wurde schließlich den alteingesessenen

Familien zuviel. Die Clans Zaza, Giuliano und Nuvoletta gründeten ihrerseits eine »Nuova Famiglia.« Und warfen eigene Killerkommandos in die Schlacht, genannt die Kampanischen Rächer.

Im Mai 1979 wurde Cutolo verhaftet und sitzt seitdem im Gefängnis. Das hinderte ihn nicht, von dort aus seine Kämpfe weiterzuführen.

Schließlich hat er eine liebevolle Schwester, Lady Camorra genannt.

Domenica Rosa Cutolo, bekannter unter dem Namen Rosetta, und andere Cutolo-Schwestern führen jetzt die Befehle ihres Bruders aus. Rosetta residierte in einem kleinen, mit Gottesbildern geschmückten Zimmer. Auf einem Podest steht ein großes Bild ihres geliebten Bruders Raffaele, im schwarzen Anzug mit Sonnenbrille, im Gefängnishof aufgenommen. Im Gefängnis Fossombrone wurde beispielsweise ein Gefangener während einer Revolte ermordet. Der Auftrag kam von Raffaele und wurde über seine Schwester Domenica an Camorragefangene weitergegeben.

Vom Gefängnis aus baute Cutolo seine Verbrecherorganisation weiter aus, steuerte die Unterwelt in einer Art Massenpartei mit sozial-populistischer Ideologie. Sogar Politiker kamen zur Audienz in seine Zelle. Im Frühjahr 1981 entführten die Roten Brigaden den christdemokratischen Politiker Ciro Cirillo. Als Politiker und Geheimdienst nicht mehr weiterwußten, verfielen sie auf den Paten im Gefängnis. »Aus der kalabresischen Hafenstadt Palmi wurden drei Rotbrigadisten als ›Unterhändler‹ nach Ascoli verlegt. Von der anderen Seite kamen Spitzenpolitiker und Parteifunktionäre. Unter Cutolos Vorsitz einigten sich die Herren auf einen Millionen-Deal. Der entführte Christdemokrat Cirillo wurde gegen drei Millionen Mark wieder freigelassen. Und der Staat ließ sich nicht lumpen: Im Berufungsprozeß vom März dieses Jahres wurde Cutolos Zehn-Jahres-Strafe großzügig halbiert.«[14]

Mit seiner Macht aus dem Gefängnis konnte Cutolo ziemlich unbehindert seine Gangster in und um Neapel steuern. Teile und herrsche: Die *guaglioni,* die kleinen Handlanger, aus Cutolos »Nuova Camorra Organizzata« (N. C. O.) beziehen ein Gehalt, landet mal einer im Gefängnis, versorgt ihn die Organisation mit einem Anwalt und monatlich 500 Mark. Ist er ein Gebietsleiter, wird ihm sein Anteil auf ein Sparbuch überwiesen, das sicherheitshalber auf Frau oder Kinder ausgestellt ist. Die Familie eines inhaftierten Camorristen bekommt wöchentlich ein Handgeld von 100 Mark, am Monatsende bezahlen die »Freunde« Miete, Strom und Gas oder »sammeln« unter den Geschäftsleuten der Umgebung.

Die blutigen Machtkämpfe haben diese erste Cupola Neapels weitgehend zerschlagen. Viele N. C. O.-Mitglieder sind in andere Clans eingetreten. Sieger sind jene geblieben, die sich heute wiederum zu einer neuen Cupola zusammengeschlossen haben.

Natürlich herrschen in bestimmten Regionen Kampaniens und Stadtteilen Neapels Camorraclans, die nicht hierarchisch gegliedert sind. Es gibt den Killer, der zum Oberhaupt emporsteigt, weil er skrupelloser und grausamer als die anderen ist. Gleichzeitig gibt es in der Camorra charismatische Personen – doch die sind häufig nur ein »ideologischer Bezugspunkt« für die Mitglieder, ein Vorbild, dem man in der Anwendung eigener Verhaltensformen folgt. Chefs im militärischen Sinn sind in der Vergangenheit die Ausnahme gewesen.

Was unterscheidet Mafia und Camorra?

Sicher ist, daß es spätestens aufgrund der riesigen Gewinne, die mit dem Drogenhandel erwirtschaftet werden, zu einer historischen Veränderung der Organisationen des Verbrechens, ob bei Cosa Nostra oder Camorra, gekommen ist. Eine Entwicklung, die von manchem bislang nicht so recht wahrgenommen wird.

»Camorristen sind Gangster, benehmen sich wie solche, d. h. sie schießen sofort und verlassen sich nicht auf den Rechtsanwalt wie die Mafia-Bosse; und sie leugnen auch fast nie ihre Zugehörigkeit zu dieser oder jener Bande.«[15] Selbst einer der zweifellos renommiertesten Antimafia-Experten ist dieser Meinung über die Camorra als eine lose verbundene Ansammlung von Gangstern.

»Die Camorra besteht heute noch aus einer Reihe von örtlichen, oft konkurrierenden Vereinigungen, die vor allem den internationalen Rauschgifthandel betreiben. Bisherige Versuche, sie zu einer einheitlichen, zentralisierten Organisation zusammenzufassen, sind gescheitert.«[16] Trifft das wirklich noch zu?

Ein Verbrecherkonzern hat bekanntlich weitaus mehr Möglich-

keiten, internationale Finanzmanipulationen oder Drogengeschäfte zu bewältigen, als eine nur regional arbeitende mittelstän-
dische Verbrecher-GmbH. Harmonisches und einvernehmliches
Profitstreben der Gangstersyndikate konnte nur zu einem Entschluß führen: Die unterschiedlichen Interessen werden von
einem gemeinsamen Führungsgremium gesteuert. Die führenden
»Familien« in Neapel und im *hinterland* besitzen jetzt nicht nur
Pubs, Discotheken, Cafeterias und Restaurants, sondern steuern
über Tarnfirmen ganze Märkte. Nicht nur den Drogenmarkt,
sondern auch den Fisch- und Fleischhandel, Bekleidungsfirmen
und Schuhfabriken, Industrieunternehmen.

Ein erschreckendes Szenario einer kriminellen Gegengesell-
schaft, die eine demokratische Gesellschaft zerstört hat. »Der
Camorra gehören die Hälfte aller Einzelhandelsgeschäfte, die
Hälfte der Bauunternehmen, ein Drittel der Landwirtschaft,
zwanzig Prozent des Transportwesens und je zehn Prozent der
Industrieunternehmen und der Dienstleistungsbetriebe in Neapel
und dem *hinterland*.«[17]

Die Internationalisierung der Camorra ist die logische Konsequenz dieser Machtfülle. Schon 1984 gab es erste Verbindungen
nach Südamerika, besonders nach Brasilien und Venezuela. Umberto Ammaturo aus Neapel hatte es geschafft, in den lateinamerikanischen Markt einzudringen, lebte in Peru oder Brasilien,
wenn er nicht seine Familie in Castellamare, dreißig Kilometer
südlich Neapels, besuchte. Ob Heroin- oder Kokainhandel, für
die Camorra war er bis zu seiner Verhaftung in Brasilien im Jahr
1988 der wichtigste Camorramann im Drogengeschäft mit besten
Verbindungen nach Spanien und Deutschland. 1989 flüchtete er
aus seinem Gefängnis in Brasilien, niemand weiß, wo er zu finden
ist. 1991 war er jedenfalls für wenige Wochen in Leipzig.

Schon die Verschwörung in Venezuela zwischen Cosa Nostra
und Camorra hat etwas anderes deutlich gemacht: Es gibt eine
Zusammenarbeit zwischen Cosa Nostra und Mafia.

Es war einer der mächtigsten Clans der Camorra, die Familie
Nuvoletta, der enge Bindungen zur sizilianischen Cosa Nostra
pflegt. Diese Gangster fielen in der Vergangenheit auch dadurch
auf, daß sie neben Drogen Waffengeschäfte organisierten. Auf
ihrer Verkaufsliste des Todes standen schon einmal deutsche Leo-
pard-Panzer, die sie erfolgreich weiterverkauften.

Ein Fazit dieser Entwicklung faßt Umberto Vecchione zusammen: »Mafia und Camorra haben den Drogenmarkt unter sich aufgeteilt. Die einen beliefern den Markt mit Heroin, die anderen mit Kokain.«

Sicher ist demnach, daß die Camorra heute die gleichen Ziele wie jede andere profitorientierte Großorganisation verfolgt. Denn seit 1989 haben sich bestimmte Clans zu einem neuen Familienverband formiert, genannt die »Nuova Camorra« (N. C.). Ihm haben sich die Familien Alfieri, Moccia, Magliulo, Zaza und Nuvoletta (letztere hatten sich bereits 1980, als Gegenpartei zu Cutolus N. C. O., zu einer »Nuova Famiglia« zusammengeschlossen) angeschlossen.

»Es hat sich, wie bei der sizilianischen Mafia, eine Cupola gebildet«, analysiert Matteo Cinque von der Criminalpol in Neapel die neue Entwicklung. »Und zwar so, wie es Anfang der achtziger Jahre Don Raffaele Cutolo versuchte. Es ist eine Cupola im Namen der Drogen.«

Diese mächtige Verbrecherorganisation operiert mit der Präzision eines Industriebetriebs. Daher bestehen nicht nur enge Kontakte auf internationaler Ebene mit anderen kriminellen Großorganisationen. Camorra, das bedeutet ja auch Infiltration der wichtigsten und sensiblen Sektoren des öffentlichen Lebens. Sie haben Zugang zu Finanz- und Unternehmerkreisen, Banken und örtlichen Verwaltungen. »In Neapel, so ein interner Polizeibericht, sollen einhundert Verwaltungsangestellte direkt für die Camorra arbeiten.«[18]

Auf diese Weise – das haben sie tatsächlich von der Mafia gelernt – können sie die hohen Gewinne aus den kriminellen Raubzügen wieder in legale Geschäfte investieren und dadurch politisch Einfluß gewinnen.

Es wäre jedoch verkürzt gedacht, die hohen Gewinne allein auf den Drogenhandel zurückzuführen und zu glauben: Gibt es keinen Drogenhandel mehr, sei die Sterbestunde von Mafia und Camorra eingeläutet. Sind es 36 Billionen oder 48 Billionen Lire, die von den kriminellen Syndikaten Italiens pro Jahr eingenommen werden? Ein Sprecher der italienischen Handelskammer erklärte jedenfalls, daß 12 Prozent des italienischen Bruttosozialprodukts Mafiageld sei[19]. Das römische Institut Censis schätzte den Jahresumsatz 1988 dieser Unterwelt auf über 130 Milliarden Mark.

Finanzzentrum Mailand

Seit geraumer Zeit wird denn auch immer mehr Mailand zum Ziel der Mafia- und Camorraclans. Eine Studie, von der Antimafia-Kommission im Auftrag des italienischen Parlaments erstellt, kommt zu dem Ergebnis, daß Mailand zu einem der wichtigsten Zentren krimineller Aktivitäten geworden ist, und beklagt, daß dadurch das Prestige der Stadt als Geschäfts- und Finanzzentrum gefährdet werde. Gerade weil das noble Mailand wichtigstes Finanzzentrum Italiens ist, erspähten die Geldwäscher der Mafia und Camorra bereits Anfang der achtziger Jahre die Möglichkeiten, sich in den legalen Wirtschaftskreislauf einzuklinken.

Welch ein Zufall. Wieder tauchen berüchtigte Namen, die Cuntreras-Caruanas aus Venezuela, auf. 1981 errichteten sie zusammen mit den Familien Bono, Salamone, Tomasso Buscetta aus Sizilien und der Familie Zaza aus Neapel eine Investmentfiliale. »Innerhalb kurzer Zeit war die Filiale eine Quelle für große Summen steuerfreien Kapitals.«[20] Bis vor kurzem gab es sogar noch eine Filiale der Cuntreras-Caruanas, die Firma Italimpex in der vornehmen Via Flordalissi, deren Geschäftsführer Gorgio Bissi die Finanzgeschäfte der Mafiabosse dirigierte.

Mit den gewaltigen Geldströmen, die über Schweizer und andere Banken gewaschen wurden, treiben Mafia und Camorra jegliche Konkurrenz hinweg, kaufen marode Unternehmen oder Konzerne mit strahlenden Bilanzzahlen und gehen in Mailand an die Börse. Der kriminelle Unternehmer hat gegenüber seinem normalen Konkurrenten gewaltige Vorteile. Er setzt durch, daß seinen Leuten niedrigere Löhne, keine Versicherung, keine Zulagen bezahlt werden. Und er verfügt über Geldquellen, die normale Unternehmer nicht anzapfen können. Erpressung, Geld aus Entführungen und Erlöse aus Drogengeschäften. Diese Gewinne aus illegalen Aktivitäten werden laufend in legale Branchen investiert mit dem Effekt, daß die kriminellen Unternehmen zu direkten Geschäftspartnern der staatlichen Organe werden.

»Neben staatlichen Aktienpaketen nationaler und multinatio-

naler Trusts, haben sie auch eine Unmenge staatlicher Schuldver-
schreibungen aufgekauft. Die Clans sind längst der größte Gläubi-
ger des italienischen Staates und damit imstande, durch Finanzmanipulationen jede Regierung auszuhebeln.«[21]

Insgesamt erzielen die in Italien organisierten Verbrecherbanden
jährlich Gesamteinnahmen von 67,5 Milliarden Mark. »So hoch
ist auch der Umsatz des größten italienischen Privatkonzerns Fiat
mit mehr als 300 000 Beschäftigten.«[22]

Zwanzig Prozent ihrer Gesamteinnahmen, lauten die Schätzungen, ziehen sie aus dem Drogenhandel. Der Rest kommt aus
Betrügereien aller Art, Umweltverbrechen, Schutzgelderpressung, Glücksspiel, Korruption, Raub, Entführung. Besonders
Schutzgelderpressung füllt die Kassen der mafiosen Organisationen, ob Camorra oder Mafia.

Das ist, neben dem Drogenhandel, ein besonders einträglicher
Geschäftszweig der kriminellen Syndikate in Italien. Nach Einschätzung des italienischen Einzelhandelsverbandes werden rund
40 Milliarden Mark von den italienischen Geschäftsleuten erpreßt[23].

Selbst in der nördlichen Lombardei, in Mailand, beklagen sich
Unternehmer zunehmend über Erpressungen. Die »unbekannten
Ehrenmänner« wissen teilweise so gut über die wirtschaftlichen
und persönlichen Verhältnisse ihrer Opfer Bescheid, daß man
davon ausgehen kann, daß sie eine gut programmierte Datenbank
zur Verfügung haben.

Dabei bestehen durchaus Unterschiede im Eintreiben von
pizzo, Schutzgeld, zwischen Mafia und Camorra. Im von der
Mafia beherrschten Sizilien redet niemand darüber. Omertà, das
Schweigegesetz der Mafia, hat hier eine geschichtliche Tradition
und war der beste Schutz der Mafia vor Strafverfolgung. Wer sich
nicht daran hielt oder hält, wird erschossen oder verschwindet auf
Nimmerwiedersehen.

Erst als mutige Frauen von Mafiaopfern in Palermo ihre Stimme
erhoben, sich Bürgerinitiativen bildeten, hat sich, etwa seit 1988,
diese hündische Unterwerfung gegenüber einem übermächtigen
Verbrecherimperium geändert. Sogar eine Partei, *La Rete* (das
Netz), hat sich als »Antimafia-Partei« in Sizilien zur Wahl gestellt
und konnte erhebliche Stimmen gewinnen. Als der sizilianische

Unternehmer Libero Grassi im Herbst 1991 von einem Mafiaclan hingerichtet wurde – er hatte sich beharrlich geweigert, Schutzgeld zu zahlen –, schlossen sich in Sizilien endlich auch Unternehmer zusammen, um gemeinsam gegen die Mafia zu kämpfen.

»In Neapel jedoch«, so Umberto Vecchione, »wenden sich die Unternehmer sofort an die Polizei, wollen Schutz.«

In Neapel muß in der Regel niemand fürchten erschossen zu werden, der sich anfangs weigert, den Forderungen der Erpresser nachzukommen. Die Erpresser schießen dem Opfer vielleicht ins Bein, Geschäfte brennen aus, Warenlager explodieren. Aber, so die Camorraphilosophie, wer will schon das Huhn, das goldene Eier legt, schlachten. Irgendwann zahlen sie sowieso.

Inzwischen gibt es kaum noch Bereiche des wirtschaftlichen Lebens in denen kein Schutzgeld gezahlt wird.

Mit Schutzgeld allein ernährt sich die Camorra aber nicht, schließlich gibt es viele Möglichkeiten, um zu Geld zu kommen. Eine beliebte Methode: Camorrafinanziers suchen Firmen, die pleite gegangen sind. Nachdem sie von Strohmännern der jeweiligen Clans übernommen wurden, werden über diese Unternehmen dann besonders gerne Lebensmittel miesester Qualität vertrieben. Pasta, um ein Beispiel zu nennen. Die Produkte zieren phantasievolle Namen. Verkauft werden sie zu weit überhöhten Preisen an Restaurantbesitzer auch in Deutschland. Millionen lassen sich auf diese Weise verdienen, zumal die Restaurantbesitzer gezwungen werden, diese Produkte einzukaufen.

Berühmt-berüchtigt war das edle neapolitanische Mineralwasser. In Wirklichkeit war es einfaches Leitungswasser aus Deutschland. Auf diese Flaschen klebten die Betrüger bunte Etiketten und verkauften das nun »veredelte« Leitungswasser für teures Geld wieder an Restaurants.

All diese kriminellen Geschäfte erfordern viel Personal, Arbeitskräfte. Wie viele Menschen aus Neapel und dem *hinterland*, Kampanien, für die Camorra arbeiten, kann nur geschätzt werden. 70 000 sollen es allein im klassischen Unternehmensbereich Zigarettenschmuggel sein. Zirka 300 000 Arbeitsplätze werden für die restlichen kriminellen Geschäfte benötigt.

Die Camorra als soziale Arbeitsbeschaffungsorganisation? Hat sich gegenüber der Situation Anfang der achtziger Jahre, als Cutolo herrschte, nichts verändert? Tatsache ist, daß die Camorraclans Arbeit an jene vermittelten, die in Neapel und dem *hinterland* keine Aussicht auf einen festen Arbeitsplatz, auf ein geregeltes Einkommen haben: 20 Prozent Arbeitslosigkeit. Doch Arbeitslosigkeit ist lediglich ein Teilbereich der sozialen Katastrophe, unter der die Menschen leiden müssen. Die Stadt ist pleite, kann nicht einmal mehr die selbstverständliche Grundversorgung weiter Bevölkerungskreise gewährleisten.

Anfang 1990 fehlte in den Grundschulen das Geld, um den besonders bedürftigen Kindern wenigstens eine warme Mahlzeit zu bieten. Gleichzeitig ließ das städtische Hygieneamt verlauten, das Leitungswasser sei nicht mehr trinkbar.

Die Kassen der Kommune sind leer. Die Camorra schöpft demgegenüber selbst noch da ab, wo die Stadt öffentliche Arbeiten bezahlt.

Gerade das ist eine weitere bedeutende Einnahmequelle der Camorra, übrigens genauso wie bei der Mafia: Einflußnahme auf die Vergabe öffentlicher Aufträge. Die Unterwanderung bei der Vergabe öffentlicher Aufträge und die Weitergabe von öffentlichen Arbeiten und Dienstleistungen auf lokaler Ebene an Mitglieder der Camorra/Mafia wird gezielt vorangetrieben. Bei den Ermittlungen des Alto Commissario, der höchsten Polizeidienststelle Italiens, hat sich herausgestellt: Bei der Überprüfung von 27 Baustellen in Kampanien wurden 48 nicht zulässige Weitervergaben von Aufträgen festgestellt. Es mangelt allerdings auch nicht an Fällen (und diese haben Symbolcharakter), die in direkter Weise die zentralen Stellen der öffentlichen Verwaltung und der großen staatlichen Unternehmen betreffen. Der Bau des Kraftwerks der staatlichen Energiegesellschaft ENEL in Gioia Tauro, die Errichtung der NATO-Basis von Isola Capo Rizzuto und die Verbreiterung eines Abschnitts der *Autostrada del sole* zwischen Rom und Neapel gehören dazu. Letzteres Bauvorhaben dirigierte der Camorraclan Nuvoletta, der nach Schätzungen 40 Prozent der Straßenbauvorhaben Kampaniens kontrolliert: von den Zementlieferungen bis zu den Bauarbeiten. Wer diese Autostrada in Richtung Neapel entlangfährt, kann ermessen, wie Camorradienstleistungen aussehen: Schlaglöcher in den Straßen, keine Straßenbegrenzungen, leerstehende Baustellen. Der Sozial- wie der Gesundheitsdienst werden weitgehend von der Camorra kontrolliert – eine ihrer Firmen wurde sogar mit der Reinigung des neapolitanischen Polizeihauptquartiers und der Gerichtsgebäude beauftragt. Das alles hat eine lange Tradition.

Nach dem schweren Erdbeben 1980 flossen die öffentlichen Gelder zum Wiederaufbau der Stadt am Vesuv, 70 Milliarden Mark, nicht etwa zu den Betroffenen, sondern fast ausnahmslos über Scheinfirmen in die Kasse der Camorraclans. Als milder Wohltäter gedachte damals Camorrachef Don Cutolo in die Geschichte Neapels einzugehen. Seine Leute gingen mit einem eigens verfaßten Sozialprogramm auf die verwüsteten Straßen. »Die Erträge der Camorra müssen Neapels Ärmsten zufließen. wir nehmen den Arbeitern kein Geld ab, beuten weder Frauen noch Erdbebenopfer aus und töten auch nicht – es sei denn aus Gerechtigkeit«, schrieb Cutolos Syndikus Pasquale d'Amico an die Zeitschrift *Panorama*.

Der Staat ist die Mafia

Mafia wie Camorra, jeder weiß es, spätestens seitdem er die Fernsehserie »Allein gegen die Mafia« gesehen hat, sind bereits tief in den politischen Apparat, sowohl auf Gemeindeebene als auch auf regionaler und auf nationaler Ebene, eingedrungen: Präsenz von Mitgliedern der Camorra/Mafia im Verwaltungsapparat selbst, Kontrolle der Wahlen, Einschüchterung und Gewalttätigkeiten gegenüber Kandidaten oder Abgeordneten und Wahlbetrug – das sind die üblichen Mittel der kriminellen Syndikate, um Einfluß zu gewinnen, um politische Entscheidungen in ihrem Sinne zu manipulieren.

Aus einer Ende Juli 1990 veröffentlichten Untersuchung des Innenministeriums in Rom geht hervor, daß von den zwanzig Regionen Italiens bereits 15 unter Einfluß der Mafia oder Camorra stehen. Mitte Mai 1991 konnte man in der Turiner Zeitung *La Stampa* die Ausführungen des Hochkommissars für den Kampf gegen die Mafia, Domenico Sica, nachlesen. Gegen rund 17 000 von insgesamt 124 000 Bürgermeistern, Gemeinderäten sowie anderen gewählten Funktionären auf kommunaler und regionaler Ebene in Italien wird derzeit richterlich ermittelt. So wurden während des Wahlkampfes in den Provinzen Reggio Calabria und Neapel im Jahr 1990 insgesamt acht Kandidaten für die Gemeinderatswahlen umgebracht. Sie störten die Mafiakreise. Die eigenen Kandidaten sollten unangefochten gewählt werden. Im Frühjahr 1992 haben die Carabinieri in der Hochburg der 'Ndrangheta, der Mafia Kalabriens, Beweise für Abmachungen zwischen Kandidaten für die Parlamentswahlen am 5. und 6. April und dem 'Ndranghetaclan gefunden. Die zahlreichen beschlagnahmten Dokumente zeigten Querverbindungen zwischen den Clans und Politikern mehrerer Parteien. In einigen Häusern wurden bis zu 400 gefälschte Stimmzettel gefunden, auf denen die Namen der jeweiligen Kandidaten bereits eingetragen waren. Selbst der eher schläfrige Wahlausschuß der Abgeordnetenkammer des italienischen Parlaments hat inzwischen die Vermutung geäußert, daß die Camorra in Fälle schwersten Wahlbetrugs verstrickt sei, die in Neapel bei den letzten Parlamentswahlen aufgedeckt wurden. Dem sollte eigentlich ein Gesetz Einhalt gebieten, das den Ausschluß von Wählerlisten vorsieht, in denen Personen eingetragen sind, die sich wegen Mitgliedschaft in einer mafiosen Organisation schon vor Gericht verantworten mußten. Es wurde von allen Parteien gebilligt und ist bei seiner ersten Anwendung gleich mißachtet worden.

In Sizilien organisieren die Provinzausschüsse der Mafia, welcher Kandidat und welche Partei gewählt wird. Sie verfügt, so offizielle Schätzungen, über mehr als eine halbe Million Wählerstimmen. Dadurch bestimmt sie, welche Partei gewählt wird und wer in Sizilien regiert.

In Neapel und dem *hinterland* kann die Camorra eine halbe Million Stimmen beeinflussen, das entspricht 40 Prozent der 1987 in Neapel registrierten Wahlberechtigten. »Die Camorra greift die Fundamente der demokratischen Ordnung an«, räumt resignierend Neapels Regierungspräsident Clemente ein. »Es ist eine Herausforderung für unser Volk und für die Politikerklasse. Sechs Millionen Menschen in Kampanien leben unter der Bedrohung der Minderheit der Camorra.«[24]

Der inzwischen versetzte Sandro Federico, Chef der *Squadra Mobile*, wußte, als er 1990 diese Spezialeinheit der Polizei übernommen hatte, nicht, »daß die Menschen zwischen Leben und Tod tanzen und die Angst vor Vergeltung Resignation und Mißtrauen gegenüber den Polizeikräften verursacht.«[25] Angst und Resignation sind kein schicksalhaftes Phänomen.

Mafia oder Camorra sind vielmehr ein Produkt der gesellschaftlichen Zerrüttung. »Sie ist eine Art von Macht, die dort entsteht, wo die Gesellschaft versagt, wo der Staat die Kontrolle über die Gewalt verliert. Nicht zufällig kommen die meisten Mafiakiller aus Stadtvierteln und Landstrichen, wo die gesellschaftliche Desintegration grassiert. Massenarbeitslosigkeit, Wohnungsnot, Kriminalität«, sagt Professor Pino Arlacchi, Autor mehrerer Studien über die Mafia. Das hat er schon 1982 erklärt – bis heute hat sich daran nichts geändert, im Gegenteil.

Forcella und die Camorra

Im Stadtteil Forcella mit seinen kleinen verwinkelten Gassen, den unterirdischen Grotten und Geheimgängen, wird dieses beklemmende Dilemma spürbar. Hier hat selbst die Polizei Angst aufzufallen. Unweit Forcella entsteht ein riesiges Verwaltungszentrum mit futuristischen Bürohäusern, von international renommierten Architekten entworfen. Eines der höchsten Gebäude ist das neue Gericht. Eine Zeitlang müssen die Richter und Staatsanwälte wohl noch warten, bis sie dort Straftäter aburteilen beziehungsweise Ermittlungen führen können. Die Camorra hat das Hochhaus in Brand gesteckt. Zerborstene Scheiben, verrußter Beton – ein Mahnmal inmitten der Verwaltungspaläste.

Forcella, das ist jenes Gebiet, aus dem die kleinen Gangster, die Soldaten, kommen: Zigarettenschmuggler, Drogendealer, Erpresser. Wer will, der findet hier Jugendliche, die für umgerechnet 500 Mark ein MP-Magazin in einen Unbekannten pumpen.

Forcella, das ist der Herrschaftsbereich des Clans von Luigi Giuliano alias Loigino, erzählt uns ein katholischer Pfarrer. Er betreut hier zwei Basiliken, die wie eine Trutzburg inmitten der eng aneinandergerückten Häuser wirken. Der Pfarrer, Francesco Rapullino, kämpft gegen den Camorraclan, gegen die resignative Toleranz den Kriminellen gegenüber, seitdem er aus dem beschaulichen Siena nach Neapel gekommen ist. Erst im April 1992 hat er sich geweigert, die Totenmesse für die Frau eines inhaftierten Mafiabosses, Giuseppe Misso, zu lesen. »Ich bin es leid, das Böse zu segnen.« Von der Kanzel aus donnert er regelmäßig gegen die Camorra.

Vor zwei Jahren sorgte er mit einer flammenden Rede für Aufsehen: »Flieht aus Neapel. Diese Stadt hat nichts anderes verdient, als daß man ihr den Rücken kehrt. Sie hat euch nichts mehr zu bieten. Diese Stadt bringt ihre eigenen Kinder um.«

Wenig später wurden die Gleichgültigkeit und Resignation, die Forcellas Bewohner wie einen Schutzpanzer um die Gangsterfamilien aufgebaut haben, erneut gestört. Verständnislos blickten sie auf einen riesigen Demonstrationszug. Bürger Neapels hatten vom Camorraterror genug, zogen durch die Straßen Forcellas. Auf Spruchbändern konnten die Bewohner lesen: »Geht nicht weg, bleibt in Neapel. Nicht ihr, sondern Gewalt, Unterdrückung und Inkompetenz müssen aus der Stadt verschwinden.«

Eigentlich ist eine Andacht angesagt. Die Predigt, für 19 Uhr geplant, hat Francesco Rapullino kurzerhand abgesagt. Fünf Gläubige verlieren sich unter der mächtigen Kuppel der Kirche. Wir beobachten, wie junge Frauen in sein Büro hinter der Sakristei kommen und Kleider abgeben. Einen älteren Mann tröstet er noch schnell, dann schließt er sein karges Büro ab und begleitet uns vor die Kirche. Der zwei Meter große Pfarrer ist wütend: »Sie rauben, sie stehlen, sie erpressen. Gemäß ihrer Lebenseinstellung ist nur das schnelle Geld von Interesse.«

Unterdessen geht nur ein paar Meter von ihm entfernt der Drogenhandel weiter. Und er erzählt von einem jungen Mann, der in der Nähe seiner Kirche wohnt. Er wollte vom Heroin loskommen. »Sie haben an seine Tür geklopft, doch er hat nicht geöffnet. Er wollte wirklich kein Heroin mehr nehmen. Zwei Monate ging es gut. Doch dann stand er auf dem Balkon, und sie warfen eine Spritze mit Heroin zu ihm hoch. Da war es vorbei.«

Die Menschen, die in den Betonwüsten am Rande Neapels leben müssen, genauso wie jene in den heruntergekommenen alten Vierteln der Innenstadt, dort, wo unter den vergammelten Palazzi aus dem 17. und 18. Jahrhundert noch dorische Tempel liegen sollen, sind vom Warten und Hoffen auf Taten des Staates zermürbt.

Die Journalisten Florence Antomarchi und Marc Saint Upéry: »1985 wurde in der Region einstimmig ein Gesetz verabschiedet, dem zufolge die Lehranstalten zur Entwicklung eines gegen die Camorra gerichteten Bürgersinns beitragen sollen. Aber dem

Gesetz folgten keine Mittel, und so sind die Schulen baufällig, Kindergärten aus Personalmangel geschlossen, Krankenhäuser infolge Materialknappheit lahmgelegt, Jugendheime wegen schwerster an Jugendlichen verübten Gewalttaten geschlossen. Nicht verwunderlich, daß die Stadt Neapel landesweit den Rekord der Kindersterblichkeit hält: 4,1 Prozent.«

Und sie zitieren eine Neurologin und Psychiaterin, die seit 1976 in den östlichen Vierteln arbeitet:»Noch vor zehn Jahren war San Giovanni ein kerngesundes Arbeiterviertel. Die Leute arbeiteten in der Fabrik und wählten die Kommunistische Partei. Heutzutage arrangieren sich ihre Kinder mit der Camorra.«

In allen Stadtteilen, in denen das soziale Elend als unabwendbar erlebt wird, Politiker mehr oder weniger korrupte Handlanger eines Systems sind – als *partidocrazia* wird das italienische politische System beschrieben –, da gelten für die Jugendlichen keine Gesetze und Ideale mehr. Insbesondere angesichts der verlockenden Möglichkeit, durch Drogengeschäfte schnell viel Geld zu verdienen. Schon jetzt gehen in bestimmten Stadtteilen Neapels zwischen 10 und 25 Prozent der Kinder überhaupt nicht mehr zur Schule[26].

Camorrastützpunkt Wien

Giugliano ist ein kleines heruntergekommenes Städtchen nördlich von Neapel. Don Alfredo Maisto, das war ein Name, der Eindruck hinterließ. Doch Don Alfredo, einer der am meisten respektierten Bosse der alten Camorra, starb schon 1976 eines ganz natürlichen Todes. Seine Kinder Luigi, Antonio und Enrico mußten nun das schwere Erbe des Vaters antreten.

Luigi wurde am 22. Dezember 1979 ermordet, Antonio, vorbestraft wegen Waffen- und Drogenhandels, am 11. April 1987 in einem PKW verbrannt aufgefunden – übrig blieb Enrico, dessen wichtigste Tätigkeit in der Kontrolle des Obst- und Gemüsemarktes in Giugliano lag. Darüber hinaus, so die neapolitanische Polizei, war er im Drogengeschäft und in der Geldwäscherei tätig. 1983 fiel er erstmals der Polizei auf, als er im Zusammenhang mit einer Razzia gegen Angehörige des Cutolo-Clans verhaftet wurde.

Wie in Casalnuovo kämpfte auch in Giugliano ein weiterer Camorraclan um das Revier, Macht und Geld, der Clan Mallardo. Und das erfolgreich.

Die Maistos, inzwischen durch die Kämpfe arg dezimiert, sahen keinen anderen Ausweg mehr, als ins benachbarte Österreich auszuweichen. 1987 und 1988 hielt sich Enrico bereits mehrmals in Wien auf auf. Ostern 1989 nahm er seine Frau und seine drei Kinder mit. Er wollte sich endgültig in Wien niederlassen.

In der Nacht des 22. März 1989, gegen 23.40 Uhr, war er gerade dabei, zu einem bislang unbekannten Treffen zu fahren. Er verließ die Pension, in der er ein Zimmer gemietet hatte, um in einen in zweiter Spur parkenden PKW einzusteigen; plötzlich fielen Schüsse. Passanten sahen zwei Ausländer, die ihm auflauerten, zwei- oder dreimal in den Kopf schossen und blitzschnell wieder verschwanden. Das einzige, was Enrico bei seiner Einlieferung in das Meidlinger Unfallkrankenhaus sagen konnte, »daß es sich bei der Sache um eine Ehrenangelegenheit gehandelt habe«. Auch das Wort Camorra fiel, bevor Enrico Maisto das Bewußtsein verlor. Seine Frau war auch nicht besonders redselig, als sie am nächsten Tag von der Polizei nach Hintergründen des Anschlags befragt wurde. Ihr Mann sei das Opfer einer Fehde geworden, weil er, nachdem sein Vater gestorben war, mit der Sache nichts mehr zu tun haben wollte. Ansonsten wisse sie nichts, denn in Italien sind solche Familienkriege »Sache der Männer«.

Ganz anders sah das Commissario Matteo Cinque aus Neapel, der nach Wien gekommen war. »Enrico Maisto sollte in Wien eine Außenstelle der Camorra aufbauen. Eine Zentrale, durch die Schwarz- und Drogengeld in das österreichische Banksystem einfließen und verschwinden kann.«

Enrico Maisto hielt es nicht lange im Krankenhaus aus. Nachdem seine Schußwunden einigermaßen geheilt waren, verließ er, schwerbewacht von italienischer Polizei, Wien in Richtung Italien, um sich in einem Krankenhaus in Padua auszukurieren.

»Schaun's«, sagt Magister Brenner vom Wiener Sicherheitsbüro, während er sich eine Austria 3 anzündet, »i bin für Gewaltverbrech'n zuständig. I versteh' nix von Valuten und Devisen, Bank- und Scheingeschäften. Des interessiert mi net. Der Maisto hat in Österreich nix verbroch'n. Er is a Opfer. Somit ham wir überhaupt kan Grund g'habt, ihn festzuhalten.«[27]

Geschäftspartner von Maisto, dem Mann der Drogengeldwäsche, war ein Carmine di Nardo. Er hatte sich bereits 1982 in Wien niedergelassen und das Modegeschäft Moda Italia eröffnet, im Auftrag von Enrico Maisto. Das Modegeschäft, bei dem kaum »Umsätze festzustellen waren«, so das Sicherheitsbüro im Wiener Innenministerium, hatte ein Bankkonto bei der Volksbank Großweikersdorf in Niederösterreich. Der Direktor dieser »Volksbank«, Bankdirektor Eilenberg, ist dadurch bekanntgeworden, daß er mit dem Schmuggel von Barrengold Millionen ergaunert hatte.

Sicher ist, daß Carmine di Nardo eine österreichische Freundin hat. Ihr erzählte Carmine, es war 1984, daß er einen Großhandel mit Textilien in Wien eröffnen wolle. Und zwar in der Wiener Steggasse 1, in einem Bezirk mit vielen kleinen Geschäften.

Das Büro haben wahrscheinlich wenige gesehen, weil gar keine Textilien verkauft wurden. Seine Freundin durfte auch nicht zuviel fragen. »Er ist dann sehr böse geworden«, erinnerte sie sich später. Damals schon, so die Polizei, war es wohl weniger der Textil- als der Drogenhandel, der von dem unscheinbaren Büro in der Steggasse aus organisiert worden sein muß. In jener Zeit ist auch Maisto häufiger nach Wien gekommen. Jedenfalls stellte Carmine seinen Verwandten aus Giugliano als »großen Boß der Camorra« vor. Carmine di Nardo arbeitete nicht alleine. Immer wieder kamen Männer aus Neapel an, die von den Behörden als »Camorristen« bezeichnet wurden. Und er beschäftigte einen Chauffeur, Alfonso Lamboglia, der häufig mit einer Lieferung »Textilien« von Italien nach Wien fuhr.

Im Zusammenhang mit den Ermittlungen »den Anschlag gegen Maisto entsprechend«, wie es in der ausgefeilten Polizeisprache genannt wurde, wandte sich ein unbekannter Briefschreiber an die Staatspolizei in Wien. Er spricht davon, daß ein Robert K. in Wien großzügig und papierlos illegales Glücksspiel sowie Drogengeschäfte finanziert, über Unmengen von Bargeldkonten verfügt, ohne mit seiner sogenannten Baufirma Aktivitäten zu entwickeln. Robert K. verkehre ständig in österreichischen Italienerkreisen und habe enge Verbindungen zu di Nardo beziehungsweise Maisto in Neapel.

Roberts Karriere ist mustergültig. Einst Zuhälter in Wien, war er plötzlich Bauunternehmer. Schließlich habe er aus Italien eingeschmuggelte Drogengelder in vielfacher Millionenhöhe mit Tarnung der Sparkasse Neunkirchen gewaschen. »Achtung«, heißt es am Ende des Briefes, »K. hat beste Beziehungen zur Staatsanwaltschaft Wiener Neustadt.«

Nun beginnt die gemütliche Polizei in Wien zu ermitteln. Gemütlich, was die Schnelligkeit angeht. Die ersten Erhebungen Anfang Dezember 1989 ergeben, daß in der Tat ein Robert K. in Wiener Neustadt gemeldet ist. Richtig auch, daß er einen Bruder habe. Doch in den einschlägigen Strafregistern gibt es keinerlei Eintragungen. Schließlich findet man heraus, daß beim Bauunternehmer Robert K. GmbH seit Jahren keine Geschäftstätigkeit beobachtet wurde. Beschäftigt sei er jetzt als Baumeister bei einer anderen Firma. Überdies sei er seit mehreren Jahren Bausachverständiger einer Wiener Marktgemeinde. Damit hatte es sich mit den Ermittlungen. Die Criminalpol in Neapel dagegen sieht das etwas anders. Sie sagt, daß Maisto in Wien einen gewissen Rudolf Klauser kennengelernt habe, »der in fester Verbindung mit dem Camorraclan Di Nardo-Maisto sei«.

Nachdem Enrico Maisto nach dem Mordanschlag wieder nach Italien zurückgekehrt ist, telefonierte er noch alle vier bis sechs Wochen mit Carmine di Nardo.

Das letzte Telefonat mit Wien fand Anfang September 1989 statt. Aus dem Gespräch war zu entnehmen, daß Carmine di Nardo in nächster Zeit nach Italien fahren und sich mit Enricos Schwester Antonietta in Verbindung setzen würde. Seinerzeit war Carmine di Nardo ungewöhnlich häufig unterwegs. Mit dem Flugzeug oder Auto fuhr er nach Mailand, Como, Genf und Zürich. Als seine Lebensgefährtin einmal festzustellen wagte, daß »diese Reisen doch nichts mehr mit dem Im- und Export von Textilien zu tun hätten«, antwortete di Nardo: »Ich weiß, was ich tue, und du kümmere dich gefälligst nicht um meine Geschäfte.«

Am 14. September klingelt bei ihr das Telefon. Carmine ist am Apparat und teilt ihr kurz angebunden mit, daß er auf dem Weg nach Italien sei. Sie möge doch an eine Raststätte an der Südautobahn kommen. Am selben Tag trafen sie sich dort, und nach dem Mittagessen fuhr Carmine di Nardo mit einem Kombi Nissan in Richtung Italien weiter. Am Abend rief er seine Freundin an, berichtete, daß er bereits in Florenz und das Wetter herrlich sei.

Dann, im Oktober 1989, findet die Polizei in Neapel eine völlig verkohlte Leiche in einem ausgebrannten PKW mit Wiener Kennzeichen: zugelassen auf Carmine di Nardo, 57, Kaufmann in Wien und Cousin des im Frühjahr in Wien niedergeschossenen Enrico Maisto.

Das Wiener Verteilungsnetz der Camorristen aus Neapel war zweifellos ausgefeilt.

Alfonso Lamboglia beispielsweise, der Chauffeur von Di Nardo, ist gleichzeitig, wie es Polizeiinspektor Schreiner in einem Protokoll festhielt, Inhaber der Firma Moda Italia GmbH, derselben Firma, in der Di Nardo als Geschäftsführer gearbeitet hat und die offiziell minderwertige Leder- und Kunstlederjacken verkaufte. Bei Moda Italia waren ausschließlich Neapolitaner als »freie Mitarbeiter« beschäftigt, Moda Italia war die Kontaktadresse für Camorraangehörige.

Lamboglia wiederum ist seit dem 19. Februar 1990 mit dem Vermerk »unbekannt verzogen« nicht mehr auffindbar. Zuvor noch gründete er mit einem Coppola die Cosmotex Handelsgesellschaft mit Firmensitz in der Wiener Gierstergasse 7.

Der Fahrer, der sich als Kaufmann aus Neapel in die Liste der Gesellschafter der Cosmotex eintragen ließ, war immerhin in der Lage, die Stammeinlage von 325 000 österreichischen Schillingen zu bezahlen. Sein Geschäftsfreund Coppola zog mit 175 000 Schillingen nach. Im März 1989 wurde Giovanni Coppola als Geschäftsführer abberufen und als neue, allein zeichnungsberechtigte Geschäftsführerin eine Christl Aimola eingetragen. Die legt wenige Monate später die Geschäftsführung nieder, »weil das Geschäftsgebaren der Firma nicht meiner Verantwortung entspricht«. Danach löst sich das Geschäft in nichts auf. Der Grund dürfte die Ermordung von Carmine di Nardo gewesen sein, denn inzwischen hat sich die neapolitanische Polizei um das Geschäftsgebaren des Unternehmens gekümmert, und die österreichische Polizei begann endlich auch zu fragen, was es mit der Firma in der Steggasse auf sich hat.

Giovanni Coppola aus Neapel hat jedoch noch im Februar 1990 eine andere Firma in Wien gegründet, die Giovanni Coppola Handelsgesellschaft: Firmen, die nach Erkenntnissen der Polizei in Neapel wie des LKA in München den großangelegten Betrug mit Billigkleidung in die neuen Bundesländer mit organisiert haben – und noch immer dabei sind; aber sie vertreiben nicht nur Billigkleidung, sondern auch Kokain.

Enrico Maisto lebt inzwischen nicht mehr. Im Februar 1992 wurde er auf der Autobahn Rom-Neapel von bislang unbekannten Tätern erschossen. Die Frauen der Maistos tragen Schwarz und schweigen.

Maisto und besonders Carmine di Nardo sind Camorristen gewesen, die in Wien einen Stützpunkt aufbauen wollten. Entsprechend vielfältig waren ihre Beziehungen privater wie geschäftlicher Natur. Carmine di Nardo hatte, das geht aus Polizeiprotokollen hervor, Kontakte zu einem Heinz Bachheimer. »Heinz Bachheimer«, so steht darin zu lesen, »sei eine für die Geschäfte von Carmine besonders wichtige Person, weil dieser ganz Wien dirigiere und gute Kontakte zu Personen in der Politik habe.«

Di Nardo jedenfalls muß sich in den einschlägigen Wiener Kreisen gut ausgekannt haben. Denn seine ehemalige Lebensgefährtin sagte aus, daß er Bachheimer gut kannte. Nun weiß niemand so genau, wann er diesen Bachheimer kennengelernt hat. Jedenfalls taucht der Name Carmine di Nardo in der langen Namensliste derer auf, die zu Heinz Bachheimers Geburtstagsfeier im Juni 1989 ins Lusthaus im Prater gekommen waren. Und ein weiterer italienischer Name sticht hervor: Giovanni Ricci. Ricci wohnte im selben Haus, in dem di Nardo und Maisto ihre Firma unterhielten, in der Wiener Steggasse 1.

Der Mann aus Neapel war dort nur kurzfristig gemeldet, zwischen dem 20. Juni 1988 bis zum 8. November 1988. In Neapel ist er jedenfalls als Mann der Camorra bekannt.

»Die italienische Mafia ist gefährlich«, sagt uns der für organisierte Verbrechen zuständige Hofrat Maximilian Edelbacher aus der Bundespolizeidirektion Wien. Und auf Heinz Bachheimer, bekannter als »Roter«, angesprochen, meint er: »Bachheimer spielt eine untergeordnete Rolle in diesem Zusammenhang.« Heinz Bachheimer hat viele Hobbys. Eines ist die Sammlung römischer Münzen. In einem Polizeiprotokoll steht außerdem, daß er »ausgezeichnete Kontakte nach Vorarlberg und Deutschland hat. Er ist am Spiel interessiert. Er selbst ist kein Spieler.«

Nicht nur Italiener kamen zum Fest des Mannes, der immer noch als »heimlicher König der österreichischen Unterwelt« beschrieben wird – was dieser selbstredend empört von sich weist. Merkwürdig nur, vielleicht ein unglücklicher Zufall, daß bei seiner Geburtstagsfeier auch eine Reihe international berüchtigter Zuhälter aus Deutschland anwesend war. Wilfried Schulz, der Reeperbahn-Chef aus Hamburg, einstiger »König von St. Pauli«, kam samt kriminellem Anhang; aus Frankfurt die Herren Hagen Sevecke und Jürgen Jacoby, berüchtigte Topzuhälter; aus Bludenz Johann L., er soll im Glücksspiel, als Zuhälter und im Drogengeschäft führend tätig sein, die Creme der Unterwelt also. Ganz zu schweigen von den goldbehängten »Herren« der Wiener Unterwelt, die den Wiener Prostituiertenmarkt beherrschen.

»Adlige und Unterweltler, eine schöne Mischung«, erinnert sich drei Jahre später der Wirt des Lusthauses an die lustige Gesellschaft. Er kann sich sogar daran erinnern, daß die Polizei plötzlich auftauchte und alle Gäste kontrollierte. Bis ein hoher Wiener Polizeibeamter interveniert haben soll, der, so munkelt man, gute Kontakte zu Heinz Bachheimer habe. Entweder ihr beendet sofort die Durchsuchung und Kontrolle, oder ich schicke meine Sondereinheit und lasse euch alle verhaften, erinnert sich ein anderer hoher Polizeibeamter, soll er gedroht haben. Die brach daraufhin prompt ihre polizeilichen Ermittlungen ab. Denn unter den Gästen müssen hochangesehene Bürger gewesen sein. Und wer wagte es in der Donaumonarchie schon, die Geburtstagsfeier eines besonders hochrangigen Bürgers, eben Heinz Bachheimers, zu stören. »Davon weiß ich nichts«, meinte, darauf angesprochen, ein Wiener Hofrat. Und der in der Wiener Stadtpolizei zuständige Polizeidirektor blockt sofort jedes Gespräch ab. »Möchte keine Angaben machen.« Die Wiener Unterwelt ist wohl eine besondere Melange.

Der Siegeszug der Pizzabäcker

Kaum eine Stadt südlich des Mains, in der die Camorra heute nicht ihr Unwesen treibt. In Frankfurt beispielsweise hat sie eine traurige Tradition. Schon Mitte 1980 waren Mafia wie Camorra dort präsent. Doch damals wurde jeder Einbruch, Banküberfall oder Mord als ein isoliertes Delikt betrachtet, keine anderen personenbezogenen Zusammenhänge überhaupt ermittlungstaktisch in Betracht gezogen. Die ehemalige Oberstaatsanwältin Adelheid Werner galt als spinnig, weil sie als eine der ersten in Frankfurt vor der Gefahr von seiten Mafia und Camorra warnte.

»Wir sind in Frankfurt einer Reihe von Straftätern habhaft geworden, die gerade im Begriff waren, nach getaner Arbeit nach Italien zurückzukehren. Die Tatverdächtigen waren im Auftrag von drei in derselben Gegend von Neapel ansässigen Familien der Camorra tätig geworden, nachdem sich diese Familien in der Nuova Camorra zu einer Art Dachverband zusammengeschlossen hatten . . . Es gibt Anzeichen dafür – und sie mehren sich –, daß fest verwurzelte Gebilde organisierter Kriminalität, die im Ausland gewachsen sind, bei uns Stützpunkte bilden.«

Die Oberstaatsanwältin, inzwischen im Ruhestand, hat vergebens gewarnt. Mafia und Camorra haben Frankfurt erobert, »schleichend«, wie es Kriminaldirektor Peter Walter auf seine zurückhaltende Art formuliert. Weil versäumt wurde, rechtzeitig die kriminellen Syndikate zu bekämpfen, kann diese Stadt am Main stolz darauf verweisen, daß sie jetzt nicht nur eine der deutschen Verbrecherhauptstädte ist, sondern auch eines der wichtigsten Zentren des organisierten Verbrechens in Europa.

Mafia und Camorra sind in diesem Geflecht die Paten der meisten kriminellen Geschäfte. »Die Italiener waren subtiler in ihrer Vorgehensweise«, hat Peter Walter erkannt. Erfolgreich sind sie außerdem. Ob Kreditkarten- oder Euroscheckkriminalität, die Steuerung des Rauschgiftmarktes mit Heroin oder Kokain über internationale Organisationen, die Steuerung der Investitionen in den legalen Wirtschaftskreislauf hinein, Mafia und Camorra bestimmen letztlich, was in Frankfurt getan wird. Peter Walter ist davon überzeugt, hat aber weder die Mittel noch die Möglichkeiten, das genau nachzuweisen. Er hätte gerne gewußt, wie es kommt, daß ein prominentes, immer gut besuchtes italienisches Restaurant in der Frankfurter Freßgaß in seine Umsatzsteuererklärung für das Jahr 1989 als Jahresumsatz 70 000 Mark eingetragen hat, während der Sohn dieses Besitzers in einem kleinen Bistro in der B-Ebene der Hauptwache täglich 6000 Mark auf ein Konto bei der Bank für Gemeinwirtschaft einzahlt. Oder wie es einige italienische Tellerwäscher nur geschafft haben, innerhalb kurzer Zeit Besitzer von Nobelrestaurants zu werden. Es wäre auch schön gewesen, einmal die Verbindungen zwischen bekannten Immobilienhändlern und Kreisen der italienischen Mafia aufzudröseln und die Information nachzuprüfen, warum ein bekannter Mafiagangster aus Salerno sich so gerne mit einem ebenso bekannten Frankfurter Immobilienhändler trifft. »W. kenne ich gut«, sagt jedenfalls der Mafioso aus Salerno.

Auf Ersuchen der Frankfurter Polizei wurden im Mai 1991 Ermittlungen in Neapel gegen mehrere Männer aus Frankfurt eingeleitet, von denen die Frankfurter nicht so genau wußten, in welchem kriminellen Zusammenhang sie standen.

Da gibt es einen Fausto S., der vor dreißig Jahren nach Deutschland ausgewandert ist. 1986 fiel er zum erstenmal wegen Handels mit Falschgeld auf, dann wurde im Juni 1990 gegen ihn wegen Diebstahls und Hehlerei ermittelt. Jetzt gilt er als »bekannter Kokaindealer«, betreibt trotzdem in Frankfurt ein Bistro, ganz in der Nähe eines Polizeireviers. Verbindungen bestehen zu Sergio Carducci. »Das ist ein ganz schlimmer Typ«, beschreibt Vecchione diesen in Frankfurt lebenden Mann. Vorbestraft wegen »Mitgliedschaft in einer kriminellen Vereinigung, Begünstigung und Ausbeutung der Prostitution, Straftaten gegen das Vermögen, Besitzes und Handels mit Drogen sowie Waffen.«

Polizeibekannt ist auch Vito Z. Raub, Mord, Hehlerei, Besitz und Handel mit Drogen, Mitgliedschaft in einer mafiosen Vereinigung werden ihm vorgeworfen. Sein ellenlanges Strafregister hinderte ihn nicht, im Großraum Rhein-Main seinen Geschäften nachzugehen. Auch der Esposito-Clan aus Neapel ist präsent. Zwei seiner Mitglieder wohnten über Jahre hinweg in der Nähe von Hanau. Dann organisierten sie einen Überfall auf einen Panzerwagen der Firma Protectas, die Geld im Auftrag der DKV-Bank in Frankfurt transportierte. Sie wurden zwar geschnappt, von ihren Hintermännern fehlt jedoch bis heute jede Spur. Sergio Botta, alteingesessenes Mitglied der legendären Euro-Gang, die Anfang der siebziger Jahre von sich reden machte, war bis vor zwei Jahren nicht einmal fünfzig Meter vom Hessischen Landeskriminalamt entfernt, in einem kleinen italienischen Stehimbiß zu finden. Vorbestraft, behauptet jedenfalls die Criminalpol in Neapel, ist er wegen Mitgliedschaft in einer kriminellen Vereinigung, Raubes und Mordes. Jetzt ist er wieder in Neapel. Die Behörden werfen ihm erneut Mord vor. Botta wurde inzwischen durch Urteil eines italienischen Schwurgerichts vom 14. März 1992 wegen zweifachen Mordes und anderer Straftaten zu einer Haftstrafe von 28 Jahren verurteilt.

Sowohl in Offenbach wie in Höchst unterhalten zwei Männer aus Noccera bei Neapel italienische Restaurants. In den Akten der neapolitanischen Polizei werden sie als Mitglieder der Camorra geführt. Sie gehörten alle zur »Nuova Camorra Organizzata« von Cutolo, haben sich danach nach Deutschland abgesetzt. In beiden Fällen muß das nicht unbedingt darauf hinweisen, daß sie heute noch mit der Camorra zu tun haben. Der Frankfurter Polizei jedenfalls liegen keine Erkenntnisse vor. Kleine Fische sind es allemal.

Aktenzeichen 87 Js32755.6/89 steht auf dem Deckel der Ermittlungsakten, die sich in einem Zimmer des Frankfurter Landgerichts türmten. Im August 1991 verhandelte man dort gegen Drogendealer aus Neapel und Frankfurt. Fünf Beschuldigte sitzen auf der Anklagebank. Angeklagt sind unter anderem Angelo Piccione und Giorgio M. Sie hatten das große Pech, auf einen V-Mann der Polizei hereinzufallen, der ihnen Heroin und Kokain zum Weitervertrieb angeboten hatte. Wie so üblich, fanden die entscheidenden Verhandlungen in einer bekannten Frankfurter Pizzeria statt, dessen Besitzer mit schwarzem Mercedes 500 noch andere italienische Restaurants kontrolliert.

Piccione, in Lecro bei Neapel geboren, arbeitete zuerst als Vertreter von Motorrädern in Neapel. Danach übernahm er den An- und Verkauf von Autos. Weil er ein leidenschaftlicher Rennfahrer war, finanzierte ihn sein Vater, sagt er. Immerhin nahm er sogar an Autorennen in England teil. Vom Autohandel wechselte er in den Immobiliensektor über. »Leider wurde ich wegen Betrugs zu acht Monaten Gefängnis verurteilt«, schildert er dem Frankfurter Richter seine kaufmännische Karriere in Neapel.

Als er 1986 wieder aus dem Gefängnis herauskam, arbeitete er, bis 1989, als Geldverleiher. Erfolgreich. Allein in den ersten sechs Monaten des Jahres 1989 verdiente er als Geldverleiher zirka 120 000 Mark. Wegen seiner »besonderen Verdienste« verlieh ihm sogar, im selben Jahr, Kardinal Eusepio aus Genua den Doktortitel h. c. der Universität von Columbia für Finanzwissenschaft und ernannte ihn gleich noch zum »Ritter des Malteserordens«.

»Warum?« fragte neugierig der Richter. »Wegen meiner Spenden für Waisenkinder.«

Piccione als armer, von der Polizei Verfolgter, der sogar an Waisenkinder spendet, keiner konnte es so recht glauben. Nach Polizeiangaben aus Neapel ist er nämlich weniger als edler Spender, denn als »Räuber, Drogenhändler und Betrüger« bekannt.

1989 kam er nach Deutschland, wollte Maschinen für die Herstellung von Schlagsahne besichtigen und unter Umständen kaufen. Inzwischen war der Geldverleiher dabei, Gesellschafter der Firma Bio-Caemital in Neapel zu werden. Deshalb will er nach Frankfurt gekommen sein, sozusagen auf der Durchreise. In einer Frankfurter Pizzeria traf er, »rein zufällig«, den Gastronom Grippaldi, der eine Pizzeria in der Hochstraße führte. Doch bei diesen Gesprächen ging es nicht um Maschinen zur Herstellung von Schlagsahne, sondern um Kokain. Piccione erzählte dem in Geldschwierigkeiten steckenden Pizzabäcker, daß er in Norditalien große Abnehmer für Kokain habe. Das traf sich insofern gut, als die beiden wenig später von einem V-Mann der Polizei angesprochen wurden. Die Polizei vermutete schon lange, daß über bestimmte italienische Restaurants in der Frankfurter Edelmeile Freßgaß gewaltige Koksgeschäfte laufen müssen. Und so kam es zu dem Geschäft mit mehreren Kilo Kokain, das bedauerlicherweise dadurch gestört wurde, daß die Beteiligten beim Abschluß des Handels verhaftet wurden.

Piccione wiederum wollte die Frankfurter Polizei davon überzeugen, daß er mit dem Kokainhandel nichts zu tun habe, denn genau an den Tagen, als die entscheidenden Gespräche wegen des Kokains geführt wurden, habe er in Neapel im Gefängnis gesessen. Das wäre, wenn es stimmte, eine arge Blamage für die Frankfurter Polizei gewesen. Sofort wurde ein Telex an die Kripo in Neapel geschickt. »Ist Angelo Piccione am Tag X in einem Gefängnis eingesperrt gewesen?« Die Antwort kam prompt: »Ja, wir haben die Eintragung im Wachbuch geprüft. Er saß am Tag X im Gefängnis.«

Die Frankfurter Polizei wollte das nicht so recht glauben und schickte eilig einen Beamten nach Neapel. Der stellte dann fest, daß der Eintrag im Wachbuch gefälscht, Piccione zu diesem Zeitpunkt nicht im Gefängnis war.

Von Frankfurt erwartet jeder, daß sich dort die kriminellen

Syndikate breitgemacht haben. Aber selbst im Voralpenland, dort, wo im Sommer Kuhglocken läuten und Touristen die Berge erklimmen, gibt es inzwischen Stützpunkte der Camorra und der Mafia.

Ende November 1990 verhaftet die Polizei am Autobahngrenzübergang bei Kufstein einen verdächtigen Italiener. Bei der Personenüberprüfung stellen die Grenzer fest, daß es sich um einen seit 1977 international gesuchten Killer aus Catania handelt. 1981 hatte er mit Komplizen in Köln einen Raubüberfall mit Geiselnahme verübt, konnte aber fliehen. Ihm werden außerdem mehrere Morde in Italien, Frankreich und Deutschland zur Last gelegt. Ein Zufall?

Memmingen ist eine Durchgangsstation für Reisende aus Deutschland in Richtung Österreich, Italien. Wichtigster Mann des Camorraclans aus Maddaloni bei Neapel ist ein Francesco Carfora, mit dem schönen Spitznamen »Ciccio o corridore«, der Renner.

Von Zeit zu Zeit kommt er nach Memmingen zu einem »Mimmo«. Der arbeitet als Kellner in einem italienischen Lokal. Manchmal beobachtet man dort auch Limousinen mit italienischen Kennzeichen, und erst Anfang 1992 war wieder einmal besonderer Besuch angesagt. »Ein Mann aus Neapel ist gekommen«, erzählen Beobachter. »Als er ankam, haben sich alle in tiefer Ehrfurcht vor ihm verneigt.« Es war »der Renner« aus Maddaloni.

Nicht weit von Memmingen, 35 Kilometer südlich, liegt Kempten im Allgäu. Ein Urlaubsparadies, Ausgangsort vieler Bergwanderer. Die Idylle wurde gestört, als 1988 immer mehr Straftaten der Polizei gemeldet wurden. Die Täter waren überwiegend Sizilianer. Auffallend war, daß sie in der Mehrzahl aus Adrano, in der sizilianischen Provinz Catania, stammten. Dieses Gebiet, besonders die Gemeinden Paternò, Adrano und Biancavilla, wird als »Todesdreieck« bezeichnet, weil dort überdurchschnittlich viele Kapitalverbrechen begangen werden. 1989 waren es 110 Morde. Was hat das mit Kempten zu tun?

Seit Jahren lebt dort der 32jährige Salvatore Salamone. Er ist ein angesehener Obst- und Gemüsehändler. Gemüse und Obst aus Bella Italia verkauft sich besonders im Sommer gut.

Niemand weiß, daß der junge und immer freundliche Händler von der Kriminalpolizei in Catania gesucht wird wegen Verdachts der Bandenbildung nach Mafiaart und wegen Beteiligung an mehreren Morden. Am 5. Dezember 1989 wurde er in Kempten festgenommen. Im Hosenbund trug er eine geladene 9-Millimeter-Pistole mit gespanntem Hahn. In seiner Wohnung entdeckte die Polizei weitere Waffen: eine Lupara (abgesägte Schrotflinte) sowie ein halbautomatisches Schnellfeuergewehr. Nach Überzeugung der italienischen Polizei handelt es sich beim Gemüse- und Obsthändler Salvatore Salamone aus Kempten um den Kopf der Mafiafamilie Santangelo.

Er gilt als Nachfolger des im Februar 1989 in Catania verhafteten Alfio Santangelo, dem mehrere Morde zur Last gelegt werden und der als äußerst gefährlicher Mafiakiller bezeichnet wird.

Salamone hatte die Aufgabe übernommen, im Voralpenbereich nicht nur italienisches Obst und Gemüse an die Einheimischen zu verkaufen, sondern vielmehr den Markt mit Heroin und Kokain zu beliefern.

Wenig später, Mitte Dezember 1989, wurden die Kumpane des Mannes aus Kempten, die ebenfalls an Drogengeschäften beteiligten Italiener Ignazio Vinciguerra und Antonio Giulano in einer Wohnung in Offenbach festgenommen. Insgesamt konnte die Polizei acht Italiener festnehmen, denen Tötungsdelikte in Sizilien, Schutzgelderpressungen und illegaler Waffen- und Rauschgifthandel zur Last gelegt werden.

Das Landeskriminalamt in München kam daher zu dem Schluß: »Die Ermittlungen haben ergeben, daß die Bundesrepublik nicht nur Ruhe- und Rückzugsgebiet für flüchtige Angehörige der Mafia, sondern zwischenzeitlich auch zum Aktionsraum für deren vielfältige kriminelle Aktivitäten geworden ist.«

Bis 1991 hatte das Bundeskriminalamt nach Möglichkeit jede Stellungnahme vermieden, wenn gefragt wurde, wie groß denn der Einfluß von Camorra und Mafia in Deutschland sei. Erst nachdem die Gerichtsverfahren aus den Jahren 1989 bis 1991 systematisch ausgewertet wurden, erkannte man endlich in Wiesbaden, daß sich diese wichtigsten Gruppen des organisierten Verbrechens doch viel weiter als angenommen ausgebreitet haben. Heute sagt das BKA: Die Mafia hat Deutschland flächendeckend erobert.

Derweil reisen sowohl die Camorra- wie die Mafiabosse unbehindert nach Deutschland ein und aus.

Dem Bundeskriminalamt ist beispielsweise bekannt, daß die Spitzen der italienischen Mafia, die Cupolapaten Salvatore Riina und Bernardo Provenzano in der Bundesrepublik zu Familienfeiern waren. »Wir wissen, daß diese Leute sehr häufig in Deutschland waren. Wir gehen davon aus, daß sie ab und zu auch heute noch kommen. Wenn sie in die Bundesrepublik einreisen, reisen sie unter falschen Personalien ein. Sie haben sehr gute Papiere, meistens sind das echte Papiere mit falschen Namen. Daher gibt es kaum Ansätze festzustellen, wann jemand hierherkommt«, räumt Jürgen Maurer vom Bundeskriminalamt ein. Zugreifen können die Beamten nicht, weil sie auf Hinweise aus Kreisen der Mafia selbst angewiesen sind, und die schweigen, haben sich dem Gesetz der Omertà verpflichtet.

Ob Hansestadt Hamburg oder Finanzmetropole Frankfurt – die Mafia hat sich in Deutschland festgesetzt, ist der wichtigste Machtfaktor des organisierten Verbrechens geworden. »Italiener werden zwar auffällig«, sagt Dieter Langendörfer vom LKA Hamburg, »aber nicht so wie die Jugos oder Türken. »Wir haben festgestellt, daß die Mafia hier in Hamburg Restaurants als ›Ruheräume‹ verwendet.«

Die Italiener werden wohl eher in Hamburg sein, um mit den Kolumbianern den Kokainmarkt vom Norden Deutschlands her zu organisieren? fragen wir seinen Kollegen Rainer Chedor. »Es ist ganz klar, daß die Italiener eng mit den Kolumbianern zusammenarbeiten. Und die Italiener werden uns in Zukunft noch mehr beschäftigen.«

Das gilt für alle Deliktsbereiche, vom Drogengeschäft bis hin zum Raubüberfall. Im Saarland hat sich bereits am Beispiel der Mafiafamilie Cuntrera-Caruana gezeigt, wie groß der Einfluß von italienischen Syndikaten ist. Da ermittelte die Sonderdienststelle zur Bekämpfung der organisierten Kriminalität 16 Monate lang gegen mehrere italienische Staatsbürger, die in Verdacht stehen, seit Jahren organisiert und illegal eine Vielzahl von überwiegend ausländischen Arbeitnehmern auf Baustellen im In- und Ausland zu beschäftigen. Einer der Täter wohnt außerhalb Saarbrückens, in einem Ort mit kleinen bescheidenen Häusern, besseren Zechensiedlungen. Dazwischen fällt eine protzige Villa auf. Zwei kleine weiße Löwen zieren die Pforte des Eingangs. Die Nachbarn wissen nur, daß die zwei Söhne dicke Autos fahren, daß sie immer freundlich sind und öfter Besuch von Italienern beobachtet wird. »Na«, denkt ein Bauunternehmer in der Nähe, den wir fragen, was er über den Verhafteten weiß, »so dicht an der Grenze, das ist Mafia.« Und eine Bekannte der Familie, die erstaunt war, wie schnell sie sich die Villa leisten konnten, fragte die Ehefrau des Mannes, den die Polizei als Mafiamitglied bezeichnet: »Ei Evi, wie hast du es geschafft, das Haus zu bauen? – »Alles von der Bank«. – »Da mußt du aber viel abzahlen.«

Der Hausbesitzer wurde schon einmal, 1988, Opfer eines Mordanschlags. »Es war die Mafia«, sagt die Polizei. »Nein«, behauptet der Rechtsanwalt des Beschuldigten, »es waren Leute, die etwas gegen illegale Arbeitnehmervermittlung hatten.« Bei verschiedenen Wohnungsdurchsuchungen von Tatverdächtigen, die mit dem Unternehmer zusammengearbeitet hatten, wurden jedenfalls zwei Revolver, zwei Pistolen, eine abgesägte Schrotflinte, ein Karabiner und Unmengen Munition gefunden. In Verbindung stand der Mann der illegalen Arbeitsvermittlung, der nach Meinung seines Rechtsanwalts »vollkommen unschuldig ist«, mit dem Dillinger Mafiamann Angelo Bellavia. Gemeinsam vermittelte man die illegalen Arbeitnehmer auf Baustellen im In- und Ausland. »Von den kriminellen Aktivitäten des Bellavia wußte mein Mandant nichts«, sagt der Rechtsanwalt. »Aus Mitleid hat er ihm geholfen.«

Angelo Bellavia konnte »immerhin der Schmuggel von 4,5 Kilogramm Kokain aus den Niederlanden in die BRD nachgewiesen werden.«[28]

1987/88 konnte die Saarbrücker Polizei sogar, eine Serie von Banküberfällen aufklären und die Täter festnehmen. Einer der Haupttäter, bereits in Italien zur Fahndung ausgeschrieben, hatte bei einem bewaffneten Überfall auf einen Supermarkt zwei Carabinieri erschossen. Der Täter war bislang im Saarland als ein Resident der Mafia in Saarbrücken »ruhiggestellt«. Banküberfälle werden, so die Erkenntnis des Landeskriminalamtes Saarbrücken, »von Residenten ausbaldowert, die auch für die Tatlogistik verantwortlich zeichnen. Sie baldowern die Tatobjekte und Fluchtwege aus, mieten die Fluchtfahrzeuge an und statten sie mit falschen Kennzeichen aus. Die unmittelbar mit der Tatausführung befaßten Täter reisen jeweils eigens zur Tatbegehung aus dem

Ausland an und verschwinden unmittelbar danach wieder im Ausland.«

Bei den Banküberfällen im Saarland fand sich unter den »Planern« ein Sizilianer, der am 20. November 1987 in Saarbrücken-Burbach einen Libanesen in einer Gaststätte niedergeschossen und schwer verletzt hatte. Die Tätergruppe der Mafia, die von der Polizei schließlich verhaftet wurde, war an insgesamt zehn Banküberfällen im gesamten Bundesgebiet beteiligt, einem bewaffneten Raubüberfall auf eine Spielhalle in Köln, einem Überfall auf ein Edelmetallkontor in Saarlouis sowie verantwortlich für bewaffnete Raubüberfälle in Spanien und in der Schweiz. Allein die Tatbeute aus den Banküberfällen beläuft sich auf mehr als 1,1 Millionen Mark. Nachgewiesen wurde, daß mit einem Teil des Raubgeldes in Valencia/Spanien eine Pizzeria eingerichtet und ein beachtliches Geldkonto angelegt wurde.

Viele Pizzerien in Deutschland sind jedoch nicht nur Ruheräume für in Italien gesuchte Verbrecher, sondern wichtige Stützpunkte der Mafia und Camorra.

Das Frankfurter Lokal Pirandello beispielsweise war lange Jahre ein beliebter Treffpunkt für Feinschmecker. Die Speisen waren zwar teuer, aber meistens von hoher Qualität. Das Auffällige in diesem italienischen Edelrestaurant war allenfalls, daß nur wenige Gäste kamen. Manchmal aber war reger Betrieb. Dann kamen, gegen 22 Uhr, Männer in das Lokal, setzten sich an einen großen Tisch, direkt am Fenster zur Straße hin, steckten die Köpfe zusammen und besprachen bei einem Glas Rotwein Dinge, von denen die zufällig anwesenden anderen Gäste nie etwas erfuhren. Wenn sie gingen, wurde nie etwas bezahlt – der Wirt hatte sie freundlicherweise eingeladen. Was niemand wissen konnte, hochrangige Größen der Cosa Nostra verkehrten im Pirandello.

Lange ging das gut. Bis dann am 15. März 1990 in einer großangelegten bundesweiten Polizeiaktion der 43jährige Wirt verhaftet wurde. Das Frankfurter Landgericht verurteilte ihn am 1. November 1991 zu einer Freiheitsstrafe von sechs Jahren. Fragt man einige seiner Verwandten, die im Frankfurter Nordend zwei Obst- und Gemüseläden betreiben, was sie über ihren Verwandten wissen, verstummen die ansonsten so redseligen Italiener. Sie kennen ihren Verwandten nicht einmal.

Der Cosa Nostra gelang es, im Frankfurter Nordend ein weitgefächertes Netzwerk aufzubauen, dessen Mittelpunkt das Pirandello war. Hunderfünfzig Mitglieder in ganz Europa mußten festgefügte Aufgaben erfüllen, zum Beispiel als Kuriere, Verteiler, Einlöser, Hehler.

Bestellungen geklauter Schecks kamen vor allem aus Rom und Mailand, aber auch aus Paris, Valencia und Alicante. Selbst Peruaner, die in Holland Euroschecks gestohlen hatten, schickten die Schecks nach Frankfurt an die Adresse des Pirandello.

Das Pirandello ist einer der wichtigsten Stützpunkte der Mafia nördlich von Italien für diese Art von Kriminalität gewesen. Ein Teil der vereinnahmten Gelder diente wiederum zur Beschaffung von Rauschgift auf dem südamerikanischen Markt. Kontakte bestanden insbesondere zu bekannten Kokainlieferanten des Medellín-Kartells. Die nicht gefaßten erfolgreichen Scheckeinlöser aus Spanien und Italien wurden später für ihre hervorragende Arbeit belohnt. Sie stiegen zu Mittelsleuten im Kokaingeschäft innerhalb der Mafiaorganisation auf.

Laut Urteil des Landgerichts Frankfurt hatte Cossari, der Wirt des Pirandello, zwischen September 1988 und März 1990 insgesamt 2024 gestohlene Euroschecks – teils mit Scheckkarte – erst gekauft und dann an Einlöserbanden, vor allem nach Italien, weitergeleitet. Ein Großteil des Gewinns floß nach Frankfurt zurück und diente, so die Erkenntnis der Richter, zum Ankauf von Kokain, das Cossari dann an andere Leute weiterveräußerte: darunter in ein italienisches Edellokal in Offenbach, in dem bis heute berüchtigte Gangster und ihre Rechtsanwälte verkehren.

Mafiaaktivitäten in Deutschland sind vielfältig, erfassen alle Facetten des kriminellen Geschäfts. Kaiserslautern: In der fast menschenleeren Innenstadt findet gegen 2.30 Uhr ein Passant einen am Boden liegenden Mann. Er ruft sofort einen Notarzt, doch alle Wiederbelebungsversuche sind vergeblich. Der Tote ist Gaetano Micalizzi. Getötet wurde er durch einen Schuß in den Unterbauch. Die Polizei beginnt zu ermitteln. Doch niemand will Micalizzi kennen oder ihn je gesehen haben. Es wird weiter ermittelt. Inzwischen hat sich herausgestellt, daß der Getötete ständiger Fahrer des mit internationalem Haftbefehl gesuchten Gaetano Zucchero war, der sich – ohne daß die Polizei ihn auffinden kann –

im Raum Mannheim aufhält. Die Ehefrau des Getöteten, Carmelina Micalizzi, ist eine geborene Sortino. Der Ehemann ihrer Cousine, Salvatore Sortino, wurde im Juli 1986 bei Ludwigshafen erschossen, dessen Bruder Carmelo durch einen Kopfschuß schwer verletzt. Fälle wie diese häufen sich in den letzten Monaten, sind ein alarmierendes Zeichen dafür, daß es Machtkämpfe zwischen den Clans geben muß.

Nicht nur Mafia und Camorra sind in Deutschland aktiv, sondern auch die 'Ndrangheta. Von ihrem Sitz in der Region Kalabrien, insbesondere von Reggio Calabria, aus überwacht und kontrolliert sie den Heroinnachschub in die USA. »Sie hat ferner ihre Aktionen in Zusammenarbeit mit organisierten türkischen Gruppen nach Norditalien ausgedehnt. Die 'Ndrangheta gilt als aggressivste in Italien operierende Gruppe; sie arbeitet eng mit den kolumbianischen Drogenkartellen zusammen, die sich mit Unterstützung der 'Ndrangheta sowohl in Spanien als auch in Italien festsetzen konnten.«[29]

Bislang nicht zerschlagen ist auch ihr Netz in Deutschland. Im oberhessischen Städtchen Melsungen beispielsweise kassierte Cataldo Grisafi nicht nur Schutzgeld, sondern organisierte über die Pizzeria Da Pino den Kokainhandel in alle deutschen Städte. Sie müssen mächtig gewesen sein. Auf insgesamt sechzig Mitglieder wird von der Polizei die Kernmannschaft der kalabrischen Mafia geschätzt. Ständig hielt man Kontakt nach Ciro, dem Zentrum der kalabrischen 'Ndrangheta. Von dort aus dirigieren Giuseppe Farao und Cataldo Marincola die europaweiten kriminellen Geschäfte, ob Waffen- oder Drogenhandel. Stützpunkte der 'Ndrangheta gibt es in Stuttgart-Weilendorf, im württembergischen Steinen, in Darmstadt oder auch in Frankfurt. In Köln gar sitzen die Männer der 'Ndrangheta in einem Reisebürounternehmen.

Omertà – die Mauer des Schweigens

Wenn aber die Polizei ermittelt, stößt sie auf eine Mauer des Schweigens. Omertà, so sagte der von Mafia-Killern ermordete Richter Giovanni Falcone aus Palermo, die gibt es in Deutschland noch nicht.

»Es scheint auch unwahrscheinlich, daß die verbreitete Kultur des Schweigens, die in Süditalien das auffälligste Zeichen der Beherrschung eines Gebietes durch kriminelle Organisationen nach Art der Mafia ist, sich in Ländern mit anderen Traditionen und Gebräuchen reproduzieren läßt.«[30]

Schön wäre es. Tatsache ist, daß bei fast allen Ermittlungsverfahren gegen Mafia oder Camorra das eiserne Gesetz des Schweigens herrscht. »Omertà«, meint daher Josef W. Geißdörfer, »Omertà herrscht überall in Deutschland.« Gleichgültig ob Täter oder Opfer, der lange Arm der Mafia reicht insbesondere bei den italienischen Bürgern weit. »Ich rede doch nicht über die Dinge da«, sagt uns eine 40jährige Frau, die beobachtet, wie in einem Frankfurter italienischen Restaurant in Sachsenhausen unter dem Tisch Kokain gedealt wird. »Ich will schließlich überleben«, meint ein Koch aus Köln, der miterlebt, wie in seinem Lokal Mafiagangster über Geschäfte reden. Die Mauer des Schweigens, von manchen journalistischen Zeitgenossen als Phänomen lächerlich gemacht, weil es nur verdecken soll, daß man nichts Konkretes herausbekommt, ist allgegenwärtig. Die Angst vor Vergeltung sitzt tief, selbst bei jenen Italienern, die seit über dreißig Jahren in Deutschland leben.

Daß niemand redet, ist ja auch das Dilemma der Ermittlungsbehörden. Manchmal gelingt es ihnen zwar, V-Leute in die Szene einzuschleusen – doch mit eher geringem Erfolg. In die deutschen Entscheidungsgremien der Mafia oder Camorra, sofern die überhaupt in Deutschland zu finden sind, ist bislang kein Außenstehender eingedrungen. Wer es versucht, spielt mit dem Tod.

Schweigen – Omertà ist ganz sicher kein neues Phänomen. Doch je stärker die Mafia/Camorra sich in Deutschland ausbreitet, um so größer ist die Angst, wächst ein Klima der Omertà wie in Italien. Ein Rückblick.

Vor über zehn Jahren, 1981, tauchte die italienische Mafia/Camorra bereits in Frankfurt auf. Deutlich wurde das, als die Polizei in ein winziges Restaurant im Frankfurter Bahnhofsviertel gerufen wurde. Ein Autohändler ist erschossen worden. Das Interessante war, daß weder die Italiener, die sich mit dem Getöteten zu einem Arbeitsessen getroffen hatten, noch das Personal der kleinen Kneipe brauchbare Angaben machten. »Es war jedoch niemand bereit, der Polizei weiteren Aufschluß zu geben, selbst dann nicht, als gegen Zeugen, die etwas gesehen haben mußten, getrennte Verfahren wegen Strafvereitelung eingeleitet und kurzfristig auch Haftbefehle erwirkt wurden. Wir wissen inzwischen, daß die meisten Teilnehmer der Tafelrunde Neapolitaner waren, die sich im Rhein-Main-Gebiet mit dem Handel und Verkauf von Textilien und Teppichen beschäftigten. Daß man über die Hintergründe der Tat so schweigsam blieb, eine Verhaltensweise, wie sie auch unter Mitgliedern der neapolitanischen Camorra bekannt ist, wurde schlicht mit landsmannschaftlichen Gepflogenheiten erklärt.«[31]

Es wäre in der Tat verwunderlich, gäbe es keine Omertà in Deutschland, wenn doch, wie alle Polizeidienststellen erklären, die meisten italienischen Lokale (natürlich auch türkische, jugoslawische oder chinesische) Schutzgelder zahlen müssen. Schutzgeld ist eine perfide Form von Omertà.

»Bei den Italienern werden sehr hohe Schutzgelder bezahlt«, sagt Josef Geißdörfer in München. Im hohen Norden, in Hamburg, meint Wolfgang Sielaff vom LKA, daß in den ihm bekannten Fällen die Schutzgelder zwischen 1000 und 20 000 Mark monatlich lagen, je nach den geschäftlichen Einkünften des Opfers. »Es geht aber nicht nur um Schutzgelder. Mir sind auch Fälle geläufig, in denen der Erpreßte gezwungen worden ist, eine bestimmte überteuerte Dienstleistung in Anspruch zu nehmen.«

Bestätigt werden seine Hamburger Erkenntnisse in Frankfurt von dem zuständigen Beamten im Bereich organisiertes Verbrechen. »Achtzig Prozent aller Italiener zahlen«, da ist sich Peter Walter ganz »sicher«. In Frankfurt wie in anderen Städten firmieren bestimmte Gruppen als »Verein zum Schutz und zur gegenseitigen Hilfe für italienische Landsleute«. Jeder spendet, damit seinem Lokal nichts passiert.

»Nein, das kann nicht sein«, sagen dagegen die Politiker, ob in München, Frankfurt oder Hamburg. Als beispielsweise der ehemalige Frankfurter Oberbürgermeister Volker Hauff darauf angesprochen wurde, daß in seiner Stadt fast jeder ausländische Wirt Schutzgeld zahlen muß, meinte er im Brustton der Überzeugung: »Nein, das kann ich mir nicht vorstellen, das hätte man mir gesagt.«

Sein Nachfolger, der schicke Andreas von Schoeler, sieht gleichfalls kein Problem.

Die politische Blindheit oder Ignoranz einem bedrohlichen Phänomen gegenüber, das war und ist es gerade, warum Deutschland zu einem Eldorado für jene werden konnte, die mit Schutzgelderpressung ziemlich unbehelligt Millionen verdienen können.

Im Februar 1992 brannte im ostfränkischen Naila ein italienisches Nobellokal aus. Es war kurz zuvor neu errichtet worden. Die Ehefrau des Geschädigten schaut aus dem obersten Stockwerk des Hauses, in dem es morgens gegen fünf Uhr einen lauten Knall gegeben hatte und danach die Flammen das gesamte Restaurant in Schutt und Asche legten. »Ich sage nichts«, ruft sie zur Straße herunter und schließt sofort wieder das Fenster.

1987 und 1988 brannten in Deutschland 142 italienische Restaurants ab. Sieben Tote waren zu beklagen. Der Sachschaden wurde auf insgesamt 40 Millionen Mark geschätzt. Zuerst vermutete die Polizei, daß es sich um Schutzgelderpressungen handeln würde – doch alle Opfer schwiegen. Bei einer genaueren Analyse des Bundeskriminalamtes stieß man jedoch auf eine besonders miese und heimtückische Form der »Erpressung«. Alle abgebrannten Pizzerien hatten ihre Lokale von insgesamt drei italienischen Ausstattern, darunter dem Ausstatter Ferrucio M. in Oldenburg, finanziert bekommen. Die Pächter, die sich dadurch auszeichneten, daß sie weder Geschäftserfahrung hatten noch über ausreichende Bonität verfügten, mußten Knebelungsverträge mit dem Ausstatter abschließen, extrem hohe Summen bezahlen. So gab es einen Kaufvertrag »Inventar«, einen Pachtvertrag »Räumlichkeiten« und Warenlieferungsverträge – allesamt über den Ausstatter. Der wiederum hatte über einen Versicherungsmakler sowohl das Inventar hoch versichert wie eine Betriebsausfallversicherung abgeschlossen. Gleichzeitig hatten die drei Ausstatter eine Leasingfirma an der Hand, die die Einrichtungsgegenstände verlieh. Die Pächter konnten früher oder später die hohen Kredite nicht zahlen – denn mit Absicht hatte man ja Leute eingesetzt, die über keinerlei Betriebserfahrung verfügten. Schließlich brannte es zwischen Hamburg und Köln, in den Räumen Frankfurt–Kassel und München–Rosenheim. Die Pächter waren ruiniert.

Die einzigen, die von den Brandstiftungen profitierten, waren jene, die dank hoher Versicherungsabschlüsse in jeder Beziehung abgesichert waren. Insbesondere die drei exklusiven italienischen Ausstatter.

Diejenigen, die auf die eine oder andere Weise »Schutzgeld« einfordern, sind nur ausnahmeweise Trittbrettfahrer oder kleine Erpresser, die schnell einmal etwas verdienen wollen. In der Regel – und das ist das Erschreckende – stehen hinter den Schutzgeldforderungen mächtige Syndikate.

»Diese sind in der Regel hierarchisch aufgebaut und mindestens vertikal abgeschottet, das heißt, die Führungsebene schottet sich nach unten hin ab. Entscheidend für das Funktionieren der Erpressung ist die Reputation des oder der Handelnden beziehungsweise der dahinterstehenden Organisation«, so Ortwin Ennigkeit aus dem Frankfurter Polizeipräsidium.

Ortwin Ennigkeit ist einer der wenigen sachkundigen Experten in Sachen Schutzgeld. Er hat das ausgewertet, was in Deutschland an polizeilichen Erkenntnissen über Schutzgelderpressung zur Verfügung steht: »Bei Personalmangel – und dies ist besonders in der Gaststättenbranche öfter der Fall – wird dem Wirt nahegelegt, Personal ausschließlich über die Organisation zu beziehen. Natürlich gegen eine entsprechend hohe Vermittlungsgebühr beziehungsweise einen monatlichen Abschlag.

Diese Form der Unterstützung durch die Organisation hat den erfreulichen Nebeneffekt, daß man noch genaueren Einblick in die Geschäfte des Erpreßten bekommt und ihn unter Kontrolle hat. Oder die Organisation zwingt ihn, die Waren ausschließlich über sie zu beziehen. Zu den Spielregeln gehört es, daß diese Waren schlechter und obendrein teurer als die auf dem freien Markt erhältlichen sind.«

Wer sich weigert, der wird zusammengeschlagen, dessen Lokal wird demoliert, die Familie bedroht. Eine Patrone diskret im Briefumschlag, das Foto der Tochter auf der Theke – das sind äußerst wirkungsvolle Hinweise darauf, was geschieht, wenn nicht bezahlt wird.

»Die Erpresser«, erzählt uns ein Wirt aus dem Frankfurter Bahnhofsviertel, »kommen anfangs als Freunde. Sie informieren sich über das Geschäft, wie die Umsätze laufen. Eine Zeitlang beobachten sie nur. Erst dann zeigen sie ihr wahres Gesicht und stellen Geldforderungen. Die Hintermänner sitzen in anderen Kneipen und warten, bis das erpreßte Bargeld übergeben wird. Wer nicht zahlt, wird zusammengeschlagen, das Lokal wird angezündet, oder es kommt sogar zu Mordanschlägen.« Er weiß, wovon er spricht. Denn er wollte nicht zahlen. Seitdem hinkt er, weil ihm Unbekannte in den rechten Fuß geschossen haben. Sein Lokal hat er inzwischen verkauft.

Diese Erfahrungen decken sich mit dem, was eine Arbeitsgruppe der Polizeiführungsakademie Hiltrup vor kurzem herausgefunden hat:

»Zunächst werden die potentiellen Opfer eingeschüchtert. Dies kann direkt oder indirekt erfolgen. Das heißt, entweder werden dem Opfer Sanktionen in Form von Sachbeschädigung oder Körperverletzung angedroht, oder es wird auf andere, bereits durchgeführte ›Bestrafungen‹ verwiesen, und dann werden für das Ausbleiben dieser Sanktionen Schutzgelder gefordert.«

Nur die wenigsten Opfer von Schutzgelderpressung gehen zur Polizei. Zu Prozessen kommt es erst gar nicht. Wenn doch, dann fallen die Zeugen um, nehmen ihre Aussagen zurück. »Niemand kann sie wirklich schützen«, ist das resignierende Fazit nicht allein von Polizeibeamten, sondern auch von Staatsanwälten, die sich mit den Opfern von Schutzgelderpressungen beschäftigen müssen. Das bedeutet für die breite Öffentlichkeit, daß in der Statistik diese Form des organisierten Verbrechens kaum Erwähnung findet. Seitdem im Juli 1986 die Arbeitsdatei APOK im BKA in Betrieb genommen wurde, sind dort bundesweit 116 Hinweise »Schutzgelderpressung« eingegangen. Da jedoch in kaum einer Stadt überhaupt in Sachen Schutzgeld ermittelt wird, kann es auch keine Meldungen geben. »Wenn wir einmal ermitteln würden«, so heißt es im Landeskriminalamt Nordrhein-Westfalen, »dann würden wir sofort etwas finden.« Wolfgang Sielaff vom LKA Hamburg bestätigt diese Erfahrung: »Die Täter haben es ja gerade darauf abgesehen, durch Verbreiten von Angst und eine starke Repression den Opfern den Mund zu verschließen. Da für sie häufig die wirtschaftliche Existenz auf dem Spiel steht, wird geschwiegen und gezahlt.«

Keiner wäscht weißer
Die Strategien der Geldwäscher

Die Richter des Düsseldorfer Arbeitsgerichts staunten wahrscheinlich nicht schlecht, als im November 1990 ein scheinbar alltäglicher Arbeitsgerichtsprozeß plötzlich in die Welt der internationalen Drogenkartelle spielte: Jörg Möller (51), Ex-Prokurist und Filialleiter der Commerzbank in Hannover-Vahrenwald und später im ostfriesischen Leer, klagte in zweiter Instanz gegen seinen Arbeitgeber auf Wiedereinstellung. Die Bank hatte ihren Topmanager fristlos gefeuert, als herauskam, daß er sich »Formalverstöße« bei der Anlage von über sechs Millionen Mark kolumbianischer Gelder hatte zuschulden kommen lassen. Während Möller bis zuletzt beteuerte, es sei alles mit rechten Dingen zugegangen, glauben Ermittlungsbehörden in Deutschland, Österreich und den USA, daß der Hannoveraner Banker Drogengelder des Medellín-Kartells gewaschen hat.

Die Spur führt nach Tampa/Florida. Im dortigen Bundesgefängnis sitzt der Deutsch-Kolumbianer Rudolph Armbrecht Carrera, verurteilt zu zwölf Jahren und sieben Monaten Haft sowie 200 000 Dollar Geldstrafe. Das Gericht befand Armbrecht – der unter anderem als Pilot für das Medellín-Kartell gearbeitet hatte – in acht Fällen für schuldig, Drogengelder gewaschen zu haben. Tatsächlich ergab sich aus den Ermittlungen, daß Armbrecht für den mit internationalem Haftbefehl gesuchten Kolumbianer Gerado Moncado Curatas, genannt »Kiko«, arbeitete, ein führendes Mitglied des Medellín-Kartells, der gemeinsam mit Pablo Escobar und Jorge Ochoa den Kokainschmuggel von Kolumbien über Mexiko in die USA kontrollierte. Bei seiner Festnahme fanden sich Unterlagen, die auf verschiedene Konten bei der Commerzbank in Hannover hindeuteten.

Armbrechts Vater, der seit 1959 in Medellín als selbständiger Optiker arbeitet, ist Möllers Schwager. Über diese verwandtschaftlichen Bande kam es angeblich auch zur Vermittlung der Geldtransaktionen.

Die Drogenhändler zögerten nicht lange und setzten eine immense Geldmaschinerie in Gang. Hier ein kleiner Auszug: Am 11. April 1988 taucht der Südamerikaner Jorge Maria Munoz-Burgos bei der Commerzbank in Frankfurt auf, legt einen kolumbianischen Paß mit der Nummer PO/676 452 vor und eröffnet das Konto mit der Nummer 1908821, für das auch »Kiko« eine Vollmacht bekommt. Noch im September 1989 befinden sich darauf Dollarguthaben in Höhe von über fünf Millionen Mark.

Bald wird das Konto auf die Bankfiliale in Hannover-Vahrenwald verlegt. Dort gibt es bereits sieben weitere Konten der Medellín-Gangster, die zum Teil auf Rudolph Armbrecht – der sogar eine Eurocard über seine Geschäftsbeziehung bekommt – und dessen Frau Kristel lauten.

In den folgenden Monaten schieben die Kolumbianer mit Möllers Hilfe Millionensummen hin und her: Am 13. Mai 1988 gehen beispielsweise 600 000 Mark ein. Das Geld kommt aus Panama von der tief in die Geldwäsche verstrickten Banco de Occidente. Am 26. Mai schickt dann die Pariser Filiale der Skandalbank BCCI einen 50 000-Dollar-Scheck. Der Rücktransfer der Gelder erfolgt ebenso meist über panamaische Banken: Am 17. Oktober 1988 etwa überweisen die Geldwäscher 780 000 Mark und 1,737 Millionen Mark, deklariert als Darlehensrückzahlung, an die Banco Ganadero Panama. Ein 90 000-Dollar-Avis wenige Wochen später ist zugunsten einer East Glade Holding S.A. ausgestellt.

Als Möller im Frühjahr 1989 in die Filiale Leer versetzt wird, bietet er seinen Kunden einen besonderen Service: Er nimmt die Konten mit und führt sie in bewährter Manier in Leer weiter.

Der hilfsbereite Banker tut offenbar auch auf seinem neuen Posten alles, um seine Geschäftspartner zufriedenzustellen: Seine Prokuristenfunktion nutzt er dazu, das Geld auf vier neu eingerichtete Commerzbank-Konten des nach außen hin neutral erscheinenden Anlegerkreises »Velasquez-Velez« zu deponieren. Dann werden die Konten gelöscht und die Narco-Gelder auf das Konto 70-50490762-001 bei der Raiffeisenzentralbank Österreich in Wien, Am Stadtpark 9, überwiesen. Kontoinhaber wird der alte Armbrecht, der eigens zur Kontoeröffnung aus dem fernen Kolumbien anreist. Auch er war also eingeweiht. Während mehrerer Aufenthalte in Deutschland wohnt Vater Armbrecht in Möllers Privathaus.

Der Versuch, das Drogengeld in Österreich zu beschlagnahmen, scheitert: Drei Tage bevor ein Gerichtsbeschluß ergeht, ist das Geld bereits auf dem Konto bei einer kleinen Privatbank in Hildesheim deponiert. Dort verlieren es die Ermittler aus den Augen.

Auch sonst können die Narco-Gangster von Möllers Sachverstand profitieren: Als es darum geht, 1,7 Millionen Mark des bei einem Flugzeugabsturz ums Leben gekommenen Medellín-Gangsters Luis Carlos Hernández Salinas in Sicherheit zu bringen, ist Möller die letzte Rettung. Ein Kolumbianer erscheint in der Bank, zwei Blankoschecks im Gepäck. Die werden vordatiert, und schwupps ist das Geld im heimischen Kolumbien verschwunden, noch ehe die deutsche Steuerbehörde sich darum kümmern kann.

Banker Möller zeigte sich in vielerlei Hinsicht beweglich: Um jederzeit schnell reagieren zu können – auch wenn die so integren und unverdächtigen Kunden mal im fernen Ausland weilen –, wird seine Ehefrau Brigitte als Verfügungsberechtigte über eines der Konten (Nr. 1981380) eingesetzt. Allein darauf schlummerten am 30. Mai 1987 insgesamt 3 484 480,43 US-Dollar und 1 596 224,01 Mark. War die Identität eines Kontoinhabers einmal nicht zweifelsfrei zu klären, erledigt Möller dies mit einer Unterschrift – ganz nach dem Motto: persönlich bekannt.

Der ehrenhafte Geldverwalter will angeblich nichts davon gewußt haben, daß es sich bei den Beträgen um Geld aus dem Kokaingeschäft handelte. Gegenüber den Düsseldorfer Arbeitsrichtern gab er an, es stets mit Ausländern zu tun gehabt zu haben, die des Deutschen nicht mächtig waren. Er habe sich deshalb nach dem gerichtet, was ihm sein Schwager mündlich aus Medellín mitgeteilt habe.

Beide Parteien – Möller wie auch sein damaliger Arbeitgeber Commerzbank – möchten über die betrübliche Angelegenheit heute allerdings nicht mehr sprechen: Zu diesem Zweck wurde gegenseitiges Stillschweigen vereinbart.

Auch ein Versuch, über seinen Rechtsanwalt an den schweigsamen Bankmanager zu kommen, scheitert: Der läßt uns sogleich wissen, er werde seinem Mandanten raten, nicht mit uns zu sprechen. Wo doch angeblich alles mit rechten Dingen zugegangen ist . . .

Von einem Brancheninsider hören wir später: Möller ist wieder im Geschäft. Schließlich wäre es ja auch reine Verschwendung, eine solch langjährige Erfahrung brachliegen zu lassen. Und wieder sollen es Kolumbianer sein, die sich von dem findigen Geldspezialisten beraten lassen.

Die Armbrecht-Möller-Verbindung ist der kleinste Teil in einem internationalen Geldwäschersyndikat und weist auf den wohl bislang spektakulärsten Fall in der Skandalchronik international operierender Banken hin: die Bank of Credit and Commerce International (BCCI).

Neben Armbrecht saß in Florida auch der einst persönliche Bankier Manuel Noriegas, BCCI-Manager Amjad Awan, auf der Anklagebank. Außerdem Akbar A. Bilgrami (BCCI Miami), Syed Aftab (BCCI Panama), Saad Shafti (BCCI Bahamas) sowie Nazir Chinoy, Regionalmanager für Europa und Afrika ebenso wie Ian Howard und Sibte Hassan (beide BCCI Paris). Sie wurden beschuldigt und verurteilt, 14 Millionen US-Dollar Drogengelder in sechs amerikanischen Städten gewaschen zu haben. Erstmals in der amerikanischen Justizgeschichte gab eine Bank dann auch offiziell zu, Drogengelder für die kolumbianischen Rauschgiftkartelle gewaschen zu haben. Das Gericht stellte die beiden BCCI-Töchter Bank of Credit and Commerce International S.A. und die Bank of Credit and Commerce Overseas Ltd. für fünf Jahre unter Bewährungsaufsicht, und die Bank mußte zur Strafe Wertpapiere für 14 Millionen US-Dollar herausrücken.

Aufgeflogen war die Geldwasch-Verbindung bereits im Oktober 1988, nachdem mehr als 100 US-amerikanische Zollfahnder sich in der Operation »C-Chase« seit Juli 1986 im Untergrund der Geldwäscher der kolumbianischen Drogenkartelle bewegten: Sie betätigten sich in New York, Los Angeles, Houston, Chicago, Philadelphia und Detroit als Restaurant- und Wettbürobesitzer, als Inhaber von Absteigen und Chefs kleiner Firmen mit dem Ziel, das Vertrauen der Drogenhändler als Dollareinsammler zu gewinnen.

Dabei verdankten die US-Fahnder diesen Erfolg vor allem einem Handel, der nach deutschem Recht gar nicht möglich wäre: Agenten der US-Drogenbekämpfungsbehörde DEA hatten sich auf der Karibik-Insel Aruba mit einem Geldwäscher Pablo Escobars getroffen: Dessen dringender Wunsch war es, eine Einreisegenehmigung für die Vereinigten Staaten zu bekommen. Dort aber drohten ihm fünfzig Jahre Gefängnis. Die DEA-Agenten machten einen Deal: Wenn der Geldwäscher dafür sorgte, daß Escobar seine Drogendollars künftig über eine eigens von der DEA geschaffene Geldwaschanlage schleuse, bekomme der Kolumbianer die gewünschte Einreisegenehmigung und Strafverzicht. Der Narco-Gangster spielte mit, und fortan wusch Escobar sein Geld bei der DEA.

Bei den weiteren Ermittlungen stießen die US-Beamten dann auch auf Gonzalo Mora, Chefgeldwäscher des zum berüchtigten Medellín-Kartells gehörenden Ochoa-Clans. Er legte schließlich die Spur zur BCCI.

Als die Geldwäscher der Narco-Millionen dann die Einladung zu einer von den Zollfahndern inszenierten Hochzeitsfeier der beiden Undercover-Agenten Kathleen Erickson und Robert Muscalla in den noblen Countryclub im sonnigen Tampa folgten, schlug die Falle zu. Die Banker wurden aus ihren weißen Lincolns und Cadillacs heraus verhaftet – über 70mal klickten an diesem Tag weltweit die Handschellen. Laut Zollfahndungschef William von Raab erwies sich die BCCI als »Institut, das sich als Geldwäscherei prostituiert hat«[1].

Die Methoden der Verschleierung waren kompliziert: Die Filiale in Tampa überwies zum Schein per Telex die Narco-Dollars auf BCCI-Konten in Luxemburg, Frankreich, Großbritannien, Uruguay, Panama und auf die Bahamas. Den Rauschgifthändlern wiederum wurde in Form von »Krediten« das saubere Geld ausgezahlt, mit Blankoschecks der Niederlassungen in Tampa und Panama.

Die BCCI – überwiegend im Besitz des Scheichs von Abu Dhabi – war offenbar ein Glücksfall für die Kriminellen aller Welt: Ob Drogengeschäfte, Waffenkäufe oder Geld für Terroristen – der Bankholding mit Sitz in Luxemburg war offenbar kein Geschäft zu schmutzig. »Eine Weltbank des Verbrechens«, benannte sie die Hamburger Wochenzeitung *Die Zeit*.

Die Kundenliste der BCCI listet auf, was in der internationalen Welt des Schreckens, Terrors und der Gewalt Rang und Namen hat: Der palästinensische Terroristenführer Abu Nidal finanzierte über die BCCI seine Terroranschläge, unterhielt mindestens 42

Konten allein in London; Panamas Ex-Diktator Manuel Noriega besaß ebenfalls zwanzig Konten; Oliver North finanzierte über die Bank die Waffenlieferungen für die Contras in Nicaragua, abgewickelt über BCCI-Konten des saudischen Waffenschiebers Adnan Kashoggi; die Geheimdienste östlicher wie westlicher Länder unterhielten ebenfalls Konten. Über dunkle Kanäle schleusten BCCI-Mitarbeiter Atommaterial in alle Welt. Ebenso halfen sie Staatspräsidenten in Südamerika, Afrika und Asien Volksvermögen ins Ausland zu schaffen. Wer immer etwas auf dem Kerbholz hatte oder schmutzige Geschäfte im Sinn, war bei der Bank of Credit and Commerce an der richtigen Adresse.

Pablo Escobar und die anderen Narco-Verbrecher wuschen deshalb dort seelenruhig ihre Drogengelder. Und dies alles mit Wissen und Mithilfe der BCCI-Manager. Gonzalo Rodriguez Gacha etwa unterhielt Konten bei der BCCI in London, Luxemburg und Hongkong.

Als der türkische Rauschgiftbaron Musullulu, Heroin-Hauptlieferant der sizilianischen Mafia, in Zürich lebte, verfügte er gleich über mehrere Konten bei der BCCI-Tochter Banque de Commerce et Placement.

In den USA wurde der BCCI-Gründer, der Pakistani Agha Hasan Abedi, wegen Betrugs, Geldwäscherei, Bestechung und anderer Delikte mehr angeklagt: In der Anklageschrift heißt es unter anderem: »Die Bank stellt eine der kompliziertesten und geheimsten Verbrecherorganisationen dar«, mit der man es je zu tun hatte. In Pakistan, so berichtete *Time*, besitzt BCCI in einem »schwarzen Netzwerk« eine 1500 Mann starke Söldnertruppe, die für Kidnapping, Bestechung und Mord auf Bestellung zur Verfügung stand.

Doch das internationale Geflecht und damit auch die Verstrickung weiterer Banken ist noch lange nicht aufgedeckt: Bekannt wurde bislang zum Beispiel, daß die BCCI in einer verdeckten Aktion die First American Bank aufgekauft hatte. Deren Chef, Clark M. Clifford, Rechtsanwalt, Spitzenberater der Demokratischen Partei und Ex-Verteidigungsminister unter Lyndon B. Johnson, hatte selbst kräftig an dem illegalen Deal verdient.

Andere Banken bis hin zur Bank von England tragen Mitschuld, daß die BCCI jahrelang ein Verbrecherimperium aufbauen konnte. Als schon alle Zeichen auf Sturm standen, die internationalen, kriminellen BCCI-Geschäfte in informierten Kreisen zum Tagesgespräch gehörten, drückten die Bankaufseher fast überall ein Auge zu – ganz nach dem Motto »Eine Krähe hackt der anderen kein Auge aus«.

So ist es nicht weiter verwunderlich, daß die internationalen Verbrechersyndikate in diesem verschwiegenen Kreis ihre – wissenden und unwissenden – Helfer finden.

Milliarden für die Weltwirtschaft

Seit die international operierenden Rauschgifthändler Millionengewinne einstreichen, leben sie auch mit dem Problem, das Geld wieder dem legalen Wirtschaftskreislauf zuzuführen. »Die größte Schwierigkeit ist für die Narco-Bosse, das Geld außer Landes zu schaffen«, erklärt William Healey, Verbindungsbeamter der DEA an der Bonner US-Botschaft. Dies kann mitunter zu schier unglaublichen Situationen führen, vor allem weil im Rauschgifthandel Unmengen von Bargeld anfallen: So fiel in New York ein Lastwagen auf, der offensichtlich völlig überladen durch die Straßen fuhr. Den verdutzten Polizisten, die das Gefährt kontrollierten, bot sich ein Anblick wie Dagobert Ducks Geldspeicher: Nicht Schweinebäuche hatte der Laster geladen, sondern 20 Millionen US-Dollar in kleinen Scheinen, Geld der Drogenmafia.

Weil am Ende der Narco-Kette – dem Straßenhandel – vor allem kleine Scheine anfallen, können die Dealer die Mengen oft kaum noch bewältigen. »Wir haben schon erlebt, daß Drogenhändler säckeweise Ein- und Fünfdollarnoten weggeworfen haben, weil sie mit den riesigen Geldmengen nicht mehr klarkamen«, erinnert sich der Chef der DEA Miami, Thomas Cash.

Obwohl es schwierig ist, auch nur annähernd exakte Zahlen über die Summen gewaschenen Geldes zu erhalten, sind die Schätzungen überwältigend: 1987 hat die internationale Abrechnungsbank in Basel errechnet, daß 170 Milliarden Dollar an sogenanntem Fluchtkapital aus zehn lateinamerikanischen Nationen übertragen wurde. Das weltweit angehäufte Fluchtkapital beläuft sich nach diesen Schätzungen – einschließlich der Bargeldeinnahmen aus Drogengeschäften – auf insgesamt 600 bis 800 Millionen Dollar[2].

Besonders Finanz- und Steueroasen sind das Ziel jener, die ihre Vermögen vor dem Zugriff des Staates – sei es die Steuer oder die Justiz – in Sicherheit bringen wollen. Die sieben wichtigsten sind: Panama, Hongkong, Liberia, Bahamas, Niederländische Antillen, Caiman- und Bermuda-Inseln. Allein die Caiman-Inseln weisen mit 242 Milliarden Dollar mehr Auslandsguthaben auf als die gesamte Bundesrepublik. Japan hat seit 1983 offiziell ein Viertel seiner Auslandsinvestitionen in diesen sieben Ländern getätigt.

Auch in der Bundesrepublik sind die Gewinne aus dem Rauschgifthandel enorm. Eine vorsichtige Schätzung der Forschungsgruppe Kriminologie des Max-Planck-Instituts für ausländisches und internationales Strafrecht ergibt allein für den Heroinhandel in der Bundesrepublik, bezogen auf das Jahr 1987, eine Nettogewinnsumme von etwa 1,5 Milliarden Mark[3]. Zwischenzeitlich dürften die Gewinne weiter stark angestiegen sein, da sich das Marktvolumen seit 1987 erheblich ausgedehnt hat[4]. Das Bundeskriminalamt schätzt, daß mittlerweile 2,4 Tonnen reine Drogen benötigt werden, um die Nachfrage zu decken.

Neunzig Milliarden Mark kriminelle Gelder, schätzt der Zoll, werden Jahr für Jahr durch bundesdeutsche Geldinstitute geschleust.

»Das Bild vom koffertragenden Geldkurier, der nach Zürich fliegt, um hier die ›schmutzigen Drogengelder‹ bei einer Bank in ein unverdächtiges, vom Bankgeheimnis geschütztes Guthaben zu verwandeln, entspricht den tatsächlichen Begebenheiten nur zu einem kleinen Teil und dürfte in der Schweiz weitgehend der Vergangenheit angehören«, so die beiden Zürcher Bezirksanwälte Hans Baumgartner und Fridolin Triet, zuständig für Wirtschaftsdelikte[5].

»Das Problem reicht weiter, denn Geldwäscherei steht in einem direkten Zusammenhang mit dem organisierten Verbrechen, welches große und regelmäßig nachfließende illegale Vermögenswerte an den staatlichen Behörden vorbeizumanövrieren sucht. Sei es, um sie für neue kriminelle Geschäfte einsetzen zu können oder um sie zu ›legalisieren‹, also um sie für offizielle Geschäftsaktivitäten verwenden zu können. Geldwäscherei im weiteren Sinne bedeutet deshalb ›Recycling‹ deliktischer Vermögenswerte in einen normalen Wirtschaftskreislauf zur Verschleierung ihrer kriminellen Herkunft.«

Der Zürcher Bezirksanwalt Peter Gasser etwa vertritt die Auffassung, die Schweiz habe als Transitland für »schmutziges Geld« aus der »klassischen« Geldwäscherei Nutzen gezogen. Inzwischen versuche sogar das organisierte Verbrechen, in der Schweizer Wirtschaft Fuß zu fassen. Es gebe Hinweise dafür, daß die Mafia versuche, Kapital in kleine und mittlere Unternehmen einzuschleusen, um es auf diesem Umweg über betriebliche Pensionskassen zu waschen[6].

Die Investition schmutzigen Geldes in die legale Wirtschaft ist das gefährlichste Moment der Verwendung illegalen Kapitals. Auf diese Weise kann der Finanzmarkt stark aus dem Gleichgewicht gebracht werden, was schließlich zur Beeinträchtigung eines freien Wettbewerbs führt. Wer mit illegalem Kapital arbeitet, kann seine Marktstärke zunehmend vergrößern. Die Möglichkeit, günstige Kredite aus Schwarzgeldtöpfen zu erhalten, drängt legale Unternehmen, die mit Marktzins finanziert werden müssen, erst an den Rand und später ins Aus.

»Die freie Wirtschaft bietet eine Vielzahl von Möglichkeiten, Vermögenswerte rasch und unter Inanspruchnahme normaler Geschäftsabläufe unauffällig zu transformieren. Sie aufzuzeigen oder auch nur katalogartig aufzulisten, scheint unmöglich. Bekanntgewordene Vorgehensweisen werden sofort durch neue Wege der Vermögensumwandlung ersetzt«, meinen die Geldwaschexperten Baumgartner und Triet. Und trotz gesetzlicher Maßnahmen hätten die Aktivitäten der Geldwäscher in der Schweiz nicht nachgelassen, stellt der Genfer Generalstaatsanwalt Bernhard Bertossa fest.

»Das Geld investieren sie in Europa und den USA«, weiß DEA-Mann Healey. »Sie kaufen Land, Apartmenthäuser, Einkaufszentren und legale Firmen, vor allem Bauunternehmen. Außerdem kaufen sie Rennpferde, um an Pferderennen teilzunehmen. Das Geld, das nach Kolumbien zurückgeht, läuft über mehrere Konten, um so die Quelle zu verschleiern. Dazu nutzen sie alle Finanzinstrumente: Wechselstuben, Banken, Aktien und Wertpapiere, Gold, Diamanten und Schmuck.« In einer Stadt wie Miami – dem Hauptquartier der Drogenkartelle in den USA – stamme 70 Prozent des Geldes aus dem Drogenhandel, glaubt Healey. »In Europa ist es noch nicht soviel, aber wenn der Kokainmarkt weiter wächst, wird es mehr werden.«

Ein Spiel ohne Grenzen

Um ihr Bargeld sauberzubekommen, mangelt es den Drogenbossen nicht an Einfallsreichtum: Seit 1970 gilt in den USA für Geldtransaktionen mit einem Umfang von mehr als 10 000 Dollar eine Meldepflicht an das Schatzamt (Bank Secrecy Act). Sogleich versuchten die Geldwäscher diese Meldepflicht zu umgehen, indem sie die Beträge aufteilten (im Fachjargon *smurfing* genannt): Die so aufgeteilten, kleineren Beträge unter 10 000 Dollar wurden entweder auf verschiedene Konten transferiert oder an verschiedenen Geschäftstagen auf ein und dasselbe Konto eingezahlt. Erst das US-Drogenbekämpfungsgesetz von 1986 stellt »Smurfing« als Verbrechen unter Strafe.

Aber es funktioniert noch immer, weiß der Geldwäschespezialist der DEA in Miami, James A. Shedd zu berichten:

»Wir haben festgestellt, daß die Kartelle an einem Tag zwanzig oder dreißig Kolumbianer nach Miami schicken. Sie kaufen ihnen die Flugtickets und geben jedem 300 Dollar Lohn. In Miami angekommen, schwärmen die Kuriere wie die Ameisen aus und eröffnen Konten bei Dutzenden von Banken. Die Scheckbücher über die Konten liefern sie dann bei einem Mittelsmann ab und kehren nach Kolumbien zurück. Andere zahlen dann Geldbeträge von vielleicht 5000 Dollar auf jedes der Konten ein. Wenn sie dies ein paar Tage gemacht haben, sind schnell mehrstellige Millionenbeträge über Hunderte von Bankkonten verteilt, die von einem Mittelsmann kontrolliert werden. Ein anderer übernimmt die Aufgabe, die Gelder von diesen Bankkonten auf andere zu transferieren.«

Shedd: »Es ist wie eine Pyramide. Und dann geht das Geld an Banken vor der US-Küste und ist weg. Wir haben hier Leute verhaftet, die hatten 180 verschiedene Bankkonten.«

Eine echte Goldmine für das Medellín-Kartell war die Geldwaschorganisation »La Mina«, die zu der größten Geldwäschereiermittlung führte, die das US-Justizministerium jemals durchgeführt hatte: der Operation »Polar Cap«.

Die Gangster hatten sich einen denkbar einfachen Trick einfallen lassen: Sie importierten vergoldete Bleibarren aus Uruguay und zahlten widerspruchslos die hohen Importzölle und Steuerabgaben. Die Rechnungen für die Goldlieferungen beglichen sie auf die Konten der Händler in Luxemburg und Panama. Das kleine südamerikanische Land wurde so vorübergehend zum zweitwichtigsten Goldexporteur für die USA, obgleich es in Uruguay überhaupt keine Goldvorkommen gibt.

Als Geldsammelstellen dienten Schmuckgeschäfte in Los Angeles und Florida. Die Dealer tarnten das Drogengeld als Goldstaub und Juwelen und transportierten es in Metallkassetten über das gesamte Land. »La Mina« hatte schon ungefähr 1,2 Milliarden Dollar gewaschen, bevor ihnen die Fahnder auf die Schliche kamen. Am Schluß waren 111 Personen verhaftet und 105,8 Millionen US-Dollar beschlagnahmt worden sowie über zehn Tonnen Marihuana und eine halbe Tonne Kokain.

Auch eine Bank wurde angeklagt: die Banco de Occidente in Panama. Sie hatte »La Mina« geholfen, die Drogengelder zu transferieren. Die Bank wurde verurteilt und erklärte sich bereit, die verhängte Strafe von fünf Millionen Dollar zu bezahlen. Zudem versucht die US-Regierung in einem Zivilprozeß, über 430 Millionen US-Dollar zu beschlagnahmen, die bereits nach Panama, Paraguay und Uruguay geschleust worden waren.

Auch Armbrecht hatte über »La Mina« Geld waschen lassen: 1,57 Millionen US-Dollar beispielsweise überwies das »La Mina«-Unternehmen Letra/Cambio Italia mit Sitz in Montevideo/Uruguya an eine Firma Immobiliare Yecla S.A. mit Konto bei der US-Filiale der Banco Occidente International Ltd. Das Geld benutzte Armbrecht, um für seine Fluggesellschaft Eagle Air zwei Flugzeuge zu kaufen, mit denen dann wieder Drogen nach Kanada geschmuggelt wurden.

Drei Jahre arbeiteten FBI-Agenten im Untergrund, um mit der Operation »Cashweb« bis in die höchsten Ebenen dreier Geldwaschbetriebe vorzudringen, die von drei großen kolumbianischen Drogenorganisationen benutzt wurden. Die Special Agents wuschen im Auftrag der Drogenhändler 200 Millionen Dollar und sammelten genug Beweismaterial, um acht Monate lang in neun Großstädten Telefone anzuzapfen. Die umfangreichen Untergrundermittlungen und die elektronischen Überwachungen sprengten schließlich die drei Drogenringe und ihre Geldwaschzentralen: Zwar konnten von den 200 Millionen nur 24 Millionen sichergestellt werden – was dem FBI den Vorwurf eintrug, dem Kartell beim Geschäft zu helfen –, aber am Schluß standen bedeutende Geldwäscher vor Gericht: 137 Personen wurden angeklagt, 89 verurteilt.

Am 29. Juni 1990 wurden die Kolumbianer Franklin Jurado, Edgar García Montilla und Ricardo Mahecha Bustos in Luxemburg verhaftet. Die DEA-Agenten William Mockler und Jerome McArdelle hatten den 43jährigen Jurado als einen der wichtigsten Männer des Cali-Kartells und Chefgeldwäscher von Cali-Boß José Santacruz Londoño identifiziert.

Die DEA warf Jurado, der seinen Wohnsitz in Paris hatte, und seinen Komplizen nicht nur vor, Drogen in beträchtlicher Menge geschmuggelt zu haben, sondern auch mindestens 36 Millionen Dollar Rauschgiftgewinne gewaschen zu haben, Erlöse, die aus dem Verkauf von Kokain in Europa stammen sollen.

Zum erstenmal in Luxemburgs Justizgeschichte sagten sonst notorisch schweigsame Banker vor Gericht als Zeugen aus. Das Ergebnis war beeindruckend: Jurado hatte das Geld auf Konten bei 91 verschiedenen Banken in 15 größtenteils europäischen Ländern deponiert: Große Namen wie Deutsche Bank, Bank Paribas, Crédit Lyonnais oder Banque Nationale de Paris befanden sich darunter.

Montilla wurde von den DEA-Agenten als der Chef aller europäischen Geldwaschaktionen des Cali-Kartells bezeichnet. Der Mann hat Erfahrung im Umgang mit Geld: Bis 1985 war er einer der Vorstandsmitglieder der First Interamerican Bank of Panama.

Schon 1984 war die DEA auf seinen Namen gestoßen. Seinerzeit hatten die US-Fahnder die beiden Drogenbarone Gilberto Rodríguez Orejuela (Cali) und Jorge Luis Ochoa (Medellín) in Madrid observiert. Auf einer Telefonliste tauchte schließlich eine Nummer auf, die Montilla gehörte. Freilich versuchten seine Rechtsanwälte dies später so aussehen zu lassen, als habe die DEA die Telefonnummern erst nachträglich in die Liste eingefügt.

Eine 500-Millionen-Dollar-Geldwäsche deckte die Staatsanwältin des schweizerischen Kantons Tessin, Carla del Ponte, auf. In den Fall ist eine der bedeutendsten Finanzgesellschaften des Landes, die Fimo SA, verwickelt[7]. Konten gab es aber auch bei anderen, insgesamt 35 Instituten, darunter die Albis Bank, Merrill Lynch und Crédit Suisse.

Italienischen Quellen zufolge stammen die Millionen vermutlich von Giuseppe Lottusi, der als der Kassenwart der Mafia in Norditalien gilt, und waren für Drogengeschäfte in Südamerika bestimmt. Die Dollars wurden per Post nach Genf geschickt und dort auf dem Konto einer venezolanischen Firma deponiert. Von dort, so sind sich italienische Ermittler sicher, ging das Geld zum Medellín-Kartell.

Dieser Fall hat zugleich eine pikante politische Note: Fimos Ex-Präsident Gianfranco Cotti ist Berater der Schweizer Christdemokraten. Er saß auch in der Bundeskommission, die das neue Strafgesetz zur Geldwäsche ausgearbeitet hat. Staatsanwältin Del Ponte versicherte aber, ihren Ermittlungen zufolge habe Cotti nicht gewußt, woher das Geld kam.

Unter Geldwäschern geschätzt ist noch immer die Verschwiegenheit der österreichischen Bankiers. Besonders seit die eidgenössischen Nachbarn der Alpen-Banker sich zu einem härteren Durchgreifen entschließen konnten, zieht es die *money launderer* an die blaue Donau. Zwar gibt es auch dort ein Gesetz, nach dem sich Anleger ausländischer Währungen im Wert von mehr als 200 000 Schilling (knapp 30 000 Mark) identifizieren müssen. Dies gilt jedoch nur, wenn der Anleger erkennbar Ausländer ist. Ein österreichischer Strohmann, und schon ist das Gesetz nicht mehr das Papier wert, auf dem es steht.

Österreichische Banken gehören zu den beliebtesten Geschäftspartnern der internationalen Drogenmafia. Verschwiegenheit und Stabilität der Banken werden weltweit gerühmt. Schon mehrfach orteten US-Fahnder Narco-Konten in der Alpenrepublik. Selbst Noriegas Ehefrau Felicidad brachte dort Dollar-Millionen unter.

Auch die US-Geldwäscher David Witter und Robert Kurlander, seit Anfang 1992 stehen sie im Rentnerparadies Palm Beach/Florida vor Gericht, hatten die Vorteile alpenländischer Bankenpolitik erkannt. Mehrfach trafen sie sich mit Bankenvertretern, so etwa dem Generaldirektor der Salzburger Sparkasse, Harald Zimmerl, und dessen Wertpapierchef Dieter Wagner, in Florida, New York und Wien, um sie auf die Vorzüge ihrer Wertpapierfirma Witter & Co aufmerksam zu machen. Schon bald wickelt die Sparkasse einen Großteil ihres Geschäftes mit amerikanischen Wertpapieren über die Witter-Verbindung ab. Vermittler der geschäftsträchtigen Bekanntschaft war der Wiener Rechtsanwalt und Vorstandsmitglied der Rapid Finanz AG, Skender Fani, berichtet das österreichische Wochenmagazin *profil*[8]. Die Sparkassen-Manager versichern, nachdem US-Agenten dem Witter-Treiben ein Ende gesetzt hatten, von Geldwaschgeschäften nichts gewußt zu haben.

Unter Drogengeld-Detektiven gilt das Spielkasino in Velden am Wörthersee als beliebter Treffpunkt der internationalen Geldwäscher, schreibt das Nachrichtenmagazin *Der Spiegel*[9]. Sein Betreiber Leo Wallner, Direktor der Casino Austria AG, soll demzufolge ein Kasino nach dem anderen in den vom Sozialismus befreiten Ländern eröffnen.

Doch allmählich geraten die Hüter der österreichischen Schweigsamkeit unter internationalen Druck. Die Donaurepublik wird vor allem immer wieder gerne daran erinnert, daß sie als einziger OECD-Staat die UN-Drogenkonvention noch nicht ratifiziert hat. Sowohl die Richtlinien des Europarates zur Bekämpfung von Geldwäsche als auch die vierzig Punkte der *Financial Action Task Force*, einer Initiative der sogenannten G7-Staaten, stehen den österreichischen Gepflogenheiten diametral entgegen. »Wer ein weltweit geachteteter Finanzplatz sein will, muß künftig nicht nur effizient, sondern vor allem von tadellosem Leumund sein«, sagte der Tessiner Staatsanwalt Paolo Bernasconi, einer der schärfsten Bankenkritiker.

Im Finanz- und Justizministerium sinnt man schon jetzt über die Zeit nach der Anonymität nach. Vor allem wenn Österreich der EG beitreten sollte, wird es mit seiner ausweichenden Haltung in Sachen Bankgeheimnis endgültig vorbei sein müssen.

Längst gibt es eindeutige Belege, daß die südamerikanischen Rauschgiftkartelle ihr schmutziges Geld an die Bankenplätze Osteuropas schaffen. Etwa ins als Geldversteck traditionsreiche Ungarn. Laszlo Korinek, Polizeidirektor im ungarischen Innenministerium, sagte im Januar 1992, südamerikanische Drogenhändler würden große Geldsummen bei Budapester Banken deponieren und forderte zugleich eine Aufhebung des Bankgeheimnisses im Pußtaland. Auf anonymen Konten registrierte die Ungarische Nationalbank bereits Anfang 1992 Auslandsgelder im Wert von rund 1,5 Milliarden Mark. Bei der Central European International Bank in Budapest entdeckten US-Drogenfahnder das Konto eines kolumbianischen Geldwäschers.

Ähnliche Sorgen bedrücken die zuständigen Polizeidienststellen in Polen, der ČSFR und der ehemaligen Sowjetunion: Die Länder, notorisch auf der Jagd nach Devisen, könnten zum Mekka der Geldwäscher werden. In Polen etwa gibt es kein Gesetz, das Geldwäsche unter Strafe stellt. In Moskau tauschen Drogengangster über Strohmänner begehrte Dollar in dreistelliger Millionenhöhe gegen ungeliebte Rubel, mit denen sie dann staatliche Besitztümer und Firmen erwerben. Die Spuren lassen sich bis nach Medellín und Cali zurückverfolgen.

Daß die Gewinnaussichten aus der Geldwäsche selbst Staatspräsidenten verlockend erscheinen, weiß man nicht erst seit Noriega. Nach jüngsten Informationen aus Uruguay soll Paraguays Staatspräsident General Andrés Rodriguez in die Geldwäsche verwickelt sein. Laut dem ehemaligen US-Botschafter in Asunción, Timothy Towell, sind die Finanzinstitute Cambio Guarani und Banco Par – beide von der Präsidentenfamilie kontrolliert – für das Waschen von Drogengeldern verantwortlich. General Rodriguez ist gemeinsam mit zwei Uruguayern Eigentümer von Cambio Guarani. Die Geschäftsleute aus Uruguay – einst als die Schweiz Südamerikas bezeichnet – gehören einer einflußreichen Wirtschaftsgruppe an, die unter anderem die Banco Velox (Argentinien), die Cambio Indumex (Uruguay) und die Cambio Sutux (Brasilien) kontrolliert.

Rodriguez' Verbindung zum Drogenhandel hat Tradition: Schon 1973 fiel er im Zusammenhang mit Herointransporten in die USA auf und wurde 1985 erneut verdächtigt, in den Import von Chemikalien zur Kokainherstellung verstrickt zu sein. Daß das Schmugglerparadies Paraguay einer der Hauptstützpunkte für die internationale Drogenmafia ist, steht ohnehin seit langem fest.

Waschmaschine Miami

Brickell Avenue, Miami, South Florida: Wie Perlen auf einer Schnur reihen sich hier die glitzernden Dollar-Tempel der Banken aneinander. Eine der allerersten Adressen am Ort.

»Sehen Sie sich diese Skyline an. Was sehen Sie? Sehen Sie irgendwo Schornsteine?« fragt uns ein DEA-Agent. »Es gibt keine, weil es keine Industrie gibt. Die einzige Industrie Miamis ist die Geldwaschindustrie. Und ich fürchte, diese Skyline würde sich dramatisch verändern, wenn es kein Kokain mehr gäbe.«

Miami – das ist die Geldwaschanlage in den USA. Das Hauptquartier der Drogenkartelle auf dem Boden der Vereinigten Staaten. Und Miamis gesamter Wohlstand basiert auf Kokain-Dollars.

Die Indizien dafür sind überwältigend: Die durchschnittliche Bargeldtransaktion eines jeden US-Bürgers betrug in den letzten drei Jahren 2739 Dollar. In Miami waren es 10 833 Dollar, fast das Vierfache des nationalen Durchschnitts.

Überall in den USA pumpt die Federal Reserve (Fed), Amerikas Zentralbank, mehr Geld in die Wirtschaft, als sie zurückbekommt. In Miami dagegen erzielen die Banken einen so hohen Überschuß, daß sie bei der Federal Reserve über ein Guthaben von 5,1 Milliarden Dollar verfügen können. Für jeden Hundertdollarschein, den die Fed herausgibt, bekommt sie landesweit 93 Dollar zurück, in Los Angeles 110 Dollar, in Miami 260 Dollar.

Wäre Miami eine Stadt wie jeder andere in den USA mit einer vergleichbaren Wirtschaft, ihre Einwohner müßten 4,5 Milliarden Dollar weniger ausgeben. Der Tourismus spielt dabei keine Rolle, denn Hotels, Restaurants und Bars müssen ihre Bargeldumsätze nicht melden.

Der Geldverkehr in den USA hat zwischen 1985 und 1989 gewaltig zugenommen. Der Bargeldverkehr stieg von 80 Milliarden auf 325 Milliarden Dollar an, der unbare Zahlungsverkehr von 78 Billionen auf 190 Billionen Dollar, heißt es in den Statistiken des US-Schatzamtes.

Die erste große Geldwäschefahndung der US-Justiz brachte es an den Tag: Während der Operation »Greenback«, die 1979 begann, enttarnten die Agenten in Südflorida die drei Geldwäscher Hernan Botero, Isaac Kattan und Beno Ghitis. Das Trio hatte 500 Millionen Dollar auf Bankkonten in Miami deponiert und gewaschen. Insgesamt ist die Gruppe allerdings für etwa zwei Milliarden gewaschene Dollar verantwortlich.

Und so ist es der Griff nach dem Geld, in das US-Drogenfahnder ihre ganze Hoffnung im Kampf gegen das Rauschgift setzen. »Du kannst jeden Tag Drogen beschlagnahmen und kommst nie über das mittlere Management hinaus. Nur wenn du die Spur des Geldes verfolgst, bekommst du die Spitze«, sagt David Wilson, einer der Top-Geldwaschspezialisten der DEA.

»Wirklich große Drogenhändler kommen nicht in die Nähe der Drogen. Geld ist es, nicht die Drogen. Geld ist der Schlüssel. Alle großen Fälle sind Geld-Fälle gewesen.«

»Wir haben eine ganze Reihe von Banken identifiziert, die in die Geldwäsche verwickelt sind, aber wir haben sie noch lange nicht alle«, erzählt uns Miamis FBI-Chef William Gavin. »Da ist das ganze Spektrum der Banken vertreten. Es ist aber nicht die Institution Bank, sondern es ist die Bestechlichkeit des einzelnen in diesen Instituten, die dieses schmutzige Geschäft möglich machen.

Gerade im Drogengeschäft ist die Möglichkeit, Leute zu bestechen, unglaublich. Eine Million Dollar ist nichts für diese Leute, Wechselgeld. Ein Polizeibeamter etwa muß schon stark sein, um dem zu widerstehen. Das FBI-Büro hier in Südflorida ist das einzige in den USA, das eine eigene Gruppe hat, die sich mit Polizeikorruption beschäftigt. Die Bestechung durch Verbrecher hier ist enorm. Das Wertesystem bricht überall zusammen und macht die Leute mehr und mehr bestechlich«, sorgt sich der Beamte.

Die Drogengangster fühlten sich in Miami offenbar so wohl, daß sie gleich aufs Ganze gingen: Sie kauften kuzerhand eine ganze Bank, die Sunshine State Bank.

Doch die US-Justiz ist, wenn es um Geldwäsche geht, die härteste der Welt: Nicht nur die Drogenhändler werden vor Gericht gestellt, auch die Bankiers landen im Gefängnis: Frederick de la Mata, Ex-Präsident der Republik National Bank, wurde verurteilt, weil er einem Drogenhändler eine 800 000-Dollar-Hypothek gewährte. Capital-Bank-Präsident Abel Holtz stand vor Gericht, weil seine Bank 242 Millionen Dollar verdächtiges Geld angenommen hatte. Der Präsident der First Bank of Georgia mußte für ein solches Delikt gar 42 Monate hinter Gitter.

Seit 1986 leitete die US-Steuerfahndung mehr als 4200 Untersuchungen wegen Verdachts der Geldwäsche ein. 76 Banken wurden bislang wegen Geldwäsche oder Verstoßes gegen das Bankengesetz zu hohen Geldstrafen, ihre Vorstände teils zu Gefängnis verurteilt.

Die Gerichte beschlagnahmen alles, was nicht niet- und nagelfest ist: Häuser, Flugzeuge, Jachten, Autos. Kann der Delinquent nicht beweisen, daß er sein Vermögen legal erworben hat, ist es weg – ohne Wenn und Aber. Selbst Banken werden beschlagnahmt.

»Allein in Florida haben wir 1991 etwa 39 Tonnen Kokain sichergestellt und rund 339 Millionen Dollar an Geld und Sachwerten beschlagnahmt«, rechnet DEA-Chef Cash vor. Damit kann die Hälfte der jährlichen Kosten der DEA für die gesamten USA bezahlt werden.

Für ihre Ziele hat die Regierung alle eingespannt, die mit großen Geldbeträgen in Berührung kommen: Banker, Autohändler, Grundstücksmakler – alle müssen nach verdächtigem Geld Ausschau halten.

Das größte Problem für die Dealer sind die Unmengen Bargeld, die anfallen. Max Mermelstein, einer der ehemals wichtigsten Drogen- und Geldschmuggler des Medellín-Kartells und Kronzeuge der Anklage, rechnete einmal vor, daß die Erlöse aus dem Verkauf eines Kilos Kokain mehr wiegen, als das Rauschgift selbst. Mermelstein: »Wir hatten die größten Probleme damit, es zu lagern, zu zählen und zu transportieren. Schließlich sprechen wir von größeren Geld- als Rauschgiftmengen.«

»Und genau darin liegt das Problem. Wie wollen Sie 26 Millionen Pfund dieser Zwanzigdollarnoten durch die Öffnung eines Bankschalters schieben?« fragte der US-Generalstaatsanwalt Dick Thornburgh einläßlich eines Symposiums über Geldwäsche in Coral Cables. »Und ein viel ernsteres Problem: Wie will man die 100 Milliarden Dollar in Zwanzigern da durchschieben, ohne Aufmerksamkeit zu erzielen?« Denn 100 Milliarden Dollar sind es, die die Rauschgiftmafia schätzungsweise alljährlich in den USA einnimmt.

Die angehäuften Geldmengen können oft nicht einmal mehr von Zählmaschinen bewältigt werden – sie werden nur noch gewogen. Ein Dollarschein wiegt ein Gramm. Die Geldzähler und -bündler, die den Gestank der vergammelten Scheine nur mit Atemschutzmasken ertragen, arbeiten in mehreren Schichten rund um die Uhr.

Um mit diesen Mengen schließlich fertig zu werden, verfallen die Drogenhändler auf immer neue Ideen, das Geld außer Landes zu schaffen: Sie verstecken es in Teerfässern, in Halogen-Lampen, in Teddybären, Monopoly-Schachteln, ja selbst in Zahnpastatuben.

Doch »gerettet« ist es erst, wenn es im internationalen Netz der Banken untergebracht ist. In Sekundenschnelle ist es dann per Kabel um die Welt transferiert und wieder zurück, wenn es sein muß.

Midtown Manhattan, nicht weit vom Hudson River und der Zentrale der dortigen DEA sitzt das Clearing House Interbank Payments System, kurz CHIPS. Über speziell, unter den Straßen Manhattans verlegte Kabel, ist CHIPS mit allen 140 New Yorker Banken verbunden und die wiederum mit den meisten Banken in der übrigen Welt.

CHIPS wickelt weltweit unbaren Zahlungsverkehr ab. Will zum Beispiel eine Hongkonger Bank einen Betrag nach Panama überweisen, kabelt sie an ihre New Yorker Filiale, die dann den Weitertransfer über CHIPS veranlaßt. Mitunter sind es Milliardenbeträge, die so pro Minute bewegt werden. Und niemand kann sagen, wieviel Drogengeld darunter ist. »Dollars sind wie Weizen. Wenn man ein einzelnes Korn in einen großen Speicher mit anderen Körnern wirft, ist es sehr schwierig, es wiederzufinden«, meint CHIPS-Chef John Lee.

Deshalb ist es nicht verwunderlich, daß die Fahnder schnell an ihre Grenzen stoßen, wenn die Narco-Dollars erst einmal in diesen Computernetzen verschwunden sind: Kriminelles Geld sieht eben genauso aus wie legales. Und es ist nicht mehr zu stoppen. »Versuchen Sie es, und Sie bringen die Weltwirtschaft zum Stillstand«, sagt Experte David Wilson.

Mit der Operation »Pisces« gelang es der DEA 1987 – nach dreijähriger Ermittlung – erstmals, das CHIPS-System zu durchdringen und gewaschenes Geld weiterzuverfolgen. Sie starteten einen Versuch mit 500 000 Dollar, die in Los Angeles aus Drogengeschäften beschlagnahmt worden waren. Sie deponierten das Geld auf Konten der Drogendealer. Das Geld wurde von CHIPS in ein asiatisches Land transferiert und kam von dort getarnt als Kredit zugunsten der Firma Land Transport Co. nach Miami zurück. Land Transport erwarb von dem Geld unter anderem drei Lastwagen, mit denen dann wiederum Drogen quer durch die Vereinigten Staaten transportiert werden sollten.

Die Operation »Pisces« ermöglichte schließlich die Beschlagnahme von 58 Millionen Dollar, 24 Flugzeugen und brachte 421 Leute hinter Gitter.

In Detroit sortieren 93 Mitarbeiter des Internal Revenue Service, der alle Transaktionen über 10 000 Dollar auswertet, 70 000 Belege, Tag für Tag. 25 Millionen sind es bislang, sie füllen ein ganzes Lagerhaus. Von Detroit gehen die Belege nach Washington, Sacramento und Tallahassee, wo Analysten mit Computern herauszubekommen versuchen, an welcher Stelle das Narco-Geld in den Bankenkreislauf eindringt. Es ist ein eskalierender Krieg von Maschinen gegen Maschinen, und derzeit sieht es ganz danach aus, als ob die Maschinen der Drogenkartelle diesen Krieg gewinnen.

Auch FBI-Mann Gavin gibt sich da keiner Illusion hin: »Wir haben eine Kultur hier in Miami, die es gewohnt ist, mit Süd- und Mittelamerika sowie der Karibik Geschäfte zu machen. So kommt das Geld aus Drogengeschäften in Europa hier nach Miami und geht dann weiter nach Südamerika. Die Kartell-Leute wissen, wie das Banksystem in den USA arbeitet, und sie haben ihre Finger drin, speziell hier in Südflorida. Und von hier geht das Geld auch in die Karibik. Denn dort ist ein anderer Markt mit seinen *offshore-banks*. Das ist unglaublich, wie das alles funktioniert, aber es funktioniert. Manche Banken bestehen dort nur aus Telefon und Telefax, das ist alles.«

Die bisherigen Erfolge berechtigen nicht gerade zu Hoffnungen: »Niemand war bisher in der Lage, soviel Drogengelder zu beschlagnahmen, daß sich der Kokainpreis auf der Straße auch nur um drei oder vier Prozent erhöht hat«, rechnet Mark Kleiman, Experte für Drogenpolitik an der Harvard University vor.

Mehr noch: »Die Drogenhändler sind schon lange nicht mehr damit zufrieden, teure Autos zu fahren und luxuriöse Jachten zu besitzen. Sie wollen Einfluß und Beachtung in der Gesellschaft«, diagnostiziert Cash.

Noch in guter Erinerung ist im Dade County der Fall des Bauunternehmers Leonel Martinez. In Miami und Umgebung erfreute sich Martinez einst größter Beliebtheit. Er tat sich als Wohltäter hervor, spendete auch für die Politik, so etwa 1988 für den Wahlkampf des Bürgermeisters von Dade County, Stephen P. Clark. Der war so dankbar, daß er den 10. Dezember eines jeden Jahres zum »Leonel-Martinez-Tag« erhob. Ein halbes Jahr später deckte die DEA die Verwicklung Martinez' in einen der größten Rauschgiftringe Miamis auf. Clarks Kommentar: »Mein Gott!«

Der Kuba-Amerikaner Ramón Milian Rodríguez war 1981 Vizepräsident in Manolo Rebosos Finanzkomitee, als jener für die Bürgermeisterwahl in Miami kandidierte. Milian beschaffte Geld, viel Geld, was Reboso letztlich dennoch nicht zum Sieg verhalf. Während der Operation »Greenback« fand die DEA dagegen heraus, daß Milian etwa eine Milliarde Dollar für das Medellín-Kartell gewaschen hat. Vor Gericht gab Milian zu, mit den Drogengeldern den Wahlkampf finanziert zu haben, ebenso wie er für seine kolumbianischen Bosse Zootiere kaufte. »Ich habe mit dem gleichen Geld Politiker und Rhinozerosse bezahlt«, gestand er den verblüfften Richtern. Die verurteilten ihn zu 35 Jahren Gefängnis und einer Geldstrafe von 6,49 Millionen Dollar.

DEA-Experte Shedd: »Wir hatten hier Mitglieder des Deutschen Bundestages, die haben gesagt, so etwas könnte bei uns nicht geschehen. Ich sage, das ist alles *bullshit. Money is money.* Das ist die Philosophie überall auf der Welt. Jeder Banker nimmt Geld, das ihm angeboten wird. Wird ein Banker jemanden wegschicken, der mit einer Million Mark kommt? Wir wissen von vielen Drogenhändlern, die ihr Geld in Deutschland angelegt haben. Die besten und aussichtsreichsten unserer bisherigen Fälle beinhalten drei Dinge, Banker, Rechtsanwälte und Politiker. Dann wird es eine große Ermittlung, dann ist es die Spitze.«

Die Techniken der Geldwäsche

In liberalen Wirtschaftssystemen mangelt es nicht an Mechanismen, die zur Geldwäsche mißbraucht werden können. Dabei ist das flächendeckend verbreitete Bankensystem sicherlich eines der wichtigsten, aber noch lange nicht das einzige. Den Managern der Drogenimperien gelingt es immer wieder, neue Wege auszutüfteln, um die Herkunft ihres schmutzigen Geldes zu verschleiern.

Geldwäsche wurde erst notwendig, seit Steuer- und Strafverfolgungsbehörden nach der Herkunft von Vermögen fragen: Die Besitzer krimineller Millionen müssen nun glaubhaft Einnahmen vortäuschen. Der einfachste Trick ist die Gründung einer Scheinfirma, die mit einer anderen Scheinfirma fiktive Geschäfte abwickelt.

Einer, der dieses »Geschäft« zur Perfektion trieb, ist der

Münchner Kaufmann Arif Temel. Dabei verstößt er auf den ersten Blick gegen alle guten Kaufmannsregeln. Für wahren Schrott, den er aus ganz Europa ankarren läßt, zahlt Temel echte Spitzenpreise: Millionensummen für Lumpen und verrottete Konserven – Waren, gerade noch gut für die Mülldeponie. An manchen Tagen bewegte der fleißige Mann so bis zu drei Millionen Mark. In den vergangenen vier Jahren, so schätzen Fahnder des Bayerischen Landeskriminalamtes, hat Temel für gut 350 Millionen Mark »Waren gekauft«, und die »Rechnungen« artig überwiesen – in insgesamt 15 Länder. Juristisch ist Temel bislang nicht zu belangen, denn den konkreten Nachweis, daß er Rauschgiftmillionen wäscht, konnte die Polizei nicht erbringen. Abgesehen davon, daß dies nicht strafbar ist. Und ebensowenig ist strafbar, wenn einer einfach schlechte Geschäfte macht und sich von seinen Partnern miese Waren für viel Geld andrehen läßt. Temel jedenfalls »versichert treuherzig, er habe nur völlig legale Geschäfte abgewickelt«, berichtete das Nachrichtenmagazin *Der Spiegel*[10] über den türkischen Tausendsassa.

Was bei Temel unter der Bezeichnung normales Geschäft abgelegt wird, das nennen Finanzexperten *doppelte Fakturierung*: »Wenn illegale Händler mehrere Handelsgesellschaften in verschiedenen Ländern leiten, können sie eine Technik, die unter der Bezeichnung doppelte Fakturierung bekannt ist, anwenden. Hierbei kauft eine Firma von einer anderen, die in einem Drittland – vorzugsweise einer Steueroase – angesiedelt ist, Güter oder Dienstleistungen zu überhöhten Preisen. Im Wege dieses Systems kann aus dem Land ein Mehrbetrag ausgeführt werden«, erläuterte der Chef der Finanzermittlungsbehörde im französischen Innenministerium, René Weck, während einer Arbeitstagung des Bundeskriminalamtes im November 1990. Und nicht nur Rauschgifthändler bedienten sich dieses famosen Tricks, sondern immer häufiger auch Firmengruppen, die sich so aus steuerrechtlichen Gründen von »geheimen Provisionen« befreien.

Eine andere Methode ist der sogenannte *Back-to-Back-Kredit*: Auch hierbei werden zwei Unternehmen benötigt. Dazu genügt es, in einer Banken- oder Steueroase eine Gesellschaft zu gründen, was in der Regel nicht mehr als ein paar hundert Mark kostet, auf die die kriminell erworbenen Gelder übertragen werden. Die andere, »legal« arbeitende Gesellschaft läßt sich von der ersten einen Kredit geben; sie führt so die gewaschenen Gelder zurück und bezahlt dafür hohe, von der Steuer absetzbare Zinsen.

Ein probates Mittel ist die *vorgetäuschte Immobilienspekulation*: Da kauft beispielsweise jemand eine Immobilie im Realwert von zwei Millionen zum Preis von einer Million; die zweite Million wird bar unter dem Tisch bezahlt. Der neue Eigentümer behält den Besitz bis zum Abschluß von Instandsetzungsarbeiten und verkauft das Anwesen dann zum Realwert von drei Millionen. So können Nachweise über Profite geführt werden, die über denen liegen, die offiziell aufgebracht worden sind, nämlich in diesem Fall der Mehrwert von einer Million. Kolumbianische Händler betrieben diese Art der Geldwäsche in Miami, wobei ganze Straßenzüge Gegenstand maßloser Spekulationsgeschäfte geworden sind.

Eine der am weitesten entwickelten Formen des Geldrecyclings sind die *Scheinkäufe von Aktien* an der Wertpapierbörse: Im Wertpapierhandel setzen Käufer und Verkäufer, die angeblich nicht miteinander in Verbindung stehen, den Preis einer Aktie oder einer Kaufoption unter den Bedingungen des freien Marktes fest. Wenn sich Käufer und Verkäufer einig sind, können sie einen künstlichen Preis für die besagten Aktien festsetzen. Mit dieser Methode läßt sich Geld zurückführen, das zunächst einer Scheingesellschaft unter dem Vorwand zugeflossen ist, es handele sich um Gewinne aus rechtmäßigen Börsengeschäften.

So deponiert beispielsweise der Inhaber eines Unternehmens in einem nicht reglementierten Land (u. a. Hongkong, Singapur) Geld auf Bankkonten dieses Unternehmens. An der Wertpapier- oder Warenterminbörse geht dieser dann mit seinem Partner – dem eigentlichen Geldinhaber – einen Kontrakt über Wertpapiere oder Waren zu einem absichtlich unterschätzten Preis ein. Nach Ablauf des Termins streicht der Partner bei der Auflösung des Vertrages einen beträchtlichen Mehrwert zum Nachteil der Scheingesellschaft ein. Auf diese Weise sind die Gelder aus dem Ausland zurückgeführt und die Einkünfte durch Börsengeschäfte begründet. Sollten die Kurse unglücklicherweise fallen, entsteht der Mehrwert zugunsten des Scheinunternehmens, doch die Gelder stehen weiterhin für die Rückführung zu einem späteren Zeitpunkt zur Verfügung. Der Gipfel hierbei ist, daß derjenige, der die Verluste zu erleiden scheint, diese sogar noch steuerlich absetzen kann.

Im Bankgewerbe sind die »wirksamsten« Finanzkreisläufe nicht unbedingt die bedeutendsten. Manchmal sind es sogenannte Ameisensysteme, die die Rückführung der am schwersten ausfindig zu machenden Profite zeitigen.

So fiel der Pariser Polizei eine Bank auf, die zur Erleichterung der wirtschaftlichen Beziehungen zwischen Frankreich und bestimmten schwarzafrikanischen Ländern eine Filiale eröffnet hatte, die ausschließlich mit der Rückführung der Ersparnisse ausgewanderter Arbeiter befaßt war. Bei dieser Filiale konnten Schwarzafrikaner direkt ein Konto in ihrem Herkunftsland eröffnen und darauf Geld einzahlen, das dann über ein internes Übergangskonto transferiert wird.

Aufmerksam wurden die Pariser Kriminalisten, als sie bei einer ganzen Reihe kleiner Rauschgifthändler feststellten, daß jene ein Konto bei dieser Bankfiliale besaßen.

Die weiteren Ermittlungen zeigten dann, daß die Dealer entweder unter falschen Personalien oder falschem Wohnsitz oder über Strohmänner ein oder mehrere Bankkonten eröffnet hatten, um ihre Profite aus dem Rauschgiftgeschäft mit falschen Belegen über Ersparnisse vom Gehalt (Plussparen) zu transferieren. Ein Betrag von 7,5 Millionen französische Francs wurde so illegal transferiert, und achtzig Inhaber verdächtiger Konten konnten identifiziert werden, berichtete Weck.

Ein Glücksfall für die internationalen Geldwäscher ist das Glücksspiel. Gerade weil sich Spielerkreise traditionell abschotten, sind sie zu einem der bevorzugten Bereiche der Geldwäsche geworden.

Die häufigste Methode ist es, das kriminell erworbene Bargeld in Spielbanken gegen Jetons zu tauschen, sich ein Weilchen an den Spieltischen herumzutreiben und die Spielmarken dann in Schecks zurückzutauschen. Ein nicht unbedeutender Vorteil: Die so deklarierten Spielgewinne – die offiziell auf jedes Bankkonto eingezahlt werden können – sind auch noch steuerfrei.

Eine andere Methode wird gerne in privaten Spielklubs angewandt: Einer der Spieler, der die Bank hält, spielt gegen die anderen Teilnehmer. Sein Interesse ist es freilich, daß die Bank auf lange Sicht gesehen die Gewinnerin bleibt. Dazu wird immer wieder illegales Geld nachgeschossen oder von Strohmann-Spielern absichtlich an die Bank verloren. Auch der umgekehrte Weg funktioniert; auf diese Weise können beide Parteien, je nach Wunsch, ihre Einkünfte durch Spielgewinne belegen.

Mitunter können allzu dreist erwirtschaftete Handelsumsätze zu unerwünschten Nachfragen des Finanzamtes führen. Ausgeklügelte Methoden sollen solches verhindern helfen. So spürte die französische Polizei einen Rauschgifthändler auf, der zum Schein ein Farben- und Tapetengeschäft betrieb. In seinen Unterlagen fanden sich mehrere hohe Rechnungen an ein Altenheim. Die Geschäftspartner hatten einen Weg gefunden, der es dem Altenheim ermöglichte, seine Profite zu mindern, und dem Malerfachgeschäft die Möglichkeit bot, seinen Handelsumsatz aufzustokken. Die Rechnungen des Malergeschäftes beglich das Altenheim per Scheck, und der Scheckbetrag wurde in bar von den Geldern aus dem Rauschgifthandel gezahlt. Mit diesem System kam jeder Beteiligte auf seine Kosten.

Ist die Ausnutzung des Wirtschaftssystems durch die Geldwäscher schon schwer zu durchschauen, so gestaltet sie sich zwischen Verbrechern und Wirtschaftkriminalität noch problematischer.

Weck schilderte den Fall eines bedeutenden Pariser Heroinhändlers, der aufgrund seines Waffenarsenals den Spitznamen »Porte-Avions«, Flugzeugträger, trug. Zu seinem Bekanntenkreis gehörte eine Person, die als sogenanntes »Taxi« bekannt ist.

Bei einem der »Taxi«-Unternehmen handelt es sich um eine Scheinfirma, die gegründet wurde, um falsche Rechnungen für Unternehmen auszustellen, die illegale Arbeitskräfte beschäftigen. Um an Bares für die Entlohnung der illegalen Arbeitskräfte zu kommen, zahlten diese Firmen per Scheck den Betrag fiktiver Rechnungen. Diese Schecks wurden durch »Taxi«-Unternehmen zunächst mit Gutschrift auf ihrem Bankkonto eingelöst, anschließend als Bargeld abgehoben. Die Bargeldsumme abzüglich Provision und Mehrwertsteuer wurden den Firmen, die die Schecks ausgestellt haben, ausgehändigt. Die »Taxi«-Unternehmen existieren in der Regel nur sehr kurzfristig, damit jegliche Kontrolle oder gar die Meldepflicht umgangen werden kann.

Auch »Porte-Avions« profitierte von diesem System mit fingierten Schecks über Strohmänner, die aus Rauschgiftgeschäften bezahlt wurden. Weck: »Es konnten niemals mit letzter Sicherheit die aus dem Rauschgifthandel stammenden Barbeträge, die den Firmen zugeführt wurden, festgestellt werden, denn falsche Fakturierungen erfolgten im Zusammenhang mit etwa zwanzig »Taxi«-Unternehmen, die Rechnungen für mehr als 200 Konfektionsfirmen im Pariser Stadtteil Sentier mit einem geheimen Handelsumsatz von über 200 Millionen französischen Francs ausgestellt hatten.«

Deutschland – Geldwaschland

Dank ihrem liberalen Bankgesetz mit dem fast uneingeschränkten Bankgeheimnis und ihrer freien Wirtschaftsordnung gehört die Bundesrepublik seit Jahren zum bevorzugten Ziel der Geldwäscher der internationalen Drogenmafia. Experten vermuten, daß sich Milliardenbeträge auf deutschen Bankkonten befinden, die kriminellen Ursprungs sind. Bislang haben sich die Banken erfolgreich dagegen gewehrt, sich in die Karten schauen zu lassen, und dies in unseliger Allianz mit den Bonner Politikern, denn die bisher gestarteten Gesetzesinitiativen, etwa das Gewinnaufspürungsgesetz, werden ihren Zweck kaum erreichen.

Ob dieser paradiesischen Verhältnisse sind Geldwaschtransaktionen in der BRD bislang kaum bekanntgeworden. Wenn doch, gelang es den Strafverfolgern nicht, die aufgespürten Gelder zu beschlagnahmen, denn sie hätten beweisen müssen, daß exakt jenes Geld aus Straftaten stammt. Einem international operierenden Drogenhändler trauen unsere Banken und Gerichte eben zu, einen Teil seines Vermögens durch anständige Arbeit zu verdienen. Folglich glaubt auch Manfred Dihanich vom Bundeskriminalamt: »Zum Geldanlegen aus dem Rauschgifthandel ist Deutschland ein ideales Land, noch besser als die Schweiz. Hier kann doch jeder machen, was er will.«

Als Beispiel wird gern der Fall der Deutsch-Südamerikanischen Bank in Hamburg, einer Tochter der Dresdener Bank zitiert, der 1989 für Schlagzeilen sorgte. An einem Freitagmorgen gegen zehn Uhr wurden die Wiesbadener BKA-Beamten durch einen Anruf ihrer US-Kollegen aufgeschreckt: Gerade im Moment, so der Anrufer, seien Pablo Escobars Geldwäscher dabei, rund 20 Millionen US-Dollar über das Hamburger Bankhaus zu schleusen. Das Geld war kurzfristig bei der Banco de Occidente in Panama abgezogen worden, als ruchbar wurde, daß die DEA es dort

215

beschlagnahmen wollte. Nun wurde das BKA auf dem »kleinen Dienstweg« gebeten, dies schnellstmöglich nachzuholen.

Die Ermittler setzten sich sofort mit der Bank in Verbindung, die sich kooperationswillig gezeigt habe. »Wann kommt denn endlich der Beschlagnahme-Beschluß«, soll ein besorgter Bankangestellter die BKA-Fahnder angesichts der knapper werdenden Zeit Stunden später gefragt haben.

Trotz des näherrückenden Dienstschlusses bei der Justiz gelang es den Ermittlern tatsächlich, in Wiesbaden einen Staatsanwalt aufzutreiben, der ein Ermittlungsverfahren einleitete, und einen Richter zu finden, der die Rauschgiftmillionen auf dem Konto 131-77500-400 erst mal einfror. Der Beschluß wurde an die Hamburger Polizei gekabelt, die diesen sofort zustellte. Eile war geboten, denn die Millionen sollten noch an jenem Freitag im April auf ein Konto bei der Schweizerischen Bankgesellschaft umgeleitet werden.

Die Gegenseite reagierte ebenso schnell: Sofort tauchten Rechtsanwälte auf und verlangten die sofortige Freigabe des Geldes. Beim Rechtshilfereferenten des Generalstaatsanwalts Frankfurt stießen sie mit ihrem Anliegen auf offene Ohren: »Geldwäsche ist nicht strafbar«, dachte sich der Jurist und hob die Beschlagnahme auf. Am Nachmittag desselben Tages noch war das Escobar-Geld weg.

Weniger Erfolg hatten die Advokaten in der Schweiz und in England: Auch dort war ein Teil des Geldes hingeflossen und auf Bitten der US-Justiz beschlagnahmt worden. Es wurde später den amerikanischen Behörden ausgehändigt.

Eduardo Martínez, Chefgeldwäscher Escobars, gab später vor einem US-Gericht zu, daß es sich bei den Hamburger Millionen um Drogengelder gehandelt hatte.

Selten haben Fahnder das Glück, einmal die wundersam verschlungenen Wege der Rauschgiftgelder nachzuverfolgen, so wie in dem Hamburger Verfahren um einen der größten Kokainhändlerringe, der jemals in der Bundesrepublik aufgeflogen ist.

Bei vermuteten dreistelligen Millionenumsätzen konnten die Kripoleute allerdings nur einen einzigen Fall nachvollziehen: den Verbleib von 15 000 Dollar. Einer der später verhafteten Rauschgifthändler und Kronzeuge der Anklage, der Deutsche Michael Ritter, zahlte die Narco-Dollar bei einer Hamburger Bank zugun-

sten der Bank Ibero Panama ein. Dafür bekam er einen bankbe-
stätigten Scheck, ausgestellt auf die Ehefrau des international
gesuchten Drogenhändlers Carlos Lopez, vermutlich unehelicher
Sohn des Medellín-Bosses Jorge Ochoa. Den Scheck schickte
Ritter per Kurierdienst nach Cali. Zwei Tage später wurde er von
dem Kartell-Mitglied Orlando Neiza, der offenbar einer der Geldwäscher von Lopez war, auf einer Bank in South Carolina zugunsten eines Kontos eingezahlt, hinter dem wiederum eine Plastik-
spielzeugfabrik in Taiwan steckt. Neizas Aufgabe war es, so sind
die Hamburger Drogenfahnder überzeugt, weltweit solche
Schecks zu sammeln und einzulösen.

Abwehrmechanismen

Eine Befragung unter 178 Staatsanwälten, Richtern, Kriminalisten,
Steuer- und Zollfahndern aus Hessen und Baden-Württemberg
ergab, daß die Beamten bei der Aufspürung illegal erworbener
Gewinne auf verschiedene Merkmale achten: Spielleidenschaft,
häufiger Wohnsitzwechsel, größerer Immobilienbesitz, Aus-
landsvermögen und unklare Vermögenszuwächse werden nahezu
von allen Befragten als Hinweise genannt[11]. Deutlich wurde dabei
aber auch, daß Steuerfahnder anders vorgehen als Kriminalbeamte: Während die Fiskalbeamten in Verträge und Geschäftskor-
respondenz, Buchführungsunterlagen und Kontoauszüge sowie
allgemeine Bankunterlagen Einsicht zu nehmen versuchen, stützen sich die Kriminalbeamten vor allem auf die Vernehmung von
Kunden, Lieferanten und Familienangehörigen sowie die Suche
nach Geldverstecken.

Um Stellungnahmen zu der aktuellen Gesetzesdiskussion
»Geldwäsche« befragt, tendieren die Befragten überwiegend zu
einer Erleichterung der Beweisführung (Beweislastumkehr), die
wenigsten halten eine Meldepflicht der Banken für sinnvoll.

In einem Bericht des Untersuchungsausschusses des Europä-
ischen Parlaments heißt es dazu: »Es muß jedoch angemerkt wer-
den, daß sich der 1970 in den Vereinigten Staaten erlassene ›Bank
Secrecy Act‹, der für alle Transaktionen ab 10 000 Dollar eine
Kontrolle vorschreibt, nicht als wirksam erwies. Im Gegenteil, die
Zunahme der Transaktionen unter 10 000 Dollar hat die Lage

217

komplizierter gemacht, und 13 Jahre später ist der Bericht eines Untersuchungsausschusses des amerikanischen Senats mehr als deutlich: ›In zwei wichtigen Punkten ist ein absoluter Fehlschlag festzustellen. Zum einen konnten die illegalen Kapitalabflüsse aus den Vereinigten Staaten durch diese Maßnahmen nicht spürbar verringert, geschweige denn gestoppt werden. Zum anderen verfügen wir – auch wenn wir aufgrund einiger Erfolge, die wir erzielen konnten, eine vage Vorstellung von der Größenordnung der Beträge besitzen, um die es hier geht – noch immer nicht über ausreichende Daten über die Geldwäsche, um eine geeignete Politik festlegen zu können‹.«[12]

»Acht Jahre später ist man in Europa auch nicht besser dran. Niemand kennt die Höhe der gewaschenen Beträge, niemand weiß, welche Banken in die Geldwäscherei verwickelt sind, und es gibt auch keine Schätzungen über die Zahl der Tarnfirmen, die in Europa die Geldwäsche für den Drogenhandel abwickeln«, so die grüne Europaabgeordnete Claudia Roth.

Der Versuch, die Helfer der Geldwäscher – die Banken – zur Rechenschaft zu ziehen, wird vor allem daran scheitern, daß es kaum gelingen wird, ihnen den Vorsatz nachzuweisen. Es sei denn, der Gesetzgeber entschlösse sich zu einem massiven Eingriff in die Methoden des heute üblichen Finanzgebarens.

»Dank der modernen Datenverarbeitung ist es möglich (oder wird es möglich werden), Papiergeld und Geldforderungen gewissermaßen mit einem ›Ursprungszeugnis‹ zu versehen. Wenn der Gesetzgeber für den Kapitalmarkt ein entsprechendes Datennetz errichtet, wird es vorstellbar, unverdächtiges Geld von dem verdächtiger Herkunft zu unterscheiden. Dann wird der professionelle Umgang mit Geld dem professionellen Umgang mit Altmetall vergleichbar, d. h. es ist unübliche Geschäftstätigkeit eines Bankiers, Kundengeld anzunehmen, ohne sich um die Herkunft zu kümmern. Die Bank wird dann die Bonitätsprüfung des Kunden nicht nur vor der Ausleihe von Geld vornehmen, sondern auch vor der Annahme des Geldes. Konsequenterweise bildet ein solches Datennetz die Basis der amerikanischen Gesetzgebung gegen Geldwäscherei. Den USA liegt sehr daran, daß andere Länder vergleichbare Netze errichten und daß dann die Daten ausgetauscht werden. Ein solches Datennetz richtet sich nicht nur gegen Rauschgifthändler, sondern auch gegen einfache Steuerhinterzieher. Wie sich speziell der deutsche Kapitalmarkt gegen die Erschwerung der Steuerhinterziehung auflehnt, hat sich erst vor kurzem am Beispiel der Quellensteuer gezeigt. Ich kann mir nicht vorstellen, daß so kurz nach diesem Debakel der Gesetzgeber den Mut aufbringt, nunmehr im Interesse der Bekämpfung der Geldwäscherei beispielsweise die Anonymität der sogenannten Tafelgeschäfte aufzuheben«, meint der Rechtsgelehrte Professor Gunther Arzt[13].

Dabei bietet das deutsche Recht längst – wenn auch eingeschränkt – die Möglichkeit, gegen Geldwäsche vorzugehen: Im Strafgesetzbuch gibt es den Paragraphen 258, der die sogenannte Verfallsvereitelung unter Strafe stellt.

Darunter muß man sich folgendes vorstellen: Vermögen, das auf kriminelle Weise erworben wurde, unterliegt nach deutschem Recht dem Verfall. Wer dem Besitzer dieses Vermögens nun hilft, das Geld vor dem Staat in Sicherheit zu bringen, vereitelt den Verfall, macht sich also strafbar. Geldwäsche aber ist nichts anderes, als das im Drogenhandel erworbene Vermögen vor dem Verfall zu schützen.

Bei der Bekämpfung der Drogenkriminalität gilt Weltrecht: Es spielt also keine Rolle, an welchem Ort der Welt ein Dealer sein Vermögen im Drogenhandel erworben hat. Erfährt die deutsche Justiz davon, müßte sie – so sollte man meinen – nach internationalem Recht das Vermögen beschlagnahmen, wenn sie seiner habhaft werden kann. Doch warum machen deutsche Gerichte von dieser Möglichkeit keinen Gebrauch?

Ein deutscher Drogenfahnder und Geldwaschexperte erzählt uns: »Seit Jahren lehnt die Bundesrepublik rechtswidrig die Rechtshilfeersuchen der US-Justiz auf Beschlagnahme von Drogengelder ab.« Der Beamte ist aufgrund langjähriger Erfahrung mittlerweile davon überzeugt, daß dies bewußt geschieht: »Eigentlich soll gegen die Geldwäsche nicht wirklich etwas getan werden.«

Der Paragraph 258 jedenfalls hätte ausgereicht, auch die Escobar-Gelder auf dem Konto der Deutsch-Südamerikanischen Bank zu beschlagnahmen, glaubt er.

Doch die deutsche Rechtsprechung hat in all ihrer göttlichen Weisheit solch pragmatischem Denken sicherheitshalber den Boden entzogen: Der Paragraph 258 hat das Handicap, daß die eindeutige Herkunft des Geldes feststehen muß. Eine pauschale Zuordnung nach dem Motto: Escobar lebt nur vom Rauschgifthandel, also verfügt er nur über Rauschgiftgeld, reicht nicht aus.

»Die Verfallsvorschriften sind auf den deutschen Staat zugeschnitten, Einziehung und Verfall müssen in Deutschland drohen. Darunter fällt die Rechtshilfe. Die Vorschrift könnte weitaus häufiger angewendet werden, vielen Richtern und Staatsanwälten ist sie aber nicht geläufig. Wir haben deshalb schon manche draufgestoßen«, weiß der Frankfurter Oberstaatsanwalt Hans-Harald Körner, Leiter der beim Generalstaatsanwalt angesiedelten Zentralstelle für die Bekämpfung der Betäubungsmittelkriminalität (ZfB) und von Amts wegen mit Geldwaschvorgängen befaßt.

Jene Zweifler aber, die in dem Vermögen anderer – einschließlich Krimineller – eine von der Verfassung geschützte heilige Kuh erkennen wollen, wurden jetzt eines Besseren belehrt: Im sogenannten »SED-Beschluß« – es ging um die Beschlagnahme des Vermögens der ehemaligen DDR-Staatspartei – entschied das Bundesverfassungsgericht: Vermögen ist nur geschützt, solange es rechtmäßig erworben wurde.

Es ist kaum anzunehmen, daß die Verfassungshüter die rechtswidrige Vermögensvermehrung bei Privatpersonen zulassen würden. Anderenfalls brauchte man sich über wachsende Zahlen von Gesetzesbrüchen wirklich nicht mehr zu wundern.

Der Gesetzgeber muß sich fragen lassen, welchen Nutzen die Gesellschaft davon hat, daß ein abgeurteilter Drogenhändler oder ein Wirtschaftskrimineller vor Gericht die legale Herkunft seines Vermögens nicht beweisen muß. Offenbar stuft er dieses Rechtsgut höher ein als den Schutz seiner Bürger vor den Drogenkriminellen.

Gesetze wie Papiertiger

»Egal wie erfolgreich alle Aktionen auch sein mögen, sie reichen nicht aus, da die Geldwäscherei-Transaktionen innerhalb von Minuten zwischen verschiedenen Ländern erfolgen. Wir sind uns seit langem bewußt, daß alle Länder dieser Welt bessere Methoden finden müssen, um mit diesem Problem fertig zu werden«, so die Einschätzung des US-Bundesanwalts Otto G. Obermaier, zuständig für den südlichen Distrikt New York[14]. Der US-Attorney plädiert vor allem für eine weitergehende Zusammenarbeit: »Informationsaustausch allein ist nicht ausreichend. Wir brauchen Beweismaterial aus dem Ausland, das in amerikanischen Verwaltungsgerichten hier und im Ausland zulässig ist. Beweismaterial über verdeckte finanzielle Transaktionen mit dem Ausland kann wesentlich dazu beitragen, Gerichte und Geschworene vom Ausmaß des rechtswidrigen Verhaltens zu überzeugen, und dient der Beschlagnahme und Konfiszierung von Vermögenswerten in aller Welt.«

Dazu müßten allerdings zunächst einige wichtige Voraussetzungen geschaffen werden, glaubt Obermaier. Erstens müßten die Länder Gesetze einführen, die es ihnen erlauben, Beweismaterial mit anderen Ländern einschließlich der Vereinigten Staaten zu teilen. Zweitens müßte die Handhabung der Probleme auf bilateraler Basis, das heißt Strafverfolgung von Drogenhändlern und Geldwäsche, verbessert werden. Um die Strafverfolgung effektiver zu machen, drängt Obermaier auf moderne und fortschrittliche Ausweisungsverfahren und Abkommen über den gegenseitigen Rechtsbeistand.

In zahlreichen Ländern gibt es bereits gesetzliche Regelungen im Geldverkehr, die auch dazu dienen sollen, Geldwäsche zu verhindern und Geldwäscher aufzuspüren.

In fünfzig Ländern der Welt müssen Finanztransaktionen angezeigt werden, elf Länder haben dafür einen bestimmten Grenzbetrag vorgesehen. Die Gesetze von 33 Ländern erlauben es, die so gewonnenen Informationen auch an ausländische Strafverfolgungsbehörden weiterzugeben.

Der Import oder Export von Finanzmitteln muß in 55 Ländern der Erde gemeldet werden oder unterliegt sogar einer Genehmigungspflicht. 37 Länder haben bestimmte Grenzen dafür festgelegt. 37 Länder geben solche Informationen auch an ausländische Behörden unter bestimmten Bedingungen (meist richterliche Beschlüsse, Rechtshilfeersuchen) weiter.

Die Möglichkeit der Beschlagnahme von Geld aus kriminellen Quellen existiert in sechzig Ländern. Dabei gibt es unterschiedliche Grundvoraussetzungen: In drei Ländern muß feststehen, daß ein Verbrechen begangen wurde, in drei Ländern reicht der dringende Verdacht dafür aus, in 16 Ländern müssen richterliche

Beschlüsse vorliegen, in drei Ländern dürfen die Vermögen nur als Beweismittel beschlagnahmt werden. In neun Ländern muß das Geld aus dem Drogenhandel, der Korruption oder der Schutzgelderpressung stammen, und in 42 Ländern ist es sogar möglich, beschlagnahmte Gelder an ihr Ursprungsland zurückzugeben[15].

Gegenwärtig sind die Regelungen in Europa noch uneinheitlich. Der Entwurf eines Gewinnaufspürungsgesetzes des Bonner Innenministeriums – vom Bundeskabinett in der vorgelegten Form am 8. April 1992 beschlossen – sieht vor, daß Kredit- und Finanzinstitute, Versicherer, Spielbanken, Vermögensverwalter und andere Gewerbetreibende Kunden identifizieren müssen, wenn diese mehr als 50 000 Mark einzahlen. Solche Aufzeichnungen müssen fünf Jahre lang aufbewahrt werden. Bestimmte Transaktionen wie Bareinzahlungen auf Auslandskonten, Reisescheckverkäufe bei Banken und Sparkassen sollen bereits ab 30 000 Mark erfaßt werden, sofern keine dauerhafte Geschäftsbeziehung besteht.

Den Vorschlag der EG-Kommission – vom EG-Ministerrat gebilligt –, Transaktionen ab 15 000 Ecu (etwa 30 000 Mark) *automatisch* an staatliche Stellen zu melden, greift dieses Gesetz allerdings nicht auf: Dies soll auf Fälle beschränkt werden, die auf versuchte Geldwäsche schließen lassen[16].

Doch das Gewinnaufspürungsgesetz stieß bei den Praktikern sowohl der Justiz als auch der Banken schon auf heftige Kritik, noch bevor eine beschlußfähige Vorlage überhaupt da war. »Haarsträubend«, so der Kommentar Körners. Als besonders realitätsfern empfindet er den geplanten Paragraphen 12: Darin heißt es, daß Bankbeamte bei verdächtigen Transaktionen eine Meldepflicht haben. Die Staatsanwaltschaft muß innerhalb Tagesfrist über die Beschlagnahme der Gelder entscheiden. Dringende Transaktionen sind auch dann auszuführen, wenn keine Zeit bleibt, die Zweifel an der Legalität der Gelder zu klären.

Hier zimmerten offensichtlich Sandkastenstrategen ein Verdikt zusammen, die nicht die geringste Vorstellungskraft vom Einfallsreichtum der Drogenkartelle haben. Ein Drogenhändler, der Freitagnachmittag kurz vor Börsenschluß ein Aktiengeschäft vornehmen wollte, könnte daran nicht gehindert werden. Denn erstens sind Börsengeschäfte für gewöhnlich immer eilig, und zweitens gelänge es wohl keinem Staatsanwalt, kurz vor dem

Wochenende die Legalität des Geldes zu überprüfen, selbst wenn er dafür bis Samstagmittag Zeit hätte.

Auch nachlässige Bankbeamte müßten kaum mit Konsequenzen rechnen, wie etwa ihre Kollegen in den USA oder England. Ein Bußgeld bis 100 000 Mark droht nur dem, der grob fahrlässig Drogengelder weitergeleitet hat.

Der Rauschgifthändler müßte sich also schon unter Zeugen als solcher zu erkennen geben, damit die Justiz den Bankbeamten später überführen könnte. Körner fordert deshalb, daß bereits leichtfertiges Verhalten unter Strafe gestellt wird.

Noch einfacher haben es die Drogenhändler, wenn sie einen Rechtsanwalt, Notar oder Steuerberater als Strohmann benutzen: Diese Berufsgruppen können weiterhin Konten für Dritte einrichten, ohne deren Identität preisgeben zu müssen, geschützt durch die Schweigepflicht. Es ist daher schon heute absehbar, daß die langerwartete Bonner Regelung mehr Alibicharakter als praktischen Nutzen haben wird.

Stephan Sauer, vom Bundesverband Deutscher Banken, warnt dagegen davor, die Mitarbeiter der Geldinstitute zu einem verlängerten Arm der Staatsanwaltschaft zu machen. Zudem verstoße es gegen die rechtsstaatlichen Prinzipien, einen Bankangestellten dazu zu zwingen, eine Transaktion zur Anzeige zu bringen, mit der er sich möglicherweise selbst strafbar gemacht haben könnte. Dieses entspräche einem mit den rechtsstaatlichen Grundsätzen nicht zu vereinbarenden Zwang zur Selbstanzeige.

Dies hat der Gesetzgeber allerdings mittlerweile so geregelt, daß der geplante Paragraph 261 Strafgesetzbuch (Geldwäsche) den von Strafverfolgung verschont, der Geldwäsche freiwillig, also von sich aus, anzeigt.

Sauer spricht sich aber auch gegen die Strafbarkeit der groben Fahrlässigkeit aus und kritisiert an dem Gesetz, daß Bankbeamte, die mit dem abstrakten Geldverkehr zu tun haben, bei dem sich Geldwäsche nicht immer ohne weiteres erkennen läßt, ständig mit einem Bein im Gefängnis stünden[17].

Bei der Aufzeichnungspflicht von Bareinzahlungen – einer Art Rasterfahndung – spricht sich Sauer dafür aus, die Grenze so anzusetzen, daß das »übliche Tagesgeschäft« nicht tangiert ist. Selbst wenn diese Grenze bei 50 000 Mark läge, meint Sauer, wären dies pro Jahr noch immer rund sechseinhalb Millionen

Transaktionen, die aufgezeichnet werden müßten. Betroffen davon wären zudem die Bankkunden, die keine Geldwäscher seien und bei denen dies auch auf den ersten Blick nicht erkennbar wäre.

Fest steht, daß der Gesetzgeber große Probleme haben wird – auch wenn er sich zur Aufgabe einiger heute noch geltender Rechtsgarantien entschließt –, ein Instrumentarium zu schaffen, das wirkungsvoll die Unterwanderung der Wirtschaft mit den Narco-Milliarden verhindert und die kriminellen Geldwäscher dorthin bringt, wo sie hingehören: hinter Gitter.

Die Parallelgesellschaft
Das organisierte Verbrechen frißt sich in die Gesellschaft

Ein Virus hat den Körper befallen, den wir Gesellschaft nennen. Langsam frißt er sich in die Organe, höhlt sie aus. Er lähmt das Immunsystem, macht den Körper wehrlos für weitere, noch schwerere Attacken.

Das Virus hat einen Namen *morbus corruptiensis:* Das Krankheitsbild: Verwilderung der Sitten, Verfall der Moral, Niedergang der politischen Kultur.

»Mißstände gibt es in allen politischen Systemen, die sich aber dadurch unterscheiden, wie beim Ruchbarwerden solcher Vorgänge reagiert wird. Für die Bundesrepublik läßt sich diagnostizieren, daß ein Skandal nur dann Folgen hat, wenn die tragenden Figuren ohnehin abgelöst werden sollen; die Reaktionen bei Späth im Vergleich zur Reaktion bei Süssmuth sind hierfür ein Beispiel«, schreibt der Kölner Soziologe und CDU-Mitglied Erwin K. Scheuch in einem Gutachten über die Machenschaften westdeutscher Politiker, angefertigt im Auftrag einer regionalen CDU-Wirtschaftsvereinigung[1].

»Das System der Machtübernahme durch Cliquen ist außer Kontrolle. Es ist nur sich selbst verantwortlich – oder, wie es in der Soziologie heißt: Es ist selbstreferentiell.«

Scheuch kommt zu einem erschreckenden Urteil: »Auf Bundesebene und in einer Anzahl von Kommunen, auch größerer Städte, haben sich die Seilschaften fortentwickelt zu Feudalsystemen.« Die *classe politique* verstehe sich als Obrigkeit und verliere in diesem Selbstverständnis die Bodenhaftung. »Kritik wird von ihr sachlich nicht mehr ernst genommen. Ansehensverlust ist für sie ein Kommunikationsproblem.«

Parteiämter werden vertraglich festgelegt, »Cliquen, Kartelle, Seilschaften« entscheiden über Wohl und Wehe. »Verdiente« Politiker werden anschließend auf Kosten des Steuerzahlers auf eigens dafür geschaffene, hochdotierte Posten geschoben. Da bekommt auch der letzte Versager noch ein warmes Ruheplätzchen.

Der renommierte Wissenschaftler hatte in ein Wespennest gestochen: Die Studie wurde von führenden CDU-Politikern als »verleumderisch« disqualifiziert, Scheuch als Nestbeschmutzer beschimpft, die weitere Verbreitung des Papiers schleunigst gestoppt.

Dabei analysierte Scheuch treffend die Verfassung unserer Gesellschaft, die Realität in der deutschen Politik, ob auf Städte-, Landes- oder Bundesebene.

Wertmaßstäbe und Unrechtsbewußtsein verkommen in Deutschland allmählich in Richtung Null, was uns in mancherlei Hinsicht nicht mehr sehr von einer Bananenrepublik unterscheidet.

Steuerhinterziehung ist zum Volkssport geworden; der Bürger gilt als um so cleverer, je mehr er am Finanzamt vorbeimogelt. Geht bei Freunden der Fernseher kaputt, wird dies schon mal über die eigene Haftpflichtversicherung abgerechnet, gilt solches doch als Kavaliersdelikt.

Steuerfahnder und Wirtschaftsstaatsanwälte erkennen immer häufiger, daß das gängige Wirtschaftsgebaren oft nicht mehr weit von der Wirtschaftskriminalität entfernt ist. Kaum noch eine große Baufirma, die nicht mit illegal Beschäftigten arbeitet; Ausschreibungs- und Vergabeprozeduren bei öffentlichen Bauaufträgen dienen immer häufiger nur noch der Verschleierung, denn meist steht im voraus fest, wer welche Aufträge bekommt. Preisabsprachen und Kartellverstöße sind zum festen Instrumentarium der Wirtschaft geworden.

Gängige Praxis ist es offenbar, Staatsdiener zu bestechen – manche Firmen unterhalten eigens Geldtöpfe für derlei Sonderausgaben.

Korrupte Beamte, Angestellte und Politiker greifen hemmungslos zu, wenn bei einem lukrativen Geschäft abgesahnt werden kann. Alles ist käuflich: Baugenehmigungen (dort ist die Korruption geradezu systemimmanent), Lizenzen für Spielhöllen, Führerscheine, Aufenthaltsgenehmigungen und natürlich staatliche Aufträge. Sie kassieren Millionen im Jahr. »Korruption«, sagt der Frankfurter Staatsanwalt Wolfgang Schaupensteiner, »hat sich in Deutschland metastasenartig ausgebreitet. Sie durchzieht die Amtstuben ganzer Behörden und Verwaltungen.« Sie wird organisiert und planmäßig betrieben.

Im Hochtaunuskreis bei Frankfurt gingen Bürgermeister und

Ratsmitglieder gleich mehrerer Gemeinden in Haft, weil sie teilweise sechsstellige Bestechungsgelder kassiert hatten. Die Taunus-Connection errichtete ein Preiskartell und kungelte Aufträge für Wohnsiedlungen und Kanalisationen aus. Die mafiosen Herren führten sich auf, als seien die Gemeinden ihr Eigentum. Die Parteien mühten sich freilich, ihre kriminellen Mitglieder und Repräsentanten solange zu halten und zu decken, wie irgend möglich, wie es gute Sitte in unserem Lande ist.

Im Frankfurter Bestechungsskandal waren schließlich fast 1000 Staatsdiener der Bestechlichkeit oder Vorteilsnahme beschuldigt – ein beispielloser Fall in der deutschen Nachkriegsgeschichte, wie man ihn vielleicht allenfalls in einem südafrikanischen Land vermuten würde. Manche Behörden, wie etwa das Straßenbauamt, waren führerlos, weil Amtsleitung und die verantwortlichen Abteilungsleiter geschlossen in Untersuchungshaft saßen. Die Bestechung war zum System geworden.

Insgesamt setzt das Land Hessen, ohne Kreise und Gemeinden, »infolge von Preisabsprachen jährlich über 200 Millionen Mark in den Sand«, errechnete Schaupensteiner. 17 Millionen gehen als »Zuwendungen« an Bedienstete in Bauämtern. Bundesweit sollen es laut *Stern* etwa 140 Millionen Mark sein.

Auch die Institutionen, deren Aufgabe die Abwehr und Verfolgung von Kriminalität ist, hat das mafiöse Virus befallen. »Es gibt eine Reihe bedeutender OK-Verfahren, in denen bestechliche Polizeibeamte, Staatsanwälte und Politiker eine Rolle spielen«, klagt etwa der in OK-Verfahren versierte Frankfurter Oberstaatsanwalt Peter Köhler.

Nordrhein-Westfalen ist bislang das einzige Bundesland, das eine Untersuchung zu diesem Thema vorlegen kann. Innenminister Herbert Schnoor stellt fest, daß »die Zuwendung von Bargeld, das Überlassen von Ferienwohnungen, kostenlose Bewirtung oder freier Bordellbesuch« als Mittel der Beamtenbestechung von den Tätergruppen organisiert und planmäßig betrieben wird. Da ist eine regelrechte »kriminelle Parallelgesellschaft« entstanden, sorgt sich Schnoor[2].

Der Essener Staatsanwalt Udo Henschel etwa warnte jahrelang die Glücksspielmafia im Ruhrpott um die Unterweltpaten Manfred Hauschild und Rigobert Taubert und kassierte dafür 50 000 Mark. Später bekam er dafür zwei Jahre und neun Monate Gefängnis. In Baden-Württemberg ließen sich zwei LKA-Beamte regelmäßig vom Zockerkönig Mihail Sainidis mit Kaviar und Champagner verwöhnen und halfen ihm dafür, sein Glücksspielimperium zu erhalten.

Auch in Frankfurt werden regelmäßig von langer Hand geplante Polizeiaktionen an die Unterwelt verraten. Bei der Suche nach den Maulwürfen im Präsidium tappen die Polizisten im dunkeln. Erst nachdem die Aktionen abgeschottet wurden, gelangen Razzien.

Verräterisch die Sprachregelung, mit der die Öffentlichkeit – vor allem aber die Medien – solche Entwicklungen begleiten: Da ist von Filz und Seilschaften die Rede, von Bestechungsaffären und Skandalen, dabei gibt es doch ein Wort, was solcherlei Machenschaften treffend beschreibt: Kriminalität.

Denn was unterscheidet korrupte Politiker und Beamte oder Bestechungsgelder zahlende Unternehmer von dem Einbrecher, Bankräuber oder Drogendealer? Sie alle fügen anderen Schaden zu, bereichern sich auf Kosten Dritter. Oft ist es sogar organisierte Kriminalität, denn schließen sie sich nicht gerade zusammen mit dem Zweck, dauerhaft Gewinne zu erwirtschaften?

Mehr noch: Die »Saubermänner« mit weißem Kragen und schwarzer Weste sind die größere Gefahr für die Gesellschaft.

Wie es um die politische Moral in der Bundesrepublik bestellt ist, hat sich erneut im März 1992 gezeigt. Nur durch einen Zufall kam heraus, daß das Bundesverteidigungsministerium – entgegen den Vorgaben des Parlaments und einem ausdrücklichen Verbot – Panzer an den NATO-Partner Türkei geliefert und damit letztlich gegen eine der wesentlichen Grundlagen der Demokratie verstoßen hat, nicht zum erstenmal übrigens. Ex-Verteidigungsminister Gerhard Stoltenberg (CDU) gab sich entsetzt, beschönigte, schob die Schuld auf seine untergeordneten Beamten und versuchte sich aus der Affäre zu ziehen. Erst als der öffentliche Druck unerträglich wurde, sah er sich zum Rücktritt gezwungen.

Und die Sensibilität für die feinen Zwischentöne sind auch der Opposition abhanden gekommen: Führende Politiker der SPD äußerten gar Respekt vor Stoltenbergs Entscheidung zur Demission. Ist die Erosion der Werte schon derart fortgeschritten, daß das Aufflackern eines letzten Funken Anstandes bereits Respekt erheischt?

Wer will sich da noch wundern, wenn Baden-Württembergs Ex-Ministerpräsident Lothar Späth vor dem »Traumschiff-Untersuchungsausschuß« ungerührt behauptet, alles doch nur fürs »Ländle« getan zu haben. Fürs Ländle ließ Cleverle Späth sich um die Welt kutschieren – auf Kosten der Unternehmer – und beschaffte auch seiner Familie so manchen Vorteil. Selbstredend, daß die Unternehmer dafür keine Gegenleistung erwarteten.

Die Politik lebt dem kleinen Mann seit Jahren vor, was man unter dem Begriff *Catch as catch can* zusammenfassen könnte. Längst hat der Wähler sich abgeschminkt, daß es da noch so etwas wie Anstand gibt.

Was aber soll er davon halten, wenn er erleben muß, daß sich selbst die hohe Politik nicht mehr an das hält, was gemeinhin als Gut oder Böse gilt. Er wird sich zwangsläufig denken, daß alles erlaubt ist, Hauptsache, man wird dabei nicht erwischt. Darum lautet die alles entscheidende Frage nicht mehr: Wie handele ich gesetzeskonform? Sondern: Wie handele ich straffrei?

»Natürlich würden uns die Politiker und Beamten sofort erklären, an Gewinn hätten sie nie gedacht, als sie ein Auge zudrückten, das Gesetz beugten, Geldkuverts entgegennahmen. Alles sei in bester Absicht und in der Überzeugung, dem Ganzen zu dienen, geschehen. Doch bestraft wird auch der Spion, der aus Überzeugung Verrat begeht, und der Dieb, der seine Beute verschenkt«, schreibt Mafiaexperte Werner Raith[3]. »Beihilfe zu organisierten Straftaten würden vorliegen, wenn Politiker im Zusammenhang mit Beamten Unternehmen widerrechtlich Steuererleichterungen verschaffen, ausländische Regierungen verbotenerweise Waren zugänglich machen und Bauern illegal Subventionen zuschanzen, und zwar auch dann, wenn sich die Beihilfe nicht unbedingt in klingender Münze auszahlt.« Dies mag vielleicht auch der Grund dafür sein, folgert Raith, daß sich die Gesetze in diesem Bereich nicht gegen das gesamte Spektrum der organisierten Kriminalität richten. Es würde wohl manchen Politiker anderenfalls in arge Erklärungsnöte bringen.

Den Politikern aber nutzt die Vergeßlichkeit des Wahlvolkes. Wer erinnert Berlins Regierenden Bürgermeister Eberhard Diepgen daran, daß er im Rahmen des Antes-Skandals selbst mindestens 50 000 Mark (das hat er zugegeben!) für die Parteikasse in Empfang genommen hat. Wer denkt heute noch daran, daß der

FDP-Vorsitzende Graf Lambsdorff wegen Beihilfe zur Steuerhinterziehung verurteilt wurde.

Wer hat noch in Erinnerung, daß unser Bundeskanzler wegen eben jener Parteispenden partiell sein Gedächtnis verlor. Eine ganze Reihe anderer Parteioberer, mit dicken Kuverts versehene Schatzmeister und Bankiers können sich ebenfalls an nichts mehr erinnern. In Bonn gehen offenbar die drei Affen um, und eine geplante Selbstamnestie konnte auf Druck der Grünen mit Müh und Not verhindert werden.

In Deutschland aber sind die Verharmloser und Verhinderer am Werk: Der Frankfurter Erziehungswissenschaftler Henner Hess etwa – bekannt für seine Zweifel an der Existenz organisierten Verbrechens – sieht auch positive Seiten, wenn Drogenkartelle über Deutschlands Banken Geld waschen und mit dem gereinigten Narco-Vermögen die Wirtschaft infiltrieren. So etwas kurbele doch die Volkswirtschaft an, schaffe Arbeitsplätze.

Mag sein. Solche Überlegungen indes machen Kriminalität hoffähig. Wirtschaftsgangster, wie der Ex-Vorstandschef der Coop Bernd Otto, sitzen lachend und offenbar auf Beifall wartend auf der Anklagebank und versuchen ihre kriminellen Millionenschiebereien einem staunenden Publikum als »ganz normales Geschäft« zu verkaufen.

Dieses Argument bemühte auch Ebby Thust: In Siegerpose im Gerichtssaal ließ er sich im Frühstücksfernsehen feiern, kam per Talkshow in die deutschen Wohnstuben. Thust, so scheint es, steht im Zenit seines Bekanntheitsgrades, wird dem Publikum in einer Mischung aus Abscheu und stiller Bewunderung vorgeführt, bekommt Gelegenheit zur Selbstdarstellung.

Kriminelle wie Thust gelten offenbar als schmückendes Beiwerk. »Auf einem Geburtstag des Hamburger Unterweltlers Kalle Schwensen, da treffen Sie die Großen der Politik in Hamburg, und auf einem Gala-Abend im Spielklub von Hohen-Siegburg, da sehen Sie genauso die Behördenleiter mit dem Oberbürgermeister, und sie sonnen sich alle im kriminellen Milieu und finden es chic«, bemerkt der Düsseldorfer OK-Fahnder Wilhelm Schwerdtfeger. »Wir können hier arbeiten, was wir wollen, wir können uns die Finger wundschreiben, und das Doppelte an Personal und an Geld haben, wenn sich nicht da auch das Bewußtsein ändert.«

»Wir schlagen mit voller Wucht auf die Kleinen, und die Großen lassen wir laufen«, beschwert sich auch ein BKA-Beamter.
Straftäter mit Verbindungen zu einflußreichen Politikern genießen eine de-facto-Immunität, wenn es ihnen gelingt, Politiker
einzuschalten, um Verfahren zu verhindern.

Doch haben wir nicht eine funktionierende Polizei, die uns vor
der Unterwanderung durch die Kriminalität bewahrt?

Der Frankfurter Polizei wird von der Landesregierung, SPD
und Grünen, ein Maulkorb verpaßt, weil sich vereinzelt Beamte
besorgt über den Einfluß organisierter Kriminalität in Frankfurt
geäußert haben. Solches erscheint den Regierenden in Hessen
nicht opportun. Vergessen ist der Anspruch moralischer Erneue-
rung bei den Grünen.

Finanzermittlern in Nordrhein-Westfalen wird mit Versetzung
gedroht, als sie zu tief in den Sumpf der Parteispendenaffäre
eindringen; Staatsanwälte werden – wie in Baden-Württemberg
im Fall des Boschmanagers Merkle geschehen – von ihren Justimi-
nistern attackiert.

Das Bundeskriminalamt wird von den Ermittlungen im Fall des
DDR-Devisenbeschaffers Alexander Schalck-Golodkowski abgezogen, weil vermutet wird, das BKA könnte sich zu sehr für dessen
Beziehungen zu dem verstorbenen Franz Josef Strauß interessieren. Vor dem Gesetz sind eben alle gleich, nur einige wenige sind
gleicher als gleich.

Freilich sind auch Polizei und Justizbeamte nicht immer Un-
schuldsknaben und bisweilen in unseliger Allianz mit den regierenden Politikern verbunden. Kommt wieder einmal eine illegale
Aktion des Verfassungsschutzes, von V-Leuten oder Verdeckten
Ermittlern ans Tageslicht, versuchen die jeweils Regierenden alles, dies vor der Opposition zu vertuschen und Untersuchungsaus-
schüsse zu verhindern oder wenigstens deren Arbeit zu blockie-
ren. Für den Machterhalt wird alles in Kauf genommen.

Beginnt sich in der Bundesrepublik eine Parallelgesellschaft
einzunisten? Kriminalisten wie Schwerdtfeger glauben ja. »Wenn
das Phänomen der Korruption weiter um sich greift, dann hat es
diese Wirkung. Wenn man heute einen Bauauftrag in einer deutschen Stadt nur noch bekommt, nachdem man in einen Fonds die
Bestechungsgelder eingezahlt hat, dann ist das eben für andere
der Ausschluß im Wettbewerb. Und so verhält es sich auch im

Bereich des Menschenhandels, wo man Aufenthaltsgenehmigungen für Ausländer kauft. Wenn diese Formen weiter um sich greifen, dann zählt am Ende nur noch der, der am meisten zahlen kann. Dann werden die Reichen reicher und die Mächtigen mächtiger, und diese Spanne wird immer größer werden.

Und so kommen wir dann zu einer Nebengesellschaft. Ich stelle mir dann die Frage, ob unsere heutige Gesellschaft langfristig darunter ganz verschwinden könnte.«

Der Verfall politischer Kultur und moralischer Werte ist der Nährboden für die Mafia: In einem System der Vetternwirtschaft, Ämterpatronage und Bakschischmentalität findet sie ihre willigen Helfer, die nötige Deckung und Unterstützung und kann sich ungestört ausbreiten.

Vom Volk gewählt, von der Mafia gekauft

In Frankfurt blüht die Korruption: In keiner anderen deutschen Stadt wird so auf Teufel komm raus bestochen und genommen, wie in der Bankenmetropole am Main. Schön blöd, wer die Taschen nicht aufhält, wenn ihm jemand etwas hineinstecken will.

Sollte Deutschland eine Bananenrepublik sein, dann wäre Frankfurt ihre Hauptstadt.

Da existieren geheime Spendenfonds und Zirkel, in denen die Wege der Politik vorgezeichnet werden. Das hat Tradition in der Mainmetropole, spätestens seit Frankfurts Altbürgermeister Rudi Arndt (SPD) in einer Tiefgarage einen Koffer mit 100 000 Mark angenommen hatte, Geld, das der Berliner Baulöwe Karsten Klingbeil für den Zuschlag zum Bau des Flughafen-Hotels Sheraton gut angelegt sah. Insgesamt eine Million Mark zahlte Klingbeil in die Frankfurter Parteikasse. Die Hessische Landesbank, bei der Arndt im Verwaltungsrat saß, sagte Klingbeil dann einen 84-Millionen-Kredit für das Hotel zu. Und das war immerhin schon 1972.

Frankfurt ist eine prosperierende Stadt: Hier wird schnell Geld verdient – vor allem aber schnelles Geld.

Doch hinter der Glitzerkulisse der Bankentürme verbirgt sich ein anderes Frankfurt, eine Stadt, in der sich aufgrund von Korruption und Klüngelwirtschaft, Unfähigkeit und schierer Selbstüberschätzung ein kriminelles Beziehungsgeflecht entwickelte, wie es besser nach Palermo paßt.

Am Anfang stand ein Traum und ein verwegener Plan: Walter Wallmann (CDU), von 1977 bis 1986 Oberbürgermeister in Frankfurt und Hoffnungsträger seiner Partei, wollte aus Frankfurt das machen, was die Stadt bis dahin nicht war: eine Metropole mit glänzenden Fassaden.

Dafür mußte ordentlich saubergemacht werden, und ab 1982 stand für ihn fest: Dieser Schandfleck eines Rotlichtviertels am Frankfurter Hauptbahnhof muß weg, koste es, was es wolle.

Die Idee war auf den ersten Blick verlockend: Das traditionelle Bordellviertel sollte geräumt und dem horizontalen Gewerbe an anderer Stelle ein neuer Platz zugewiesen werden. Dafür wurde schließlich der Plan gefaßt, ein Großbordell in der Frankfurter Altstadt zu errichten.

Doch so leicht, wie es sich Wallman erträumte, würde es nicht funktionieren: Zwei Brüder standen da im Weg und würden ein gewichtiges Wort mitzusprechen haben: Hersch und Chaim Beker.

Hersch, »Henry«, Beker, ein Mann mit der Bilderbuchkarriere: vom Tellerwäscher zum Multimillionär, zum Bordell- und Glücksspiel-Multimillionär. Er galt als uneingeschränkter Herrscher im Frankfurter Rotlichtmilieu. Sein Wort hatte Gewicht. Dies nutzte hin und wieder sogar die Polizei, wenn es darum ging, mal wieder die Ordnung im kriminellen Milieu herzustellen.

Mit eiserner Hand regierte er das Bordellviertel, bootete Konkurrenten aus und scheute auch nicht davor zurück, zum Revolver zu greifen, um Störenfriede niederzuschießen.

Beker ist ein Frankfurter Synonym für organisiertes Verbrechen, auch wenn mancher Politiker sich verzweifelt bemühte, dies im nachhinein herunterzuspielen. Mußten sie auch, denn wer will sich schon nachsagen lassen, Handlanger der Mafia zu sein (selbst wenn dies der Wahrheit wahrscheinlich am nächsten kommt).

Beker erfüllt restlos alle Indikatoren, die Kriminalwissenschaftler für die OK aufgestellt haben: Beeinflussung von Behörden, Politik und Medien, Installation hierarchischer Strukturen, Androhung von Gewalt, Monopolisierungsbestrebungen und so weiter. In Frankfurt gibt es noch heute Bordellbetreiber, die Beker lieber am nächsten Galgen sähen, doch während er in Frankfurt herrschte, hoben sie nicht den kleinen Finger gegen ihn.

Mit ihm hatte Wallmann also den richtigen Mann, und so wurde Beker gleichsam der Generalunternehmer für den CDU-Magistrat in Sachen Stadthygiene.

Doch den Regierenden war schnell klar, daß dies mit Opfern verbunden war, daran ließ zumal Beker keinen Zweifel.

Also wurden Grundstücke und Häuser hin- und hergeschoben, dem Hersch auch mal ein Geschäft zugeschanzt: Lizenzen für Spielkasinos etwa wurden wohlwollend ausgestellt, und es soll sogar eine Anweisung von oben gegeben haben, daß nichts unternommen würde, was Beker schadete. Das war aber gar nicht nötig, denn der schlaue Henry hatte schon selbst dafür gesorgt, daß seine Interessen gewahrt würden.

Beker schuf sich ein mafioses Beziehungsgeflecht in der Stadtverwaltung – die Polizei sprach von einer regelrechten Unterwanderung der Behörden –, mit dem er seine Vorstellungen von Stadtplanungspolitik verwirklichte.

Für leitende Mitarbeiter des Ordnungsamtes zahlte er mal die Arztrechnungen oder bewirtete sie großzügig. Die revanchierten sich mit schnellen Genehmigungen für schummrige Glücksspieltempel, warnten auch ab und an vor anstehenden Razzien. Eine lange und intensive Freundschaft wuchs heran. Die Verbindung zwischen Unterwelt und Behörde war so herzlich, daß das Milieu nach dem Tod eines Ordnungsamts-Mitarbeiters – zuständig für Konzessionen – sogar eine Anzeige in der Zeitung aufgab: »Wir trauern um unseren Freund. Wir werden ihn sehr vermissen.«

Exzellente Verbindungen hatte Beker zum damaligen Chef der Bauaufsichtsbehörde, Dieter Lortz. Der frühere Chef des Ordnungsamtes, Torsten Schiller, stieg nach seinem Ausscheiden ins Anwaltsgeschäft ein und wurde als Beker-Berater tätig.

Beker wußte über alles Bescheid, auch über die Wallmann-Pläne. Folglich gelang es ihm, im Vorfeld der städtischen Planungen die richtigen Weichen zu stellen und die Konkurrenten aus dem Geschäft oder in ein Abhängigkeitsverhältnis zu ihm zu drängen. Und Beker sahnte ab: Allein in einem Jahr scheffelte er mit seinen Kasinos 45,3 Millionen Mark.

Die cleveren Geschäfte des Rotlichtfürsten führten geradewegs ins Desaster: Am Schluß war die Stadt (und damit der Steuerzahler) um etliche Millionen ärmer, das Ansehen der Partei arg ramponiert, ein hessischer CDU-Innenminister sogar zurückgetreten, und die Puffs sind noch immer dort, wo Wallmann sie weghaben wollte.

Und wäre nicht die Staatsanwaltschaft auf den Gedanken verfallen, Beker wegen Bildung einer kriminellen Vereinigung anzuklagen, er wäre als der eigentliche Sieger aus dem Grundstücksmonopoly hervorgegangen. So aber mußte sich der fixe Rotlichtkönig schleunigst absetzen und wählte dafür Israel.

Eine Schlüsselfigur bei den dubiosen Beker-Geschäften ist der damalige Kämmerer und heutige Stadtälteste Ernst Gerhardt (CDU), ein Mann von hoher Reputation und untadeligem Ruf (sieht man einmal davon ab, daß die Staatsanwaltschaft gegen ihn wegen des Verdachts der Untreue zum Nachteil der Stadt ermittelt).

Um die Überfliegerpläne Wallmanns zu verwirklichen, die mittlerweile von dessen Amtsnachfolger Wolfram Brück (CDU) weiterverfolgt wurden, griff Gerhardt in die Trickkiste und zauberte aus derselben den »Almosenkasten« hervor, eine traditionsreiche städtische Stiftung – einst gegründet, um gestrandeten Mädchen wieder auf die Beine zu helfen –, die nun offensichtlich dazu dienen sollte, Almosen unter den notleidenden Rotlichtkönigen zu verteilen. Sinnigerweise sollte diese Stiftung nämlich ein städtisches Grundstück an eine ominöse Firma aus London mit dem klangvollen Namen Frankfurt Properties Ltd. verpachten. Eigentümer: Hersch Beker. Auf dem Grundstück sollte das Großbordell errichtet werden.

Die Stadtpolitiker hatten in der Wahl des Stiftungskonstrukts einen weiteren Vorteil erkannt: Auf diese Weise ließ sich das Geschäft in aller Heimlichkeit am Parlament vorbei über die Bühne ziehen. Vor allem den ewig nörgelnden Grünen hätte man nichts von dem Deal erzählen müssen.

Später erklärten alle Beteiligten, sie hätten nicht gewußt, wer hinter dieser dubiosen Firma steckte. Abgesehen davon, daß dies – wie inzwischen feststeht – gelogen war, wäre es ein peinliches Armutszeugnis für die Stadtväter gewesen, Geschäfte mit jemanden zu machen, den man nicht einmal kennt. Aber die Herren Magistratsmitglieder müssen die Bürger schon für sehr dumm gehalten haben, um ihnen dieses Märchen aufzutischen.

Gerhardt, ein gewiefter Finanzjongleur mit dreißigjähriger Erfahrung in der Kommunalpolitik, verstand es immer wieder, vorteilhafte Verträge mit Beker auszuhandeln, wenn es um den Kauf oder die Anmietung von Häusern ging – vorteilhaft für Beker.

Anfang der achtziger Jahre verkaufte die Stadt ihr einziges Gebäude in der sogenannten Toleranzzone am Bahnhof für sage und schreibe 215 000 Mark an einen Frankfurter Rechtsanwalt. Der verscherbelte es sofort weiter an eine liechtensteinische Scheinfirma mit dem Namen Deltino. Dahinter verbargen sich die Beker-Brüder.

Für drei Beker-Häuser im Bahnhofsviertel zahlte Gerhardt aus der Stadtkasse 17,28 Millionen Mark, obwohl diese nur sechs bis sieben Millionen Mark wert waren, wie eine Wirtschaftsprüfungsgesellschaft später feststellte. Die Beker-Brüder hatten gerade mal 4,1 Millionen Mark dafür bezahlt.

Mindestens eines der drei Häuser hätte Gerhardt preiswerter bekommen können. Die Stadt hatte darauf nämlich ein Vorkaufsrecht. Sie verzichtete jedoch auf die Ausübung und ließ es Beker kaufen, der es dann kurz darauf mit horrendem Gewinn an Gerhardt weiterverkaufte. Der Gewinn von rund 12,7 Millionen Mark wurde unter den Beker-Brüdern sowie dem Beker-Ziehvater und Immobilienkrösus Josef Buchmann aufgeteilt. Auch einer, der den Aufstieg aus dem Rotlichtmilieu geschafft hat.

1,5 Millionen machte Gerhardt als Entschädigung für eine Beker-Kneipe locker, die auf einem längst von der Stadt bezahlten Grundstück stand. Um die hohe Abstandssumme zu rechtfertigen, wurde noch schnell ein zehnjähriger Pachtvertrag mit der Stadt abgeschlossen. Der Pachtvertrag bestand zwischen Hersch Beker (Verpächter) und Chaim Beker (Pächter). Der entsprechende Vertragsentwurf wurde vom Büro des Immobilienkaufmanns Josef Buchmann an das Büro Beker gefaxt.

Auch sonst waren städtische Beamte dem wiefen Rotlichthäuptling behilflich: Magistratdirektor Albrecht Müller-Helms etwa, ein enger Vertrauter und Untergebener Gerhardts, sorgte durch eine geschickte Vertragsgestaltung und Gewinnaufteilung dafür, daß die Steuer nicht soviel von Bekers sauer Verdientem einstrich. Die Staatsanwaltschaft ermittelt nunmehr gegen ihn wegen Beihilfe zur Steuerhinterziehung. Müller-Helms aber versichert, stets im Auftrag des Magistrats gehandelt zu haben. Und vieles spricht dafür, daß er die Wahrheit sagt.

Eine weitere Schlüsselrolle in den Grundstücksdeals spielt immer wieder die vornehme Frankfurter Anwalts- und Notarskanzlei Bögner, Hensel und Meulenbergh.

Claus Meulenbergh, dessen Frau zugleich Stadtverordnete der CDU ist, managte zahlreiche Grundstücksgeschäfte, mal im eigenen Namen, mal im Auftrag. So recht blickte da keiner durch. Auch seine Frau nicht, die einmal im Parlament für den Verkauf eines städtischen Grundstückes an ihren Mann stimmte, ohne freilich zu wissen, daß der Mann ihr Mann war.

An eine Berlin GmbH verkauft Kassenwart Gerhardt – ihm war das Augenmaß offensichtlich völlig abhanden gekommen – eben jene Grundstücke in der Nähe des geplanten Großbordells für 1500 Mark je Quadratmeter, obschon die städtische Bodenwertkarte den doppelten Wert auswies. Hinter der Berlin GmbH, vertreten durch Anwalt Meulenbergh, steckten Beker und Buchmann. Gerhardt will es wieder nicht gewußt haben.

Auch Nikolaus Hensel ist ein Mann, dem eine nicht unwesentliche Rolle in der Geschichte zusteht. Als Notar ist er oft für Beker und Buchmann tätig. Für Frankfurt Properties Ltd., deren Direktor er ist, verhandelt er mit der Stadt. Sein wichtigster Verhandlungspartner: Ernst Gerhardt. Zwar bestreitet dieser, an Verhandlungen über das Großbordell in der Breiten Gasse beteiligt gewesen zu sein, doch ein Gesprächsprotokoll vom 2. Dezember 1987 belegt das Gegenteil.

Das Papier ist von brisantem Inhalt: Gefertigt von Notar Hensel für seine Mandanten Beker und Buchmann, ist darin festgehalten, daß dem Beker-Bordell eine Art Konkurrenzschutz zugesagt wird. Hensel hatte eine Konkurrenzschutzklausel gefordert, die später auch in den Vertrag aufgenommen wurde. Beker konnte also mit Unterstützung der Stadt seine Monopolstellung endgültig ausbauen. Der CDU-Magistrat hätte ihn beinahe zum absoluten Alleinherrscher über das horizontale Gewerbe in der Stadt gemacht. Ein grandioser Erfolg weitsichtiger Stadtpolitik.

Mehr noch: Wäre der Coup, Beker die Alleinherrschaft zu sichern, gescheitert, wäre auch nur noch ein einziges Bordell am Hauptbahnhof verblieben, hätte die Stadt den Großpuff übernommen und an Beker zwanzig Jahre lang die Miete bezahlt: 77 Millionen Mark.

Rechtsdezernent Udo Müller (CDU) meldete zwar angesichts solcher Vertragskunststücke gelegentlich Bedenken an, unternahm aber schließlich nichts, sondern stand mit Rat und Tat zur Seite.

Gerhardt und Hensel verbindet so manches: Hensel ist Generalsekretär der Freunde der Universität Tel Aviv«, Gerhardt ist ganz nebenbei Präsident des Vereins, der sich das durchaus noble Ziel zum Anliegen gemacht hat, Geld für die darbende Hochschule im fernen Lande Zion zu sammeln, und dem auch zahlreiche honorige und über jeglichen Verdacht erhabene Mitglieder angehören. Initiiert hatte den Verein Grundstücksmilliardär Buchmann.

Gerhardt, Ehrenbürger Tel Avivs, erwarb sich große Vedienste um das finanzielle Wohl der Universität Tel Aviv: So jedenfalls weisen es zahlreiche Auszeichnungen aus, die er feinsäuberlich in seinem bescheidenen Büro in der Frankfurter Innenstadt aufbewahrte. Seine Fähigkeiten, ständig die städtischen Rubel rollen zu lassen, mögen ihm dabei dienlich gewesen sein.

Für die Geldtransaktionen des Freundeskreises interessierte sich aber plötzlich die Staatsanwaltschaft, die kurzerhand die Geschäftsräume des Vereins und die Privatwohnung Gerhardts auf den Kopf stellte und einen ganzen Berg von Akten beschlagnahmte. Da gab es unerklärliche Zahlungen an liechtensteinische Briefkastenfirmen, anonyme Spenden und andere undurchsichtige Finanztransaktionen mehr. Der Verdacht einer Spendenwaschanlage kam auf.

Besonderes Interesse zeigten die Ermittler an den Spenderlisten, standen dort doch Namen, die schon in anderem Zusammenhang von Bedeutung waren: etwa Hersch Beker.

Aber auch andere Mitmenschen hatten plötzlich ihre Liebe zur Wissenschaft entdeckt und beschlossen etwas zur Förderung derselben zu tun. Wohltäter, die in Frankfurt im Wortsinn Großes vorhatten: Bauspekulanten und Investoren.

Bei den Ermittlern kam bald ein Verdacht auf – für den sie freilich bis heute verzweifelt nach Belegen suchen: Wer in Frankfurt am Wachstum teilhaben wollte, der mußte erst mal ordentlich für den Förderkreis der Universität Tel Aviv spenden.

Doch die guten Beziehungen zwischen den Unterweltfürsten und der CDU gingen wesentlich weiter, als manchem Parteimitglied heute lieb sein kann.

März 1989 – in der heißen Phase des Kommunalwahlkampfes tauchte eine Initiative »Liebenswertes Frankfurt« auf. Viel stand auf dem Spiel, der CDU drohte die absolute Mehrheit abhanden zu kommen. In aufwendigen Zeitungsanzeigen machte die Initiative deutlich, was das bedeutete: Rot-grünes Chaos. Deshalb empfahlen die anonymen Wahlhelfer: »Wir wählen Herrn Brück.« Nur mit der CDU, so wurde suggeriert, bliebe Frankfurt regierbar.

Als Finanzier des 150 000-Mark-Etats trat ein zunächst Auswärtiger auf: der Bauunternehmer Klaus Hahn aus Westfalen. Er überwies die erste Rate in Höhe von 33 000 Mark an die mit der Anzeigenkampagne beauftragte Werbeagentur. Den Rest zahlte in drei Raten die Kanzlei Hensel und Meulenbergh. Die hatte auch Hahn gebeten, als Strohmann sozusagen, die erste Zahlung zu leisten. Hinter der Schützenhilfe für OB Brück steckte: unter anderem Hersch Beker.

Den handelnden Personen hat es jedenfalls nicht geschadet: Ernst Gerhardt schied am Ende seiner Dienstzeit in Ehren aus dem Amt. Ministerpräsident Walter Wallmann zog sich – nach der verlorenen Landtagswahl im Jahre 1991 – in die freie Wirtschaft zurück. Dort ist heute auch Wolfram Brück zu finden. Udo Müller, der Mann, der die ominösen Geschäfte kraft seines Amtes hätte verhindern müssen, wurde Präsident des Landesrechnungshofes.

Es mag ein Zufall sein, daß sich Beker, Gerhardt und Buchmann zu einem Interessenkartell zusammengefunden hatten, und rückblickend betrachtet, bleiben zwei Möglichkeiten: Entweder hat Beker die doch angeblich so gewieften CDU-Stadtväter nach Strich und Faden über den Tisch gezogen, oder – und das ist die schlimmere beider Varianten, kommt aber der Wahrheit leider näher – die Stadtvorderen haben ordentlich mit dem Rotlichtboss gekungelt, um ihre eigenen Interessen durchzubringen.

Das Beispiel Beker belegt, wie eine Stadtregierung, in der politische Moral ein Fremdwort ist, zum Handlanger des organisierten Verbrechens wurde.

Spiegel-Herausgeber Rudolf Augstein schrieb einmal in einem Kommentar über die Beziehungen Franz Josef Strauß' zu dem DDR-Devisenbeschaffer Schalck-Golodkowski, der ehemalige CSU-Vorsitzende sei ein »Einfluß-Agent« gewesen. Augstein meinte damit wohl, Strauß wäre nie auf den Gedanken verfallen, für die Stasi zu spitzeln, wenn er sich mit dem Finanzgenie aus dem Osten traf, um allerlei Geschäfte anzuschieben. Strauß hatte im besten Sinne das Wohl des Vaterlandes im Auge – und seinen eigenen Einfluß darin, der wuchs.

Ein Einfluß-Agent, das war wohl auch Ernst Gerhardt, wenngleich in wesentlich kleinerem und bescheidenerem Rahmen als der frühere bayerische Landesvater. Die Anerkennung für seine Verdienste um die Universität Tel Aviv sind ihm wichtig, und über seinem Engagement für dieses Herzensanliegen hat Gerhadt vielleicht völlig vergessen, wem er eigentlich dienen sollte: dem Bürger, nicht Herrn Beker.

Die Helfer der Krake

Die Irreführung der Öffentlichkeit durch die gezielte Beeinflussung der Medien ist ein Merkmal der organisierten Kriminalität. Doch mitunter, so scheint es, machen sich Journalisten auch freiwillig zu Helfern der Krake.

Die Kamera taucht ins Nachtleben Berlins, fährt die schon sattsam gezeigten Kulissen ab: Bordelle, Prostituierte, Kneipen, in denen sich die Dunkelmänner zu finsteren Geschäften treffen. In einem Stripteaselokal fallen die Hüllen. Zitat: »Menschen, Drogen, Waffen. Alles ist im Angebot, alles hat seinen Platz. Gesetze sind Hindernisse, die notfalls mit Korruption aus dem Weg geräumt werden.« Schnitt. Eine Szene aus dem TV-Streifen »Mahagonny an der Spree«, gesendet am 6. Juli 1989 vom Sender Freies Berlin um 20.15 Uhr im Ersten Programm.

In »Mahagonny« – der Titel ist abgeleitet von Bert Brechts und Kurt Weills gleichnamiger Oper – geht es um die Berliner Unterwelt, um die Halbseidenen und Glücksritter von einst und heute.

Der freie Journalist Rainer Ott läßt keinen Kunstgriff aus, dem Zuschauer seine Sicht der Wirklichkeit näherzubringen. »Klaus Speer ist kein Pate. Ein netter Junge, der es zu etwas gebracht hat.« »Und: »Der Star einer selbstgemachten Erfolgsstory. Er hat seine Lektion gelernt. Klaus Speer ist eine Ausnahmeerscheinung.«

Fast 15 Minuten lang wird Speer dem deutschen Fernsehpublikum präsentiert als ein Mann, den man einfach gern haben muß: Ein erfolgreicher Geschäftsmann, intaktes Eheleben, eine Bilderbuchkarriere.

Speer und Ott sind alte Bekannte: Bereits am 24. Juni 1986 hatte der SFB in seinem 3. Hörfunkprogramm ein von Ott geführtes Speer-Interview gesendet. Auszüge aus den Kommentaren Otts: »Er (Speer) hat sich gehäutet. Er ist ein anderer Mensch geworden. (. . . .) Einer der von der illegalen in die legale Geschäftswelt gewechselt hat. (. . . .) Ein Vorbild (. . . .). Klaus Speer ist ein Einzelfall.«

Doch die Reihe der Ottschen Lobgesänge ist damit noch lange nicht zu Ende. Sie findet ihren bisherigen Höhepunkt am 8. Februar 1992: In der SFB-Hörfunkreihe »Gulliver« macht sich der Rundfunkmann daran, das Ermittlungsverfahren gegen Speer in einem Beitrag mit dem sinnigen Titel »Speerspitzen« zu zerpflükken: »Die Klaus-Speer-Story – ein Berliner Märchen«, erläutert er allen Unwissenden.

Deutlich werden jetzt die Fronten abgesteckt: Speer war in ein schlechtes Licht geraten. Seine Festnahme im Sommer 1991, die Durchsuchung zahlreicher Objekte und die auf dem Fuße folgende schlechte Presse paßten so gar nicht ins neugeschaffene Bild des Saubermanns.

»Speer ist ein unbescholtener Bürger«, ermahnte Ott nun in seiner Sendung die ewigen Nörgler. Für die Komplexität von Ermittlungsverfahren im Bereich der organisierten Kriminalität dagegen zeigt er wenig Verständnis. Und schon gar nicht dafür, daß dies alles so lange dauern muß: Seit 1988 immerhin . . .

Der Tenor ist rasch gefunden, er hat sich längst bewährt: Hier wird ein Unschuldiger verfolgt. Ganz normale Ermittlungsvorgänge werden beschrieben, als sei die Stasi am Werk, und Reporter Ott wundert sich sogar, daß die Kripo Ermittlungen aufnimmt. Der Polizeistaat scheint nicht mehr weit; einem unbedarften Hörer müssen die Haare zu Berge stehen.

Der gegen Speer ermittelnde Staatsanwalt schneidet besonders schlecht ab. Geschickt flicht Ott »Zeugen« in seinen Beitrag ein, die von »Rambo«-Methoden bei der Vernehmung sprechen. Der Staatsanwalt, so muß es scheinen, ist ein Relikt der heiligen Inquisition aus den Zeiten des finstersten Mittelalters.

Daß solches Verhalten – entspräche es der Wahrheit – nach der Strafprozeßordnung zwangsläufig in einem Beweisverwertungsverbot enden müßte, scheint Ott in seiner Recherchetheorie nicht weiter zu beeindrucken. Böse Zungen behaupten, dies sei sogar beabsichtigt.

Über die kriminalistischen Schnellschüsse und ermittlungstaktischen Einschätzungen des Rainer Ott amüsiert sich die Fachwelt.

In »Speerspitzen« etwa taucht ein Zeuge auf, einer von schlechtem Ruf im übrigen, ███████████████████████ ████████████████████████ Wie auch immer, der Mann beschreibt trotz allem recht exakt, wie das Kokain nach Europa kommen soll. Zitat: ». . . , daß das Rauschgift mit Schiffen über Portugal nach Nordeuropa kommt. Das Rauschgift wird in Taucherflaschen am Rumpf des Schiffes befestigt und vor dem Hafen dann abgeworfen. Taucher holen die Flaschen an Land.«

»Da staunt der Laie und der Fachmann lacht. So jedenfalls wird Rauschgift wohl nicht geschmuggelt«, kommentiert Ott munter. Woher er diese Fehleinschätzung nimmt, bleibt im dunkeln, denn es wäre ein leichtes gewesen, sich etwa beim Bundeskriminalamt über gängige Methoden des Rauschgiftschmuggels zu informieren. Ott hätte dann dort erfahren, daß gerade die von ihm ins Reich der Fabel verwiesene Technik eine oft praktizierte ist. Es läßt sich nur vermuten, daß Ott dies gar nicht wissen wollte.

███
███
███
███████████████████████████████████
███████████████████████████████

Was bringt nun aber einen Journalisten dazu, das Hohelied auf einen Mann zu singen, von dem Staatsanwaltschaft und Polizei glauben, er sei einer der Herren der Unterwelt? Es gibt nicht den geringsten Hinweis, daß der Journalist eigene pekuniäre Interessen verfolgt, wenn er das organisierte Gangstertum in seinen Berichten immer gut wegkommen läßt. █████████████████

Vielleicht hegt er ja einfach nur eine alle journalistische Sorgfalt über Bord werfende Sympathie für diesen Mann.

Man möchte es wohl glauben, gäbe es da nicht noch eine andere Berliner Staatsanwältin, die einschlägige Erfahrungen mit dem fixen Rechercheur gemacht hat.

Am 4. Juli starb im Krankenrevier der Moabiter Untersuchungshaftanstalt der Türke Naim Teber: Der Mann, er wurde des Rauschgifthandels verdächtigt, brachte sich mit einer Überdosis »Aponal« um. Die Medikamente waren ihm zur Beruhigung gegeben worden. Statt sie einzunehmen, sammelte Teber sie fleißig, bis er die tödliche Dosis zusammen hatte.

Teber war ein wichtiger Mann in einem Ermittlungsverfahren der Berliner Staatsanwaltschaft, bei dem es um Heroinhandel in größerem Stil ging. Am 19. April desselben Jahres hatte die Polizei ihn festgenommen, als er ein Kilo Heroin an einen Verdeckten Ermittler verkaufen wollte. Nach anfänglichem Schweigen packte er aus und förderte intereressante Erkenntnisse zutage – unter anderem über einen der Mitbeschuldigten, den türkischen Rauschgifthändler Aziz Genc. Jener ist mittlerweile in erster Instanz wegen Heroinhandels zu drei Jahren und sechs Monaten Freiheitsstrafe verurteilt worden. Staatsanwalt und Verteidigung legten Revision ein.

Ott holte aus: In seiner »Gulliver«-Sendung vom 21. Juli 1990 eröffnete er einem staunenden Publikum, Teber sei von der Staatsanwaltschaft in den Tod getrieben worden, man habe dem Delinquenten sogar mit der Dienstpistole des vernehmenden Polizeibeamten gedroht, um ihn zu einer Aussage zu pressen.

Wenige Wochen später legt er mit einem Beitrag im Fernsehmagazin »Kontraste« nach: Auch hier wieder der Vorwurf: Die Staatsanwaltschaft wendet verbotene Vernehmungsmethoden an. Der Ermittlungsbehörde, so wird suggeriert, sind alle Methoden recht, um Leute in den Knast zu bekommen. Dafür werde selbst der Tod eines Beschuldigten in Kauf genommen. Der Moderator der Sendung brachte es schließlich auf den Punkt: Glaubt die Berliner Staatsanwaltschaft, die Drogenkriminalität zu bekämpfen, indem sie »auf der Händlerseite eigene Tote produziert?«

Kein einziges Mal hat sich Ott offenbar die sich aufdrängende Frage gestellt, welchen Sinn es haben könnte, daß die Staatsanwaltschaft ausgerechnet einen ihrer wichtigsten Zeugen in den Selbstmord treibt und damit alle Chancen, an die Hintermänner heranzukommen, zunichte macht. Statt dessen verbreitet der flotte Reporter abstruse Behauptungen und markige Sprüche.

In einem Ermittlungsverfahren gegen die betroffenen Bediensteten der Justiz und Justizverwaltung wurde später festgestellt, daß weder die Ärzte noch die Justiz ein Verschulden am Tod Tebers trifft.

Journalisten, die Zusammenhänge erkennen, aber nicht schreiben, was sie wissen, leisten – selbst wenn sie dies nicht wollen – dem wachsenden Einfluß organisierter Kriminalität Vorschub. Eine der vornehmsten Aufgaben der Medien ist es schließlich, auf gesellschaftliche Mißstände aufmerksam zu machen, sie beim Namen zu nennen und die Öffentlichkeit zu warnen. Tun sie das nicht, versagen sie.

Gleichwohl müssen Journalisten sensibel bleiben, um einem allzu forschen, in Teilbereichen vielleicht unbegründeten Vorstürmen mancher Politiker und Strafverfolger zu begegnen, die unter der Flagge der OK-Bekämpfung schnell mal die Beseitigung von Bürgerrechten verlangen.

Der Journalist vollzieht dabei eine ständige Gratwanderung. Dies ist zugegebenermaßen eine der schwierigsten Aufgaben. Doch gerade Journalisten, die für sich selbst nur allzugern eine besondere Rolle in der Gesellschaft reklamieren, sollten alles daransetzen, dieser Aufgabe gerecht zu werden – im Interesse ihrer eigenen Glaubwürdigkeit und der der Medien.

Die Helfer im Talar

In dem unglückseligen Fall des Naim Teber spielt noch eine andere Figur eine entscheidende Rolle. Doch hierzu muß die Geschichte noch mal ein Stück zurückgedreht werden.

Schon einmal saß Teber hinter Gittern, wegen Raubes. Diese Zeit muß ihm sehr zugesetzt haben, denn nach einigen Wochen neuerlicher U-Haft kam ihm die ganze Tragweite des neuen

Schicksalschlages zu Bewußtsein, und er vertraute sich einem Mithäftling an. Jener war der bekannte Berliner Unterweltler Dieter Harbecke, ein Hansdampf in allen Gassen, der sich gemeinsam mit Hilmar Hein sogar von arabischen Terroristen hatte anheuern lassen, für 10 Millionen Mark Gaddafi zu ermorden.

In epischer Breite klagte der Teber dem Harbecke nicht nur sein Leid, sondern erzählte ihm auch, wie es zu all dem überhaupt kommen konnte. Und eines schönen Tages sagte er dann: Ich packe aus.

Harbecke wandte sich nunmehr seinerseits an die Berliner Justiz und berichtete von dem aussagewilligen Gefangenen. Was – soweit – alles in Ordnung war.

Harbecke aber, der selbst wegen Betrugverdachts im Kahn saß, wurde durch den Berliner Rechtsanwalt Dr. rer. pol. Gerd Stübing vertreten. Dieser war – welch göttliche Fügung – zugleich Verteidiger jenes türkischen Rauschgifthändlers, den Tebers Aussage in arge Bedrängnis gebracht hatte. Stübing nun, so ist zu vermuten, kann nur durch Harbecke von den Aussagen Tebers erfahren haben, schon deshalb, weil jeglicher Kontakt Tebers mit seinen Mitbeschuldigten unterbunden wurde und die Staatsanwaltschaft die Akten auch lange gesperrt hatte.

Für Stübing waren die Teber-Harbecke-Dialoge ein Glücksgriff: Nicht nur, daß die frühzeitige Kenntnis der Aussagen Tebers ihn erfreut haben dürfte – durch solcherlei Dinge sind schon ganze Prozesse gekippt worden –, hatte er auch mit Harbecke einen Mann an der Hand, der des nachdrücklichen Einwirkens auf andere durchaus mächtig ist.

Einfallsreichtum beweist die Kanzlei Stübing, wenn es darum geht, schwierige Probleme zu meistern. Um an einen anderen Mitbeschuldigten heranzukommen, machte sich Stübings Kollegin und gelegentliche Partnerin, die Rechtsanwältin Zarske, mit einer vom Bruder des Betreffenden unterschriebenen Prozeßvollmacht auf den Weg, um sich bei der Justizvollzugsanstalt als anwaltschaftliche Vertreterin eintragen zu lassen. Der Dreh flog erst auf, als die Rechtsanwältin den Mann in der Haft besuchte, aber – weil unbestellt – wieder nach Hause geschickt wurde. Der zog es statt dessen vor, mit der Staatsanwaltschaft zu reden.

Der winklige Advokat ging sogar noch einen Schritt weiter und wollte das Gericht glauben machen, die ermittelnde Staatsanwältin habe ihrem Zeugen »sexuelle Avancen« gemacht, um damit seine Aussagebereitschaft zu fördern.

Sonderbar aber dann: Obwohl Stübing von verbotenen Vernehmungsmethoden spricht, hat er gegen die Verlesung genau jener Aussage, die angeblich illegal zustande gekommen sein soll, in der späteren Hauptverhandlung keine Bedenken mehr.

Stübing ist ein Mann der schnellen Tat: Als es während des Prozesses um die Frage nach verschwundenem Rauschgift aus einem früheren Geschäft geht, greift der flinke Anwalt mal eben in die Aktentasche, zaubert einen Beutel Heroin hervor und präsentiert ihn einem staunenden Gericht mit den Worten: »Bitte schön, hier ist der Rest.« Woher er das wohl hat? Das muß Stübing nicht sagen, denn dafür gibt es ja die anwaltschaftliche Schweigepflicht.

Die Berliner Staatsanwaltschaft ermittelt gegen den Anwalt wegen des Verdachts der Strafvereitelung. Anlaß: Bei einer Durchsuchung der Kanzlei Stübings entdeckte die Polizei in der Handakte des Rechtsanwaltes vorbereitete Aussagen für die Mittäter seines Mandanten Aziz Genc. Doch Stübing hatte gewiß nie die Absicht, die getürkten Aussagen auch zu verwenden.

Eine besondere Note schließlich erhält die Geschichte, wenn man weiß, daß Stübing wiederum ein Freund Otts ist und auch Harbecke den Journalisten gut kennt. »Ott und Stübing verfolgen in der Regel dieselben Interessen«, erzählte uns ein Kriminalbeamter: »Polizei und Staatsanwaltschaft sollen in einem schlechten Licht dastehen.«

Doch das wäre noch die harmloseste aller Varianten. Immer lauter wird die Kritik von Ermittlungsbehörden an dem Vorgehen bestimmter Rechtsanwaltsgruppen. Besonders in OK-Verfahren taucht offenbar zunehmend eine Spezies der Berufsgruppe auf, um deren Berufsethos es nicht immer zum besten bestellt ist. Mit unabhängigen »Organen der Rechtspflege« haben jene Strafverteidiger schon lange nichts mehr gemein.

»Es gibt heute Anwälte, die aus ideologischen Gründen gegen die Strafprozeßordnung handeln. Die vermischen sich mit den Anwälten, die die Neigung haben, Straftäter konkret zu unterstüt-

246

zen, und das mit Argumenten wie Schutz der freiheitlichen Rechte des Mandanten verbrämen«, weiß der erfahrene Frankfurter Staatsanwalt Dirk Scherp zu berichten.

In Düsseldorf haben wir die OK-Experten Wilhelm Schwerdtfeger und Horst Durkowyak vom Landeskriminalamt Nordrhein-Westfalen zu diesem Thema befragt.

Durkowyak: »Wir haben des öfteren organisiertes Vorgehen von Strafverteidigern. Wenn beispielsweise eine Gruppe mit zehn Angeklagten vor Gericht kommt, dann stellen wir fest, daß bestimmte Kanzleien auftreten, und die Rechtsanwälte haben sich untereinander sofort informell kurzgeschlossen. Die anwaltliche Strategie ist darauf angelegt, die ganze Polizeitaktik auszuforschen. Die Anwälte haben heute nach der Rechtsprechung des Bundesgerichtshofes ein uneingeschränktes Fragerecht, und wir sind in der Situation, daß wir so gut wie alles offenlegen müssen. Da ist es dann sehr einfach, unsere Strategie kennenzulernen.«

Die gezielte Ausspähung der Polizei und Justiz durch Rechtsanwälte ist eine Spezialität der südamerikanischen Drogenmafia. Der Verbindungsbeamte der US-amerikanischen Drogenbekämpfungsbehörde DEA an der Bonner US-Botschaft, William T. Healey, sagte uns dazu: »Die Drogenkartelle bezahlen die besten Rechtsanwälte der Welt nur dafür, daß die zu Gerichtsverhandlungen gehen, um herauszubekommen, wie es der Polizei gelungen ist, eine Organisation zu infiltrieren. Aus diesen Informationen lernen sie. Das geschah in Europa ebenso wie in den USA. Denen geht es nicht so sehr um die Leute, die ins Gefängnis wandern, denn die sind ersetzbar. Ihnen geht es hauptsächlich darum, Informationen zu bekommen, wie die Polizei das Geschäft hat auffliegen lassen; also wie ist es gelaufen, warum machte es die Polizei so und nicht anders. Aus diesem Grund haben sie ihre Rechtsberater. Die sagen denen, tut es so, denn da kann die Polizei nichts machen.«

Rechtsanwälte, die ihre Verteidigungsstrategie untereinander abstimmen, sind eher die Regel als die Ausnahme – was auch legal und meistens im Interesse der Mandanten ist.

Schwerdtfeger: »Es gibt aber mehr und mehr Rechtsanwälte, die selbst aktiv Aufgaben übernehmen. Das geht dann so weit, daß sie Ausforschung betreiben im Namen ihrer Mandanten, zum Beispiel nach V-Leuten oder Verdeckten Ermittlern.«

Solche Anwälte führen nicht selten Karteien über V-Leute (VP) und Verdeckte Ermittler (VE). Alle Merkmale, die auf das eine oder andere schließen lassen, werden fallorientiert notiert und mit anderen Fällen verglichen. In solche Datenbanken werden etwa Aussehen und Verhaltensweisen der VP oder VE aufgenommen, benutzte Autos, Wohnorte und so weiter. Dank dem Austausch mit Kollegen wachsen diese Dateien ständig an und sind nach einiger Zeit ein wirksames Instrument bei dem Versuch, der Polizei, die im verdeckten Bereich arbeiten muß, ein Schnippchen zu schlagen.

»Wir sind mittlerweile soweit, daß die Gangster vorher zu ihrem Anwalt gehen, wenn ein größeres Rauschgiftgeschäft abgewickelt werden soll. Dann sagen die, wir haben da welche, mit denen verhandeln wir über den Ankauf von Rauschgift, und der sieht so und so aus und benimmt sich so und so. Und dann sagen die Rechtsanwälte nach einem Blick in die Kartei – solche Fälle haben wir schon gehabt –, ›laß die Finger davon, das ist einer von der Polizei‹«, berichtet Durkowyak.

Bisweilen stehen Anwälte ihren Mandanten in der Bereitschaft zu kriminellen Handlungen in nichts nach: Die Anwältin des St.-Pauli-Killers Werner Pinzner war es, die die Waffe ins Gerichtsgebäude schmuggelte, mit der Pinzner erst den ermittelnden Staatsanwalt, dann seine Frau und schließlich sich selbst erschoß. Das LKA in Düsseldorf ermittelte vor noch nicht langer Zeit gegen eine Rechtsanwältin, die Rauschgiftgewinne in die Türkei transferierte und auch an der Befreiung eines Häftling aus einer Justizvollzugsanstalt in Nordrhein-Westfalen beteiligt war.

Beim Hamburger Landeskriminalamt stoßen wir auf einen anderen Fall, bei dem Rechtsanwälte eine im höchsten Maße fragwürdige Rolle gespielt haben.

Es geht um den kolumbianischen Drogenhändler Carlos Lopez und seinen europaweit agierenden Kokainring, den das LKA Hamburg 1988 und 1989 weitgehend zerschlagen hatte. Die Beschuldigten in dem Komplex wurden überwiegend von einer Hamburger Anwaltskanzlei vertreten, deren Mitglieder alle der spanischen Sprache mächtig sind. Dies ist – soweit betrachtet – durchaus sinnvoll.

In dem Anwaltsbüro hatte auch ein Gerichtsdolmetscher seinen Schreibtisch stehen, und jener Übersetzer war dabei, als die Beschuldigten dem Haftrichter vorgeführt wurden. Zu einem der Festgenommenen unterhielt er sogar »freundschaftliche Beziehungen« (LKA Hamburg). Zu dem frühestmöglichen Zeitpunkt, noch bevor die Staatsanwaltschaft den Anwälten Akteneinsicht gewährte, hatte der Dolmetscher tiefen Einblick in das Verfahren gewinnen können.

Die Anklage stützte sich im wesentlichen auf ihren Kronzeugen Michael Ritter, ein Mitglied des Drogenhändlerrings. Wochenlang wurde Ritter von Polizei und Staatsanwaltschaft vernommen, und um die Ermittlungen gegen die anderen Beschuldigten nicht zu gefährden, legte die Kripo zu jeder Person, über die Ritter eine Aussage machte, eine eigene Akte an.

Vergeblicher Aufwand: Später stellte sich nämlich heraus, daß sämtliche Anwälte in dem Verfahren ihre Akten ausgetauscht hatten, um so die Gesamtaussage Ritters zusammenzutragen.

Im August 1988 verhaftete die Hamburger Polizei auf dem Flughafen Hamburg-Fuhlsbüttel das Bandenmitglied Alberto Benjumea-Rivas, genannt »Canosso«, wegen Besitzes von Falschgeld. Ein knappes halbes Jahr später stellte sich dann seine Verstrickung in den Kokainhändlerring heraus, und das Gericht erließ in dieser Sache einen zweiten Haftbefehl. Das war am 18. Januar 1989.

Zwei Tage darauf telefonierte Ritter mit Lopez, der zu dieser Zeit gerade im kolumbianischen Cali weilte. Lopez las Ritter während dieses – von der Polizei abgehörten – Telefonats aus dem Haftbefehl und der Ermittlungsakte vor. Sie sei ihm gefaxt worden, erzählte der kolumbianische Drogenhändler seinem deutschen Freund. Ritter sagte später vor Gericht aus, die Rechtsanwälte hätten Lopez die Akte nach Kolumbien gefaxt.

Als eine der führenden Figuren des Rings, die mit einem Deutschen verheiratete Patricia Ente, verhaftet wurde, tauchten fast zeitgleich Anwälte der Hamburger Kanzlei im Untersuchungsgefängnis sowie im Polizeipräsidium auf. Einem gelang es sogar, zu Frau Ente bis in die Haftzelle vorzudringen; sie scheuchte ihn jedoch davon. Die Polizei vermutet noch heute, daß Lopez die Anwälte geschickt hatte, um Patricia Ente zum Schweigen zu vergattern.

»Rechtsanwälte gehen unkontrolliert in die Gefängnisse: Die Rechtsanwälte sind deshalb die Nachrichtenleute des organisierten Verbrechens«, zeigt sich Horst Durkowyak überzeugt. »Beispiele, wo Anwälte von außen geschickt werden, haben wir permanent«, weiß auch Staatsanwalt Scherp. »Viele Anwälte halten das mittlerweile für normal.«

Die Moral ist verfallen, der Konkurrenzkampf ist hart. Die Anwaltskammern sind zudem ausgesprochen träge in der Selbstreinigung, hören wir immer wieder bei unseren Recherchen. Doch die wirklich kriminellen Anwälte sind gottlob noch in der Minderheit, bestätigen die befragten Polizeibeamten und Staatsanwälte.

Der Consigliere

Aus den traditionellen Organisationen der italienischen und US-amerikanischen Mafia ist er nicht mehr wegzudenken: der *Consigliere*, der juristische Berater der Bosse. Er ist nicht nur der Haus- und Hofanwalt der Familien, sondern zugleich das Bindeglied zwischen ihren illegalen und legalen Geschäftsaktivitäten.

In Frankfurt am Main stoßen wir auf einen Rechtsgelehrten, der dieses Prädikat verdient hätte: den Rechtsanwalt und Notar Stefan Vollhardt.

Bei der Frankfurter Staatsanwaltschaft hatte man uns gesagt, Vollhardt werde »seit Jahren beobachtet«. Tatsächlich: Gegen den Anwalt wurde wegen Bildung oder Mitgliedschaft in einer kriminellen Vereinigung ermittelt. Bisheriger Höhepunkt seiner Laufbahn: die Führerschein-Mafia, eine beispiellos gut organisierte Bande, in der Rechtsanwälte, Mitarbeiter städtischer Behörden, ein Oberamtsanwalt, Polizisten und Mediziner zusammenwirkten – mindestens zehn Jahre lang, glaubt das BKA, das mehr als 60 000 Telefonate abgehört und sogar einen Verdeckten Ermittler eingeschleust hatte.

Notorischen Alkoholsündern, denen ein langer Entzug ihres Führerscheins ins Haus stand und die gute Ohren für Tips aus Szene und Unterwelt hatten, konnte geholfen werden. Für sie lautete die allererste Adresse, die oft allerletzte Rettung verhieß: Zeil 41, dritter Stock. In dem Bürohaus residierte Anwalt Vollhardt mit seinem Sozius Nick Köhler.

Wer die Adresse kannte und auch das »Sesam-öffne-dich«

(einen stattlichen Bargeldbetrag) bei sich trug, hatte gute Chancen, sein graues Papier schneller zurückzubekommen, als es die Polizei erlaubt.

Die Führerschein-Verbindung arbeitete effizient: Vollhardt vermittelte die Interessenten an seinen Freund, den Rechtsanwalt Burghardt Knoche, dessen Kanzlei ein Stockwerk tiefer untergekommen war. Im Hinterzimmer der Kanzlei trafen die Unglückseligen auf den 59jährigen Oberamtsanwalt Hans Lorke. Der tippte rasch eine entlastende Anklageschrift – die nötigen Briefbögen wie Dienstsiegel hatte der Beamte immer dabei –, und spätestens nach drei Monaten hatten die Betroffenen ihren Führerschein wieder. Das Honorar – je nach Vermögenslage zwischen 1500 und 25 000 Mark – teilten sich Knoche, Lorke und Vollhardt. Über hundertmal, so glaubt die Staatsanwaltschaft, bewährte sich die Verbindung.

Doch selbst auf schwierigste Fälle waren die Gangster vorbereitet: In der Führerscheinstelle des Frankfurter Ordnungsamtes zeigten sich der Amtsleiter und drei seiner Mitarbeiter besonders kooperativ. Sperrfristen wurden umgangen, Akten manipuliert, Alkoholwerte mit Tipp-Ex nach unten »korrigiert«, so die Staatsanwaltschaft.

Für Kampftrinker gab es einen besonderen Service: Wer immer eine vom Flensburger Kraftfahrtbundesamt vorgeschriebene medizinisch-psychologische Prüfung (im Volksmund »Idiotentest«) absolvieren mußte (zur damaligen Zeit ab zwei Promille), konnte sich auf einen der Helfershelfer der Führerschein-Mafia, einen Professor des Rechtsmedizinischen Instituts der Universität Frankfurt, verlassen: Gegen einen entsprechenden Obulus wurden Gutachten frisiert. Dabei waren zwei weitere Gutachter behilflich: Sie bescheinigten dem Delinquenten ein positives Persönlichkeitsbild, und bei allzu hohen Leberwerten wurde entsprechend nachgeholfen – im Dienste der Sache, versteht sich.

Daß den Drahtziehern dieses kriminellen Geschäfts die Kunden nie ausgingen, dafür soll der stellvertretende Leiter eines Frankfurter Polizeireviers gesorgt haben – er wurde nach Bekanntwerden des Dienstes enthoben. Ein 44jähriger Kriminalhauptkommisar des Mobilen Einsatzkommandos (MEK) wanderte ebenfalls in Haft: Er hatte der kriminellen Vereinigung unter anderem den Tip gegeben, daß Telefonate abgehört und die Anwälte observiert werden.

Mutmaßlicher Chef des gut eingespielten Teams war der gutbe-tuchte Burghardt Knoche, eine schillernde Figur mit besten Ver-bindungen und besonderen Vorlieben für schnelle Autos und hübsche Mädchen. Von seiner früheren Kanzlei in der Münchner Straße, inmitten des Rotlichtbezirks, soll er manch krummes Ge-schäft angeleiert haben.

Dabei wäre die Führerschein-Verbindung bereits vor Jahren beinahe aufgeflogen: Damals gab es gegen einen Mitarbeiter der Führerscheinstelle ein Ermittlungsverfahren wegen des Verdachts der Bestechlichkeit. Seinem Verteidiger gelang es jedoch, Spuren zu verwischen. Der findige Rechtsvertreter war – welch ein Zufall – Burghardt Knoche.

Die Ermittlungen ließen die BKA-Beamten noch auf andere Beteiligte stoßen: Vollhardt-Partner Michael Götz etwa. Götz soll gemeinsam mit einem Facharzt für Chirurgie wehrdienstunwilli-gen Jungbürgern gegen entsprechendes Honorar Atteste be-schafft haben, mit denen die Ausmusterung nur noch eine Form-sache war. Gegen 30 000 Mark Kaution durfte Götz die U-Haft nach zwei Wochen wieder verlassen, sein mutmaßlicher Kompa-gnon mußte 50 000 Mark hinblättern.

Rädelsführer Knoche – er selbst soll in mindestens 35 Fällen Amtsträger bestochen haben – hat mittlerweile seine Zulassung als Rechtsanwalt zurückgegeben.

Vollhardt dagegen – nach etwa viermonatiger U-Haft wieder auf freiem Fuß – ist nach wie vor aktiv, vor allem in Ostdeutsch-land. Dorthin hatte es auch seinen alten Spezi Köhler vorüberge-hend verschlagen. Gemeinsam mit einem Münchner Anwalt ver-suchte er in der Leipziger Lortzingstraße eine Kanzlei zu eröffnen. Nachdem die dortigen Behörden Wind von Köhlers bewegter Vergangenheit bekommen hatten, scheiterte dieses Unterfangen jedoch.

Die Frankfurter Strafjustiz hält Vollhardt seit vielen Jahren für einen »Mafiaanwalt«; aus diesem Grund ist er ihr schon ebenso lang ein Dorn im Auge.

Der jugoslawische Unterweltkönig Rade, »Cento«, Caldovic ist ein Duzfreund Vollhardts. Auch dessen 1986 ermordeter Vorgän-ger Ljubomir Magas stand auf Vollhardts Mandantenliste, ebenso wie Ebby Thust, für den Vollhardt in der »Graf-Affäre« tätig wurde.

Für den nach Israel geflohenen Rotlichtfürsten Hersch Beker beurkundete Vollhardt so manches Grundstücksgeschäft und kümmerte sich auch um die Eintragung liechtensteinischer Briefkastenfirmen. In mindestens einem Fall wurde der Justiz eine Falschbeurkundung zugunsten Bekers bekannt, für die Vollhardt mutmaßlich wiederum Sonderkonditionen bei der Anmietung von Räumen in einem Beker-Haus zugeschanzt bekam.

Bei unseren Recherchen stoßen wir immer wieder auf Vollhardts enge Verbindungen zum »Italiener-Milieu«. Mit Franco della Puppa und Sergio Botta, zwei ehemaligen Mitgliedern der berüchtigten Euro-Gang (Ende der sechziger, Anfang der siebziger Jahre eine der gefährlichsten Verbrecherbanden Europas: Raubüberfälle, Waffen-, Drogen- und Menschenhandel), ist er über sein Mandantschaftsverhältnis hinaus freundschaftlich verbunden. Letzterer steht sogar in dem dringenden Verdacht, ein Killer der neapolitanischen Camorra zu sein. Die beiden Italiener treiben sich während Vollhardts Haftprüfung auf den Gerichtsfluren herum, um sich über den Fortgang der Angelegenheit und das weitere Schicksal ihres Freundes zu informieren. Auch der Name Felix Lesca, des Bosses der Euro-Gang, ehemals Frankfurter Barbesitzer, der heute vermutlich in Verbindung zur korsischen Mafia (Union Corse) steht und sich im Tessin aufhalten soll, fällt bisweilen im Zusammenhang mit dem agilen Frankfurter Advokaten.

Am 30. Januar 1973 wird der Jugoslawe Josef Tudic – er hatte sich durch sein rüdes Verhalten im Frankfurter Bahnhofsviertel sehr unbeliebt gemacht – in der Diskothek New Fashioned von Paolo Lippera, genannt »der Engel mit den blutigen Händen«, mit zwölf Messerstichen umgebracht.

Den Verdacht, Lippera sei mit einer Truppe Profikiller aus Italien eigens für den Tudic-Mord angereist, konnte die Polizei niemals erhärten. Der blutbesudelte Engel wurde von Vollhardt, obwohl er ihn nicht verteidigte, später aus dem Gefängnis geholt.

Nie restlos aufgeklärt wurde auch die Hinrichtung des Frankfurter Autohändlers Peter Neumann: An einem Donnerstagabend gegen 21 Uhr, es war der 12. November 1981, sitzen Neumann und Vollhardt gemeinsam mit neun Italienern in einem Hinterzimmer des Restaurants Zi Teresa an der Pastatafel. Nach Informationen der Frankfurter Polizei soll es sich um ein Treffen hochrangiger Camorraangehöriger gehandelt haben.

Plötzlich wird die Tür geöffnet, und der Neapolitaner Enrico Sabba betritt den Raum. Er zieht eine Pistole und schießt mehrmals auf Neumann, allerdings ohne zu treffen. Neumann verfolgt den Schützen bis vor die Tür des Lokals, wo er dann mit einem gezielten Schuß ins Herz niedergestreckt wird. Sabba entkommt.

Die überlebenden Beteiligten machen sich aus dem Staub. Vollhardt fährt nach Bad Homburg in die Nobeldisco Tennis-Bar und erzählt der Polizei am nächsten Tag, er sei mit Neumann nur rein zufällig in die Lokalrunde hineingeraten.

»Eine Abrechnung im Stil der italienischen Mafia«, urteilte später Frankfurts Polizeipräsident Karl-Heinz Gemmer[4]. Die meisten Teilnehmer an der Tafelrunde kamen aus Neapel und hatten sich offenbar zu einem »Arbeitsessen« getroffen. Gemmer wertete Vollhardts Teilnahme als »Vermittlungsbemühungen bei geschäftlichen Auseinandersetzungen«. Von den Neapolitanern wußte die Polizei, daß sie im Rhein-Main-Gebiet unter anderem Handel mit Textilien und Teppichen trieben; in ihrer Heimat und in der Bundesrepublik waren sie aber auch schon als Straftäter aufgefallen.

1983 wird Vollhardt wieder für seinen Freund Franco della Puppa tätig: diesmal geht es um ein Spielkasino in Luxemburg, das Della Puppa gemeinsam mit dem Frankfurter Unterweltkönig Hersch Beker für 200 Millionen Mark kaufen will. Vollhardt verhandelt, ebnet Wege. Als Jugo-Gangster Magas am 10. November 1986 vor dem Frankfurter Landgericht erschossen wurde, tauchte schon kurze Zeit später Vollhardt am Tatort auf.

Doch das ist alles »Schnee von gestern« und hat Vollhardts Tatendrang offenbar nicht gebremst. Nach seinem Desaster in Frankfurt will er sich am Neuaufbau im Osten Deutschlands beteiligen. Nach bislang unbestätigten Polizeiinformationen soll er unter anderem bei der Neugründung von Spielkasinos mitwirken.

Dabei gilt Vollhardts Interesse offensichtlich vor allem Dresden. Mehrfach observiert ihn die Dresdner Polizei, wie er das dortige Büro das Frankfurter Immobilienhändlers Alfred Glatt[5] (ebenfalls ein Ex-Mandant) im Villenviertel Blasewitz aufsucht. Vollhardts derzeitige Lebensgefährtin Beate von Felde ist sogar auf dem Türschild vermerkt. Und eines schönen Tages wird dort ein Auto gesichtet, das auf Franco della Puppa zugelassen ist. Der Zweck solcher Zusammenkünfte ist indes nicht bekannt.

Auch mehrere Versuche, mit Vollhardt zu sprechen, scheiterten. Er lehnte alle Interviews mit uns bislang kategorisch ab und teilte einmal telefonisch mit: »Ich habe nichts mit der Koordination organisierter Kriminalität zu tun. Wer das behauptet, wird verklagt.«

Am Beispiel des Rechtsanwaltes Vollhardt muß man sich die Frage stellen, wo die Grenze zum Mittäter zu ziehen ist. Um Mißverständnissen vorzubeugen: Auch ein Mafiamitglied hat Anspruch auf ein faires Gerichtsverfahren und notwendigerweise auf einen Rechtsbeistand, der sogar die Pflicht hat, im Interesse seines Mandanten zu handeln. Auch ist klar, daß dieses Interesse dem der Ermittlungsbehörde naturgemäß völlig entgegensteht.

Geht es allerdings um Zeugenbeeinflussung oder den Versuch, durch Weitergabe der Ermittlungsakten an Dritte Einfluß auf laufende Verfahren zu nehmen, werden Rechtsanwälte zu kriminellen Mittätern, ganz besonders, wenn sie an der Vorbereitung von Straftaten – und sei es nur beratend – beteiligt sind.

Die Unterwelt vom Balkan
Belgrad ist überall: Die Jugo-Mafia – europaweit organisiert

Da staunten die Wiesbadener Kripobeamten, als sie in den Taschen des Jugoslawen Predrag Djurisic, genannt »Dado«, ein kleines Notizbuch fanden, in dem Dutzende Adressen italienischer Lokale fein säuberlich mit Telefonnummern eingetragen waren. Eine Taverna in Darmstadt, ein Weinkeller in Dietzenbach, ein Luigi in Offenbach, Domenica in Düsseldorf oder ein Ratskeller in Radeburg. Als sie die Lokale überprüften, fanden sie heraus, daß sie alle etwas gemeinsam hatten: Es handelt sich um bekannte Umschlagplätze für Kokain. Da der 30jährige Maschinenschlosser Dado Djurisic kein leidenschaftlicher Gourmet italienischer Speisen war, mußte es einen anderen Grund geben, daß er italienische Lokale favorisierte.

Die italienischen Restaurants bilden eine Szene, die bei Ermittlungen der Polizei seit geraumer Zeit auffällt: als Verbindungsstränge zwischen italienischen Syndikaten und der jugoslawischen Mafia.

An erster Stelle der Aufzeichnungen von Djurisic aber stand die Edeldiscothek Chamäleon in der Kaiserhofstraße, einer kleinen Seitengasse in der Frankfurter City, Eingeweihte kennen sie unter der Bezeichnung »Schneemeile«. Bekannt bei denjenigen auch, die während des Tages in der angrenzenden Freßgasse, Frankfurts »Millionenmeile«, einkaufen gehen, einer von Frankfurts Umschlagplätzen für Kokain in Mengen von 100 Gramm bis zwei Kilo. Frankfurts High-Society flaniert und diniert in diesem Luxusareal. Da sieht man große Immobilienfürsten an der Seite von Stadträten, Loddels am Tisch des Chefs eines privaten Sicherheitsunternehmens, Banker und Anwälte gleich neben Luxusnutten und Großbetrügern, ein Küßchen auf die rechte, eines auf die linke Wange – man ist unter sich.

Abends ist die Kaiserhofstraße eine Art Minipromenade der Begehrlichkeiten, auf der die teuersten Accessoirs vorgeführt werden: Porsche, Lamborghini, Mercedes oder Ferrari fahren in die Fußgängerzone hinein. Junge und ältere Gangster steigen aus.

Wenn man nicht gesehen wird, ist der halbe Abend schon gelaufen – Frankfurt live.

Kokain gehört zu dieser Szene wie zu anderen das Frankfurter Hausgetränk, der »Äppelwoi« oder ein frischgezapftes Bier. Schick und beim Schniefen dabeisein – so lautet die Devise der champagnerseligen Gesellschaft, die sich bei einem der gefährlichsten Gangster der sogenannten »Jugo-Mafia«, dem erwähnten Dado Djurisic, mit dem Stoff eindeckte.

Als wir den Frankfurter Staatsanwalt Dirk Scherp einmal fragten, was denn geschehen würde, wenn man ein Foto von Dado Djurisic veröffentlichte, meinte er: »Dann garantiert niemand für Ihr Leben. Dann tragen Sie das gleiche Berufsrisiko wie wir Staatsanwälte oder die Polizei.«

Dirk Scherp, Ex-Polizeibeamter mit anschließendem Jurastudium, ist kein ängstlicher Mann. Und trotzdem: »Natürlich habe ich gelegentlich Angst. Ich bin kein Volksheld. Ein Jugo sagte mir einmal, ich solle zusehen, daß dieses oder jenes Verfahren vom Tisch kommt, sonst sorge man sich um meine Gesundheit. Die Drohung gegen mich ist eine neue Qualität.«

Dies hat auch die Justiz erkannt: Der Staatsanwalt wurde ausnahmsweise mit einer Schußwaffe ausgerüstet, die er immer bei sich trägt, auch über eine kugelsichere Weste wurde gesprochen. Die Tür zu seinem Büro ist besonders verstärkt, das soll Kugeln abhalten. Und allabendlich, wenn er das Büro verläßt: der obligatorische Anruf bei der Polizei.

Engenhahn bei Niedernhausen, 20. Januar 1992, gegen 19 Uhr. Dado Djurisic verläßt die Villa seines guten Freundes Ebby Thust[1] und steigt in seinen Mercedes 560 SL ein, den er für 5000 Mark Monatsmiete bei einem Ex-Zuhälter geleast hatte. Er hat das teure Sportcoupé gerade gestartet, da taucht ein Mann auf und kommt an die Fahrertür. Djurisic blickt ihn an, »erkennend«, wie die Polizei in Wiesbaden später bestätigen wird. Der Unbekannte feuert aus einer Pump-Gun, einer Art halbautomatischen Schrotflinte, drei Schüsse auf ihn ab. Sie sind tödlich.

Als die Schüsse fallen, geht Thust vor die Haustür seiner Villa. Er habe geglaubt, das Geräusch sei beim Zufallen der Toreinfahrt entstanden, begründete er gegenüber der Polizei, warum er dem Lärm draußen weiter keine Beachtung geschenkt habe.

Thust und Djurisic hatte einiges verbunden: Gemeinsam besuchten sie Kick-Boxveranstaltungen in Wiesbaden, man steckte die Köpfe zusammen und, wie die Polizei beobachtete, »andere Sachen wurden dabei übergeben«. Manchmal fuhr der große und schlank gewachsene Djurisic im Jeep von Thusts Freundin, Nicole Meisner. Als in der Wiesbadener Discothek Charles, die, welch ein Zufall, einem bekannten Fernseh-Privatdetektiv gehörte, ein Geburtstag gefeiert wurde, da ist neben Thust sein Freund Djurisic zu sehen. Das ist seit Ende Januar 1992 alles vorbei.

Gesucht wird jetzt noch der Mörder des perfekt geplanten Anschlags. Wer konnte eigentlich wissen, daß Dado Djurisic an jenem Tag mit Thust verabredet war? fragen nicht nur Kriminalbeamte, sondern auch Djurisics Verwandte und seine in Frankfurt lebende Freundin. Bislang gibt es keine Antworten. Die Ermittler der Polizei stoßen auf eisiges Schweigen oder mußten sich Geschichten anhören, die wenig plausibel waren. »Insbesondere bei den jugoslawischen Landsleuten des Getöteten ist diese Zurückhaltung besonders auffällig.«[2]

Dado galt als äußerst schweigsamer Mann, sagte nie, wohin er ging, hängte raffiniert Verfolger ab. Wie geschickt er das anstellte, erzählte uns Jugo-Experte Dirk Scherp: »Wenn Djurisic zu Thust gefahren ist, raste er nachts mit 140 Sachen durch die Stadt, überfuhr rote Ampeln. Auf der Autobahn in Richtung Köln fuhr er dann mit dreißig bis vierzig Stundenkilometern bis Limburg. Wenn er sicher war, daß ihn niemand mehr verfolgte, wendete er und fuhr dann erst zu Thust.« So »schütteln« Profis Profis ab.

Djurisic war Mitglied einer der gewalttätigsten und besonders unberechenbaren kriminellen Organisationen, der Jugo-Mafia. Fragt man den Direktor des Landeskriminalamts Wiesbaden, Klaus Timm, was er assoziiert, wenn er an organisiertes Verbrechen denkt, antwortet er prompt: »In erster Linie Drogen, und ich denke an die jugoslawischen Banden mit der ganzen Palette der Straftaten, auch dem Rauschgift.«

Ob in Hamburg, wo die Morde unter Jugoslawen in den letzten Monaten zunahmen, sich rivalisierende Jugo-Banden auf offener Straße Feuergefechte lieferten, ob in Frankfurt, wo in aller Öffentlichkeit Konkurrenten niedergeschossen wurden – die Jugo-Gangs haben sich zu einer Untergrundorganisation entwickelt, die selbst Polizisten bedroht.

»Ich habe die Befürchtung, daß demnächst einmal ein Beamter

eines Reviers tot umfällt. Die Gewaltbereitschaft der Jugos ist so groß, daß sie selbst vor den Uniformen nicht mehr haltmachen«, sagt ein kundiger Ermittler. »Angst haben wir vor den Jugos«, gestehen unumwunden zivile Fahnder in Mannheim ein, wo die Jugos im Zuhältermilieu und Glücksspiel die Macht übernommen haben. Ihre Kollegen in Mainz, Düsseldorf oder Frankfurt bestätigen das. Der Beamte einer Sonderkommission der Frankfurter Kripo: »Die Gegenseite hat gemerkt, daß sie mit dem Prinzip der Drohung und Nötigung gegen Polzeibeamte Erfolg hat. Drohungen wie ›Zieh dich mal warm an‹, sind durchaus ernst zu nehmen.«

»Die Gefährlichkeit der Jugo-Mafia«, klagt OK-Fahnder Wilhelm Schwerdtfeger vom Landeskriminalamt Düsseldorf, »besteht in ihrer Brutalität. Sie greifen einfach schneller zur Waffe. Und das flößt anderen Respekt ein. So sind sie in der Lage, sich eine Vorherrschaft zu erkämpfen.« Ein typisches Beispiel aus dem Jahr 1980. Da wurde der Jugo-Gangster Branislaw Saronovic aus dem Wuppertaler Gefängnis gesprengt. Aufgefallen sind die Brüder laut Bundeskriminalamt mit Schutzgelderpressung und illegalem Glücksspiel. Gesicherte Erkenntnisse gibt es auch über ihre Verwicklung in den Rauschgiftschmuggel von Jugoslawien aus, weiß Staatsanwalt Scherp.

»Slobodan Saronovic war zwischenzeitlich mal wieder aktiv«, erzählt uns LKA-Fahnder Schwertdfeger. »Es hieß, er plane Vergeltungsaktionen an ermittelnden Polizeibeamten, Richtern und Staatsanwälten. Das ließ sich aber nie konkretisieren.«

»Wir sind soweit«, das ist das resignierende Fazit eines Frankfurter Kriminalkommissars, »daß der Bürger vor dem Unrecht weichen muß.«

Oder, wie es ein Staatsanwalt formuliert: »Jugoslawenkriminalität ist nicht mehr justiziabel.«

Mehrfach vorbestraft, zuletzt wegen versuchten Totschlags, war Djurisic zweifellos kein kluger Mann. Seine Brutalität und hemmungslose Gewaltbereitschaft prädestinierten ihn geradezu, einer der Köpfe der Jugo-Gang zu werden.

Bei der Polizei galt er als einer der wichtigsten Bosse des Rhein-Main-Gebietes für den Handel mit Kokain und Heroin. In Darmstadt etwa erwartete ihn zusammen mit acht anderen Jugoslawen ein Prozeß, in dem es um mehrere Kilo Heroin gehen sollte.

18. Juli 1991: Es ist Mitternacht im Frankfurter Rotlichtviertel:

Neugierige und Nachtschwärmer schlendern durch die von den bunten Neonreklamen der Peep-Shows und Striptease-Bars beleuchteten Straße, die Aufreißer vor den Lokalen versuchen die Passanten in die Nachtklubs zu locken. Vor dem Frankfurter Treff, einer bekannten Jugo-Kneipe im Herzen des Bordellquartiers, steht eine Gruppe von 15 Männern. Sie reden miteinander.

Es sind Albaner, die der Hütchenspielerszene in Frankfurt angehören.

Etwa um 0.30 Uhr fährt ein metallicblauer Golf langsam an der Eckkneipe vorbei. Darin sitzen drei junge Männer. Plötzlich werden die Fenster heruntergekurbelt, und die Männer feuern wild aus ihren Pistolen auf die Gruppe vor dem Frankfurter Treff.

Im Kugelhagel sterben zwei Menschen, vier weitere werden schwer verletzt. Darunter auch ein Chinese, der zufällig vorbeigekommen war. Chicago am Main?

Nach aufwendigen Ermittlungen nimmt die Polizei knapp zwei Wochen später die drei mutmaßlichen Täter fest: Es handelt sich um junge Serben, die tief im Heroinhandel stecken. Nach weiteren, umfangreichen Recherchen glaubt die Staatsanwaltschaft den Drahtzieher des Mordanschlags zu kennen: Dado Djurisic.

Drei Jahre zuvor war ganz in der Nähe vom Sozius eines Motorrades ebenfalls auf Hütchenspieler geschossen worden. Damals starben zwei Menschen. Der Mord wurde nie geklärt, aber auch hier hat die Polizei den dringenden Verdacht, daß Djurisic der Auftraggeber war. Ein Fahnder hält es sogar für möglich, daß Djurisic selbst geschossen hat.

Mit den Albanern stand Djurisic seit jeher auf Kriegsfuß, obwohl er selbst aus der albanischen Enklave Kosovo stammte. Schlägereien und Messerstechereien bestimmten das Verhältnis der Rivalisierenden. Doch es ging weniger um die Vorherrschaft beim kriminellen Geschäft mit dem Hütchenspiel, wo eine Gruppe an einem Tag manchmal einige 10 000 Mark umsetzt. Vor allem die jungen Albaner drängten zunehmend ins Rauschgiftgeschäft. Dabei waren sie Djurisic offenbar ins Gehege gekommen.

Seine Freunde in der serbischen Szene waren beziehungsweise sind nicht weniger gewalttätig. Ljubomir Magas gehörte dazu, der ungekrönte König unter den jugoslawischen Gangstern, bis er im November 1986 in Frankfurt vor dem Landgericht von seinem Landsmann Goran Vukovic erschossen wurde.

Magas ist eine Legende unter den Jugo-Gangstern. Der Amateurboxer war die führende Persönlichkeit der »Ravna Gora«, in der auch Djurisic Mitglied war.

Die Ravna Gora, die »Serbische Volksverteidigung«, einst als monarchistische Exilserbenorganisation gegründet, ist mittlerweile zur Gangsterorganisation verkommen, erzählt uns der Anwalt eines ehemaligen Ravna-Gora-Angehörigen.

Vordergründig befaßt sich die Ravna Gora mit der Unterstützung ihrer Mitglieder, insbesondere bei Asylverfahren. Die Mitgliedschaft in der Organisation dient zahlreichen Jugo-Gangstern als Vorwand für eine angeblich politische Verfolgung in ihrem Heimatland und damit dem Anspruch auf Asyl. Nach den Erkenntnissen des Bundeskriminalamts aber ist das die Tarnung für eine kriminelle Vereinigung, die sich mit der Planung und Ausführung organisierter Straftaten befaßt.

In Belgrad unterhält die Organisation verschiedene Stützpunkte. Dort erhalten die ausgebildeten Verbrecher falsche Pässe und werden nach Deutschland geschickt. Danach werden die nun »legal« in der Bundesrepublik lebenden Mitglieder der Gangsterbande für die verschiedensten Straftaten eingesetzt: vom Einbruch über Raub, Drogenhandel bis hin zum Mord.

Ravna Gora organisierte alles. »In Düsseldorf, wo Teile der Ravna-Gora-Ermittlungen laufen, hat Staatsanwalt Gregor Steinforth ›auf der Gegenseite‹ typisch sizilianische Praktiken ausgemacht: Aus unklarer Quelle kommen hohe Kautionen für Inhaftierte; Anwälte aus Belgrad fliegen ein und präparieren Angeklagte, ›im Auftrag Dritter‹, über Hintergründe ihres Falls zu schweigen.«[3] Über die Ravna Gora werden auch Waffen beschafft, weiß ein kundiger Anwalt zu berichten, oder Sprengstoff.

Wie einen Heiligen verehrten die Jugo-Gangster ihren Führer Magas. Viele haben von ihm gelernt. Zu seinen besten Freunden gehörten dann folgerichtig bekannte Namen der kriminellen jugoslawischen Szene. Bis heute im Rhein-Main-Gebiet aktiv sind: Zladko Bagaric, Milan Milanovic, Zjelko Topik, Momcilo Soscic und andere mehr.

Vor Magas kuschte jeder, Konkurrenten duldete er nicht. Da kursierte dann auf einmal eine Todesliste, auf der seine Konkurrenten stehen – und sein späterer Mörder. Der, Goran Vukovic, wußte, weil er bereit war mit der Polizei zusammenzuarbeiten, daß er irgendwann einmal »dran sein wird«. Denn bislang hatte es nur einen Zeugen gegeben, der es jemals wagte, gegen Magas auszusagen. Pero Puseljic. Er bekam am 24. Mai 1986 im Café Rex in Amsterdam eine Kugel in den Kopf. Er hat das Attentat zwar überlebt, das Projektil aber steckt noch heute in seinem Schädel.

Am Morgen des 10. November 1986 war vor der 29. Strafkammer des Landgerichts Frankfurt eine Hauptverhandlung angesetzt. Magas sollte sich mit anderen Straftätern vor Gericht verantworten. Gegen 8.30 Uhr kam Magas zusammen mit seinem Anwalt aus einem Café in der Nähe zur anstehenden Gerichtsverhandlung. Nach knapp zwei Stunden wurde die Verhandlung unterbrochen, Magas, sein Rechtsanwalt und andere Jugoslawen unterhalten sich noch ein wenig auf der Treppe des Gerichtsgebäudes, dann will Magas die Straße überqueren, um in sein Auto zu steigen.

Zur gleichen Zeit ist auch Vukovic auf dem Weg zum Gericht. Es kam zur unheilvollen Begegnung, in deren Verlauf Vukovic seinen Revolver zieht und auf Magas schießt. Der jugoslawische Unterweltkönig erlag im Krankenhaus seinen Schußverletzungen, Vukovic wurde verhaftet und zu sieben Jahren Gefängnis verurteilt. Nach Verbüßung von zwei Dritteln seiner Strafe wurde er Ende 1991 nach Jugoslawien abgeschoben. Wenig später explodierte in seinem Auto eine Bombe. Vukovic ist seitdem ein Krüppel.

In Belgrad erhielt Magas eine Art Staatsbegräbnis, nur ein Jugoslawe wurde bislang pompöser beigesetzt: Staatschef Tito. Die Belgrader Elite aus Politik und Wirtschaft sowie Tausende seiner Anhänger trauerten um ihren prominenten Landsmann. Die »Trauerfeier« hätte eigentlich damals schon ein warnendes Signal dafür sein müssen, daß die Jugo-Mafia nicht nur eine kriminelle Organisation ist, sondern enge Beziehungen zu bestimmten staatlichen Dienststellen unterhalten muß, denen er diente. Wie sonst wäre ein derart pompöses Begräbnis eines Topgangsters zu verstehen?

Einige Zeit verging, bis über die Nachfolge von Magas entschieden wurde. Am 28. Februar 1988 versammelten sich in Düsseldorf 24 der führenden jugoslawischen Gangster. Sie ernannten Rade Caldovic aus Offenbach zum neuen Boss ihrer Organisation, der Ravna Gora.

Rade Caldovic hatte einiges vorzuweisen: Unter der Ägide von

Magas war er bereits für Schutzgelderpressung berüchtigt. Abkassiert wurde auch beim illegalen Glücksspiel: »Wer illegal spielt, soll zehn Prozent an mich zahlen.« Daher sein Spitzname »Cento«. Und Einbrecherbanden aus Belgrad zahlten an »Cento«: bis zu 30 Prozent ihres Erlöses.

Daß er jedoch zum Nachfolger von Magas gewählt wurde, hatte mit seinen Verbindungen nach Italien zu tun. Caldovic war der Koordinator zwischen der Mailänder Mafia und der Jugo-Mafia im Rhein-Main-Gebiet, berüchtigt als »Al Capone Offenbachs«.

Rade Caldovic reiste in Europa unter vielen Alias-Namen herum, die selbst der Kriminalpolizei in Neapel oder der schweizerischen Bundesanwaltschaft bekannt sind: In dem Schweizer Polizeidossier sind die Alias-Namen unter dem Aktenzeichen A 445/97 festgehalten: Castagnolo Giuliano, Bulovan Miroslav, Vucetic Dusan oder Zullo Andrea. Im Nachbarland Österreich steht heute noch eine dicke Akte über Caldovic im Panzerschrank des Wiener Sicherheitsbüros. Denn wie in Deutschland machten sich bereits in den siebziger Jahren die Jugo-Syndikate besonders in Wien breit. Mit dabei Rade Caldovic.

Am 27. Oktober 1978, gegen 10.30 Uhr, sind nur wenige Gäste im Café Zur Hauptpost auf dem Wiener Fleischmarkt. Unter dem Vorwand »Versöhnungsverhandlungen« abzuhalten, hatten sich die Frankfurter Jugo-Paten Ljubomir Magas und Rade Caldovic mit dem Chef der Montenegriner Bande Velko Krivokapic getroffen. Diese Gang war durch Abspaltung von der Magas-Bande entstanden.

Wenige Wochen zuvor wurden »Krivokapic und seine Leute in Mailand von den Frankfurtern mit einer Maschinenpistole ›behandelt‹«, kann sich ein Ermittler in Wien erinnern.

Von Friedensverhandlungen konnte jedoch keine Rede sein: In dem serbischen Buch *Ljubo Zemunac*, einem Heldenepos auf Magas, schildert ein Zeuge den Vorfall so: »Ljubo und Bulic packen Krivokapic unter den Armen und hieven ihn vom Stuhl hoch. Cento schlägt eine Zweiliterflasche Rotwein auf dem Schädel entzwei.«

Damit war das Problem ein für allemal erledigt. Der Fall ist bis heute nicht abgeschlossen. Die Täter konnten nicht verurteilt werden, weil Zeugen massive Morddrohungen erhielten. Dabei standen sie dabei, als »Cento« zugeschlagen hatte.

»Hätten sie als Zeugen uns gegenüber ausgesagt« erzählt man uns im Wiener Büro der österreichischen Staatspolizei, »hätte man sie ermordet.« Das Verfahren gegen Caldovic wurde daher vom Landgericht Wien am 28. September eingestellt.

In den folgenden Jahren expandiert die Ravna Gora und auch Caldovics Verbrecherwelt in Deutschland. Der Bericht einer Sonderkommission der Frankfurter Polizei verdeutlicht, welche Gefahr von diesen Gangstern ausgeht, die unter der Führung von Caldovic »arbeiten«: »Für Einbrüche werden in Belgrader Lokalen potentielle Rechtsbrecher rekrutiert und in die Bundesrepublik gebracht. Die Handlanger, Diebe und Räuber beispielsweise, werden pauschal entlohnt und kehren vor Ablauf ihrer dreimonatigen Aufenthaltsfrist nach Jugoslawien zurück.«

Sind beim geplanten Einbruch Erfahrungen von Spezialisten gefragt, um schwierige Alarmanlagen auszuschalten oder Geldschränke aufzuschweißen, dann werden die jeweiligen Experten herangezogen.

Wie gut das funktioniert und welche enormen Summen mit Einbrüchen verdient werden können, zeigt das Beispiel dreier Jugoslawen, die gerade acht Monate in Frankfurt eingesetzt waren. Auf zehn Millionen Mark beliefen sich ihre Gesamteinkommen aus Einbrüchen im Rhein-Main-Gebiet. Neben dem Einbruch machen sich die Jugos im illegalen Glücksspiel breit: »Ausgegeben«, so der Polizeibericht, »wird dann das Geld bei ›Weihnachtsfeiern‹ des Milieus oder Boxveranstaltungen.« Die Zocker geben pro Runde manchmal mehr als 100 000 Mark aus.

Mit dem illegalen Glücksspiel erobern sich die Jugos weitere Märkte: So haben sie ganze Bauunternehmen übernommen, nachdem die deutschen Eigentümer beim Zocken über den Tisch gezogen wurden. Im Baubereich können sie seit langem auf einer anderen Ebene mitreden. Sie haben die illegale Arbeitnehmervermittlung fest im Griff, beliefern ganze Baustellen mit billigen Arbeitskräften, beispielsweise den Frankfurter Flughafen.

Gefürchtet sind die Jugos auch als Schutzgelderpresser. »Man weist auf Gefahren durch Brände hin, auf unsichere Zeiten für Frauen und Kinder. Dunkelziffer 99 Prozent.« Und weil das alles nicht auszureichen scheint, handeln sie zusammen mit Italienern, Türken, Rumänen und Bulgaren mit Drogen, ob Kokain oder Heroin.

Ende der achtziger Jahre hatte es »Cento« geschafft: Mit einem festen Stamm von zwanzig bis dreißig Gangstern, dem harten Kern, ist er der »Größte«. »Cento« trägt nur noch Seidenanzüge und Maßschuhe, in seiner Wohnung liegen die Perserteppiche übereinander, weil sie nebeneinander keinen Platz mehr haben. Und manchmal, am Wochenende, spielt er auf der Offenbacher Rosenhöhe mit einer jugoslawischen Mannschaft Fußball. Seine Mitspieler, so die Offenbacher Polizei, sind »führende Persönlichkeiten im kriminellen Geschäft um Schutzgelderpressung, Zuhälterei, Einbruch und illegales Glücksspiel«.

Nach dem Fußballspiel läßt sich Caldovic, Beruf »Teilzeitarbeiter« einer Baufirma, in seinem schwarzen, mit Autotelefon ausgerüsteten Mercedes 560 SEC im Wert von rund 160 000 Mark nach Frankfurt chauffieren. Zu seinem Fuhrpark gehören daneben ein schwarzer VW-Golf und ein grauer Mercedes 300 SE.

In einem Bericht der Berliner Staatsanwaltschaft heißt es: »Seit mehreren Jahren werden in der Bundesrepublik vermehrt Straftaten jugoslawischer Staatsangehöriger beobachtet, die sich auf dem Gebiet des Taschendiebstahls, der Wohnungs- und Villeneinbrüche, in jüngster Zeit im Bereich des sogenannten Hütchenspiels, aber auch der Schutzgelderpressung, der Kontrolle des Prostituiertengewerbes, des Rauschgifthandels betätigen. Als führender Kopf der sogenannten Jugo-Mafia Deutschlands, zumindest aber in Frankfurt am Main, wird der jugoslawische Staatsangehörige Rade ›Cento‹, Caldovic vermutet.

Doch konkrete Straftaten sind ihm kaum nachzuweisen gewesen, obwohl sowohl das Bundeskriminalamt, das Landeskriminalamt wie diverse Sonderkommissionen der Polizei ihn im Visier haben. Er sitzt in seiner Apartmentwohnung in der Offenbacher Kaiserstraße oder in einem bekannten Offenbacher Café. Leute kommen, Leute gehen, es wird kurz miteinander geredet. Caldovic berührt nichts.

Angesprochen fühlt er sich allenfalls, wenn ihn eine Zeitung ›König der Jugoslawen‹ nennt und er »in Verbindung mit der jugoslawischen Unterweltszene gebracht wird«. Dann verlangt er einen Widerruf und erklärt, daß er »weder mit der jugoslawischen Unterweltszene noch der Jugo-Mafia in Verbindung steht«. Gegen den Begriff »König der Jugoslawen« hatte er großzügigerweise nichts einzuwenden[4].

Auf die Frage, ob Caldovic ein Kopf des organisierten Verbrechens sei, meinte Kriminalrat Fritz Mecklenburg aus dem Offenbacher Polizeipräsidium: »Soweit die Polizei Erkenntnisse hat, muß sie das so einschätzen. Er sagt, er ist ein anständiger Mitbürger, geht arbeiten und bekommt Geld geschenkt.« Macht Ihnen das nicht Kopfzerbrechen? »Ich muß zugeben, daß ich das nicht gerne sehe, aber wir können nur versuchen, mit den uns zur Verfügung stehenden Mitteln etwas zu erreichen.«

Und das ist bislang außerordentlich wenig gewesen. Die Ohnmacht der Polizei gegen diese Gang beleuchtet eine Aussage des Fahnders einer Frankfurter Sonderkommission: »Die Jugos sind sehr gut organisiert. Sie sind eine Bedrohung selbst für das Milieu. Wir wissen, daß sie sich durch Drohungen, durch Schießereien breitgemacht haben. Und sie haben Erfolg damit.«

Auf unsere Frage, ob die Polizei diese Bande nicht in den Griff bekommen kann, meint er resignierend: »Nein.« Da fällt es auch schwer, einige Morde aufzuklären. Für die Jugo-Mafia sind es »Betriebsunfälle bei Auseinandersetzungen auf unterer und mittlerer Ebene«.

Wenn es um ihre Anteile am kriminellen Geschäft und die Macht im Milieu geht, dann wird geprügelt und geschossen. Der Sieger verhandelt und diktiert die Bedingungen. Als es Anfang und Mitte der siebziger Jahre zu Schießereien zwischen italienischen und jugoslawischen Gangstern gekommen ist, hat es »Gespräche« gegeben, um den Konflikt beizulegen. Der Grund war, daß die Jugos in den lukrativen Prostitutionsbereich einsteigen wollten, in dem bislang einige Italiener das Sagen hatten.

Seit Anfang der achtziger Jahre sind in fast allen Bordellen jugoslawische Wirtschafter zu finden. Sie regieren mit Baseballschlägern. Wer es wagt, gegen sie auszusagen, der muß mit dem Schlimmsten rechnen. Viele Prostituierte mußten das am eigenen Leibe erfahren. Sie haben das Beispiel einer Prostituierten vor Augen, die gegen ihren jugoslawischen »Beschützer« ausgesagt hatte. Er hatte sie zusammengeschlagen, weil sie nicht genügend Kunden bedient hatte. Sie ging daraufhin zur Polizei. Wenig später trampelten Freunde des »Beschützers« auf ihrem Gesicht herum. Am nächsten Tag widerrief sie ihre Aussage. Der jugoslawische Zuhälter wurde am gleichen Tag wieder freigelassen. »Niemand macht eine Anzeige«, das ist die Erfahrung der Polizei in

Frankfurt und anderswo. Die deutschen Zuhälter haben nichts mehr zu sagen – was eigentlich wünschenswert wäre, wenn die Jugos nicht ihren Posten übernommen hätten und noch brutaler gegen die Frauen in den Bordellen vorgehen, als die deutschen Zuhälter. Und die waren nie zimperlich.

1990 registrierte die Frankfurter Polizei 18 Tötungsdelikte allein im Jugo-Milieu. Es ging häufig um Auseinandersetzungen zwischen Albanern und der Jugo-Mafia. Die Albaner, die bislang im Hütchenspiel dominierten, hatten sich hochgearbeitet vom Taschen- und Kofferdiebstahl, sie wollten nun in Frankfurt ein Schutzgelderpressungsgeschäft aufziehen und im Bahnhofsviertel abkassieren. Auch ins Drogengeschäft stiegen sie ein. Die Dealer sind zum Teil erst 15 Jahre alt.

Am 30. März 1988 beispielsweise treffen Belgrader in einem Speiselokal im Frankfurter Bahnhofsviertel auf Albaner. Es kommt zum Schußwechsel, ein Albaner stirbt durch einen Halsdurchschuß. Der Schütze Joran Lucic bekommt neun Monate Freiheitsstrafe wegen Verstoßes gegen das Waffengesetz.

Am 20. Juni 1990 soll der Mazedonier Spase Michailow in seiner Wohnung in Offenbach verhaftet werden. Sofort schießt er auf die Beamten des Sonderkommandos. Die Geschosse bleiben in den kugelsicheren Westen der Polizisten stecken.

Ende 1991 wird ein Jugoslawe in Neu-Isenburg, einem südlichen Vorort Frankfurts, auf offener Straße aus einem vorbeifahrenden Auto von anderen Jugos beschossen: Das »Opfer« schießt sofort zurück. Ein paar Tage später wird das Auto der Schützen von der Polizei in Darmstadt entdeckt. Die Polizei geht in Stellung, um zu sehen, wer in den Wagen einsteigt. Drei Jugoslawen kommen. Als sie die Observation bemerken, eröffnen sie sofort das Feuer und flüchten mit ihrem Auto. Die Polizei verfolgt sie bis ins südhessische Gernsheim. Dort gibt es erneut eine Schießerei: Zwei konnten schließlich festgenommen werden, einem gelang die Flucht.

Bis nach Holland und Belgien reicht der mordende Arm der Frankfurter Jugo-Mafia: Am 27. Januar 1991 kommt der Zagreber Tvratko Tomicic, genannt »Kroi«, in Begleitung einiger Frankfurter Jugos ins Amsterdamer Café Bordelese. Er geht auf den dort sitzenden Albaner Naim Syla zu und erschießt ihn. Syla war, so erfahren wir von der Amsterdamer Polizei, in Drogengeschäfte verwickelt. In Frankfurt hatte er Wochen zuvor versucht ins Schutzgeldgeschäft einzusteigen.

In Belgien und Holland stoßen wir bei unseren Recherchen wieder auf zwei alte Bekannte: Rade Caldovic und Dado Djurisic. In den dortigen kriminellen Jugoslawenkreisen sind beide bekannt wie der sprichwörtliche bunte Hund. War Beute aus Raubzügen abzusetzen, riefen die belgischen oder holländischen Jugos bei »Cento« oder Dado an. Häufig hielten sich beide in der belgischen Hafenstadt Antwerpen auf, hören wir bei der belgischen Staatspolizei. Unter den Stichworten Drogen, Falschgeld, Einbruch, Schutzgeld und Glücksspiel wird Caldovic bis heute in den Polizeiarchiven erwähnt. Antwerpen ist einer der wichtigsten Umschlagplätze für Kokainlieferungen aus Südamerika. Mindestens zweimal die Woche legen Bananenfrachter aus der kolumbianischen Hafenstadt Turbo an und, so der Zoll, »wir wissen, daß immer Koks mitgebracht wird, haben jedoch nicht die Möglichkeit, jeden der Bananenfrachter zu durchsuchen«.

»Für mich sind die Jugoslawen die gefährlichsten Verbrecher Europas«, sagt der belgische OK-Fahnder Willi van Mechelen. Und er erzählt von einem Restaurant in der Rotterdam Straat, wo man eine Leiche im Keller gefunden hatte, insbesondere aber die Gangster aus Frankfurt sich tummeln, unter anderem Caldovic und Djurisic. Nachts tönen aus dem ersten Stock des Hauses, in dem das berüchtigte Lokal untergebracht ist, jugoslawische Musikfetzen. Im Lokal selbst, im Erdgeschoß, sind fast immer die Vorhänge zugezogen. Der Besitzer des Restaurants ist der Kontaktmann der Jugo-Gangster aus Frankfurt.

»Mijo ist in allen Geschäften drin. Er ist der Hauptmann von Antwerpen. Viermal haben wir ihn bereits festgenommen. Wegen Besitzes mehrerer Waffen, rohem Kobalt aus Rußland, wegen Kokain und Haschisch und wegen Zuhälterei. Aber am nächsten Tag war er wieder frei. Wir sind überzeugt, die haben einen starken Mann in Brüssel, den sie erpressen.«

Einen solchen starken Mann hat Caldovic in Frankfurt nicht als Schutz. Etwas ganz anderes schützte ihn bis 1992 vor seiner Auslieferung, lebte er doch als »Asylsuchender« in der Bundesrepublik. Wie viele andere jugoslawische Gangster übrigens auch. Es gibt Fälle, weiß die Frankfurter Polizei zu berichten, wo manche bis zu siebzigmal wegen Verstoßes gegen das Asylverfahrensgesetz angezeigt wurden, ohne daß etwas geschah.

Das Beispiel Caldovic ist sicher die Ausnahme, wenn von der Aushöhlung des Asylrechts die Rede ist. Doch sein Beispiel zeigt, wie skrupellos mit dem Grundrecht auf Asyl gerade von hochkriminellen Personen umgegangen wird.

Die Stationen eines Mißbrauchs: Im März 1975 reiste er zum erstenmal nach Deutschland ein. Er ist aus Mailand gekommen und soll, so Ermittlungsbehörden, den Auftrag haben, einen Polizisten zu töten. Aufgrund eines Beschlusses der Stadt Frankfurt wird er am 4. Oktober 1976 wieder abgeschoben.

Februar 1977. Er kommt diesmal illegal nach Deutschland, wird später nach Österreich abgeschoben. Am 30. Oktober 1979 ist er wieder in Deutschland und stellt einen Asylantrag. Der wird am 10. März 1981 abgelehnt. Caldovic klagt dagegen.

Die Klage wird im Oktober 1981 abgewiesen. Caldovic klagt erneut. Am 29. März 1984 ergeht ein Beschluß des Verwaltungsgerichtshofs Kassel, Caldovic solle nachweisen, daß er sich noch im Geltungsbereich des Asylverfahrensgesetzes, in seinem Fall Offenbach, aufhält. Denn es ist bekanntgeworden, daß er überall in Deutschland herumreist.

Am 14. August 1984 stellt er einen neuen Asylantrag in Zirndorf. Mitarbeiter des Bundesamtes für Asylangelegenheiten bitten daraufhin um Versetzung, weil sie Angst vor Caldovic haben. Er hatte sie unter Druck gesetzt. Dann wird für einige Zeit kein Asyl begehrt. In München wurde er nämlich am 11. April 1985 vom Landgericht wegen schwerer räuberischer Erpressung zu drei Jahren und vier Monaten Haft verurteilt. Nun stellt er einen neuen Asylantrag, der wieder abgelehnt wird. Im Dezember 1987 folgt eine Klage gegen die Ausreiseaufforderung. Anderthalb Jahre vergehen. Dann wird seine Klage im Juli 1989 abgewiesen, eine Berufung nicht zugelassen. Drei Wochen später: Sein Anwalt stellt einen Antrag auf Duldung gemäß Artikel 33 der Genfer Flüchtlingskonvention und legt gleichzeitig Beschwerde wegen Nichtzulassung der Berufung ein. Sie wird abgelehnt, und erneut folgt ein Widerspruch. Endlich, kann man wohl sagen, wird er am 22. März 1990 nach Jugoslawien abgeschoben. Die Polizei atmet auf.

Doch nur wenige Wochen später ist er wieder da, mit einem gefälschten Paß. Flugs stellt er einen Folge-Asylantrag. Er sei politisch verfolgt. Der Geheimdienst habe ihn wegen der Teilnahme an verbotenen Demonstrationen vernommen und eingesperrt. Seine Anwälte legen sogar zwei Haftbefehle vor, die angeblich gegen ihn erlassen worden sind. Dieser Antrag wird von der zuständigen Asylbehörde als »beachtlich« eingestuft.

Inzwischen hat er einen renommierten Asylanwalt gefunden. Den kümmern nicht die kriminellen Vorwürfe, er sieht in Caldovic tatsächlich einen politisch Verfolgten. Sein Kollege im selben Anwaltsbüro – beide waren in den siebziger Jahren glühende Anhänger einer maoistischen Organisation – vertritt Caldovic derweil in Presserechtsfragen.

Die Offenbacher Ausländerbehörde kann Caldovic zwar nachweisen, daß die vorgelegten Haftbefehle, auf die sich der Asylantrag stützte, gefälscht waren, er, während er angeblich im Gefängnis gesessen haben will, vom Interconti in Belgrad mit seinen deutschen Freunden telefonierte, und er vermutlich sogar Komplice des Belgrader Staatssicherheitsdienstes ist. Aber Caldovic hatte erneut eine Fristverlängerung. Und er mußte auch nicht im Asyllager ausharren, bis ein neuer Bescheid erfolgte, sondern konnte wieder in seine Offenbacher Wohnung ziehen.

Caldovic muß sich sehr sicher gefühlt haben. Als Beamte eine Hausdurchsuchung bei ihm durchführen wollten, drohte er ihnen: »Na, hoffentlich habt ihr eine gute Schießausbildung, das könnt ihr demnächst gebrauchen, wenn wir uns auf der Straße treffen.«

Diese Bedrohung hatte Wirkung bei der Polizei gezeigt. Als wir mit Polizeibeamten in Offenbach über Caldovic reden wollten, lehnten die das Gespräch zunächst ab. Sie hätten in der letzten Zeit zahlreiche Bedrohungen erhalten und nun Angst, daß Caldovic vermuten könnte, sie stecken dahinter, wenn irgendwelche Informationen bekanntwürden. Wo sind wir gelandet, fragten wir uns zu diesem Zeitpunkt und denken daran, daß die Zustände in Palermo oder Neapel, wo Richter, Staatsanwälte, Polizisten und Journalisten ermordet werden, von jedem als katastrophal und erschreckend empfunden werden. Inzwischen sind wir in Deutschland aber auch nicht mehr weit davon entfernt.

Doch wieder zurück zu Caldovic. Obwohl er eigentlich Offenbach beziehungsweise Frankfurt nicht verlassen darf, fährt Caldovic selbstsicher nach Berlin, um dort nach dem Rechten zu schauen. Die Frankfurter Hütchenspieler konnten ihren lukrativen Geschäften nicht mehr wie ehedem nachgehen und verzogen sich teilweise in Deutschlands neue Hauptstadt. Doch die Berliner Staatsanwaltschaft wollte da nicht tatenlos zusehen.

Am 19. Juli 1991 wird Caldovic in Offenbach wegen Verstoßes gegen das Asylverfahrensgesetz verhaftet und nach Berlin in Untersuchungshaft gebracht, kommt aber schon wenige Wochen später wieder frei. Die Richter erkannten keinen ausreichenden Haftgrund.

Endlich, am 29. Januar 1991, nach erneuter Aufforderung zur Ausreise, hat er Deutschland über den Grenzübergang Aachen Richtung Holland verlassen. Doch es ist keineswegs sicher, daß er nicht zurückkehrt. Vor seiner Ausreise hat er noch einen Antrag auf Wiedereinreise gestellt. Caldovic beruft sich auf seine Ehe mit einer Deutschen, die er im vergangenen Jahr, nach der Scheidung von seiner jugoslawischen Frau, geheiratet hatte. Und wenn die Grenzen Ende 1992 fallen, gibt es für ihn sowieso kein Halten mehr.

Die intimen Verbindungen zwischen Jugo-Mafia und dem jugoslawischen Staatssicherheitsdienst, die sowohl im Fall Magas wie bei Caldovic angeklungen sind, verdichten sich bei einem seiner ehemaligen Komplizen, der inzwischen von Belgrad aus das Gangsterimperium der Belgrader Gruppe auch in Europa mitlenken soll.

Darko Asanin wurde 1958 in Jajce geboren. »Mit 18 ging es los mit den Straßenschlachten. Man sagt, Boxen verringere die Aggressionen, weil man angeblich den Körper ermüdet. Bei mir war alles umgekehrt. Wenn ich trainiere, suche ich die Schlägerei. Sobald mich einer ansieht, frage ich ihn, weshalb er mich ansieht.«

Als 19jähriger verläßt Asanin seine Heimat und geht nach Deutschland. »Die Fäuste juckten, leere Taschen, hungrige Augen, Ausländer ohne Papiere und Sprachkenntnisse.«

Im Landeskriminalamt Düsseldorf ist zu erfahren, daß er eine Aufenthaltserlaubnis als Künstler beantragt hatte. »Seine künstlerische Tätigkeit bestand jedoch eigentlich im Boxen«, so Wilhelm Schwerdtfeger. Im westfälischen Ahlen besucht er eine Boxschule, erfolgreich. Danach arbeitet er in einer Champagnerfabrik. Aber nicht lange.

Am Tag boxte er, nachts diente er als Rausschmeißer in einer Disco. Darko Asanin wurde in Ahlen berühmt, dreimaliger Westfalenmeister für seinen Verein, den Ahlener Boxsportverein.

»Ich lernte Leute aus der Boxerwelt kennen. In den Verwaltungen sitzen die Geschäftsleute und die Politiker wie in Jugoslawien auch«, erinnert er sich[5]. Das muß auch eine Art Wendepunkt gewesen sein. Er wurde Leibwächter eines Bosses der Jugo-Gang, eines gewissen Contic.

Drei Monate später wurde Contic erschossen. Der Verdacht gegen Asanin wurde nie gänzlich ausgeräumt, reichte aber nicht, seine Beteiligung nachzuweisen. Die Ermittlungen dauern seit zehn Jahren an.

Nach dem Tod Contic' aber begann der unaufhaltsame Aufstieg Asanins, verbunden mit einer Konsolidierung der Kräfte innerhalb der Ravna Gora. Es kam zum Schulterschluß zwischen Asanin und Caldovic.

»In dieser Zeit hat er sowohl Abhängigkeiten erzeugen können gegenüber Einbrechern, aber auch gegenüber Personen, die für Banküberfälle verantwortlich waren«, heißt es in den einschlägigen Polizeiprotokollen.

Aktiv wurde er danach im illegalen Glücksspiel. Ob Holland, Belgien oder in verschiedenen deutschen Städten, überall tauchte Asanin auf. Und das kam nach seinen eigenen Worten so: »Eines Abends unterbreitet mir der Besitzer des Casino Royal das Angebot, für 10 000 Mark monatlich bei ihm zu arbeiten. Es vergehen drei Monate, und ich habe das Kasino übernommen.«

Asanin gründete weitere Kasinos, Privatklubs und Billardklubs in Essen, Düsseldorf und München. »Ich war ständig unterwegs, weil der Boß sich im Kasino zeigen muß. Die Angestellten müssen ein wenig Angst bekommen. Bei mir verkehrten auch die bekannten Größen der Unterwelt. Es handelte sich um Kriminelle von Weltrang, die Geld wuschen.« Ob er durch das Boxen oder durch die kriminellen Geschäfte Ljubo Magas, den Boß der Jugo-Mafia, kennenlernte, ist nicht bekannt. Asanin meint jedenfalls, daß Magas, mit dem er befreundet war, der Boß der jugoslawischen Unterwelt war. Darko heiratete in Deutschland, träumte, wie er sagt, von Jugoslawien, seinen Freunden. Doch er wollte als Chef zurückkehren. »Ich wurde ein geschäftstüchtiger Mann, wurde ernsthaft und von deutschen Behörden geachtet. Wenn man mich zum Beispiel bezüglich der Steuer vorlud, bekam ich eine höfliche Einladung: ›Seien Sie bitte so freundlich, wir wollen mit Ihnen ein Gespräch führen. Sollten Sie jedoch nicht kommen mögen, so kommen Sie halt nicht.‹ Alles auf diesem Niveau.«

Das kann wohl so nicht gewesen sein. Schließlich geht das Bundeskriminalamt davon aus, »daß rangmäßig über Caldovic der Serbe Darko Asanin, genannt Arcan, steht. Er soll gute Verbindungen zum Jugo-Geheimdienst haben und auch im Zusammenhang mit Morden an politisch Unliebsamen aufgefallen sein«. Ende 1988, kurz vor seiner Rückkehr nach Belgrad, stößt die Polizei im Zusammenhang mit einem Raubüberfall in Essen auf Asanins Spuren. Die Ermittlungen beginnen, und Asanin flieht zurück in seine Heimat. Asanin beschreibt das so: »1988 bin ich nach Belgrad zurückgekehrt, mit kapitalistischem Geld und Ideen.«

Inzwischen weiß die Polizei auch, daß über die Spielklubs, an denen Asanin beteiligt war, »Kontakte zur Cosa Nostra in den USA bestehen.« Und Staatsanwalt Scherp in Frankfurt geht davon aus, daß vor Asanin heute noch alles kuscht. Er würde in Belgrad sitzen und dort die entscheidenden Leute treffen. Auch Scherp kennt die eigentlich unglaubliche Information, daß er im Auftrag des jugoslawischen Geheimdienstes das Bandengeschäft in Deutschland kontrollieren würde.

Belgrad Anfang 1989: In einem Nachtlokal spricht sich die Rückkehr Asanins herum. Da kommt er selbst. Die Musik hört auf zu spielen, alles kommt zum Stehen. Der Lokalbesitzer verneigt sich an der Tür. Asanin tritt ein, in Begleitung weiterer zehn Männer. Ein Getränk für alle... diese Musik mag ich nicht... raus mit den kleinen Huren... Er ist der unbestrittene Herrscher in dieser Nacht.

Im März 1990 schrieb eine Belgrader Wochenillustrierte: »In den Nachtlokalen spielen sich Filmszenen wie aus Chicago ab. Junge Stadtlöwen werfen die Gäste auf den Boden. Ein junger Mann mit einer abgesägten Flinte kreuzt in Begleitung von bis an die Zähne bewaffneten Burschen in einem Sportauto durch die Gegend, schießt mit einem romantischen Lächeln auf dem Gesicht auf seine Gegner. In den Cafés knallen Schüsse. Der Kriminelle aus Belgrad versteckt in Wien in einem Auto eine Bombe, und du fliegst in die Luft. Der offizielle Vertreter der jugoslawischen Binnenschiffahrt in Linz ist verschwunden. Haben Kriminelle und Mörder überhand genommen?«

Asanin ist inzwischen Besitzer einer Fabrik für Glaswaren. Stolz verweist er darauf, daß 80 Prozent der neu eröffneten Boutiquen und Cafés in Belgrad von ihm ausgestattet wurden. Er hat nicht nur wirtschaftlich Erfolg, sondern auch gute Freunde, die ihn schon seit langem, als er noch in Deutschland war, betreuen. Es ist Miroslav Bizic, der ehemalige Leiter des Amtes für Jugendkriminalität beim Städtischen Sekretariat für Innere Angelegenheiten, die Polizei Belgrads.

Im Frühjahr 1990 wird im Belgrader Fernsehen sogar über Asanin berichtet. »Er wird als außergewöhnlich erfolgreicher Geschäftsmann vorgestellt. Nicht erwähnt wird seine Investition in den berühmt-berüchtigten Belgrader Nachtklub Nana.«[6]

In diesem Nachtlokal der Luxusklasse, einem Treffpunkt der Unterwelt nahe dem Belgrader Messegelände, wurde am 27. März 1990 Andrija Lakonic erschossen, Ex-Mitglied der jugoslawischen Boxstaffel und jugoslawischer Vizechampion. »Den Ermordeten kenne ich nicht, und ich weiß auch nicht, wer die Leute sind, die auf ihn geschossen haben«, erklärte der Geschäftsführer des Lokals der Polizei.

An diesem 27. März ist auch sein Freund Bizic spätabends nach Hause gekommen. Schlaftrunken hebt er den Hörer ab, als das Telefon am frühen Morgen bei ihm klingelt.

Am Telefon meldet sich Darko Asanin. »Ich habe Aca getötet.« »Welchen Aca?« »Den Andrija Lakonic.« »Und warum hast du das gemacht?« »Dieser Idiot. Es kam zum Zusammenstoß wegen eines Mädchens, und dann hat er allen gedroht.«

Miroslav Bizic meldet den Vorfall nicht an seine Kollegen der Kriminalpolizei, wird zum Komplizen. In Bizic' Wohnung wurden später nicht nur zahlreiche Waffen gefunden, sondern auch »Dutzende Reisepässe, die ansonsten dem Staatssicherheitsdienst gehörten«[7]. Asanin war »Teil meiner operativen Arbeit.«

Darko Asanin und einer seiner Mittäter werden trotzdem verhaftet, der dritte Täter konnte fliehen. »Das kann mein Sohn nicht gewesen sein«, sagte die Mutter schluchzend Journalisten, die sie aufgesucht haben. »Andrija hat doch vor zwanzig Tagen eine dicke Goldkette mit einem Kreuzanhäger vom Hals abgenommen

274

und sie dem vierjährigen Sohn von Darko, dem Marko, geschenkt.«

Da sowohl Asanin wie der Ermordete Glücksspieler waren, vermutete man in Belgrad zuerst, daß es einen Streit um nicht beglichene Schulden und Anteile gegeben habe. »Ging es tatsächlich darum, dann muß es sich sicherlich um astronomische Geldbeträge handeln, denn für diese jungen Männer waren zehntausend Mark nicht einmal einer Debatte wert, geschweige denn der Grund, die Pistolen zu zücken.«[8]

Nach sechsmonatiger Untersuchungshaft, in der Asanin mehrmals von Mitarbeitern des jugoslawischen Geheimdienstes aufgesucht wurde, begann die Gerichtsverhandlung. Die Anklage wurde von einem Staatsanwalt vertreten, dessen Bruder direkter Vorgesetzter von Bizic war, also dem Mann, der für Asanin »operative Arbeit« geleistet hatte und in dessen Wohnung gefälschte Pässe, Waffen und 100 000 Mark in bar gefunden wurden. Und der Vater des Vorsitzenden Richters diente als Leiter der Staatssicherheit in Belgrad.

Der Prozeß war eine Farce. Immerhin beleuchtete er erstmals eine Zusammenarbeit, die es in einem Rechtsstaat nie geben dürfte. Hochgefährliche Kriminelle werden von der Polizei und dem Belgrader Staatssicherheit benutzt, für deren Ziele eingesetzt. Da diese Zusammenarbeit nicht an die Öffentlichkeit gelangen durfte, fand wohl der größte Teil des Prozesses unter Ausschluß der Öffentlichkeit statt. Als Zeugen wurden auch belgische Polizisten geladen. Der Hintergrund war, daß der von Asanin Ermordete zuvor in Belgien einen Exilkroaten erschossen hatte. Das soll das wahre Motiv für die Ermordung Lakonic' im Nachtlokal Nana gewesen sein: Er wollte über diesen Mord in Belgien auspacken, deshalb wurde er von Asanin erschossen. Doch die belgischen Polizisten einer Antiterroreinheit, die einiges gewöhnt sind, blieben nicht lange in Belgrad. Sie flüchteten, weil sie fürchteten, von der Geheimpolizei oder den Komplizen Asanins ermordet zu werden, erzählten sie uns in Brüssel.

Sechs Monate nach dem Mord an seinem Freund wurde Darko Asanin am 10. Oktober 1990 vom Belgrader Kreisgericht freigesprochen. Einer seiner Mittäter, Veselin Vukotic, wurde überhaupt nicht angeklagt, obwohl er es gewesen sein soll, der die tödlichen Schüsse abgegeben hatte. Die für den Außenstehenden so spannende Kooperation zwischen dem Städtischen Sekretariat für Innere Angelegenheiten und der Staatssicherheit blieben in dem Verfahren ausgespart. Wie schrieb daraufhin eine Belgrader Zeitschrift: »Der Prozeß vor dem Kreisgericht in Belgrad hat der Öffentlichkeit die erschreckende Tatsache über die Machenschaften und Mitwirkung des Geheimdienstes und der Mafia aufgedeckt.«

Herausgekommen ist bei dem Verfahren jedenfalls, was der Mitangeklagte Miroslav Bizic andeutete, daß es eine »enge Zusammenarbeit zwischen der Polizei und den Kriminellen bei Aufträgen von besonderer Bedeutung für die Sicherheit des Landes, wie es gewöhnlich genannt wurde, gegeben hat«.

Bizic redete nach dem Prozeß, weil er davon überzeugt ist, zu Unrecht angeklagt und zu drei Monaten mit Bewährung verurteilt worden zu sein. Seine Aussagen, die er gegenüber einer Belgrader Zeitschrift machte, sind von äußerster Brisanz, für die Einschätzung der in Europa und Deutschland agierenden jugoslawischen Straftäter besonders wichtig. Denn sie belegen, daß es in der Tat eine Komplizenschaft zwischen der Jugo-Mafia aus Belgrad und dem jugoslawischen Geheimdienst gibt. Darüber hatte man bislang in Deutschland nur Vermutungen anstellen können. »Infolge der verschärften Maßnahmen gegenüber Kriminellen ist es zu Konflikten mit dem Staatssicherheitsdienst gekommen, die an bestimmten Gesetzesübertretern ein besonderes Interesse zeigten und andere Maßnahmen als ihre Verhaftung für wünschenswert hielten.«

Aus diesem Grund wurde Bizic im Februar 1988 ins Kabinett des Ivan Trudina zu einer Besprechung eingeladen, an der Vertreter der Staatssicherheit und weitere Mitarbeiter des Sekretariats für Innere Angelegenheiten teilnahmen. Tagungsordnungspunkt: Die Zusammenarbeit mit Kriminellen, die für den Geheimdienst eingesetzt werden sollten.

»Es ist klargeworden, daß fast jeder Kriminelle auf diese oder jene Art und Weise mit der Polizei zusammenarbeitet – angefangen von den Hütchenspielern bis hin zu den allerschlimmsten Verbrechern. Im Jargon wird diese Zusammenarbeit ›handeln‹ genannt. Das ist der Markt, auf dem Informationen über andere Kriminelle gegen irgendwelche Begünstigungen bei der Bemessung der Straftaten verkauft werden.«

Bizic erinnert sich auch, wie so mancher »Handel« funktionierte. Da ruft ihn regelmäßig ein Beamter des Geheimdienstes an. Bizic teilt ihm wie üblich mit, daß die Fahndungsberichte für Kriminelle vorliegen, die für die Leute vom Staatssicherheitsdienst von Interesse sein könnten. »Der will was für mich erledigen, kann man mit der Verhaftung etwas abwarten?« fragte daraufhin der Mann vom Geheimdienst. Und der Handel ist perfekt.

Um diese Form der Zusammenarbeit zu regeln, gibt es eine besondere »Dienstanweisung«. In dieser »Dienstanweisung über operative Arbeit« ist die Zusammenarbeit zwischen Polizei und Geheimdienst geregelt, beispielsweise, daß gefälschte Reisepässe geliefert oder die Entlassung aus der Haft angeordnet werden kann. Bizic schildert ein schönes Beispiel. »Zwei Wochen vor dem Mord in der ›Nana‹ soll ich, wie der Staatsanwalt behauptet, eine festgenommene Person wieder freigelassen haben. Es handelt sich hierbei um Veselin Vukotic, den Mörder des Andrija Lakonic. Alles, was ich jedoch gemacht habe, geschah nach vorherigen Konsultationen mit Bozidar Spasic vom Staatssicherheitsdienst. Vukotic war im Gefängnis, doch schon drei Tage danach hatte er eine unaufschiebbare Aufgabe für den Staatssicherheitsdienst erledigen sollen.

»Ob jedoch die Dienstansweisungen auch bezahlte Morde einschließen, wird weiterhin ein Geheimnis bleiben. Fila (ein Verteidiger im Prozeß gegen Asanin) hatte gerade deswegen verlangt, daß der Vertreter der Staatssicherheit das als Zeuge vor Gericht klärt. Dies jedoch wurde vom fünfköpfigen Senat mit dem Hinweis abgewiesen, das Gericht sei auch selbst in der Lage, die Verordnungen aus den ›Dienstanweisungen‹ zu interpretieren.«[9]

Kaum ist Asanin in Freiheit, ist er bereits wieder aktiv. »Er war später wieder in München und Thessaloniki und hat dort einen Mord begangen«, erzählt uns Wilhelm Schwerdtfeger vom LKA Düsseldorf.

Dienstanweisungen des jugoslawischen Geheimdienstes für Kriminelle – das ist etwas Neues im Bereich des organisierten Verbrechens. Weniger neu ist, daß ein Teil der in Deutschland, Österreich oder den Beneluxstaaten operierenden jugoslawischen Banden ihren Stützpunkt in Belgrad haben. Die Banden reisen für kurze Zeit als Touristen ein, knacken Tag für Tag Dutzende

Wohnungen, veräußern die Beute über bestimmte Hehler und setzen sich mit dem Erlös in ihre Heimat ab, so ein Wiener Polizeifahnder. Das sind keine Einzeltäter oder unabhängig operierende Banden. Alles wird in Belgrad organisiert, selbst die Ausbildung in speziellen Einbrecherschulen.

Erneut stoßen wir auf den Namen Rade Caldovic, und zwar im Zusammenhang mit einem Jusuf Bulic aus Belgrad. Er war langjähriger Weggefährte von Ljubomir Magas und dessen Nachfolger Caldovic. Bulic ist nicht nur ein Berufskiller, gegen den in Österreich, den Niederlanden und Schweden wegen Mordes beziehungsweise Verabredung zum Mord ermittelt wurde. Bulic ist auch ein Fußballfan und betreibt eine »Einbrecherschule«.

Ein Informant aus dem Umfeld von Bulic erklärte gegenüber einem V-Mann der Polizei: Er selbst sei zwar nur ein kleines Licht, habe jedoch gehört, daß es einen großen Oberboss gebe, der mit den kleinen Proletariern gar nichts zu tun haben wolle. Es gebe eine bestimmte Hierarchie, in der ganz oben ein »Jusa« (Spitzname von Jusuf Bulic) stehe. Dieser leite in Belgrad eine als Fußballklub Pizzerija Boa getarnte Einbrecherschule.

Wenn irgendwo ein Fußballturnier stattfindet, fahre der »Jusa« mit seiner Mannschaft los, wobei das Turnier jedoch nur Tarnung sei, um in der Umgebung des Fußballspieles Einbruchdiebstähle begehen zu können. Vom »Jusa« habe er weiter gehört, daß dieser in Berlin Anteile an einem Spielklub in der Kantstraße haben soll und ein bezahlter Mörder sei.

In Belgrad bildet noch eine weitere Einbrecherschule aus. Offiziell nennt sie sich Fußballklub »FC Naja i Roda«. Leiter dieses Klubs waren zwei Brüder, die in Deutschland bei einem Verkehrsunfall ums Leben gekommen sind und wiederum mit »Cento« Caldovic gut befreundet gewesen sein sollen. »Cento« war Mäzen dieses Fußballklubs. Das erinnert fatal an den Offenbacher Fußballklub, an dem auch überwiegend Kriminelle nicht nur den Ball ins gegnerische Tor zu schießen versuchten.

In Belgrad wird für als »Sportschulen« getarnte Einbrecherschulen auf Plakaten oder mit Handzetteln geworben. Vor allem jugendliche und heranwachsende Sportinteressenten aus sozial schwachen Schichten werden rekrutiert. Sind sie bereit, der Einbrecherorganisation beizutreten – viele haben gar keine andere Wahl –, werden sie vom Besitzer der Sportschule auf ihren späteren Einsatz hin geschult, mit Verhaltensmaßregeln für den Fall der Festnahme vertraut gemacht.

Es wird viel von den jungen Leuten verlangt, und die Ausbildung erinnert bisweilen an die von verdeckt operierenden Agenten: Sie lernen alles über die Verhältnisse in der jeweiligen Stadt, in der sie später eingesetzt sind. Man sagt ihnen, welche Fahrzeuge sie benutzen sollen, wie man Polizeibeamte erkennen kann, das heißt, wie sich die Polizei und Kriminalbeamte verhalten, welche Autos sie fahren, und daß sie sich, wenn sie nach Berlin geschickt werden, im Falle der Festnahme an die Anwaltskanzlei Panka wenden sollen.

Der Boß kümmert sich auch um Schußwaffen, um Reisepässe. Er ist der Arbeitgeber seiner jungen Schützlinge, erklärt ihnen natürlich auch das Wichtigste: was gestohlen werden soll. Schmuck, Gold und Bargeld. Erst wenn die Einbrecher in den Wohnungen nicht genügend finden, sollen sie »hilfsweise« elektronische Geräte, wie Videorecorder, Kameras und so weiter mitnehmen.

Gedacht ist an alles. Bei Krankheit muß der Einbrecher nicht befürchten, plötzlich ohne Einkommen dazustehen. Er erhält dann aus den Beuteanteilen der Einbrecherkollegen einen bestimmten Anteil. Eine ähnliche Regelung besteht für den Fall der Festnahme, womit man eher rechnen muß als mit einer Grippe oder einem Augenleiden. In diesem für jeden Einbrecher schlimmsten Fall wird bei den anderen Gruppenmitgliedern Geld gesammelt, um die Anwaltskosten bezahlen zu können.

Gleichzeitig wird versucht, die Abschottung der Untersuchungshaft zu durchbrechen, um Kontakt mit dem Häftling aufzunehmen. Die Verhafteten können sicher sein, daß ihnen Rechtsanwälte besorgt, sie regelmäßig besucht und alle ihre Bedürfnisse gedeckt werden.

Will ein Mitglied der Verbrecherorganisation, das sich zuvor als gewissenhafter und regelmäßiger Einbrecher in der Organisation verdient gemacht hat, sich verselbständigen, muß es den Boß zuerst um Erlaubnis fragen und gegebenenfalls Geldbeträge in Form von »nichtrückzahlbaren Darlehen« bei ihm abliefern.

Den präzisen und ausführlichen Ermittlungen der Staatsanwaltschaft Berlin gegen ein Dutzend jugoslawischer »Einbrecher« ist es jetzt zu verdanken, daß erstmals tiefe Einblicke in die perfekte

Organisation des so relativ harmlos erscheinenden Einbruchgewerbes möglich wurden.

»Bemerkenswert«, so vermerkt die Berliner Staatsanwaltschaft, »daß die Rufnummer des Bosses der Einbrecherschule für jegliche Auskünfte gesperrt ist. Nach Angaben der Deutschen Botschaft in Belgrad müsse man erfahrungsgemäß über gute Beziehungen verfügen, damit man eine gesperrte Telefonnummer erhält.« Die Botschaft in Belgrad hätte noch hinzufügen können, daß diese Einbrecherschulen von der Staatssicherheit kontrolliert werden.

Auf der zweiten Ebene der Hierarchie der Einbrecherschulen stehen Einbrecher, reisende Täter, die sich lediglich sporadisch und »saisonbedingt« in den jeweiligen Städten, wo die Beutezüge durchgeführt werden, aufhalten.

Ohne die Hehler würde dies alles aber nicht so recht funktionieren. Es sind deutsche Helfershelfer, die nach begangener Tat die gestohlenen Wertgegenstände, vor allem Gold und Schmuck, ankaufen. Ein möglichst umgehender Beuteabsatz ist für die Tätergruppen schon deshalb unerläßlich, damit sie nicht bei möglichen Polizeikontrollen auffallen.

»Diese ständigen Absatzhehler sind Mitglieder der Vereinigung, ohne daß sie irgendwelchen Einfluß auf die Entscheidungsstrukturen der Gruppe hätten«, so die Berliner Staatsanwaltschaft.

Schließlich gibt es noch die Kommunikationszentralen, in der Regel von Jugoslawen geführte Lokale. In Berlin ist es das Lokal Zikos Mustafa Grill in der Kaiser-Friedrich-Straße. Jeder nach Berlin reisende Einbrecher aus Belgrad mußte sich telefonisch in dem Restaurant melden und mitteilen, zu welcher Uhrzeit und mit welchem Verkehrsmittel er ankommen wird.

Wie überall in Deutschland, ob in München, Hamburg, Frankfurt oder Berlin, stehen für derartige Straftäter dienstbare Anwälte, sogenannte Szenenanwälte, bereit. In Berlin ist es Rechtsanwalt Panka. Er hat ein besonders fürsorgliches Verhältnis zu seinen Klienten: Im Herbst 1988 wirkte er auf eine Frau ein, damit sie in einer Hauptverhandlung bewußt die Unwahrheit sagte. Ein jugoslawischer Straftäter war angeklagt, einen Landsmann erschlagen zu haben. Der Anwalt wollte, was wohl jeder Rechtsanwalt will, für den Angeklagten ein mildes Urteil erreichen.

Die Frau handelte genau so, wie der Anwalt ihr vorgeschlagen hatte, und der Angeklagte wurde lediglich wegen gefährlicher Körperverletzung zu drei Jahren Gefängnis verurteilt. In einem anderen Fall wurde dieselbe Frau nochmals von dem ehrbaren Advokaten angesprochen. Er teilte ihr mit, daß er unbedingt mit Zoran Bulovic sprechen müsse. Der, so habe er erfahren, wollte als Zeuge gegen einen Gangster der Jugo-Mafia aussagen, der zur bekannten Einbrecherschule aus Belgrad gehörte. Dessen Verteidiger ist Rechtsanwalt Panka.

Verabredungsgemäß geht sie mit ihm zu dem vereinbarten Treffen in ein Restaurant in der Nähe der Anwaltskanzlei. Rechtsanwalt Panka redete auf Bulovic ein, erklärte ihm genau, was er vor dem Richter aussagen müsse: Er habe sich das alles ausgedacht, würde zu viele Kriminalromane lesen und wisse es im übrigen nur aus der Zeitung.

»Anschließend richtete Rechtsanwalt Panka, offenbar als Test, an den Bulovic die Frage, was dieser aussagen werde, wenn der Richter ihn frage, wer ihn entsprechend instruiert habe; etwa er (Anwalt Panka) selbst? Daraufhin bejahte Bulovic. Nach Angabe der Zeugin P. wurde Rechtsanwalt Panka daraufhin ziemlich sauer und meinte, daß er mit einem solchen Zeugen nichts anfangen könne, der sei offenbar verrückt.«[10]

Jetzt schwebte Bulovic in Lebensgefahr. Denn die anderen Mitglieder der Einbrecherbande beschlossen nun, ihn ermorden zu lassen. Sie befürchteten belastende Aussagen. Der Mordauftrag ist schon vergeben. Erst als Rechtsanwalt Panka ihnen sagt, daß der Zeuge keine Gefahr darstellt und man das Vorhaben nicht in die Tat umsetzen müsse, wurde der Mordbefehl wieder aufgehoben. Also doch ein fürsorglicher Anwalt.

Sie stehlen und rauben nicht nur auf Bestellung, erpressen skrupellos ihre Landsleute, sondern sie dealen auch mit Heroin und Waffen. Das war die klassische Jugo-Mafia. Mit dem Zerfall von Jugoslawien haben auch die Belgrader nicht mehr allein das Sagen. Konkurrenz bekommen sie von den jeweiligen Gangs der Unabhängigkeit fordernden Nationalitäten: den Kroaten und insbesondere den Kosovo-Albanern.

Zwischen ihnen und den Belgrad-Jugos hat es schon seit geraumer Zeit heftige Auseinandersetzungen um das kriminelle Territorium gegeben. Gegenüber der österreichischen Monatsillustrierten *Wiener* erklärte ein Insider: »Die Kosovo-Albaner in Wien kaufen seit mehreren Monaten alles auf, was schießt und explosiv ist. Von Wien, aber auch von Deutschland aus, wird der Aufstand der Kosovo-Albaner gegen die dort herrschenden Serben geführt.«[11]

Das deckt sich mit den Erkenntnissen aus einem Frankfurter Ermittlungsbericht. Der Bericht erwähnt noch andere Verbindungen. »Verbindungen zur Cosa Nostra in die USA und zu albanischen Straftätern, deren Kopf, Dhzerat Berisa, genannt ›Albaner-Fürst‹, in Frankfurt lebt.«

Von deutschen wie jugoslawischen Strafverfolgungsbehörden wird seit geraumer Zeit ein Daut Kadriovski, alias Daut Kadriev gesucht. Er gehört, so die Polizei, zur obersten Funktionsebene einer jugoslawisch-albanischen Heroinhändlerorganisation.

Seine kriminelle Karriere war nicht voraussehbar. Als der 40jährige Mann aus Skopje nach Deutschland kam, 1982, da war er lediglich ein kleines Licht, Mitglied einer Taschendieborganisation in München. In diese Zeit fällt auch die Vertreibung der Chinesen aus dem Heroinmarkt in Nordrhein-Westfalen. Kosovo-Albaner übernahmen sofort deren Position. Im Dezember 1983 erfuhr das Landeskriminalamt Düsseldorf zum erstenmal, daß im Raum Köln-Düsseldorf Albaner Heroinhändler aus dem Kosovo aktiv seien. Im März 1984 wurden mehrere Verdächtige festgenommen, die dabei waren kiloweise Heroin zu verkaufen. Hinter ihnen stand eine Organisation, die sowohl in Deutschland, Belgien, den Niederlanden und in der Schweiz Heroin schmuggelte. Daut Kadriovski, von dem die Polizei bis zum heutigen Tag nicht genau weiß, ob er nun Kosovo-Albaner, Jugoslawe oder Türke ist, war bereits der Drahtzieher.

Kadriovski ist ein intelligenter Mann. Er spricht neben Serbokroatisch auch Türkisch, Mazedonisch, Italienisch, Französisch, Englisch und Deutsch. Am 6. Februar 1985 wurde er in Istanbul festgenommen. Er hatte gerade einen größeren Herointransport durchgeführt. Aus diesem Transport wurden in Hohenbrunn in Bayern vier Kilo beschlagnahmt. Kurz bevor er an Deutschland ausgeliefert werden sollte, konnte er aus dem Gefängnis in Istanbul fliehen – gegen ein Bestechungsgeld von 300 000 Mark.

Danach führte er den Heroinhandel von Skopje aus weiter. »Er ist bis heute einer der Großen im Heroingeschäft«, sagt uns Rauschgiftfahnder Horst Durkowyak vom Landeskriminalamt Düsseldorf. Er weist in dem Gespräch mit uns auf eine besonders gefährliche Dimension der Geschäfte von Daut Kadriovski hin: Waffen gegen Drogen, um im jugoslawischen Bürgerkrieg die jeweiligen Kriegsparteien entsprechend auszurüsten.

Das war auch das Ermittlungsergebnis der Operation »Benjamin« in der Schweiz, als dort 1989 ein Waffen- und Drogenhändlerring aufflog. Kosovo-Albaner hatten Heroin in die Schweiz eingeführt und dafür Waffen, 6700 Maschinenpistolen israelischer Fabrikation und Kalaschnikow-Schnellfeuergewehre eingekauft.

In der Schweiz ist das relativ einfach. In den einzelnen Kantonen gibt es insgesamt 26 verschiedene Waffengesetze. »Die Bundesanwaltschaft«, so Jörg Schild, höchster Drogenfahnder der Schweiz, »muß tatenlos zusehen, wie sich einzelne Kantone praktisch als offene Waffenläden präsentieren.«

Im Kanton Bern beispielsweise ist es immer noch problemlos möglich, 50 oder 100 Kalaschnikows in einem Geschäft zu kaufen. Das machten sich die Heroinhändler aus Skopje zunutze. Ähnlich einem Spinnennetz haben ganze Familienclans, vor allem aus dem Kosovo, ihre Tätigkeit in der Schweiz ausgebreitet. Sie waren nicht nur, bis zu ihrer Verhaftung, im Heroingeschäft aktiv – mindestens 200 Kilo Heroin wurden allein die Schweiz geschmuggelt –, sondern auch in den Bereichen Diebstahl, Hehlerei, Urkundenfälschung und eben Waffenhandel.

Der Geldverteiler dieser Bande kam aus Deutschland. Er ging seit zwanzig Jahren in einem kleinen Städtchen im Münsterland seiner Arbeit als Straßenbauarbeiter nach. Weil er unbelastet war, wählten ihn seine Landsleute dafür aus, die Kuriere der Bande auszubezahlen und verschiedene Konten zu eröffnen. »Er ist zum Kriminellen gemacht worden«, sagt die Polizei. Doch der Hintermann der gesamten Organisation, Daut Kadriovski, ist noch immer frei und lenkt weiterhin die Drogen- und Waffengeschäfte. Mindestens eine Tonne Heroin hat er in den letzten Jahren nach Deutschland geschmuggelt, um die »Befreiungsbewegung« im Kosovo zu finanzieren. Gangster als Verbündete politischer Organisationen – auch das ist die Jugo-Mafia.

Mit den besten Grüßen
vom grünen Drachen
Der Vormarsch der chinesischen Geheimbünde

Für den jungen Schreiner aus Bamberg und seine Freundin Kirsten, eine Theologiestudentin, sollte es eigentlich eine normale Autofahrt werden. Doch die Nacht zum 9. Mai 1991 werden sie wohl nie vergessen. Sie sind auf der A 3 in Richtung Würzburg unterwegs, als sie auf dem Beschleunigungsstreifen der Autobahn-Anschlußstelle Nürnberg-Nord plötzlich die Warnblinkanlage eines parkenden Wagens sehen. Wild gestikulierend erkennen sie eine Person. Sie wollen helfen und halten an. Doch als sie sich gerade dem Pannenfahrzeug nähern, taucht aus dem Dunkel ein weiterer Mann auf. Der zieht wortlos eine Pistole, feuert aus drei Meter Entfernung auf die beiden Hilfsbereiten. Schwerverletzt, im Bauch getroffen, bricht die junge Frau zusammen. Ihr Begleiter zerrt sie in den Wagen, rast zur nächsten Tankstelle, alarmiert Notarzt und Polizei.

Unterdessen spitzt sich auf der nächtlichen Autobahn die Situation weiter zu. »Hier an der Autobahn-Auffahrt wurde soeben ein Mann überfallen«, hört die Polizei nur wenige Minuten nach dem Überfall auf das an dem Drama unbeteiligte Paar über eine Notrufsäule. Als die Streifenwagen am Tatort eintreffen, bietet sich den Polizisten ein grauenhaftes Bild:

Dort liegt, mitten auf der Fahrbahn und bereits dreimal von vorbeifahrenden Autos überrollt, der 33jährige Eduard, »Eddy«, Ulbrich. Ein Unfall oder Selbstmord war das nicht. Der Sohn einer Deutschen und eines Chinesen war bereits tot, als die Autos über ihn hinwegbrausten. Drei Kugeln haben den Besitzer des Chinarestaurants Schanghai in der Erlanger Stubenlohstraße in Rücken und Gesäß getroffen, die vierte Kugel feuerte der Schütze aus nächster Nähe, wie bei einer Hinrichtung, direkt auf seinen Kopf ab.

»Der ist regelrecht hingemetzelt worden«, erzählt uns später Walter Meier, der Chef des Nürnberger Kommissariats für organisierte Kriminalität. Kein Mord wie jeder andere, soviel steht für die ermittelnden Polizeibeamten inzwischen fest.

Hauptverdächtiger ist inzwischen der mit internationalem Haftbefehl gesuchte und mit 190 Zentimeter außergewöhnlich große Malaysier Kai Lim Cheong, 26, genannt »Gao Lao«, was sowohl »großer Kerl« wie »großer Boß« bedeuten kann. Der »große Boß« jedoch ist nicht zu fassen. »Es geht uns dabei«, klagen die Nürnberger Ermittler nach einem knappen halben Jahr Fahndung, »wie mit einem nassen Stück Seife, das einem immer wieder aus der Hand flutscht.«[1]

Der Grund: »Das schwierigste ist für uns, Zeugen und Täter auseinanderzuhalten«, meint der ermittelnde Erlanger Staatsanwalt Hasso Nerlich.

Was sich nun am Abend des 8. Mai ereignet hat, ist noch nicht bis ins letzte Detail ermittelt: Bisher glaubt die Kripo zu wissen, daß Ulbrich gegen 22 Uhr in seinem Erlanger Lokal ans Telefon gerufen worden war: Der »Gao Lao«, der Big Boß, rief zum unverzüglichen Treffen.

Kai Lim Cheong, so kommt bei den Ermittlungen heraus, wurde bei einer Schlägerei in Frankfurt erkennungsdienstlich behandelt. Aus England soll er gekommen sein, »wie ein Schatten ins Land und hat Spuren gesetzt«.

Ulbrich bricht sofort in Richtung Nürnberger Hauptbahnhof auf – dort wurde später auch sein Auto gefunden: Ein dickes Bündel Geld, rund 100 000 Mark, soll er mitgenommen haben, so ein Tip aus dem Milieu. Unklar ist ebenfalls noch, ob er damit Spielschulden bezahlen wollte oder ob es um einen Deal mit gefälschten Pässen ging. Mit denen werden illegal einreisende Chinesen ausgestattet, die hoffen im goldenen Westen Arbeit zu finden.

Die mit den gefälschten Papieren Ausgestatteten geraten immer weiter in eine Spirale der Abhängigkeit: Von chinesischen Gastwirten werden sie zumeist als billige Arbeitskräfte mißbraucht – ohne soziale Absicherung, versteht sich. Einquartiert werden sie in Verschlägen, im Keller oder unter dem Dach, als Lohn erhalten sie meist nicht viel mehr als Logis, eine Schüssel Reis und ein Taschengeld. Die teuren Pässe – Hoffnung auf ein besseres Leben – müssen mühsam abgearbeitet werden.

Was nun weiter mit Ulbrich geschah, nachdem er hastig sein Lokal verlassen hatte, weiß bei der Polizei keiner genau. Fest steht für die Nürnberger Ermittler jedoch, daß sein Tod auf der Autobahn nicht geplant, sondern vielmehr ein Mißgeschick war: Dafür spricht unter anderem der Tatort, der als Hinrichtungsstätte nicht der ideale Ort war, schon wegen einer nicht vorhersehbaren Zahl von Zeugen, die vorbeifahren könnten. Und schließlich gelang es Ulbrich kurz vor seinem Tod, seinen Killern zumindest kurzfristig zu entwischen. Der Staatsanwalt: »Er lief wie ein Hase über die Autobahn.« Wahrscheinlicher erscheint es da den Beamten, daß Ulbrich nach Frankfurt »an eine sichere Stelle« gebracht werden sollte. Nerlich: »Ich denke, Cheong handelte als Beauftragter. Fest steht aber, daß die zu allem entschlossen waren.« Nicht umsonst trug der Killer, der eigens aus Frankfurt nach Nürnberg fuhr, eine Waffe mit sich.

Kripochef Meier sowie seine Kollegen in Hamburg, Frankfurt und München, das Wiesbadener Bundeskriminalamt (BKA) und Interpol versuchen seitdem, die Hintergründe des Mordes aufzuklären. Sie verfolgen Spuren, die von London, Amsterdam, Hongkong, Macau bis nach Kuala Lumpur führen, zu einem der weltweit bestorganisierten kriminellen Syndikate: den Triaden, dem Verbrechen made in China. Triaden genannt, weil ihr Symbol das heilige Dreieck *Tin Tei Wui* (Himmel, Erde, Menschen) ist, das Basissymbol des chinesischen Kosmos. Was wußte man bei der Nürnberger Kripo bislang von Chinesen? Allenfalls aus Seminaren in Polizeiführungsakademien war bekannt, daß diese im Fernen Osten längst umfassend das kriminelle Geschäft beherrschen. Vielleicht auch noch, daß die »Chinesen« in London und Amsterdam Fuß gefaßt hatten. Bei den wenigen Chinesen, die es in Deutschland gibt, das dachten viele, stellte sich das Problem hier überhaupt nicht. Man sollte sich gründlich getäuscht haben.

»Man sieht sie nicht, man hört sie nicht, aber es gibt sie«, stellt jetzt Kripochef Meier aus Nürnberg nüchtern fest. Und sein Kollege vom Bayerischen Landeskriminalamt, Josef W. Geißdörfer, ist gar der Meinung, daß »in der Bundesrepublik so gut wie jeder chinesische Gastwirt Schutzgeld an die Triaden abführen muß«. Da erntet er zwar heftigen Widerspruch von seinen Kollegen in anderen deutschen Städten. Wohl aber eher deshalb, weil die bislang überhaupt nicht in Sachen »Triaden« ermittelt hatten.

Doch bei gründlicher Suche stößt man sehr schnell auf ein Phänomen, das zunächst einmal gar nicht greifbar ist: Angst. Niemand will reden. Da kommt aus London ein Koch in ein idyllisches Dorf bei Gießen. Wir treffen ihn per Zufall. Zäh beginnt das Gespräch über die Erfahrungen in London. Ja, da zahlt jeder Wirt Schutzgeld, ja, da werden mit den Erträgen aus dem Drogenhandel große Unternehmen gekauft. Will man dann Näheres wissen, stößt man auf einen Kokon, gesponnen aus tief sitzender Furcht, so als würde der Arm der Triaden bis in das letzte Dorf, bis zur letzten Familie reichen – als sei niemand sicher.

Schutzgelderpressung, illegales Glücksspiel, Rauschgifthandel, Menschenhandel, Raub und Zuhälterei – dies sind die wesentlichsten Delikte, die den Triaden zugeschrieben werden. Ihre Konflikte innerhalb des kriminellen Milieus tragen sie mit äußerster Brutalität und »ohne Rücksicht auf andere Leute aus«, klagt ein Fahnder aus Hamburg.

Auch der Tote von der Nürnberger Autobahn war in diesem kriminellen Milieu im Fränkischen kein Unbekannter; in der Frankfurter und Hamburger Fernost-Szene gar ein oft gesehener Gast, übrigens ebenso wie sein späterer Mörder.

Die Ermittlungen förderten inzwischen Neues über Ulbrich zutage: Er soll unter anderem als Organisator der beliebten Freizeitbeschäftigung »Glücksspiele« aktiv gewesen sein. Gespielt wird meist das chinesische Würfelspiel Pai Gau. Einsätze von teilweise 10 000 Mark und mehr machen den besonderen Reiz für Zocker aus. In den Akten stoßen die Ermittler darauf, daß Ulbrich Anfang 1990 polizeilich aufgefallen ist. Damals stürmte die Nürnberger Polizei das chinesische Zockerlokal Club 21. Am Würfeltisch stand der Wirt aus Erlangen und – neben anderen Chinesen – auch ein führendes Triadenmitglied aus London, das nach Auskunft von Scotland Yard unter anderem in den internationalen Heroinhandel verstrickt ist. Auch Ulbrichs mutmaßlicher Mörder Cheong gilt als einer der führenden Veranstalter von Spielerrunden.

Dabei ging es, glauben BKA-Fahnder, auch um die Kontrolle von Verbindungswegen im Drogenhandel, der in Europa zu einem großen Teil über Hamburg, Frankfurt und den Rhein-Main-Flughafen abgewickelt wird. Ein Ermittler vermutet:»Eddy Ulbrich ist jemandem zu mächtig gewesen.«[2]

Mauer des Schweigens

Die wahren Hintergründe aufzudecken, daran glaubt inzwischen niemand mehr. Der Gegner ist für die Fahnder unsichtbar. »Wir erfahren nichts«, klagen die Ermittler.

Grenzenlose Furcht ist bei den Opfern derart verbreitet, daß diese selbst dann noch das »Gesetz des Schweigens« bedingungslos befolgen, wenn alle Fakten auf dem Tisch liegen. Bei Vernehmungen im Mordfall Ulbrich mußte sich ein chinesischer Zeuge – von Angst geschüttelt – übergeben, als er zu dem Tatverdächtigen befragt werden sollte. Ein anderer wurde von panischen Krampfzuständen befallen. »Diese massive Angst war schon sehr außergewöhnlich«, wundern sich selbst erfahrene OK-Ermittler.

»Hinzu kommt«, sagt LKA-Fahnder Geißdörfer, »daß wir kaum mit ihnen reden können.« Schwierig wird es schon, einen chinesischen Dolmetscher aufzutreiben. Geißdörfer: »Einen, dem wir trauen können!«

»Die meisten lächeln uns freundlich an – und bleiben stumm«, ist das Fazit der Vernehmungsbeamten. Wie Aale winden und drehen sich die Befragten, behaupten, die Fragen nicht verstanden zu haben, oder sprechen selbst für den Dolmetscher unverständliche Dialekte.

Probleme gibt's auch mit der Identifizierung der fernöstlichen Bürger. »Für uns sehen sich doch alle Chinesen ähnlich«, sagt Geißdörfer. »Und welcher Grenzbeamte kann schon erkennen, ob der chinesische Paß, der ihm unter die Nase gehalten wird, echt oder falsch ist?« Nerlich: »Wir haben festgestellt, daß viele Chinesen ihre wahre Identität höchst aufwendig verschleiern.«

Polizeidienststellen im ganzen Land stellen immer wieder eine »ungeheure Reisetätigkeit« der Chinesen fest: »Die Leute sind sehr mobil«, notiert sich Nerlich. Aus ganz Europa reisen sie zu Spielertreffen an. »Da kann es nicht um kleine Einsätze gehen«, lautet deshalb seine Überzeugung. Und: »Jene, die das Glücksspiel organisieren, sind nicht Kriminelle der unteren Charge.«

Sonst übliche Ermittlungsmethoden versagen unter diesen Bedingungen gänzlich: V-Leute in das Milieu einzuschleusen – das gelingt nie. Chinesische Mitarbeiter, die der Polizei helfen, finden sich nicht.

Manchmal haben die Ermittler noch Hoffnung: »Wir bekommen immer wieder mal gezielt ›Unterstützung‹ aus chinesischen Kreisen, ohne daß unmittelbar ein Motiv erkennbar wäre«, bemerkt Nerlich. »Wir stören mit unseren Ermittlungen ihre Geschäfte, und da taktieren sie eben.«

Bei ihren Nachforschungen im ganzen Bundesgebiet, darunter in Hamburg, Stuttgart und Mannheim, machen die Beamten erstaunliche Entdeckungen: Überall tauchen »alte Bekannte« auf, die früher im Club 21 zockten. Zahlreiche Chinalokale im Fränkischen wechselten – während die Polizei auf Hochtouren forschte – beinahe über Nacht Namen und Besitzer. Ob das wohl Zufälle sind? fragt Meier ironisch. Auffällig sei nämlich, daß gerade Leute, die bei den Ermittlungen im Mordfall Ulbrich ins Visier der Polizei geraten, aus der Schußlinie genommen werden und dann in anderen deutschen Städten wieder auftauchen. Dort interessiert sich niemand für sie.

Die Triaden – Tod im Zeichen des Dreiecks

Was einst wie eine asiatische Version von Robin Hood begonnen hatte, endete in der wohl mächtigsten, zahlenmäßig stärksten und rücksichtslosesten Verbrecherorganisation der Welt.

China im Jahre 1674: Die Mandschus, jenes Volk, das die Chinesische Mauer von der Mongolei aus überwunden hatte, etablierten sich im Norden Chinas und waren stark genug, Truppen in den noch »wilden Süden« zu schicken.

Dort trafen die Mongolenherrscher auf den erbitterten Widerstand von Geheimbünden, der Sage nach von fünf Foochow-Mönchen gegründet, die ein Mandschu-Massaker überlebten. Dies gilt als der Ursprung der Triaden, gegründet mit dem Ziel, die Mandschu-Usurpatoren zu verjagen und die Ming-Dynastie wieder auf den Thron zu bringen.

Bald entstanden überall im Land neue Triaden und organisierten über viele Jahrzehnte hinweg zahlreiche Revolutionen gegen das Mandschu-Regime.

Für die unterdrückten chinesischen Bauern und Arbeiter waren die Triaden die einzige Hoffnung, wurden zu einer breiten politischen Bewegung. In zahlreichen Regionen übernahmen die Geheimbünde – aufgeteilt in fünf Logen – auch die örtliche Verwaltung und hatten Polizeigewalt. Doch schon im 19. Jahrhundert finanzierten sich viele Triadengruppen durch kriminelle Geschäfte – vor allem Piraterie, Schmuggel und Erpressung –, denn viel Geld war notwendig, um den Mandschus zu widerstehen.

Wer Mitglied werden wollte, mußte eine noch heute gültige Zeremonie über sich ergehen lassen: 36 Eidesformeln sind zu schwören, Hühner- und Menschenblut wird vermischt und muß vom Anwärter getrunken werden. Brutal und konsequent vorgehende Vollstrecker, die *Hong Guan* (Roten Pfähle), in der Triadenhierarchie mit der Nummer 426 versehen, garantieren, daß niemand die heiligen Gesetze bricht: Ein solcher Frevler muß mit furchtbaren Verstümmelungen und Tod rechnen.

So wie sich die Triaden gegen die Besatzungsmacht aus der Mongolei stemmten – mit meist geringem Erfolg –, versuchten sie auch die Weißen Teufel, die Briten, zu vertreiben, die Mitte des 19. Jahrhunderts dabei waren, dem Reich der Mitte ihre Opiumpolitik aufzuzwingen. Der Widerstand der Triaden mündete 1900 im glücklosen Boxer-Aufstand.

1911 schließlich wurde die Mandschu-Herrschaft endgültig besiegt. Doktor Sun Yat-sen, ein prominentes Triadenmitglied, bildete die erste Regierung und gründete die Nationalpartei Kuomintang (KMT). Zu dieser Zeit wurde die Zahl der in Geheimgesellschaften organisierten Chinesen auf etwa 35 Millionen geschätzt.

Die Triaden hielten in der neu entstandenen Republik von Anfang an Schlüsselpositionen besetzt, hatten prominente Mitglieder in der Regierung, wie etwa den internationalen Finanzier Charlie Soong, ein Mitglied der Roten Bande, oder den Armeegeneral Tschiang Kai-schek, der China 1949 an Mao Tse-tung verlor.

Die neue Macht korrumpierte immer mehr führende Triadenmitglieder. Wer in China Geschäfte oder eine politische Karriere machen wollte, mußte Schutzgelder an sie bezahlen. Und zunehmend wurden die Triaden auch die führende Kraft im Opiumhandel. Aus einer politischen Bewegung war eine in ganz China herrschende Bande von Kriminellen geworden.

Eine politische Bedeutung sollte den Triaden letztmals zukommen, als General Tschiang Kai-schek Mitte der zwanziger Jahre entschied, sie für sein Ziel, als militärischer Anführer einem wiedervereinten, kaiserlichen China vorzustehen, einzusetzen.

Eine erste Bewährungsprobe für die neue Allianz sollte es sein, die von den Kommunisten gesteuerten Gewerkschaften im Schanghai des Jahres 1927 zu vernichten. Tschiang schloß mit dem Anführer der Grünen Bande, Tu Yueh Sheng, ein Abkommen, das diesem die absolute Kontrolle über den Opiumhandel und die übrigen kriminellen Geschäfte der Triaden sicherte. Die Einkünfte aus dem Prostitutionsgeschäft in Schanghai teilten sich die beiden Partner.

Tus Bande überzog die kommunistischen Gewerkschaften mit brutalem Terror, und mit Unterstützung von Tschiang Kai-schek entwickelte sich China zum ersten modernen Staat, in dem kriminelle Geheimorganisationen nahezu uneingeschränkten Einfluß auf Politik und Wirtschaft ausübten.

1947 zeichnete sich ab, daß der Vormarsch von Maos Kommunisten kaum noch aufzuhalten war. Jetzt sollte den Triaden die Aufgabe einer letzten Bastion gegen die »Roten« zukommen. Neben der Grünen Bande reorganisierte sich in Kanton unter der Führung des KMT-Generals Kot Siu Wong eine neue Triade, die ihren Namen von der Adresse ihres Hauptquartiers erhielt: Sap Sze Ho Nr. 14 – heute nur noch 14K genannt.

Nach dem Sieg Maos 1949 flohen Tschiang Kai-schek und seine Nationalchinesen nach Formosa (heute Taiwan), die meisten der Triaden wie die 14K, die Grüne und die Rote Bande oder die Chiu Chau – ein seefahrendes Volk aus dem Süden Chinas mit Verbindungen in ganz Asien – dagegen nach Hongkong. Dort mühte sich die britische Krone bereits mehr oder weniger erfolglos ab, das sich immer rasanter ausbreitende organisierte Verbrechen einzudämmen.

Hongkong im Würgegriff der Drachen

Etwa seit 1842 gibt es auch in Hongkong chinesische Geheimbünde. Sie hatten allerdings bis zum Ausbruch des Zweiten Weltkrieges nie den politischen Einfluß erreicht wie ihre Brüder im chinesischen Mutterland. Mit der Besetzung Hongkongs durch die Japaner 1941 änderte sich das schlagartig. Opium, bis dahin in Geschäften der britischen Regierung legal zu kaufen, wurde nun zur illegalen Handelsware. Die Triaden verstanden es perfekt, dies zu ihrem Vorteil zu nutzen. Bei Kriegsende erstreckte sich ihr Einfluß auf alle illegalen und beinahe alle legalen Geschäfte Hongkongs.

Als die Briten 1945 die Kontrolle über Hongkong wiedererlangten, standen sie einem perfekt organisierten Netzwerk krimineller Gruppen gegenüber. Durch den Krieg war die Royal Hong Kong Police zudem stark dezimiert und suchte händeringend nach neuen Mitarbeitern. Triadenmitglieder strömten ihr in Massen zu.

Mit Hilfe der Japaner war es den Triaden außerdem gelungen, alle Polizeiarchive, die die Briten bei ihrer Flucht zurücklassen mußten, zu zerstören. So standen die Engländer 1945 mit der Verbrechensbekämpfung wieder ganz am Anfang, eine Schlappe, von der sie sich nie erholten sollten.

Die neuen Triaden brachten etwas nach Hongkong, was in der Kronkolonie bis dahin weitgehend unterentwickelt war: die Weiterverarbeitung von Opium zu Heroin. Tu Yueh Sheng, Chef der Grünen Bande, errichtete 1950 das erste großangelegte Heroinlabor in Hongkong.

Die Grüne Bande wurde durch die enormen Gewinne, die sie mit dem Heroingeschäft erzielte, bald die stärkste Kraft in der Triadenwelt Hongkongs. Sie dehnte ihr Heroingeschäft, das Glücksspiel und die Prostitution rasch über die von den China-Flüchtlingen besetzten Gebiete aus.

Der Exodus der Geheimgesellschaften aus dem roten China und der Alleingang Tus bescherte der Kronkolonie den ersten großen Triadenkrieg. Das in Hongkong bereits mächtige Wo-Syndikat arrangierte sich mit der 14K, und gemeinsam nutzten sie ihren Einfluß innerhalb der Polizei, um ihre Rivalen zu vernichten, vor allem Tus Grüne Bande. 1966 hatte das Wo-Syndikat mit Hilfe der Royal Hong Kong Police die Grüne Bande völlig zerschlagen.

Der große Gewinner aber war die Triade 14K. Sie hatte sich in dem Bandenkrieg weitgehend neutral verhalten, war deshalb am wenigsten geschwächt. Ihr Einfluß in Regierung und Polizei wuchs unaufhaltsam. Mitte der fünfziger Jahre war sie die mächtigste der Hongkong-Triaden.

Sie übernahm wesentliche Teile des Opium- und Heroinhandels, wurde Hauptabnehmer der Chiu Chau-Gangster im Goldenen Dreieck und kontrollierte den Weitertransport der Drogen an andere Chiu Chau-14K-Mitglieder in asiatischen Ländern.

1955 begann die 14K ihr wohl ambitioniertestes Vorhaben: die Vereinigung aller Triaden unter dem Banner der 14K. Unterstützung erhielt sie aus Taiwan: General Tschiang Kai-schek rechnete sich aus, mit Hilfe einer vereinten Triade die politische Macht in Hongkong zu erlangen, als Comeback seiner Kuomintang.

Am 10. Oktober 1956 eskalierte die Gewalt: Zehntausende feierten in Hongkongs Straßen den 45. Jahrestag der nationalen chinesischen Revolution, ein Fest, das die Briten verboten hatten. Als es aufgelöst werden sollte, begannen heftige Straßenkämpfe, die drei Tage dauerten und 59 Menschen das Leben kosteten. Etwa 400 Menschen wurden verletzt, mehrere hundert Geschäfte und Fabriken gingen in Flammen auf.

Die Briten waren entsetzt, als sie die Triaden als treibende Kraft hinter den Aufständen erkannten, und als Konsequenz erhöhte London den Druck auf die Verwaltung seiner Kronkolonie, mit den Geheimbünden endlich abzurechnen.

Das war die Geburtsstunde des Triad Society Bureau, einer Spezialabteilung für die Triadenbekämpfung. London entsandte zudem Scotland-Yard-Mitarbeiter nach Hongkong, um die Verbrechensbekämpfung zu reorganisieren.

Die Erfolge waren zunächst beeindruckend: Bis Mitte 1957 wurden mehr als 10 000 Triadenmitglieder verhaftet, viele von ihnen nach Taiwan deportiert.

Doch wieder hatte die britische Regierung die Überlebens- und Lernfähigkeit der Triaden unterschätzt: Vor allem die wichtigste Lektion hatten die Geheimbünde nun endgültig gelernt. Keine Triade kann Hongkong allein beherrschen. Und die nach Taiwan deportierten Triadenmitglieder gründeten dort den neuen Geheimbund Vereinigter Bambus.

In Hongkong, so die Schätzung der Anti Triad Squad, einer Sondereinheit der Royal Hong Kong Police, gibt es heute etwa fünfzig Triadengruppen mit insgesamt 300 000 Mitgliedern. Nach wie vor ist die 14K die mächtigste Triade, gefolgt vom Wo-Syndikat und der Sun Yee On. Ihr Hauptquartier und offenbar unerschöpfliches Reservoir für Nachwuchskräfte ist Wallet City, die Ummauerte Stadt, jener wohl dichtbebauteste Slum der Welt auf der Halbinsel Kowloon.

Die Drachenköpfe

Hongkong ist eine der geschäftstüchtigsten Städte der Welt, eine Stadt, die Millionäre macht, mit dem unschätzbaren Vorteil, daß hinterher niemand mehr fragt, woher die erworbenen Millionen kommen.

Zwei, die es geschafft haben, sind Ma Sik-yu und Ma Sik-shun, die Ma-Brüder. Ma Sik-shun gründete unter anderem die größte chinesischsprachige Zeitung Hongkongs, die protaiwanesische *The Oriental Daily News*. Sie wird noch heute von seinem Sohn geführt. Er ist der Inhaber von Restaurants, Handelsgesellschaften und anderem mehr.

Bis Mitte der siebziger Jahre waren die Mas respektierte Mitglieder der feinen Hongkonger Gesellschaft mit Verbindungen in die höchsten Ebenen der Politik. Die Parties in ihren Prachtvillen wollte sich kaum jemand entgehen lassen.

Doch die Ma-Brüder sind nicht die ehrenwerten Geschäftsleute, als die sie auf den ersten Blick erscheinen mögen. Sie sind *Dragon Heads* (Drachenköpfe), mächtige Paten der Triaden.

Die Ma-Brüder kamen aus den Slums der chinesischen Chiu-Chau-Region und stiegen von kleinen Heroinhändlern zu uneingeschränkt herrschenden Bossen der Chiu-Chau-Triade auf, mit engen Verbindungen zur 14K und der Sun Yee On.

Ihre Führungsrolle im internationalen Heroinhandel brachte Sik-yu, dem Älteren der Mas, den Spitznamen »White Powder Ma« ein.

Ihre Spuren lassen sich bis Anfang der sechziger Jahre zurückverfolgen. Damals kümmerten sich die Mas noch selbst in den Bergen des Goldenen Dreiecks um ihr Heroingeschäft. Einer der mächtigsten *Warlords*, der Kommandeur der 3. Kuomintang-Armee, General Li, war ihr Hauptlieferant und soll die beiden Mas an den taiwanesischen Geheimdienst vermittelt haben[3]: Sik-yu wurde Agent und leitete für den Nationalchinesen ein Spionagenetz in Hongkong und anderen chinesischen Gemeinden Südostasiens.

»White Powder Ma« war es auch, der die weltweiten Verbindungen für den Handel mit südostasiatischem Heroin schuf. Laut Erkenntnissen der DEA hatte er Kontakte zur French Connection, jenem Rauschgiftring, der von Marseille aus die USA mit

Heroin belieferte, und zu einflußreichen Gangsterbossen der Cosa Nostra in den USA, etwa zu Santo Trafficante (Miami) oder Anthony Turano (New York).

1977, die Hongkonger Polizei und die DEA ermittelten mittlerweile gegen die Mas, gelang beiden die Flucht nach Taiwan. Unter dem Schutz der Regierung machen sie von dort aus noch heute ihre weltweiten Heroingeschäfte: Ihnen gehören zahlreiche Schiffe, die unter panamaischer Flagge um die Welt fahren und Heroin transportieren. Auch später verhafteten Mitgliedern der Ma-Bande, darunter nahen Verwandten der Brüder, gelang immer wieder, teils unter merkwürdigen Umständen, die Flucht aus dem Gefängnis.

»Der große Unterschied zwischen den Mittsechzigern und heute besteht darin, daß die Syndikate mehr und mehr an legalen Geschäften beteiligt sind«, so ein Nachrichtenoffizier in Hongkong. »Sie stecken überall drin: von Einrichtungshäusern bis zu exklusiven und ausgefallenen Hotels, vom Autohandel bis zur Bauwirtschaft und lizenzierten Kasinos.«

Mit den Milliardengewinnen aus dem Rauschgifthandel haben sich die Triaden in eine moderne Verbrecherorganisation gewandelt, deren uneingeschränkter Einfluß sich über das gesamte Südostasien erstreckt.

Das Ausmaß des weltweiten Heroinhandels ist vor allem die Folge britischer, französischer und US-amerikanischer Politik in Südostasien. Durch ihre eigene Verstrickung in den Heroinhandel während des Vietnamkrieges und ihre tatkräftige Unterstützung der Nationalchinesen in Taiwan sowie der Kuomintang-Armeen im Goldenen Dreieck verhalf besonders die CIA den Triaden zu ihrer heutigen Macht – und damit letztlich zu ihrem weltweiten Einfluß. Der amerikanische Geheimdienst war maßgeblich am Aufbau der Opiumdynastien im Goldenen Dreieck beteiligt. Ohne die Lieferung modernster US-Waffen hätten sich die Warlords in Birma, Laos und Thailand nie halten können. Die CIA installierte tadellos funktionierende Vertriebswege für das Rauschgift und stellte die Transportmittel, half, die Erträge der Opiumernten zu steigern, und schuf in den beteiligten Staaten ein System der Korruption und Vetternwirtschaft. Und dies alles, um dieses Bollwerk gegen das kommunistische China zu stabilisieren und ein kontrollierbares Sozialgefüge zu erhalten.

So ist es vielleicht eine makabre Wendung der Geschichte, daß Hunderttausende amerikanischer Süchtiger die Rechnung für die hysterisch-antikommunistische US-Politik des kalten Krieges in Südostasien bezahlen müssen.

Das Heroin, das Südostasien in alle Welt liefert, entspricht heute einem Straßenverkaufswert von etwa 150 Milliarden US-Dollar. »White Powder Ma« – der Heroinkönig Südostasiens – hat für den weltweiten Siegeszug des weißen Pulvers gesorgt, das bei den Abhängigen der Welt unter dem Namen China White traurige Berühmtheit erlangte.

China White

Oktober 1989: Nach 18monatigen intensiven Ermittlungen gelang dem New Yorker FBI der bis dahin größte Schlag gegen die chinesische Heroinmafia: 450 Kilo mit einem Reinheitsgehalt von 90 Prozent und einem Straßenverkaufswert von über einer Milliarde Dollar wurden sichergestellt. Das Rauschgift hätte ausgereicht, um 10 000 Süchtige ein Jahr lang zu versorgen. In diesem Fall – der Operation »White Mare« – aber gingen statt dessen weltweit 44 Personen in Haft. FBI-Direktor William Sessions sagte, die Menge des sichergestellten Heroins erstaune selbst erfahrene Strafverfolger und lasse sie mit einemmal wieder die Bedeutung des asiatischen Verbrechens erkennen.

Das Rauschgift kam direkt aus dem Goldenen Dreieck via Hongkong nach Los Angeles, versteckt zwischen Gummireifen für Golf-Caddys. Die Gangster mieteten Lastwagen, um die Drogen an die Ostküste zu bringen.

Als einen der Hinterleute machte das FBI den New Yorker Geschäftsmann Peter Woo, Inhaber eines Spirituosengeschäftes, aus. Woo, so glauben die Bundesbehörden, hatte seit langem enge Verbindungen in den Fernen Osten.

Aber eine andere, weitaus erschreckendere Erkenntniss mußten die Ermittler ebenfalls hinnehmen: Trotz der enormen Heroinmenge, die vom Markt genommen war, ging der Preis für die tödliche Droge auf der Straße nicht in die Höhe. Der US-amerikanische Drogenmarkt war offenbar in der Lage, diese Einbuße spielend wegzustecken. Und noch etwas: Während die Amerikaner vor ihrer Haustüre einen unerbittlichen Krieg gegen die Kokainkartelle führen, bringen asiatische Verbrecherorganisationen das Heroin durch die Hintertür herein.

Mehr und mehr China White kommt in die USA: 1,3 Tonnen wurden allein in den ersten sieben Monaten des Jahres 1991 sichergestellt; 1987 waren es gerade mal 400 Kilo. Im Juni 1991 entdeckten Zollagenten in Oakland/Kalifornien 540 Kilo in Plastiktaschen verschweißtes China White. Straßenverkaufswert: 1,5 Milliarden Dollar.

Der Hauptgrund für diese »Überschwemmung« der USA ist der unaufhaltsam wachsende Drogenhandel Südostasiens. Seit 1986 hat sich die Produktion des Opiums im Goldenen Dreieck mehr als verdoppelt. Die Rekordernte von 3050 Tonnen im Jahr 1989 versorgte die Hälfte des US-amerikanischen Marktes; 1982 hatte südostasiatisches Heroin nicht mehr als 14 Prozent Marktanteil.

Und so ist der Preis für China White – wenngleich noch immer höher als für Kokain – in den letzten Jahren deutlich gefallen: 150 000 Dollar bringt ein Kilo in New York, vor vier Jahren waren es noch 200 000 Dollar. Ein »Kick« kostet in der Regel zehn Dollar, kann aber auf bis zu drei Dollar sinken.

Mit China White glauben die asiatischen Syndikate eine Antwort auf Kokain gefunden zu haben – eine Droge, die sie an die Mittelklasse verkaufen können. Auf den Straßen New Yorks wird China White als rauchbare Droge angeboten, wie Crack. Die Droge, auch bekannt als Heroin Nr. 4, wird in New York unter exotischen Namen wie Ferrari, Dynamite und White Death verkauft.

Es ist das reinste Heroin, das je verkauft wurde, und trotzdem ist es billig. Vor allem das Rauchen der Droge – was nur mit hochkonzentriertem Heroin möglich ist – gewinnt zunehmend an Beliebtheit, seit die Angst vor AIDS die Abhängigen immer häufiger vor der Nadel zurückschrecken läßt. Beim Rauchen von Heroin ist eine Überdosis nahezu ausgeschlossen. Die amerikanische DEA beobachtet zudem, daß immer mehr Kokain- und Crack-Benutzer auch Heroin nehmen.

Die Zahl der Heroinabhängigen in den USA ist seit 1982 etwa gleich geblieben, so eine Untersuchung des *National Institue of Drug Abuse*: 492 000 Abhängige wurden registriert, die Hälfte davon in New York.

Aus dem Goldenen Dreieck (Birma, Thailand, Laos) findet das

Heroin auf vielfältigen Routen seinen Weg nach Nordamerika und auch nach Europa. Afrikanische *Body Packer* (Körperschmuggler) fliegen von Bangkok und anderen südostasiatischen Städten westwärts. Meist sind es Nigerianer, die das Risiko auf sich nehmen und Dutzende mit China White gefüllte Kondome schlucken. Platzt nur eines der hauchdünnen Säckchen, ist der Tod gewiß.

Eine immer wichtiger werdende Schmuggelroute nach Nordamerika führt durch die chinesische Provinz Jünnan nahe Birma über Kanton, Schanghai oder Peking. Etwa 20 Prozent des eingeschmuggelten Heroins – so schätzen US-Drogenfahnder – kommt auf diesem Weg in die Staaten.

Die China White-Route beginnt östlich des Salween-Flusses in Birma, wo die Hälfte des weltweit konsumierten Heroins herkommt. Dort wird der Grundstoff Opium von den Bergvölkern der Akha, Lahu und Meo – den sogenannten *Hill Tribes* – angebaut und geerntet. Die Opiumernte können die Hill Tribes für etwa 100 bis 180 Dollar je Kilo verkaufen. Im Herbst, während der Ernte, kommen die Thai-Händler in die Berge und kaufen den Hill Tribes das Opium ab. Diese Thais sind meist chinesischer Abstammung und oft noch verbunden mit den Resten der Kuomintang, die vor Mao in die Berge Birmas und Thailands floh.

China White ist deshalb vor allem auch ein Politikum: Die Shan United Army und ihr Anführer Khun Sa, finanzieren mit dem Verkauf von Opium ihren Freiheitskampf gegen die birmanische Zentralregierung in Rangun. Auch der sozialistischen Regierung Birmas wird jedoch immer wieder nachgesagt, in den internationalen Heroinhandel verstrickt zu sein, wenngleich dies von dort genauso regelmäßig bestritten wird.

Khun Sa aber ist ohne Zweifel einer der China White-Fürsten des Goldenen Dreiecks. Richard Thornburgh, der frühere US-Generalstaatsanwalt, nannte den 58jährigen Khun Sa »den größten Drogenhändler im Goldenen Dreieck« und den »Prinzen des Todes für Tausende von Heroinabhängigen«.

Aus den Bergen zwischen Birma und Thailand kommt das fertige China White nach Chiang Mai und Chiang Rai im Norden Thailands. Dort und in Bangkok nehmen es die Aufkäufer der Syndikate in Empfang.

4500 Dollar ist der Preis für ein Kilo 95prozentiges China White in Chiang Mai. Dieselbe Menge bringt eine halbe Million Dollar in den Straßen New Yorks. Freilich werden die Drogen selten bar bezahlt. Die großen Schmugglerbanden nutzen ein ausgeklügeltes System von Gold- und Juwelenhändlern, Handelsgesellschaften und Wechselstuben in Asien und in westlichen Ländern. Per Telefonanruf, Faxbotschaft oder über geheime Sendeanlagen werden die Zahlungsanweisungen weltweit übermittelt. Die Codes, die dabei verwendet werden, zeigen nicht selten die chinesische Beteiligung an diesem internationalen Geschäft. So war beispielsweise eine bestimmte Passage aus der alten chinesischen Novelle *Die Romanze der drei Königreiche*, aufgesagt bei einer bestimmten Person in Chiang Mai, eine Million Dollar wert. Innerhalb weniger Stunden werden so Millionen um die ganze Welt transferiert.

Die am schnellsten wachsende Schmuggelroute verläuft durch Südwestchina. Zentrale Umschlagplätze sind aber auch die Überseehäfen von Bangkok und Hongkong, wo jährlich einige Millionen Container abgefertigt werden. Für den Schmuggel kleinerer Mengen heuern die kriminellen Syndikate nicht selten chinesische Flüchtlinge an, die illegal in die USA einwandern wollen und dafür bis zu 30 000 US-Dollar zu bezahlen bereit sind. Da die wenigsten dazu aber in der Lage sind, werden sie für Herointransporte angeheuert. Schnell geraten sie in eine Abhängigkeit, aus der sie sich kaum befreien können. In den großen Chinatowns werden sie in billigen Spelunken versteckt gehalten, aus Angst vor Entdeckung und der drohenden Abschiebung schweigen sie und lassen sich zu immer neuen Kurierflügen überreden.

Der Sprung nach Europa

Ein Mann hat den Einfluß der Triaden auf dem europäischen Festland entscheidend vorangebracht: Chung Mon, genannt das »Einhorn«. »Er war der *godfather*«, sagt uns der Chinesen-Experte Richard Weijenburg bei Interpol Den Haag. In den fünfziger Jahren kam das Einhorn auf Geheiß der Hongkonger 14K-Führung nach Amsterdam. Aufgabe: einen europäischen Stützpunkt der Triade aufzubauen.

»Einhorn« ging unverzüglich ans Werk: Er richtete sich häuslich im Amsterdamer Hauptquartier der »Gesellschaft der Chinesen in Übersee« ein und baute von dort sein kriminelles Imperium auf. Sein Aufgabenbereich war vorgegeben. Die Reorganisierung des illegalen Glücksspiels und des Opiumhandels. Ein späterer Versuch, sich auch in Düsseldorf niederzulassen, schlug allerdings fehl.

Dennoch: In den sechziger Jahren war die kleine Amsterdamer Chinatown-Verbindung die profitabelste Übersee-Unternehmung der 14K-Triade.

Chung gelang es, bis 1970 ein umfangreiches Vertriebsnetz für den europäischen Heroinhandel aufzubauen: Er beschäftigte Kuriere, die mit dem weißen Pulver einflogen, ließ große Sendungen durch den Hafen von Rotterdam schleusen, organisierte wenig später Lieferungen in die USA. Mit einer schwerbewaffneten Leibgarde, ihm bedingungslos untergebenen jungen Chinesen, setzte er all das durch, was man sich im fernen China vorgenommen hatte. Wann immer es ging, bemühte er sich, »Pate« zu sein. Wohltätigkeit mußte schon sein. Er gründete Einrichtungen, in denen seine Landsleute eine warme Mahlzeit und ärztliche Versorgung bekommen konnten. Es gelang ihm zudem immer wieder, jeglichen Verdacht, mit dem organisierten Verbrechen der Chinesen in den Niederlanden auch nur das Geringste zu tun zu haben, vehement zurückzuweisen. Beim damaligen Polizeipräsidenten Amsterdams, Gerald Toorenaar, ging er ein und aus – als Gast, versteht sich.

Etwa Mitte der siebziger Jahre war »Einhorn« zu einem der bedeutendsten Heroinlieferanten des europäischen Kontinents aufgestiegen, der Rekordmengen einschmuggeln ließ: Er belieferte kriminelle Organisationen in Deutschland, England, Belgien, Italien, Spanien und den USA.

Innerhalb Europas setzte Chung sehr früh schon auf die Taktik, für den Drogenschmuggel Europäer einzusetzen: Die Spur zu den Chinesen ließ (und läßt!) sich deshalb nur schwer zurückverfolgen.

»Einhorns« Macht schien grenzenlos: Selbst als die Wo Sing Wo und die Triade Ah Kong aus Singapur ein Stück des Kuchens für sich beanspruchten und blutige Triadenkriege mit Schießereien in den Straßen Amsterdams ausbrachen, behielt »Einhorn« die Oberhand.

Doch die Konkurrenz hatte nicht aufgegeben: Am 3. März 1975 wurde »Einhorn« vor seinem Haus in der Amsterdamer Innenstadt von drei aus Hongkong eingeflogenen Killern erschossen. Die Mörder kennt bis heute niemand.

Chungs Nachfolger Chan Yuen-muk wurde exakt auf den Tag ein Jahr später von Killern der Ah Kong ebenfalls auf offener Straße erschossen. Damit war es mit der Vorherrschaft der 14K erst einmal vorbei. Die Triade mußte sich fortan mit ihren Konkurrenten arrangieren.

Interpolexperte Weijenburg ist ein zurückhaltender Mann, dem wir in seinem weißgetünchten Büro in einer alten Amsterdamer Villa gegenübersitzen: »Wir haben hier heute neben der 14K die Wo Sing Wo und Ah Kong aus Singapur, mit Hauptquartier in Amsterdam und Stützpunkten in Hamburg und Kopenhagen. Außerdem gibt es noch die *Tai Huan Chai* (Großer Zirkel Menschen) aus der VR China. Das sind ehemalige Volksarmisten, die während der Kulturrevolution inhaftiert worden waren und seit etwa vier bis fünf Jahren hier sind. Sie sind sehr brutal«, erläutert er.

Auch die Tai Huan Chai ist dabei, ihren Einfluß auf ganz Europa auszudehnen.

Auffällig für ihn ist die enorme Reisefreudigkeit der von Heroinhandel lebenden Chinesen: »Die besuchen sich ständig gegenseitig, sind heute in London, morgen in Paris oder Hamburg.« Sie sind wahrhaft international.

Interpolexperte Weijenburg: »Sie waren die ersten, die in den frühen siebziger Jahren über Holland das Heroin nach Europa gebracht haben. Und sie haben Verbindungen nach Deutschland, England und Frankreich.«

Die Niederlande waren für die Triaden schon immer ein begehrtes Ziel: Die niederländischen Hafenstädte haben – wie die britischen Seehäfen – historische Verbindungen nach Asien. So ist es in Europa auch bislang ausschließlich in diesen beiden Ländern möglich gewesen, Chinatowns zu etablieren.

Etwa 60 000 Chinesen sind derzeit in den Niederlanden registriert. Dazu kommen nach Schätzungen der Sicherheitsbehörden noch mal etwa 100 000 Illegale. Rund 2600 chinesische Restaurants gibt es im Land der Windmühlen. 95 Prozent dieser Lokale führen Schutzgelder an die Triaden ab, heißt es bei Interpol.

»Die Chinatowns wie in Amsterdam-Katendrecht, Rotterdam

und Den Haag sind noch heute geschlossene Gesellschaften und deshalb eine gute Basis für den Drogenschmuggel«, weiß Interpolmann Weijenburg.

Hinzu kommt: Rauschgifthändler konnten in den Niederlanden stets mit juristischer Milde rechnen, ein Umstand, den sich die Triaden zunutze machten. Bis 1977 betrug die Höchststrafe für Rauschgifthandel vier Jahre. Danach wurde die Obergrenze auf zwölf Jahre festgelegt – und selten verhängt.

Bei der amerikanischen DEA erzählt man sich noch heute voller Ingrimm den Fall eines chinesischen Rauschgiftschmugglers, der die holländischen Gesetze so lächerlich fand, daß er alle seine Kuriere entließ und fortan selbst schmuggelte. Er wurde mit 13 Kilo Heroin auf dem Amsterdamer Flughafen Schipol festgenommen. Dem Richter erzählte der pfiffige Chinese, er brauche das Heroin aus medizinischen Gründen und habe daher immer soviel dabei, wie er voraussichtlich bis zu seinem Lebensende benötigen würde. Der Richter zeigte Verständnis und verurteilte den Geständigen zu drei Monaten Haft auf Bewährung[4].

Auch in Belgien, im Land der Flamen und Wallonen, hatten sich die China-Gangster schon festgesetzt: »Vor fünf Jahren hatten wir ein richtiges chinesisches Milieu in Antwerpen«, erklärt Willi van Mechelen, Chef der Abteilung organisierte Kriminalität bei der belgischen Staatspolizei.

Als besonders gewalttätig hat sich auch dort die Triade 14K hervorgetan und einige Morde in Antwerpen verübt. 1985 etwa ermordeten sie Leung Kai, Inhaber des Restaurants Hongkong. Er wurde entführt und zwei Tage später tot im Atlantik gefunden, nahe der holländischen Grenze. Seine Arme waren mit den Beinen zusammengefesselt, die Hände lagen an den Knien. So werden Verräter und Abtrünnige bestraft. Der Hintergrund der Bluttat: Heroingeschäfte.

Van Mechelen: »Die meisten unserer Chinesen sind jetzt in Holland, aber wenn die kommen, wissen wir auch, wo sie sind: in den Restaurants Shanghai und Hongkong. Außerdem sitzen sie heute in Lüttich, Gent, Brüssel und Paris und machen dort ihr Geschäft.« Wie alle seine europäischen Kollegen hat auch van Mechelen das gleiche Problem: »Wir bekommen kaum noch etwas von deren Geschäften mit. Wir haben auch keine V-Leute mehr im Milieu. Die sind alle tot.«

Im Londoner Rotlichtviertel Soho kontrolliert die 14K die zahllosen chinesischen Videoshops mit ihrem Angebot an fernöstlichen Raubkopien, chinesischen Pornos und Kung-Fu-Streifen. Kassiert wird auch bei illegalen Spielhöllen. Für Mordaufträge werden »Kampftruppen« unterhalten, sogenannte Überschwemmungsleute. Wer den Triaden im Weg steht, hat gute Chancen, in der Themse zu landen.

Gerade in Britanniens Hauptstadt hat es die chinesische Gemeinschaft fast zur absoluten Unabhängigkeit von ihrem Gastland gebracht: Chinesische Banken, Geschäfte, Handels- und Industrieunternehmen ermöglichen, daß Chinesen fast ausschließlich untereinander Geschäfte machen können. Für die »Weißen Teufel« bleiben die Tore verschlossen.

Die Chinatown in Paris ist ebenso eine »geschlossene Gesellschaft«. Im *Triangle d'Or*, dem goldenen Dreieck, zwischen Porte d'Italie, Porte d'Ivry und Place d'Italie beschützen organisierte Banden gegen ein entsprechendes Entgelt die Besitzer chinesischer Geschäfte und Restaurants vor ihresgleichen. Die Erpresser finden in der französischen Hauptstadt ein breites Betätigungsfeld vor: Im 13. Arrondissement entsteht bereits ein zweites chinesisches Viertel.

Auch hier immer wieder blutige Bandenkriege unter den asiatischen Mafiosi: Im Januar 1990 wurden in Paris zwei Chinesen ermordet. Einer der drei jungen chinesischen Tatverdächtigen soll unter einem falschen Namen in Wien leben. Er ist Mitglied einer Bande, die mit Schutzgeldeintreibungen und Raubüberfällen in Frankreich und Italien in Erscheinung trat. Opfer waren immer Chinesen.

Europa, so glauben inzwischen die wenigen Experten, die sich mit den chinesischen Triaden beschäftigen, steht vor einer Welle der chinesischen Verbrecherbanden. »Nach 1997 werden wir noch viel mehr Probleme mit ihnen bekommen«, zeigt sich etwa Jürgen Maurer überzeugt. Der stoppelbärtige Referatsleiter organisierte Kriminalität beim Bundeskriminalamt in Wiesbaden hält sich jedoch eher bedeckt, wenn es um die China-Gangs geht.

Ganz anders ist es in Österreich. Im Innenministerium nahe dem Ballhausplatz, dem Sitz des Bundeskanzleramtes und Bundespräsidentenamtes, wo die Droschken mit Touristen vorbeitraben, beschäftigt sich Werner Sabitzer mit den chinesischen Triaden. In seinem Büro im zweiten Stock liegen die Akten mit Erkenntnissen über Triaden in Österreich wild durcheinander. Obwohl er erst seit 1991 mit den Recherchen angefangen hat, füllen sich die Aktenordner. »China-Banden in der Alpenrepublik«, berichtet er bei einem Glas burgenländischen Weißwein, »sind eng mit Gruppen in Deutschland, Holland und Frankreich vernetzt.«

Januar 1990: Zwei Schüsse durchschlagen die Holztür des Chinalokales Rubin in der Wiener Innenstadt und bleiben im chinesischen Luster stecken. Zwei Stunden später zersplittert die Auslagenscheibe eines chinesischen Restaurants in der Quellenstraße im 10. Wiener Gemeindebezirk durch zwei Schüsse.

Am nächsten Tag wußte der Inhaber der beiden Lokale, daß die Schüsse eine ernste Drohung waren. Er fand einen Brief, in dem er unmißverständlich zur Zahlung einer größeren Geldsumme aufgefordert wurde: »Wie schmecken Ihnen die Kugeln? Nächsten Mittwoch muß das Geld vorbereitet sein, sonst sind Sie tot.«

In den folgenden Wochen erhielt der Chinese vier weitere Erpresserbriefe: Einer war in der Speisekarte versteckt, ein zweiter wurde von einem Blumenverkäufer zugestellt. In beiden Gaststätten, so der Text, würden während der Hauptgeschäftszeit »Bomben explodieren« und der Lokalbesitzer sowie seine Familie ermordet, wenn nicht innerhalb von drei Tagen vier Millionen Schilling bezahlt würden[5].

Österreich dient inzwischen immer mehr als Transitland für organisierte chinesische Rauschgifthändler. Fast fünf Kilogramm hochkonzentriertes Heroin stellten Rauschgiftfahnder am 24. Januar 1992 auf dem Flughafen Wien-Schwechat sicher. Zwei junge Chinesen, Mitglieder einer Hongkonger Mafiaorganisation, wurden verhaftet. Sie wollten das Rauschgift über Wien nach Amsterdam schmuggeln. Daß es sich bei den Festgenommenen um Mitglieder einer organisierten Verbrecherbande handelt, darauf deuten auch die Tätowierungen von Drachen und anderen Tieren sowie chinesische Schriftzeichen am Körper der Chinesen hin.

Schon Monate vorher flogen in Österreich chinesische Rauschgiftschmuggler auf. Im Juli 1991 verhafteten Beamte der Schwechater Rauschgiftgruppe in einem Wiener Hotel zwei Asiaten und stellten vier Kilogramm hochwertiges Heroin sicher. Einige Tage später wurde ein Komplize mit weiteren vier Kilogramm im Wiener Flughafengebäude verhaftet.

Vor allem aus ehemaligen Ostblockländern kommen Chinesen illegal in die Alpenrepublik. Einige der aufgeflogenen Schlepperbanden, die für ihre Tätigkeit bis zu 25 000 Mark verlangten, hatten die Illegalen über Budapest eingeschleust, das als Europas »Chinesenhauptstadt« gilt. Denn chinesische Staatsbürger können (noch) ohne Visum nach Ungarn reisen.

Illegale Grenzübertritte jedoch auch in Deutschland: »Wir haben in Deutschland ein enormes Potential an nicht gemeldeten Chinesen«, weiß Josef Geißdörfer, Dezernatsleiter beim Landeskriminalamt in München. Etwa 20 000 sind legal da, und man rechnet damit, daß es mindestens noch mal die gleiche Zahl Illegale gibt. Die Bayerische Grenzpolizei hatte eine Reihe von Chinesen an der bayerischen Ostgrenze aufgegriffen. »Das hätte ich nie für möglich gehalten, aber das gibt es tatsächlich: Man weiß, daß die auf dem Luftweg in den Ostblock gehen, nach Ungarn und Jugoslawien, und von dort auf dem Landweg nach Frankreich und Deutschland.«

Ziel Deutschland

»Bei den Chinesen sehen wir erst die Spitze des Eisberges«, glaubt BKA-Präsident und Asienkenner Hans-Ludwig Zachert. Übersetzt heißt das: Wir wissen eigentlich nichts. Auch seine Mitarbeiter wissen nicht besonders viel über die Aktivitäten der Chinamafia in der Bundesrepublik. »Es gibt noch viele Fragen, die nicht beantwortet werden können, solange wir nicht in die Organisationen hineinkommen«, beklagt ein BKA-Fahnder.

»Wenn man bei den Chinesen mal genauer ermittelt, tun sich Abgründe auf. Für mich sind die Chinesen das zentrale Problem bei der organisierten Kriminalität, eben weil man so wenig Genaues über sie weiß«, stellt der OK-Experte Geißdörfer fest.

Der »Fall Ulbrich« ist jedenfalls nicht der erste Fall, mit dem chinesische Gangster auf sich aufmerksam machten. Asiatische Banden sind für eine ganze Reihe schwerer Verbrechen in der Bundesrepublik verantwortlich: Frühjahr 1991. Herrenberg in Baden-Württemberg. Noch sind keine Gäste da. Die Besitzer des

Chinarestaurants Manhi, bekannt für seine knusprigen Frühlingsrollen, denken sich auch nichts, als drei Landsleute in ihr Lokal kommen, sich an einen Tisch setzen und die reichhaltige Speisekarte studieren. Minuten vergehen. Doch als eine Kellnerin kommt, um die Bestellung aufzunehmen, wird sie plötzlich mit einer Pistole bedroht, die einer der Chinesen blitzschnell aus seiner Jacke gezogen hat. Die anderen beiden fesseln wenig später die übrigen Bediensteten. Dann durchsuchen die Gangster in aller Ruhe Schubladen des Tresens und die Schränke in der Personalwohnung. Ihre Beute beträgt 4200 Mark. Ein ganz normaler Raubüberfall?

Drei Tage später taucht die Bande in einem Chinarestaurant in Tuttlingen auf. Nachdem alle Gäste gegangen sind, treiben sie die Geschäftsführerin in eine Ecke, fesseln Bedienung, Koch und Spüler. Beute: 15 000 Mark aus der Tageskasse, Dupont-Feuerzeug, Rolex-Uhr, Schmuck und das Auto der Geschäftsführerin: ein Mercedes 190. Das Auto wurde ein paar Tage später in Köln entdeckt. Die Besitzerin holt den Wagen bei der Polizei ab und schweigt – aus Angst vor Rache.

Nachdem die Täter ein Augsburger Asienlokal geplündert hatten, versuchen sie es erneut in Tuttlingen. Diesmal tauchen sie zu fünft auf und holen sich erneut den Wagen. Wochen zuvor hatten sie bereits ein Chinarestaurant in Nagold überfallen, den Wirt niedergestochen und 12 000 Mark erbeutet. Die Täter ließen sich vom verletzten und Todesangst ausstehenden Wirt sogar noch zum Bahnhof chauffieren.

Die Räuber konnten zufällig bei einer Fahrzeugkontrolle in Neu-Ulm festgenommen werden. Keines der Opfer hatte eine Anzeige erstattet. Der Boß des Quintetts – so ergaben später die Ermittlungen – war seit 1986 häufig zwischen Hongkong und Deutschland gependelt, vermutlich als Rauschgiftkurier. Seine Komplizen, Inhaber britischer Pässe aus Hongkong, waren als Touristen über Holland und Belgien nach Süddeutschland gekommen.

Durch vertrauliche Informationen erfährt eine Münchner Sonderkommission von Raubüberfällen, Schutzgelderpressungen und Einbruchdiebstählen im Chinamilieu.

So überfallen im Mai 1986 zwei bewaffnete Chinesen den China-Garden im Münchner Zentrum, fesseln und berauben den

Restaurantinhaber. Im Dezember 1987 erhält die Inhaberin des Restaurants Shanghai in der Münchner Sonnenstraße einen Brief und eine Patrone zugesandt. Eine Organisation Weißer Drache fordert 120 000 Mark, zahlbar innerhalb der nächsten sieben Stunden. Die Erpresser sind nicht zimperlich. Sie drohen mit der Ermordung der Familie bei Nichtbezahlung.

Im April 1988 muß der Inhaber eines Chinarestaurants in Schwabing 30 000 Mark Schutzgeld an Chinesen bezahlen.

Im August 1988 tauchen zwei Hongkong-Chinesen in einem Chinarestaurant in der Barerstraße auf, bedrohen den Wirt und verlangen Schutzgeld. Einer der Täter äußert später, er hätte in Amsterdam gelebt, bereits Schutzgelder kassiert und einen Mann ermordet.

Für eine ganze Einbruchserie in Häuser und Wohnungen in München und Starnberg zeichneten 1989 die Mitglieder einer Vietnamesisch-Chinesischen Vereinigung verantwortlich: Die Gangster erbeuteten Schmuck und Bargeld. Die Bestohlenen erstatteten jedoch – mit einer Ausnahme – keine Anzeigen.

Am 1. August 1988 um zwei Uhr früh drangen fünf mit Pistolen und einem Schrotgewehr bewaffnete Asiaten in das Asienrestaurant Hoi Yip in der Münchner Westendstraße ein. Dort hatten sich einige Chinesen in einem Hinterzimmer zum Glücksspiel eingefunden, die nun ihr Hab und Gut an die Räuber loswurden: Bargeld und Schmuck im Gesamtwert von rund 120 000 Mark wechselten die Besitzer.

Obwohl die Geschädigten keine Anzeige erstattet hatten, konnte die Polizei einen Teilerfolg verbuchen: Zwar gelang es dem Anführer des »Überfallkommandos« mit drei Komplizen, sich rechtzeitig abzusetzen. Aber der 25jährige Yen-Huy Hua, der als örtlicher »Filialleiter« der Gang gilt, und der in Kuala Lumpur wegen Polizistenmordes und Drogenschmuggels gesuchte Chai-Ah Tham (31) wandern hinter Gitter.

Als Anstifter dieses Überfalls hat die Polizei einen in Wien lebenden Chinesen im Verdacht. Er gilt dort als Pate, als »Gao Lao«, besitzt ein Chinarestaurant am Wiener Stadtrand. Derzeit ist der Chinese allerdings untergetaucht, denn er steht auch in dem Verdacht, hinter weiteren Raubüberfällen und Schutzgelderpressungen in Deutschland zu stecken.

Ein Bruder des »großen Bosses« betrieb mit seiner Frau, einer

Österreicherin, bis 1988 in Deutschland ein Chinalokal. Er leitete später die legalen Geschäfte seines Bruders und hatte Geschäftsbeziehungen zu einem Münchner Chinesen, der verdächtigt wird, bei dem Überfall auf das Hoi Yip und anderen Straftaten dabeigewesen zu sein. Der Wiener »Gao Lao« soll auch das Glücksspiel unter Chinesen in München kontrollieren oder zumindest am Gewinn beteiligt sein[6].

In Augsburg vesuchen vier Chinesen, vom Wirt des Restaurants Peking Schutzgeld zu erpressen. Drei der Erpresser werden von der Polizei später gefaßt, der vierte ist noch immer auf freiem Fuß. Der Mann hatte sich von den Morddrohungen nicht einschüchtern lassen und statt dessen die Polizei zum Termin mitgebracht.

In Bayreuth wird ein Chinawirt brutal überfallen. Zwei Jahre zuvor war sein Lokal aus ungeklärten Gründen in Flammen aufgegangen. Das Opfer hat Todesangst und hält den Mund.

Rund 6000 Volks- und Nationalchinesen leben in Hamburg. Dort hat sich die Triade 14K, deren Leute aus Amsterdam kamen, im Glücksspielgeschäft mit der Triade Wo Sing Wo arrangiert, die starke Verbindungen nach England unterhält.

Millionen werden in Hinterzimmern von Chinalokalen in der Hansestadt umgesetzt – ein großer Kuchen, um den sich immer wieder einmal rivalisierende Banden streiten.

Am Heiligabend des Jahres 1989 bestellen vermutlich 14K-Mitglieder zwei Vietnamesen in das China International Restaurant in der Bremer Reihe im Hamburger Stadtteil St. Georg. Die Vietnamesen – sie sollen dem Wo-Syndikat angehören – hatten Spieler aus dem Einflußbereich der 14K abgeworben und wurden nun zum Dank mit Messern und Stuhlbeinen traktiert. Der Anführer, ein gewisser Mai Lei Chai, und ein Täter namens Chung verlangten von den Vietnamesen 30 000 Mark Schadensersatz für entgangene Einnahmen.

21. Februar 1990: Die Wo-Gangster schlagen zurück. Ein Chinese feuerte auf der Reeperbahn mehrere Schüsse auf eine Gruppe Chinesen ab, verfehlte jedoch sein Ziel und traf zwei argentinische Seeleute.

Am 28. November 1990 verhaftete die Polizei in Kulmbach den Chinesen Yang Sik Cheng. Er ist der Bruder eines an der Hamburger Schießerei Beteiligten.

Bemerkenswert finden es Ermittler, daß die Chinesen offenbar die Taktik bevorzugen, sich aufs offene Land zurückzuziehen, wenn in der Stadt der polizeiliche Druck wächst. Sie bewegen sich wie ein Ölfleck auf dem Wasser, der sich jedem Versuch, ihn zu zerteilen, durch geschicktes Zurückweichen entzieht: Hamburger Chinesen, die dort vor den polizeilichen Nachstellungen nicht mehr sicher waren, tauchen plötzlich in der fränkischen Provinz auf. »Die wahnsinnige Zunahme von chinesischen Lokalen hier kann gerade bei den so wirtschaftlich denkenden Chinesen nicht mehr erklärt werden«, sagen die Erlanger Ermittler. Das Phänomen, das schon bei der italienischen Mafia aufgetaucht ist – Pizzerien die keine Umsätze machen –, findet man auch bei den Chinesen. Eigentlich können sie vom Verkauf von Peking-Ente, Frühlingsrolle und Chop Suey allein nicht überleben. Und die aufopfernde Familiensolidarität ist es ebenfalls nicht, die die Lokale am Leben hält.

Dennoch: In manchen Städten – Frankfurt, Hamburg, München oder Berlin, und die Liste ließe sich fast beliebig fortsetzen – eröffnet ein Chinalokal nach dem anderen, oft nur ein Steinwurf voneinander entfernt. In kaum einer anderen Branche setzen sich Geschäftsleute scheinbar so leichtfertig über den Regelmechanismus Konkurrenz hinweg wie in dieser. Sie brauchen es auch nicht, schließlich werfen kriminelle Geschäfte mehr ab als kulinarische.

Der Hintergrund: Chinesische Lokale spielen eine große Rolle innerhalb der Triadenszene: Sie sind nicht nur Veranstaltungsort für das Glücksspiel, sondern dienen als logistische Basen und wahrscheinlich auch zur Geldwäsche, sagen Szeneexperten. Staatsanwalt Nehrlich dazu: »Wir werden diese Lokale künftig stärker im Auge haben müssen, weil wir jetzt eben wissen, daß dies ihre Zentren sind.« Eine Erkenntnis, die ziemlich spät, zu spät kommt. Das zeigt auch das Beispiel Frankfurt.

Neben den Nürnberger Kriminalisten hat sich vor allem die Frankfurter Polizei intensiver mit der Chinamafia beschäftigt, zumindest für eine geraume Zeit. Wegen Personalmangels mußten die Ermittlungen zunächst eingestellt werden. Dabei erkannten die Fahnder von der Dienststelle organisiertes Verbrechen im Polizeipräsidium, daß es nicht nur Triadenstützpunkte in Frankfurt, sondern auch im Umland, wie Hanau, gibt. Vor allem auch Aktivitäten der Tai Huan Chai, die in kleinen, unabhängig voneinander operierenden Zellen organisiert ist, stellten die Kripoleute fest. Die überwiegende Zahl der mehr als dreißig Frankfurter Chinesenrestaurants sollen zudem Schutzgelder abführen. Als einen Stützpunkt machten sie die Frankfurter Chinabar Da Pang aus, von wo aus angeblich zahlreiche kriminelle Aktivitäten gestartet werden sollen. Chef der Frankfurter Dependance ist ein gewisser Chung, genannt »Da Kwei«, was soviel wie Großer Teufel heißt. Chung soll einen niederländischen Paß haben und auch für die Triadenniederlassung in Nürnberg verantwortlich sein.

Bei einem gesellschaftlichen Ereignis der chinesischen Gemeinde im Haus der Frankfurter Zoogesellschaft – eine berühmte chinesische Sängerin hatte sich angesagt, und Chinesen aus der gesamten Bundesrepublik wurden erwartet – sollten nach kriminalpolizeilichen Erkenntnissen bewaffnete Tai Huan Chai-Gruppen aus Frankfurt und Stuttgart gegen eine »hohe Schutzgebühr« die Bewachung der den Gesängen lauschenden Chinesen übernehmen.

Der polizeiliche Lagebericht – er war durch eine undichte Stelle den Medien zugespielt worden – löste in der lokalen Presse und im Rundfunk eine Welle von Spekulationen über den Einfluß der Triaden aus.

Kurz darauf meldete sich ein »Chinesischer Verein Deutschland«, ein Interessenverband chinesischer Gastleute, zu Wort: In Frankfurts teuerstem Chinalokal lassen sie vom Feinsten servieren und sitzen uns mit Anzeichen der Ahnungslosigkeit in den Gesichtern gegenüber: Undenkbar sei es, daß Chinesenwirte Schutzgelder zahlen müßten. »Hier in Frankfurt kennen sich die Chinesen alle untereinander. Da können keine Gangster eindringen«, wollte eines der Vereinsmitglieder glauben machen. Wer es dennoch versuche, müsse damit rechnen, bei der Polizei angezeigt zu werden. Dann boten die chinesischen Gastwirte auch noch ihre Zusammenarbeit mit der Polizei an.

Erstaunlich, denn Kai Lim Cheong, der mutmaßliche Mörder von Eddy Ulbrich, war in Frankfurt ein bekannter Mann, und – das ergab sich aus den bisherigen Ermittlungen – über seine kriminellen Aktivitäten wußten viele Chinesen Bescheid. Verwundert zeigten sich Kriminalbeamte darüber, daß gerade Chinesen, die schon fast eine traditionelle Abneigung gegen die Polizei haben, nun auf einmal kooperieren wollen. »Im Leben gehe nie zur Polizei, im Tode fahre nie zur Hölle«, lautet das Schweigegelübde der asiatischen Geheimbünde.

Doch die Unschuldsbeteuerungen des chinesischen Interessenvereins sind immerhin verständlich, weiß man, was all die Chinesen erlebten, die zuviel plauderten. Ein abgehackter Daumen ist noch die geringste der körperlichen Mißhandlungen.

Die Bedrohung durch die chinesische Mafia nimmt zu, schätzt LKA-Mann Geißdörfer. Wie andere europäische Kriminalisten geht auch er davon aus, daß nach 1997 die Kriminalitätsrate unter den Asiaten steigen wird. »Im Hinblick auf die Rückgabe Hongkongs weiß man schon heute, daß die Triaden versuchen, ihre Leute da herauszubringen. Großbritannien hat die Zusage gegeben, 50 000 chinesische Familien aufzunehmen. Das halte ich natürlich für Euorpa für ein wahnsinniges Problem, und man kann nur hoffen, daß man so geschlossene Quartiere wie Soho verhindern kann, denn sonst ist es vorbei und schaut duster aus. Wir müssen den Politikern deshalb schon jetzt plausibel machen, wie groß das Problem eigentlich ist.«

Leise rieselt der Schnee
Rauschgift für Europa

Im September 1989 nehmen Beamte der Abteilung Rauschgiftbekämpfung des Bundeskriminalamtes vier Kolumbianer und zwei Deutsche fest, nachdem diese 350 Kilogramm Kokain, das sind etwa eine Million Tagesrationen, von Kolumbien auf dem Seeweg über den Hamburger Hafen in die Bundesrepublik geschmuggelt hatten. Das für die Bundesrepublik und andere europäische Länder bestimmte Kokain befand sich in Fässern, die zu Tarnungszwecken mit Ochsengalle gefüllt waren, und wurde ins schwäbische Öhringen gebracht.

Neben der Abwicklung dieses Geschäftes planten die Kolumbianer, einen aus Hamburg stammenden Mann wegen einer ausstehenden Rechnungssumme von 500 000 US-Dollar für eine frühere Kokainlieferung mit Gewalt und Todesdrohungen zu zwingen, die Schuld zu begleichen. Außerdem beabsichtigen sie, einen der später mit ihnen festgenommenen Deutschen, dessen Lebensgefährtin und ihr dreijähriges Kind gegen Bezahlung von 100 000 Mark ermorden zu lassen, weil der Deutsche als unzuverlässig angesehen wurde.

Im Mai 1986 wurden 220 Kilogramm Heroin, versteckt in einer Containerladung Rosinen, über Hamburg in die Niederlande geschmuggelt. Die Rauschgiftlieferung kam aus Afghanistan und war auf dem Schienenweg durch die damalige UdSSR zum Ostseehafen Riga transportiert und dort auf ein Schiff verladen worden. Der mutmaßliche Organisator dieses Transportes wurde etwa zwei Wochen später auf offener Straße in Rotterdam erschossen.

Im September 1990 gelang es Mitarbeitern einer spezialisierten BKA-Organisationseinheit, das in Europa bisher professionellste Labor zur Herstellung des vollsynthetischen Rauschgifts MDMA in Hamburg aufzuspüren und vier Deutsche festzunehmen. Die Laboranten werden verdächtigt, bereits seit zwei Jahren das Amphetaminderivat, in der Szene »Adam & Eve« oder »Ecstasy« genannt, illegal hergestellt zu haben. Das Labor war mit Lichtschranken und akustischen Warnmeldern ausgestattet und als

Künstleratelier getarnt. Das Rauschgift war für den Absatz über bereits etablierte Kanäle in der Bundesrepublik Deutschland, in Österreich und auf Ibiza bestimmt.

Drei Fälle, mit denen der BKA-Kriminaldirektor Hagen Saberschinsky belegen will, daß Europa sowohl ein Konsum- und Transitraum von Rauschgift als auch eine Produktionsregion von illegalen synthetischen Drogen der unterschiedlichsten Art geworden ist[1]. Seine Aufzählung aber ließe sich beliebig fortsetzen.

Anfang 1992 schreckte der Bundesnachrichtendienst in Pullach den Bundeskanzler auf: In einem geheimen Bericht warnten die Geheimdienstler aus Pullach vor der wirtschaftlichen und politischen Machtübernahme durch die internationalen Drogenkartelle aus Südamerika und Asien. »Wir beobachten, wie Drogenhändler mit gewaschenem Geld ganze Betriebe aus den Bereichen Transport, Touristik, Chemie, Medien und Vergnügungsindustrie kaufen«, sagt Deutschlands zweithöchster Geheimagent, BND-Vizepräsident Paul Münstermann.

Europa, soviel ist sicher, ist im Visier der internationalen Drogensyndikate. Die Narco-Barone haben die Absicht, Europa mit Rauschgift zu überschwemmen. Um ihre Interessen zu koordinieren, gibt es weltweite Absprachen der Drogenkartelle. Die Gründe dafür sind ebenso einleuchtend wie unverrückbar.

Europa ist ein prosperierender Wirtschaftsraum mit rund 360 Millionen Einwohnern. Der Kokainmarkt in den Vereinigten Staaten gilt als nahezu gesättigt. Außerdem ist das Risiko der Drogenschmuggler in den USA ungleich höher als in Europa; dies gilt für die Entdeckung wie für das zu erwartende Strafmaß.

Die Beseitigung der Grenzen mit Eröffnung des gemeinsamen Binnenmarkts wird es noch leichter machen, Rauschgift von einem Land in ein anderes zu transportieren, da die – selbst bescheidenen – Kontrollmöglichkeiten wegfallen. Die Außengrenzen Europas stellten aber noch nie ein Hindernis für die Drogenschmuggler dar. Außerdem ist Europa und insbesondere Deutschland mit den fünf neuen Ländern ein ideales Sprungbrett für die Erschließung des Ostens. In den ersten Monaten nach der Wende deckten Polizei und Zoll 130 Rauschgifttransporte von West- nach Ostdeutschland auf.

Zumindest für die südamerikanischen Kokainbarone kommt ein weiterer Grund hinzu: Sie können für ihr Rauschgift in Europa wesentlich mehr erzielen als in den USA. Kostet das Kilo Kokain in den USA zwischen 16000 und 25000 Dollar, bringt dieselbe Menge in Deutschland etwa 55000 Dollar. Umgekehrt ist Heroin in den USA wesentlich teurer als in Europa, und so gibt es erkennbare Tendenzen, daß kolumbianische Drogenhändler mit europäischen Heroinlieferanten Kompensationsgeschäfte machen: Kokain gegen Heroin, das sie dann über feste Vertriebswege in den Vereinigten Staaten verbreiten. Das US-Magazin *The Economist* errechnete, daß der Wert von Heroin vom Anbauer des Schlafmohns bis zum Endverbraucher um das 5000fache zunimmt.

Eindrucksvoll läßt sich der Kokain-Wachstumsmarkt mit einer Zahl belegen: Waren es 1984 noch 900 Kilogramm Kokain, die europaweit sichergestellt wurden, so stieg diese Zahl 1990 auf fast 17 Tonnen, das ist nahezu eine Verzwanzigfachung in nur sechs Jahren. Welcher andere Wirtschaftszweig kann solche Zuwachsraten vorweisen.

Experten der DEA vermuten, daß 1990 zwischen 160 und 180 Tonnen Kokain nach Europa geschmuggelt wurden, doppelt soviel wie im Jahr zuvor. Während 1988 noch rund 90 bis 95 Prozent der südamerikanischen Kokainlieferungen für die USA bestimmt waren, setzen die kolumbianischen Drogenkartelle mittlerweile bereits halb soviel Kokain in Europa wie in den Vereinigten Staaten um.

Obwohl der Bedarf der europäischen Kokainsüchtigen bereits mit weniger als der Hälfte gedeckt wäre, schaffen die Narco-Gangster immer mehr Rauschgift nach Europa. Geheimdienstler und DEA-Experten vermuten dahinter das Anlegen strategischer Reserven.

Ein weiterer Grund für die Überschwemmung des Marktes mit Rauschgift sind die geradezu explosionsartig steigenden Produktionszahlen in den Anbauländern. Nach einer Meldung des *Latin American Newsletters* produziert Kolumbien gegenwärtig etwa 1200 Tonnen Kokain jährlich[2]. Im Goldenen Dreieck (Laos, Birma, Thailand) und im Goldenen Halbmond (Iran, Afghanistan, Pakistan) wurde 1990/91 mit rund 6500 Tonnen Opium etwa doppelt soviel produziert wie noch zwei Jahre zuvor.

Auch bei den anderen illegalen Drogen wurden 1990 in Europa bis dahin nie erreichte Mengen sichergestellt: 6,2 Tonnen Heroin, 16,8 Tonnen Kokain, 373 Tonnen Cannabisharz und -kraut (einschließlich UdSSR) und 606 Kilogramm Amphetamine[3]. Vergleicht man die Zahlen, die Interpol jährlich bekanntgibt, so ergibt sich gegenüber dem Vorjahr eine Steigerung der sichergestellten Mengen von 112 Prozent[4]. Damit ist die Rauschgiftkriminalität auch 1990 die am stärksten gestiegene Form des Verbrechens.

Nach einer Untersuchung des Europäischen Parlaments im Jahr 1986 lebten damals etwa 1,5 Millionen Heroinabhängige in Europa. Legt man Wachstumsraten, wie man sie aus Deutschland kennt, zugrunde, dürfte diese Zahl mittlerweile deutlich gestiegen sein.

Kokain wird hauptsächlich über Spanien, Portugal und die Niederlande eingeschmuggelt. Auch nach Italien gibt es traditionelle Verbindungen, und es existieren eindeutige Beweise, daß die Kolumbianer die Verteilernetze der sizilianischen Mafia mitbenutzen. Die Zahl der Kokainkonsumenten in Europa nimmt zu[5].

Die Kartelle von Cali und Medellín unterhalten in Europa ein dichtgeflochtenes Netz mit sogenannten Residenten, über die die Versorgung des Marktes sichergestellt wird. Daneben existieren Ringe für den Vertrieb der Drogen und das Waschen der eingenommenen Gelder. Das Kokainangebot in Europa ist offenbar so groß, daß sich selbst nach Großsicherstellungen von zwei Tonnen der Marktpreis nicht um eine Mark nach oben bewegt. Allein für Frankfurt schätzt der stellvertretende Kripochef Peter Walter, daß ständig etwa eine halbe Tonne Kokain verfügbar ist.

Seit der Liberalisierung im ehemaligen Ostblock, verbunden mit der dortigen Grenzöffnung, gewinnt die Route durch die Ostländer zunehmend an Bedeutung. So sind mittlerweile auch Kokainlieferungen des Cali-Kartells festgestellt worden, die über die ČSFR und Polen nach Deutschland gelangten. Es gibt ernst zu nehmende Hinweise, daß gerade die Rauschgiftkönige aus Cali dabei sind, sich durch Investitionen in den ehemaligen Ostblockländern eine Operationsbasis aufzubauen.

Hauptlieferant für Heroin sind noch immer die türkischen Dealerorganisationen. Von der Herstellung bis zum Kleinhandel ist oft alles in der Hand der jeweiligen Familie. Sie schmuggeln die Drogen nach wie vor größtenteils mit Lastwagen über die Balkanroute ein. In Italien gibt es zudem enge Verflechtungen türkischer Rauschgifthändler mit der Mafia.

Eine Besonderheit weisen die Niederlande und Großbritannien

auf: Dort stecken auch die chinesischen Triaden tief im Heroingeschäft – der Markt für harte Drogen wird auf 650 Millionen Gulden jährlich geschätzt –, und es gibt Anzeichen, daß diese asiatischen Gangsterorganisationen dabei sind, ihr Drogengeschäft auch auf andere europäische Länder einschließlich der Bundesrepublik auszudehnen. In Spanien werden zudem iranische Organisationen im Heroinhandel tätig.

Westafrikanische Körperschmuggler bringen einen nicht unwesentlichen Teil des in Europa konsumierten Heroins herein. Die Drogenschmuggler aus Nigeria, Gambia und Ghana decken sich insbesondere im Goldenen Dreieck ein. Dort wird weltweit das meiste Heroin hergestellt. Die Ausweitung des Drogenhandels hat Thailand beispielsweise veranlaßt, eine Visumpflicht für Bürger aus westafrikanischen Ländern einzuführen.

Polen spielt eine wichtige Rolle bei der Versorgung Europas mit synthetischem Rauschgift wie »Speed« und anderem Amphetaminderivaten. Zunehmend werden solche Designerdrogen aber auch in Deutschland hergestellt, wie sich schon aus der Zahl der aufgeflogenen Labore erkennen läßt. Ein besonders drastisches Beispiel ist das der süddeutschen Chemiefabrik Imhausen, wo Designerdrogen für den europäischen und US-amerikanischen Markt hergestellt worden sind. Deutschland ist dank solcher Initiativen auch zur Drogenexportnation geworden.

»Einhergehend mit dem gewünschten politischen und wirtschaftlichen Zusammenwachsen Europas ist auch eine zunehmende Internationalisierung und Europäisierung des international organisierten Rauschgifthandels zu erwarten«, prognostiziert der BKA-Experte Saberschinsky. »Europa ist nahezu ein geschlossener Absatzmarkt für Rauschgifte aller Art und ein Operationsraum von Rauschgifthändlerorganisationen. Dabei nutzen sie die Zersplitterung der europäischen Sicherheitsapparate und das Souveränitätsdenken der einzelnen Staaten hemmungslos für ihre Ziele aus.«

US-Drogenexperten warnen die Europäer und insbesondere die Deutschen seit langem vor amerikanischen Zuständen, was von der Verharmlosungsfraktion unserer Politiker gerne ins Reich der Fabel verwiesen wird. Vieles spricht dafür, daß die Amerikaner recht behalten werden. »Beinahe täglich gehen Tonnen von Kokain nach Europa. Der Transit und Transport wird von Miami aus gemanagt. Miami ist die Verbindungsstadt. In den Telefonbüchern von südamerikanischen Drogendealern, die in Europa verhaftet werden, findet sich fast immer mindestens eine Nummer, die mit 305 anfängt, der Vorwahl von Miami«, meint US-Drogenfahnder Tom Cash. »Zur Zeit haben es die Kartelle auf Europa abgesehen, als nächstes ist der Ferne Osten dran. Weltweit haben sich Konglomerate mit neuen Märkten entwickelt. Es ist eine Kokainwelt, und die Mehrheit der Leute hat keine Ahnung von der Tragweite des Problems.«

»Wenn das Kokain in Europa noch billiger wird, und das wird geschehen, kommt auch Crack auf eure Straßen«, ist der Drogenfahnder überzeugt, der selbst jahrelang DEA-Verbindungsbeamter in Deutschland war und für seine Erfolge mit dem Bundesverdienstkreuz ausgezeichnet wurde. Cash konnte damals noch nicht wissen, daß nur wenige Monate später die erste größere Menge Crack in Bayern sichergestellt werden sollte: 2,8 Kilogramm der Todesdroge.

»Seit 1984 haben die Kartelle nur ein Ziel im Auge: Europa. Entsprechend haben sie ihre Organisationen aufgebaut.« Das Hochwasser ist schon da, doch die Sturmflut wird erst noch kommen.

Heroin aus Kolumbien

Ende 1991 flog in Cali eine Reisegruppe aus Birma ein. Zehn Tage lang blieben die Birmanen in und um Cali. Sie kamen nicht, um Calis schöne Frauen zu bewundern. Die Repräsentanten der Heroinhändler aus dem Goldenen Dreieck trafen jene Kokainhändler, die seit einigen Monaten ins Heroingeschäft eingestiegen sind. Das hatte sich bis ins Goldene Dreieck herumgesprochen. Nun wurde darüber verhandelt, wie man – ohne sich ins Gehege zu kommen – den Absatz koordiniert. Getroffen haben sie sich jedenfalls mit der Familie Urdinola, jener Mörderfamilie, die im Cauca-Tal nicht nur Kokaingeschäfte organisiert.

Die Berge um Tolima, Huila, Cauca und Caldas, 2000 bis 3000 Meter hoch und unzugänglich, beherrscht von Killern und Guerilleros, eignen sich bestens zum Anbau und der Weiterverarbeitung von *amapola*, der Mohnpflanze (*papaver somniferum*).

Huila, im Norden Bogotás. An den Berghängen bewirtschaften Indios kleine Felder voller rosa und roter Mohnblüten, Amapola. Geschickt schlitzen sie die reifen Mohnkapseln auf, als hätten sie langjährige Erfahrung in der Gewinnung von Opium. Mohnanbau zur Heroinherstellung. Opium – das ist das kommende Geschäft, sagen die Drogenhändler im Cauca-Tal. Opium aus Kolumbien mit einem Reinheitsgrad von 90 Prozent wurde bereits in den USA und in Thailand verkauft.

1984 zerstörten die kolumbianischen Sicherheitsbehörden erstmals eine Anpflanzung Opium bei Tolima. Sieben Jahre lang hörte man nichts mehr, bis im März 1991 die Antidrogenpolizei in El Palmar bei Huila ein Anbaugebiet von acht Hektar Amapola entdeckte. Inzwischen geht man davon aus, daß über 2000 Hektar für den Mohnanbau kultiviert sind. Dadurch ist ein neuer Drogenmarkt entstanden, dessen Händler noch brutaler sind als jene, die Kokain vertreiben. Und es ist ein expandierender Markt in den Regionen Kolumbiens, wo es die Allianz zwischen Großgrundbesitzern und der Guerillagruppe FARC gibt.

Die Rechnung für die Drogenhändler, die bislang im Kokaingeschäft so erfolgreich waren und nun Heroin mit in ihr Geschäft einbeziehen, geht auf. Aus jedem Kilo Opium können 10 Prozent Heroin extrahiert werden. Auf tausend Hektar Amapola können 7000 Kilo Opium produziert und daraus 700 Kilo Heroin gewonnen werden[11]. Ein Kilo Heroin kostet auf dem Markt in den USA umgerechnet 150 000 Dollar, während man für ein Kilo Kokain in Miami 23 000 Dollar erhält. Dieses blendende Geschäft lassen sich die Drogenbarone aus dem Cauca-Tal nicht entgehen. Die Campesinos wiederum, die bislang mühselig kärgliches Geld verdienten, bekommen weitaus mehr Pesos, wenn sie sich den Drogenhändlern verkaufen.

Welche Konsequenz aber hat der neue Heroinmarkt für die Kokainbarone wie für die Abnehmer? Gibt es überhaupt einen Marktanteil zu besetzen, wenn das Opium aus dem Goldenen Dreieck oder der Türkei den Markt schon seit langem monopolisiert? Fragen, die sich auch die Polizei in Bogotá stellt. Es gibt nur wenige Antworten. Sicher ist, daß die Drogenbosse den internationalen Drogenmarkt jetzt mit Heroin aus Kolumbien beliefern werden.

Sie haben die Kompetenz und Erfahrung, besonders in der Zusammenarbeit mit der Cosa Nostra. Sie kennen alle Lieferwege und können sie auch für den Heroinschmuggel nutzen. Dabei fällt auf, daß eine der bedeutendsten Routen der Heroinschmuggler entlang dem Orinoko quer durch Venezuela hin zu den karabischen Inseln und von dort weiter nach Europa und in die USA verläuft[12].

»Nachdem sie zwanzig Jahre lang im Vertrieb von Marihuana und Kokain führend waren, übernehmen sie jetzt einen Markt, der bislang ein Markt der Orientalen war«, sagt Interpolchef Luis German Cano in Bogotá. »Und unsere Leute sind bessere Organisatoren und bessere Kaufleute als die des Goldenen Dreiecks.«

Die bessere Organisation betrifft nicht nur den weltweiten Vertrieb. Für sie ist es ein leichtes, die Laboratorien, die sie bereits zur Kokainherstellung einsetzen, mit nur wenigen Änderungen in Heroinlabors umzuwandeln. Es sind meist im Busch versteckte kleine Häuser, die einzigen mit Elektrizität in der Gegend. Zwei Räume genügen, um die Gasflaschen, Kanister, Glaskolben und Eimer zu lagern, mit denen Mohn zu Opium verarbeitet wird. Die paar Chemikalien, die zur Heroinherstellung benötigt werden, liefern ihnen Vertragsfirmen.

Im Büro der DIJN, der Nationalen Drogenpolizei in Bogotá, treffen wir uns mit einem Mann, der auf der Todesliste der Drogenbarone steht. José Cadena Serrano, mit einer deutschen Frau verheiratet, ist bullig, nervös und total überlastet. Doch er ist einer der wenigen unbestechlichen hohen Offiziere in Kolumbien, haben uns Journalisten erzählt. Gibt es Hinweise, daß aus Deutschland Chemikalien geliefert werden, fragen wir.

Seine Antwort ist zunächst verblüffend: »Für Kokain immer noch.«

Es ist stets behauptet worden, konnte aber nie bewiesen werden, wenden wir ein. Auch deshalb, weil uns ein paar Tage zuvor der zuständige Beamte in der deutschen Botschaft gesagt hat, es gibt keine Beweise für die Verwicklung deutscher Firmen.

»Die ersten zwei Heroinlaboratorien, die wir in diesem Jahr entdeckten, arbeiteten alle mit Chemikalien aus Deutschland. Natürlich kommen viele chemische Substanzen legal an und werden hier durch illegale Firmen weiterverteilt. Doch was wir entdeckt haben, ist, daß das Zeug gar nicht legal nach Kolumbien gekommen sein konnte, weil es nirgendwo gebraucht wird. Sicher ist jedenfalls, daß man in den großen Laboratorien fast immer Chemikalien aus Deutschland oder Holland findet.«

Fotos beschlagnahmter Chemikalien, die uns Serrano zeigt, weisen einen Firmennamen auf. Die Firma Merck in Darmstadt. Originalverpackt landeten die chemischen Produkte *made in Germany* in den Labors der Drogenbosse.

Welch ein Zynismus aber, daß einerseits Chemikalien *made in Germany* auftauchen, wenn Heroin und Kokain veredelt werden, und dann wieder, wenn die Behörden diese Drogenanpflanzungen zerstören.

Anfang 1992 genehmigte der Nationale Drogenrat in Bogotá den Einsatz von Glifosate, das ist ein hochgiftiges Herbizid, um die Anpflanzungen von Opium und Kokain in den Bergen von Santa Marta und in den südlichen Andenregionen zu vernichten.

Eine Gruppe von Biologen der Universität Bogotá warnte vor dem Einsatz und verwies darauf, daß die Verwendung dieser Substanz im Jahre 1972 gegen Marihuana das Wasser vergiftet und die Vegetation in der Region Santa Marta zerstört habe. Der Einsatz der chemischen Bombe geschah auf Druck der USA.

Auch in Pakistan und Thailand sollte das Gift eingesetzt werden, was von den nationalen Regierungen strikt abgelehnt wurde. Begründung: Der Einsatz dieser chemischen Waffe sei für die Umwelt zu gefährlich. Als Senator Eduardo Chavez die Täler von Huila aufsuchte, deren Mohnanpflanzungen seit Anfang 1992 chemisch behandelt werden, sah er, daß gerade Kleinkinder stark vergiftet waren, Hautausschläge hatten, teilweise blind waren.

Einen Erfolg hat die Offensive mit chemischen Waffen bereits gezeigt. Die Yanacona-Indianer unterzeichneten einen Vertrag mit der Regierung, in dem sie erklärten, kein Opium mehr anzubauen, wenn in ihrer Region Entwicklungsprogramme zum Zuge kommen. Doch dafür ist kein Geld da.

Zerstörung der Anbauflächen und die Verhaftung der Drogenbosse in Kolumbien fordern ja ständig die Regierungen der Konsumentenländer.

»Wer aber erinnert die internationale Öffentlichkeit daran, ihren Teil der Verantwortung zu tragen, so wie das von uns laufend gefordert wird«, schrieb María Jimena Duzán am 19. September

1989 in der Zeitung *El Espectator.* »Wie vieler Toter bedarf es noch, damit die Welt merkt, daß dieser Krieg nicht allein der Krieg Kolumbiens ist?«

Spanien – das Florida Europas

»Spanien, das ist das Florida Europas, und Europas Bogotá heißt Madrid«, urteilt DEA-Chef Cash in Miami. Die spanische Wirtschaft, davon ist er fest überzeugt, werde zu wesentlichen Teilen durch die Narco-Milliarden getragen. »Schauen Sie nach Barcelona. Da hat es in den vergangenen Jahren enorme Investitionen gegeben. Womit wurde das Geld verdient? Mit Olivenöl etwa? Nein, man trifft dort die gleiche Szene wie in Medellín oder Bogotá. Aber die Politiker haben keinerlei Interesse, diese Entwicklung zu stoppen. Sie reden viel lieber von einem Wirtschaftswunder.«

»Vergleichen Sie mal, in welchem Zeitraum in Bogotá viele Hochhäuser hochgezogen wurden und in Madrid«, tippt der Interpolchef von Bogotá das Problem an. Und Tom Cash hat keine Skrupel, den bitteren Satz auszusprechen: »Ohne die Drogen wäre Madrid noch ein Nest.«

Tatsache ist, daß in den letzten acht Jahren der Immobilienmarkt in den spanischen Metropolen boomte, glitzernde Bürogiganten und schillernde Bankenpaläste aus dem Boden geschossen sind.

Gerade die südamerikanischen Drogenbarone bevorzugen Spanien als zweite Heimat: Dank Sprache und ähnlicher Mentalität können sie sich dort unauffällig und ungestört bewegen.

Für General Miguel Maza Márquez, Chef der kolumbianischen Geheimpolizei DAS (Departamento Administrativo de Seguridad, ist es erwiesen, daß »die kolumbianischen Drogenhändler in Spanien eine ähnliche Infrastruktur aufbauen wollen, wie sie sie in Kolumbien schon haben«. Von wegen Absichtserklärung. Inzwischen haben die kolumbianischen Drogenbarone ihr Ziel erreicht.

Es ist ja nicht nur die gemeinsame Sache, die Drogenhändler aus Lateinamerika wie ein Magnet nach Madrid, Barcelona, Bilbao oder Marbella zieht, sondern die den kriminellen Syndikaten entgegenkommende Infrastruktur Spaniens: eine korrupte Polizei, die mit Behäbigkeit eher zurückhaltend umschriebene Qualität einer aufgeblähten Bürokratie und eine politisch aufstrebende Yuppie-Generation, die nichts anderes als das schnelle Geld im Kopf hat. Drogengeschäfte bieten sich da an.

Frühzeitig wurde vor dieser Entwicklung gewarnt. 1983 beispielsweise alarmierte Mafiajäger Giovanni Falcone, Richter aus Palermo: »In Spanien hat sich die Mafia sozusagen ein Monopol bei den Hotelbauten an der Costa Brava und auf den Kanarischen Inseln gesichert. Die Investitionen kommen aus Palermo, in der Größenordnung von mehreren Millionen Dollar. Es wird zum Beispiel interessant sein zu wissen, welcher Teil der verbrecherischen Gewinne aus den Drogen in die Errichtung eines Feriendorfes auf Ibizia Eingang findet.« Damals stießen seine Mahnungen auf taube beziehungsweise von hohen Bestechungssummen verstopfte Ohren.

Bis heute ziehen es daher zahlreiche italienische Mafiaclans vor, sich an den spanischen Ferienstränden niederzulassen, vor allem, um der heimischen Strafverfolgung zu entgehen, so etwa der Santapaolo-Clan, dessen Pate, Benedetto Santapaolo, von der italienischen Justiz beschuldigt wird, an dem Attentat auf den Präfekten Palermos, Carlo Alberto Dalla Chiesa beteiligt gewesen zu sein.

Weitere bedeutsame Stützpunkte für die Drogendollar sind Katalanien, Galicien und Andorra. Als ein »dicker Fisch« galt bei der katalanischen Polizei Jacques Antoine Cannavagio, genannt »der große Korse«. Er handelte mit Haschisch und investierte seine Gewinne in Pizzerien und Immobilien.

In Panama gründete Cannavagio die Firma Corona Comercial, die wiederum zur Hälfte Eignerin der hochseetüchtigen Jacht *Jamuste* war. Tausende Kilo Kokain wurden mit dieser Jacht an der gesamten katalanischen Küste geschmuggelt. Nach der Festnahme »des großen Korsen« im Juli 1988 stießen die Ermittlungsbehörden auf eine Reihe Banken in Andorra, die Cannavagio bei seinen komplizierten Geldwäschereien unterstützt hatten, so etwa die Banco Mora. Von dort wurden seine Drogengewinne auf die Konten anderer panamaischer Firmen transferiert.

In dem zentralamerikanischen Staat hatte Cannavagio eine ganze Reihe von Firmen gegründet, ebenso wie im schweizerischen Genf – allesamt eingetragen auf seine Frau Jacqueline.

In Benidorm stießen die Fahnder auf ein Geldwaschnetzwerk, das sich auf das Recycling von französischen Francs spezialisiert hatte, die aus Raubüberfällen stammten. Insgesamt 20 Millionen Mark wurden in kleinen Beträgen von maximal 1500 Mark über Wechselstuben in Alicante und Umgebung umgetauscht. Pro Tag wuschen so als Touristen getarnte Mitarbeiter des Netzes bis zu zwei Millionen Mark.

Verfolgt werden die Narco-Manager nur in Ausnahmefällen. Dabei kann als bekannt vorausgesetzt werden, daß der berüchtigte Ochoa-Clan (drei Brüder, die sich inzwischen den kolumbianischen Behörden stellten und im Gefängnis sind) die spanischen Lagerstätten für Kokain ausgewählt hat. Und zwar gemeinsam mit Gilberto Rodriguez Orejuela.

Wenn dann doch einmal Bosse, zum Beispiel der kolumbianischen Drogenboß José Rodriguez oder Jorge Luis Ochoa aus Medellín im Jahr 1984 verhaftet werden, springen clevere Rechtsanwälte, zum Beispiel der jetzige Staatspräsident von Venezuela, ein. Mit juristischen Tricks hat er es erreicht, den von den USA per Haftbefehl gesuchten Drogenboß Ochoa aus Medellín vor der drohenden Auslieferung an die USA zu bewahren.

Ochoa wurde zwar ausgeliefert. Aber wie er es wünschte, an sein Heimatland Kolumbien, »wegen der illegalen Einfuhr von Bullensperma«. Als Dankeschön darf sich seitdem der damalige Rechtsanwalt und jetzige Staatspräsident Pérez über ein kostbares Rennpferd freuen.

Ochoa und sein Drogenkompagnon Rodriguez Orejuela sind nicht zum puren Vergnügen nach Madrid geflogen. Als exzellente Geschäftsleute mußten sie ein Netz von Verbündeten aufbauen: zu spanischen Finanzberatern, Rechtsanwälten, Bankern und Politikern.

»Sie waren da, um zu sehen, was 1992 in Europa geschehen wird«, so Jim Shedd von der DEA in Miami. Die Kokainkartelle gingen rechtzeitig daran, ihr logistisches Netz in Europa aufzubauen. Ihre Rechnung: Pro Jahr können sie mindestens 200 Tonnen Kokain, Jahr für Jahr, an die europäischen Endverbraucher liefern. Dazu benötigen sie mehr als 10 000 Helfer, darunter leitende Vertreter der Mafia. Zwischenhändler, Dealer, Investoren, Berater, Empfänger von Bestechungsgeldern und Bankfachleute, die direkt oder indirekt für das Big Business tätig werden müssen.

Gesucht wurden Experten für Informationsbeschaffung, für das Überprüfen des Sicherheitsbereichs, für Infiltration, Informationsbewertung, für Sicherheit der Operation nach innen und außen und nicht zuletzt Männer, die politische und wirtschaftliche Einflußnahme organisieren können.

Und das sind die weiteren Aussichten: Wenn sich der europäische Markt auf dem von den Strategen in Kolumbien und Sizilien angestrebten Niveau stabilisiert hat, beginnt die Eroberung des Ostblocks und der Verkauf minderwertigen Kokains an Konsumenten in Länder mit geringerer Kaufkraft. Dieses Absatzgebiet allein kann jährlich ein weiteres Volumen von 100 Tonnen Kokain erreichen. Angesichts der vielfältigen Funktionen, die ein solches Unternehmen mit derartigen Größenordnungen schafft, ist die Mitwirkung von über 20 000 Helfern notwendig. Und die Preise für Kokain sprechen für sich.

Kostet, so eine Analyse von Interpol Bogotá aus dem Jahr 1991, ein Kilo Kokain in den USA zwischen 11 000 und 23 000 Dollar, zahlt man in Spanien zwischen 27 000 und 35 000 Dollar. In Deutschland dann kostet das Kilo zwischen 41 000 und 94 000 Dollar – also eine riesige Gewinnspanne.

Das Jahr 1986, Orejuela und Ochoa waren noch in Spanien, sollte für die internationalen Syndikate zum Höhepunkt einer ihrer erfolgreichsten Dekaden im Drogengeschäft werden. In den USA hat die Droge Kokain ihren Siegeszug bereits vollendet. Nun ging es endgültig darum, den neuen Markt zu erobern: Europa.

Einzelne kriminelle Syndikate, ob aus Kolumbien, den USA oder Europa, konnten das ungeheure Geschäftsvolumen, das sie anpeilten, nicht alleine tätigen. Deshalb bereiteten sie eine Art Vorstandssitzung vor, an der die höchsten Repräsentanten der führenden Syndikate aus Kolumbien, den USA und Italien teilnehmen sollten. Arrangiert hatte diese Verbrecher-Mammutkonferenz ein bislang nur wenigen Polizeidienststellen bekannter Mafiaclan aus Venezuela: Cuntrera-Caruana.

Was die amerikanische Polizei bis zum heutigen Tag aus abgehörten Telefonaten, Aussagen von reumütigen Mafiosi und Beobachtungen von Reisebewegungen der Kokainbosse weiß, ist folgendes:

Im Februar 1986 kommen tatsächlich die Köpfe der internationalen Verbrechersyndikate nach Spanien. Repräsentanten der kolumbianischen Drogenbarone treffen sich in Barcelona mit italienischen Mafiosi, der Camorra aus Neapel und Paten der Cosa Nostra aus den USA. Ziel der gemeinsamen »Tagung« ist es, den zukünftigen europäischen Kokaninmarkt untereinander aufzuteilen. Jeder will schließlich an dem kommenden Milliardengeschäft partizipieren. Nach tagelangem Tauziehen, teilweise erbitterten Auseinandersetzungen, sind die Würfel gefallen. Die sizilianische Mafia übernimmt die Raffinierung der Kokapaste und die generelle Verteilung des Kokains für Europa. Da der Markt für viele Clans entsprechend hohe Gewinne abwerfen soll, teilen sich sizilianische Mafia und neapolitanische Camorra Europa generalstabsmäßig auf: Der Clan Madonia organisiert die Verteilung in Mitteleuropa, während die Corleonesi (einer der mächtigsten sizilianischen Mafiafamilien) für den Osten Europas zuständig sind. Giuseppe, »Joe«, Cuffaro, der in den USA zu 45 Jahren Gefängnis verurteilt wurde, erzählte freimütig, daß Francesco Madonia, der Familienboß, ihm befohlen habe, die Kontakte zum Medellín-Kartell herzustellen. Die Verteilung des Kokains in Frankreich, Zentralitalien und Barcelona dürfen der Camorraclan Michele Zaza und Antonio Bardellino in ihre bewährten Hände nehmen. Michele Zaza, einst ein Zigarettenschmuggler, lebt derzeit in Nizza, unterhält diverse Spielkasinos und arbeitet eng mit den Gangs aus Marseille zusammen. Die Italiener, ob Cosa Nostra oder Camorra, können etwas anbieten, was sie gegenüber anderen kriminellen Gruppen konkurrenzlos macht: Sie haben seit Jahrzehnten eine bewährte Vertriebsstruktur für illegale Waren, insbesondere den Zigarettenschmuggel, entwickelt.

Dieses Netz von Schmuggelwegen wird nun für den Kokainhandel »umfunktioniert«, so die gemeinsame Absprache in Barcelona. Jeder war zufrieden, und in Erwartung gewaltiger Dollareinnahmen verabschiedeten sich die Bosse von Barcelona und fuhren in ihre Heimat zurück. Die kolumbianischen Kartelle pumpen jetzt Kokain in die neue Pipeline für Europa.

Unter der Bezeichnung Peseta-Connection ist der blühende Handel mit Kokain aus Kolumbien inzwischen nicht nur in Spanien ein geläufiges Wort. Germain Sengelin, ein behäbig wirkender Untersuchungsrichter aus dem französischen Mulhouse, ist im Elsaß für die Ermittlungen gegen jene zuständig, die beispielsweise das Geld aus dem Zigaretten- beziehungsweise Kokainschmuggel aus Spanien über Frankreich in die Schweiz und nach Deutschland brachten. »Die Schweiz ist für Narco-Dollar ein Bermuda-Dreieck. Plötzlich ist das Geld verschwunden. Hundert Millionen Dollar allein in den Jahren 1988 und 1989«, zürnt Sengelin, weil er immer nur die kleinen Schmuggler fassen konnte. Das Drogengeld aus Spanien wurde in Kurierfahrzeugen über Frankreich in die Schweiz gefahren. In Geheimfächern der Autos, beispielsweise hinter dem Armaturenbrett, brachten die Schmuggler pro Woche spanische Peseten im Wert von über einer Million Dollar in ein besonders schmuckes Haus der Basler Innenstadt, dem Sitz eines allseits bekannten Zigarettenschmugglerunternehmens. Der Empfänger im Hause wurde zwar kurzfristig verhaftet, kam aber schnell wieder frei. Die Ermittlungen gegen ihn wurden, gegen den Willen der Basler Staatsanwaltschaft, auf höhere Anweisung hin eingestellt. Spricht man heute den damals ermittelnden Staatsanwalt Jörg Schild an – inzwischen ist er in die Bundesstaatsanwaltschaft nach Bern »hochgelobt« worden –, winkt er ärgerlich ab. »Wir waren auf der richtigen Spur, aber wir durften nicht mehr weiterermitteln.«

Ausgangspunkt dieser Spur ist Galicien. Die spanische Atlantikküste ist ein Eldorado für Touristen, die es zu einsamen Buchten zieht. Fragt man den Chef der Guardia Civil, zuständig für den Südteil Galiciens, was hier so alles geschmuggelt wird, fällt ihm als erstes der Handel mit Zigaretten ein. Sie kommen direkt aus den USA und werden mit Wissen der Zigarettenhersteller in Freihäfen von Großhändlern aufgekauft. Dann werden die Schiffe, häufig aus Panama, zu ihren Bestimmungsländern beordert: Italien, Portugal, Spanien, Deutschland und Polen. »Schmuggel mit Zigaretten«, fragen wir, »das ist zwar für den Staat ein Verlust an Steuereinnahmen, aber ansonsten wird ja niemand geschädigt.«

»Ja«, antwortet der Guardia-Civil-Chef, »das sagt jeder. Aber keiner weiß, daß kriminelle Großorganisationen das gesamte Geschäft fest im Griff haben.«

Und ein Rechtsanwalt vieler Zigarettenschmuggler aus Galicien, Julio Garcia Darias, meint: »Es bestehen enge Kontakte zwischen den galicischen Schmugglern und Lateinamerikanern, die mit dem Drogenhandel zu tun haben. Die Handelsbeziehungen, die über den Tabakschmuggel aufgebaut wurden, dienen heute dazu, Drogen und Geld zu transferieren.«

Die zerklüftete Küste Galiciens ist seit jeher ein ideales Anladegebiet für Schmuggelware jeder Art, jetzt gilt das auch für Kokain. Mit Frachtschiffen wird die kostbare Ware nach Spanien bis an die Grenze der internationalen Gewässer verschifft. Die Frachter haben natürlich falsche Namen. Teilweise, verrät uns ein Zöllner, benutzen sie die Namen von bereits verstorbenen Leuten aus der Schmuggelorganisation. »Ihr Ziel ist es, den spanischen Behörden die Aufklärung unmöglich zu machen.«

Von diesen sogenannten Mutterschiffen aus werden die Drogen auf kleinere Frachter umgeladen. Schäbig sehen sie aus; auch das ehemalige deutsche Torpedoboot 6096 aus dem Zweiten Weltkrieg. Am 26. Oktober 1989 wurde es von spanischen Zöllnern gestoppt. Die Ladung unter den Plastikplanen: Zigaretten und Kokain. Letztes Glied der perfekt geplanten Transportkette sind kleine, aber PS-starke Schnellboote. Mit ihren Hochleistungsmotoren ist es ihnen ein leichtes, den PS-schwächeren Verfolgungsschiffen der Zöllner zu entkommen.

Helfershelfer an Land finden die Drogenschmuggler überall. Zum Beispiel in Villagarcía, einer kleinen galicischen Stadt mit etwa 10 000 Einwohnern. Fischfang und Muschelzucht waren bislang nie besonders profitabel. Armut ist das prägende Element des Lebens in den kargen Küstengebieten. Schmuggel bedeutete für viele eine Verbesserung der sozialen Lage. Jetzt sind Drogen selbst in den kleinsten Dörfern zu finden.

Wenn es Nacht wird, geht es im Hafen von Villagarcía ziemlich rege zu. Dann wird kein Fisch aus dem kalten Atlantik ausgeladen, sondern Schmuggelware.

Nachdem die kriminellen Syndikate im Jahre 1986 die Arbeitsteilung beschlossen haben, ist es seit einigen Jahren Kokain oder Haschisch. Inzwischen lebt jeder vierte Bürger vom Drogenschmuggel. In einem Nachbarort von Villagarcía, in Vilanueva, wird erkennbar, daß lateinamerikanische Verhältnisse selbst im mickrigsten galicischen Fischerdorf zu finden sind.

Sito Vacquez war einst Bürgermeister der Kleinstadt – bis er auf Druck der Drogenmafia abgewählt wurde. »Sie versuchen zu tarnen, daß sie etwas mit dem Drogenschmuggel zu tun haben«, erzählt er bitter. »Als Deckmantel für ihre Aktivitäten benutzen sie den Tabakschmuggel. Der schadet niemanden, im Gegenteil. Er gibt einigen Leuten die Möglichkeit, Geld zu verdienen, behaupten sie. Außerdem geben die Organisatoren des Schmuggels den Leuten Geld, um ihr Haus, ihr Boot herzurichten oder um einen kleinen Bauernhof zu kaufen. Sie geben der Gemeinde Geld und den Leuten Verdienstmöglichkeiten. Natürlich wollen sie nicht den Eindruck erwecken, daß das alles mit dem Drogenhandel zu tun hat.«

Im beschaulichen Städtchen ist die Entwicklung weit gediehen: Selbst die Kinder in der Schule wollen jetzt Drogenschmuggler werden, weil sie die schönsten Schnellboote fahren, die schnellsten Autos und die größten Häuser haben.

Die Konsequenzen für das soziale Miteinander sind gravierend, wobei Vilanueva stellvertretend für viele andere Städte an der Küste steht. Jeder schweigt, weil viele am Handel partizipieren und jeder schnell viel Geld verdienen will. Und es trifft haargenau das zu, was die kolumbianische Polizei berichtet hat: »Es wurde in Spanien eine ähnliche Infrastruktur aufgebaut wie in Kolumbien.«

Der Ex-Bürgermeister aus Vilanueva: »Es ist nicht möglich alles zu sagen, was gesagt werden müßte. Ihr merkt ja selbst, daß ich auf eure Fragen nur zum Teil Antworten gebe. Ich habe natürlich auch Angst. Es sind hier Sachen passiert, für die es keine Erklärung gibt. Es gab merkwürdige Unfälle, Tote, Verschwundene und im Zusammenhang mit dem Drogenhandel auch Hinrichtungen.«

Veränderungen innerhalb von wenigen Jahren, die auf das Konto der Kokainschmuggler gehen, Veränderungen, die schleichend kamen und heute das Leben in Galicien bestimmen. Verändert hat sich natürlich auch einiges für jene Handvoll Männer, die plötzlich im Geld schwimmen können.

Zum Beispiel Juan-Manuel Carballo, Spitzname »Sito Minanco«. Einst angesehener Zigarettenschmuggler, ist er jetzt nicht minder angesehener Drogenschmuggler. In Miami unterhält er ebenso ein Büro wie in Panama. Von dort aus organisiert er den Schmuggel von Kokain nach Galicien.

Der 36jährige Gangster hat eine Vielzahl von Firmen aufgebaut: Tuy Investment, Inmobiliaria Ripra, Oda Travel Services, Vinsi Holding, Inversiones Pontevedra und Melina Shipping and

Trading. Sie alle haben nur einen Zweck: die Gewinne aus dem Kokaingeschäft zu waschen.

Besonders gut waren die Geschäftsbeziehungen zum panamaischen Ex-Diktator General Manuel Noriega – bis dieser nach Miami verschleppt wurde. Doch bis zu diesem Zeitpunkt hat es der kleine Zigarettenschmuggler aus Galicien weit gebracht. Der Capo war Präsident einer Fußballmannschaft und Hauptgesellschafter einer Kabelfernsehgesellschaft in Panama. Im Oktober 1990 wollte er, in Zusammenarbeit mit Gonzalo Rodriguez Gacha, »El Mexicano« genannt, 2500 Kilo Kokain nach Spanien schmuggeln. Das und nicht die Entführung von Noriega nach Miami wurde ihm zum Verhängnis.

Ein Teil von insgesamt 2500 Kilogramm Kokain konnte beschlagnahmt werden – dank einem Tip der Amerikaner. Seitdem ermittelt der Madrider Untersuchungsrichter Baltasar Garzón gegen den galicischen Drogenfürsten. Der unaufhaltsame Aufstieg des Notablen war erst einmal beendet.

Zwanzig Minuten von Carballos Stammsitz entfernt ragt ein altehrwürdiges Weingut, das Pazo de Bayon, über der hügeligen Landschaft empor. Ein zweistöckiges Schloß mit einem großen Wirtschaftsgebäude, umschlossen von dicken Mauern. Jeder Ankömmling wird gemustert, als sei er ein potentieller Gangster.

Angebaut wird einer der besten spanischen Weißweine. Laureano Oubiña ist der Besitzer des Gutes, Mitte der achtziger Jahre hat er es für eine Million Peseten gekauft. Für einen kleinen Taxifahrer, der einst nur ein schmales Einkommen eingefahren hatte, ist das ein enormer Aufstieg. Inzwischen ist er einer der größten Drogenbosse in Galicien.

Sein Clan ist Eigentümer von zwölf Firmen und wertvollen Immobilien. Seine Tochter Esther Oubiña Lago, gerade zehn Jahre alt, ist Gesellschafterin der Firma Ainsa mit einem Stammkapital von fast drei Millionen Mark. Ihre Partner sind unter anderem der Portugiese José Manuel da Silva Viegas und Moustapha Boulaich, beide werden von Interpol als bekannte Drogenhändler bezeichnet.

Als der mächtige Galicier im Sommer 1989 wegen Drogendelikten kurzfristig verhaftet war, gelang es ihm, sich mit weniger als 20 000 Mark wieder freizukaufen.

Doch Spanien bietet noch mehr an Infrastruktur für die Drogenbosse an. Rodriguez Gacha vom Medellín-Kartell war Eigentümer eines Landsitzes in Paterna bei Valencia. Er dient der Ausbildung paramilitärischer Gruppen. Zum Beispiel von Söldnern, die für das Medellín-Kartell in Kolumbien unliebsame Gegner liquidieren.

In Madrid und Valencia residiert das ISDS, *International Security and Defence System*. International bietet man Experten für Sicherheitsfragen an, insbesondere für die Länder Guatemala, El Salvador und Kolumbien. In Kolumbien arbeiten sie nicht nur bei für Folter- und Todesschwadronen berüchtigten Polizei- und Militäreinheiten, sondern auch auf den privaten Fincas der Drogenbosse. Am 22. August 1989 meldete die israelische Zeitung *Hadashot*, daß israelische Ex-Offiziere in der Nähe von Valencia ein Trainingscamp unterhalten, auf dem Söldner für die Drogenmafia ausgebildet werden.

Der Journalist Jean Louis Morales aus Madrid hat als erster die Hintergründe dieses Söldnernetzes aufgedeckt. »Das ist eine Privattruppe für die Drogenschmuggler, ob das nun Kolumbianer, Peruaner oder Bolivianer sind. Viele werden hier bei uns ausgebildet. Das läuft unter dem Deckmantel der Sicherheitsfirmen.« Dann zeigt er uns Fotos, die vom kolumbianischen Geheimdienst beschlagnahmt wurden. Auf den Fotos ist ein besonders wichtiger Mann zu erkennen: Leo Glaser. Er hat die Mannen des Kartells in »Sicherheitsfragen« trainiert.

Fragt man die Anwohner der Finca bei Valencia über das Trainingszentrum, hört man von seltsamen Phänomenen inmitten von Orangenplantagen: »Wir beobachten merkwürdige Dinge. Es sind Schüsse zu hören. Vor allem die Nachbarn im Tal hören das sehr gut. Es sind Militärfahrzeuge gesehen worden, die allerdings mit unserem Militär nichts zu tun haben. Wir haben einmal auf einer Finca in der Nähe gearbeitet und sind dann zu diesem Platz gegangen, wo die Schüsse herkommen. Ein Wächter in Polizeiuniform hat uns verjagt und angedroht, uns zu erschießen, wenn wir weitergehen.«

Die Polizei in Valencia kümmert das alles nicht. Sie lehnte es ab, das Gebäude zu durchsuchen. Was wohl daran lag, daß ein führender Polizeikommissar an den Schießübungen im Trainingscamp teilgenommen hatte.

Überhaupt müssen nicht nur in Spanien erst Journalisten auftauchen, um zumindest kurzfristig Polizei und Politiker zum Handeln gegen die mächtigen Drogenbosse zu zwingen.

Auf der sonnigen Urlaubsinsel Mallorca hatte sich Anfang der achtziger Jahre Natalie Rimi, Capo der sizilianischen Mafia, niedergelassen und Drogengelder gewaschen. Teilweise benutzte er dazu Bankkonten, die auf den Namen seiner Frau lauteten, und erwarb Immobilien ebenfalls auf den Namen der Gemahlin. Rimi machte seine Geschäfte unbehelligt von den mallorquinischen Behörden, die sehr wohl wußten, daß die italienischen Strafverfolger hinter dem Mafioso her waren.

Doch im Frühjahr 1990 wendete sich Rimis Glück. Italiens oberster Mafiajäger, Domenico Sica, kam eigens nach Palma, um Rimi in einer spanisch-italienischen Gemeinschaftsaktion in dessen Haus in Pollensa festzunehmen.

»Einmal mehr zeigt dieser Fall, daß internationale Verbrecher sich Spanien als Geldwaschparadies für Drogengelder ausgewählt haben«, kommentiert das spanische Magazin *Cambio 16* im März 1990 die Verhaftung Rimis[13]. Und seitdem ist es nicht gerade besser geworden.

Die Geldwäscher nutzen vor allem, daß es in Spanien – anders als in den USA, Italien oder Großbritannien – keine entsprechenden Gesetze gibt, die dem Treiben ein Ende bereiten würden. Zwar sind in den vergangenen Jahren zahlreiche Mafiosi festgenommen worden, doch es gelang bislang nicht, ihre kriminellen Finanzimperien, wo ein Heer von Strohmännern Drogengelder in Immobilien investiert, zu zerschlagen.

Mehr als dreißig zum Teil hochgeachtete Unternehmer mit mehr als vierzig Firmen hat die *Fiscalía Antidroga* (Finanzpolizei der Antidrogenbehörde) als Geldwäscher identifiziert, die sich vor allem an der Costa del Sol niedergelassen haben, um dort die Narco-Millionen in legalen Geschäften verschwinden zu lassen. Bevorzugt werden stadtnahe Wohnanlagen, Hotelbauten, Restaurants und Ladenpassagen sowie Golfplätze. Wenn es ihnen einmal zu heiß werden sollte, was bislang eigentlich kaum vorgekommen ist, dann werden die Geldgeschäfte nicht weit von Marbella, in Gibraltar getätigt, auch ein Paradies für Geldwäscher aller Art.

Marbella ist ein Ferienparadies für Masochisten, die am Dreck des Mittelmeeres Gefallen finden, und für jene, die im kriminellen Geschäft jeder Art ihr Geld investieren wollen. Niemand weiß genau, wie viele der Hotels, Apartmenthäuser und Einkaufszentren mit Kapital aus kriminellen Geschäften, von Entführung, illegalem Glücksspiel bis hin zu Drogendeals finanziert wurden. Sicher ist jedenfalls, daß Milliarden von Dollars in jene Tourismuseinrichtungen investiert wurden, in denen europäische Urlauber kräftig abkassiert werden. Puerto Banús, zehn Kilometer westlich der Touristengettos ist ein Prachtbeispiel der Geldwäsche. Als Zaungäste bewundern die Touristen den Privathafen, die Jachten von Scheichs und anderen Kriminellen, nicht wissend, daß hier die Drogengelder gewaschen werden. Ein Apartment in den umliegenden Prunkbauten ist nicht unter einer Million Dollar zu haben.

An der Costa del Sol tummeln sich zahlreiche Millionäre, die von illegalen Geschäften leben, aber dennoch sehr populär sind und regelmäßig in den Lokalzeitungen und Klatschgazetten auftauchen.

Einer von ihnen ist der Mafioso Angelo Salamini. Seit den siebziger Jahren lebt er in seiner spanischen Wahlheimat. 1981 wurde er einmal von der spanischen Polizei verhaftet, aber obwohl die italienische Justiz seine Auslieferung verlangte, verschwanden seine Akten auf unerklärliche Weise in den spanischen Archiven, und Salamini wurde wieder auf freien Fuß gesetzt.

Der 62jährige Playboy ist heute eine der schillerndsten Figuren des Jet-set von Marbella. In Las Lomas gehört ihm eine prunkvolle Villa ebenso wie in Puerto Banús. Er ist Eigner einer luxuriösen Jacht und eines Rolls-Royce.

Salamini ist Strohmann für eine Reihe von Firmen, die in Panama ihren Sitz haben, wie aus einer Interpolakte hervorgeht. Er vertritt unter anderem die Unternehmen Fyrami S. A., Warsita Corporation, Leda Finances S. A., Alnica Investments Ltd. und noch einige andere mehr. Alle Firmen weisen sonderbare Übereinstimmungen auf: Sie haben ein Stammkapital von 10 000 Dollar, gemeinsame Firmengründer, sind geschäftlich in der Schweiz aktiv und werden von dem Rechtsanwalt Guillermo Crismat vertreten.

Das Geld aus Panama kommt regelmäßig über die Banco Industrial del Mediterráneo de Marbella, und alle Kapitalanlagen wurden von staatlichen Behörden genehmigt, die niemals den Verdacht hegten, es könne sich dabei um Schwarzgeld handeln. Die panamaischen Firmeneigner – Eduardo Watson Rovira, Gisela V. de Watson, Vilma Vergara López, Enrico Ravano und Roger Watson Rovira – aber nutzen diese Firmengebilde, um Geld zu waschen.

Einige von ihnen, wie Roger Watson Rovira und Francesco Bernardazzi, haben ihren Wohnsitz in der Schweiz und führen ihre Geschäfte von Lugano aus.

Die Mehrzahl von Salaminis Firmen besitzt Häuser und Grundstücke im Gebiet von Marbella. Seine Firma Ghillan S. A. ist Eigentümerin von Immobilien im Geschäftszentrum von San Pedro de Alcantara, wo sie gemeinsam mit Firmen anderer italienischer Millionäre ein luxuriöses Geschäft für Antiquitäten eingerichtet hat. Der spanischen Polizei gilt das Unternehmen als legale Fassade für Geldwäsche, den Handel mit Rauschgift und gestohlenen Kunstgegenständen. In einer solchen Gesellschaft findet man selbstverständlich, hören wir in Madrid bei der Kriminalpolizei, hochpotente Kriminelle. Zum Beispiel Felice Cuntrera, einen Sprößling des Mafiaclans Cuntrera-Caruana.

Sowohl Salamini wie Cuntrera, Herren der Geldwäsche an der Costa del Sol, werden von der italienischen Polizei als dem Clan Santapaolo zugehörig gerechnet. In Italien nimmt er auf der Hitliste der größten Mafiaorganisationen Platz vier ein. Er ist *der* Cosa-Nostra-Clan, ein Clan der alten Corleonesi.

In Italien wurde Felice Cuntrera wegen der Mitgliedschaft in einer mafiosen Vereinigung angeklagt, und auch die französische Polizei ermittelte gegen ihn. Während er seinen offiziellen Wohnsitz im venezolanischen Caracas hat, ist er häufig in Marbella, wo er immense Summen investiert hat.

Bekannt wurde Felice Cuntrera in Spanien, nachdem Unbekannte die Schließfächer einer Filiale der Banco de Andalucía in Marbella ausgeraubt hatten. Der spendable Cuntrera lobte 30 Millionen Peseten (ca. 500 000 Mark) Belohnung für die Ergreifung der Täter aus. In einem der Schließfächer hatte Don Felice nämlich Dokumente deponiert, die interessante Einblicke in seine Transaktionen und Geschäfte gewährten. Die kompromittierenden Papiere tauchten nie mehr auf.

Dagegen hat die Polizei mittlerweile ein umfangreiches Dossier über die Aktivitäten des Cuntrera-Clans und seiner Strohleute an der Costa del Sol. Darin ist unter anderem das Cuntrera-Bauprojekt Bahía de Estepona vermerkt. Umgerechnet etwa 14 Millionen Mark waren als Erstinvestition notwendig, wobei die Firma, der das Projekt offiziell gehört, gerade mal über umgerechnet 200 000 Mark Stammkapital verfügt.

Rund eine Million Mark flossen über die Firma Interinvestment Corporation (Lugano) in das Projekt. Geschäftsführer: der spanische Rechtsanwalt Ignacio Pérez Vargas López. Das Geld aus der Schweiz wurde wieder über die Banco de Andalucía transferiert.

Die Technik, Strohleute einzusetzen, erreicht ihre höchste Ausprägung in der Sekretärin Cuntreras, Ana Jiménez Jiménez. Auf ihren Namen sind verschiedene Unternehmen eingetragen, wie etwa die Promociones Urbanas S. A. Gemeinsam mit dem Deutschen Otto Thun zeichnete die spanische Angestellte des italienischen Millionärs in dieser Position unter anderem für Finanztransaktionen in Höhe von durchschnittlich zwei Millionen Mark verantwortlich. Die anderen Partner der Jiménez' sind Jorge Pérez Tenorio, Juan Carlos Villalba, der Argentinier Oscar Horacio Holtzeker und Gianni Meninno. Paolo Bortolami und Gianni Meninno sind zugleich Mittelsmänner für Cuntrera unter anderem in der Firma Resca Inversiones Ibérica S. A. mit Sitz im liechtensteinischen Vaduz. Alle diese Firmen, so ein interner Bericht der Fiscalía Antidroga, waschen Geld aus Rauschgiftgeschäften. Die naheliegende Frage, warum einer der mächtigsten Mafiaclanmitglieder hier ungehindert leben kann, weiß uns bei den zuständigen Stellen niemand zu beantworten.

Die Strategie der Drogenbarone

»Die wichtigsten Leute für uns sind die Residenten, die Depothalter. Mittlerweile gibt es sie überall in Europa – auch in deutschen Großstädten. Sie haben die Aufgabe, den Stoff hier in Empfang zu nehmen und die Verteilung zu organisieren«, erläutert der oberste Kokainfahnder des Bundeskriminalamtes, Manfred Dihanich.

Die US-amerikanische Drogenbekämpfungsbehörde DEA schätzt, daß es weltweit etwa 3000 Residenten des Cali-Kartells gibt. »Das sind hochqualifizierte, oft akademisch gebildete Leute«, sagt Thomas V. Cash, Chef der DEA Miami und einer der erfahrensten amerikanischen Drogenfahnder.

Eine der am besten organisierten und finanzkräftigsten Mafia-organisationen der Welt, das Cali-Kartell hat längst den gesamten europäischen Kokainhandel unter Kontrolle.

»Das Cali-Kartell arbeitet wie der Mossad mit Zellen«, so der DEA-Drogenfahnder James A. Shedd: »Und die Leute von einer Zelle wissen nicht, was die Leute der anderen Zelle tun. Für jede einzelne Aufgabe gibt es bestimmte Leute: Sie senden jemanden an einen bestimmten Ort der Welt und geben ihm den Auftrag, dort ein legales Geschäft zu eröffnen. Der sitzt dann dort und wartet auf seinen Einsatz.

Seine einzige Aufgabe ist es vielleicht zu assistieren. Wir haben Handbücher des Kartells sichergestellt, in denen drinsteht, wie die Residenten vorgehen müssen: Sie sollen ein Haus mieten, morgens aufstehen, zur Arbeit gehen, samstags den Rasen mähen, die Nachbarn grüßen. Sie müssen ihr Leben so normal wie möglich gestalten, aber ihr Geschäft dient dazu, Drogen zu schmuggeln oder Geld zu waschen. Es ist wie eine Geheimdienstoperation. Und manchmal sind die Leute schon fünf oder zehn Jahre da, bevor sie das erste Mal zum Einsatz kommen.«

»Die Drahtzieher kontrollieren das Geschäft von Kolumbien aus«, sagt William T. Healey, Verbindungsbeamter der DEA an der US-Botschaft in Bonn. »Aus Ermittlungsverfahren wissen wir: Wenn ein Kolumbianer hier eine Entscheidung zu treffen hat, ruft er in Kolumbien an und fragt, was er tun soll. Es ist nicht so, daß ein, zwei Leute hier sind und die Entscheidungen treffen. Das wird alles in Cali gemacht. Und genauso läuft es in den USA. Sie rufen immer im Hauptquartier an, bevor sie eine Entscheidung treffen.«

Dies bestätigt auch Cash: »Wir observierten hier in Miami einen bedeutenden Residenten, der telefonierte am Tag 300mal mit seinen Bossen in Cali.«

»Die Kolumbianer haben sich mittlerweile hier fest etabliert«, urteilt Horst Kraushaar, der für die Kokainkriminalität zuständige Frankfurter Staatsanwalt.

Gesandte des Cali- und Medellín-Kartells treffen in der Mainmetropole mit ihren Abnehmern zusammen. Sie sind aber nicht nur im Kokainhandel tätig, sondern steuern noch die Prostitution und die Hehlerei.

Firmen aus der kolumbianischen Hauptstadt Bogotá suchen in Frankfurt nach Partnerunternehmen, die Frachtsendungen mit verstecktem Kokain am Frankfurter Flughafen entgegennehmen und die Zollabwicklung erledigen. Die Verbindung läuft vor allem über Quito, die Hauptstadt Ecuadors. Die Ware ist für Deutschland, Spanien und Italien bestimmt.

»Wir haben etwa 200 bis 300 Kolumbianer, die im Rhein-Main-Gebiet im Drogenhandel tätig sind und Beziehungen nach Nordrhein-Westfalen, Rheinland-Pfalz, Baden-Württemberg und ins deutschsprachige Ausland haben«, so Hubert Nagel, Fahnder des Frankfurter Rauschgiftkommissariates K 44.

Seit September 1991 hat die Frankfurter Staatsanwaltschaft einen dicken Fisch im Netz: In der Frankfurter U-Haftanstalt sitzt der Kolumbianer Posada Rios ein. Er war in Holland festgenommen und ausgeliefert worden. Nach Erkenntnissen deutscher und US-amerikanischer Ermittlungsbehörden soll Rios der Führungsspitze des Medellín-Kartells angehören: Er gilt als ihr Europa-Resident. Niederländische Behörden bringen ihn mit großen Sicherstellungen auf Schiffen in Holland und Belgien in Verbindung.

Von Den Haag aus war es ihm gelungen, einen europaweit organisierten Ringtausch mit kolumbianischen Prostituierten aufzubauen. Rios schickte die Leute von Holland aus nach Frankfurt und in andere deutsche Städte, um das Geld zu kassieren und es nach Holland zu transferieren. Von dort aus wurde das Geld nach Kolumbien weitergeleitet. Dazu wurden die Kokaingewinne als Prostituiertenlohn getarnt.

Seit längerem fällt den Drogenfahndern auch eine andere zentrale Figur auf: Die Polizei hat ihm den Decknamen »Oskar« gegeben. Oskar kommt aus Cali, managt aber auch Kokainlieferungen des Medellín-Kartells.

Regelmäßig reist der Kolumbianer nach Frankfurt, wobei er jedesmal unter anderem Namen in einem anderen Hotel absteigt, für einen, maximal zwei Tage.

»Dann kommt Bewegung in die Szene«, berichtet Drogenfahnder Nagel. Oskars Aufgabe, so die Polizei, sei es, die Verteilung von Kokain, das auf den verschiedensten Wegen nach Frankfurt kommt, zu organisieren und zu überwachen. An immer unterschiedlichen Orten trifft er sich mit Mittelsmännern, die dafür sorgen sollen, daß das Kokain an die Zwischenhändler geliefert wird. Zu diesen Zwischenhändlern sollen sowohl Kolumbianer als auch Deutsche zählen. Die Rückführung der Drogengewinne nach Kolumbien wird über ein kleines Geschäft in der Innenstadt organisiert. Oskar arbeitet perfekt, seine Tarnung ist immer wieder neu. So erfährt die Polizei grundsätzlich erst im nachhinein, wenn er mal wieder da war.

Die Fingerabdrücke des Kartells

Seit dem 22. Januar 1992 ist die rheinland-pfälzische Landeshauptstadt Mainz Schauplatz des größten Drogenprozesses, der jemals in Deutschland verhandelt wurde. Es geht um die Einfuhr von zwei Tonnen Kokain und 8,5 Tonnen Haschisch. Zehn Tatverdächtige konnten nach einem langen Ermittlungsverfahren durch das Bundeskriminalamt festgenommen werden, Deutsche, Italiener und Kolumbianer. Das BKA hatte einen V-Mann in die Gruppe eingeschleust und arbeitete auch mit Verdeckten Ermittlern und Scheinfirmen.

Die meisten Angeklagten versichern treuherzig, sie seien in die Angelegenheit so reingeschlittert. Einige wollen überhaupt nicht gewußt haben, daß es um den Handel mit Kokain ging.

Doch die Umstände des Mega-Deals lassen die Behauptungen unglaubwürdig erscheinen, fällt die Professionalität auf, mit der die Drahtzieher dieses Geschäft eingefädelt haben.

Es sind eindeutig die »Fingerabdrücke« der kolumbianischen Drogenbosse zu sehen. Und so führen die Spuren auch geradewegs in die Chefetagen des mächtigsten Cali-Kartells und belegen, mit welcher Energie die Kartelle auf den deutschen Markt drängen.

Die drei festgenommenen Italiener haben zudem aller Voraussicht nach Verbindungen zur Mafia. Kurz nach ihrer Verhaftung tauchte ein Rechtsanwalt aus Mailand auf und bot Millionensummen als Kaution für ihre Freilassung. Das Gericht lehnte ab.

Einer seiner Mandanten wußte sich auch so zu helfen: Ihm gelang am 28. März 1991 die Flucht, als er unter Bewachung in die

Mainzer Uniklinik gebracht werden sollte. Er soll zwischen Frankreich und Italien pendeln und weiterhin Kokaingeschäfte abwickeln.

Ein anderer Fall belegt, daß die Kolumbianer Deutschland längst zur Operationsbasis ausgebaut haben. So stieß das Landeskriminalamt Hamburg im Jahr 1988 auf einen Rauschgiftring, der von einem hochrangigen Mitglied des Medellín-Kartells geleitet wurde. 82 Leute aus 14 Nationen gehörten zu seiner Gruppe, die auf dem allerbesten Weg war, aus der Hansestadt einen Brückenkopf für das europaweite Kokaingeschäft zu machen.

»Das Ziel dieser Gruppe war es, in Hamburg eine Basis zu gründen und von hier den nordeuropäischen Raum mit Kokain zu versorgen«, berichtet uns Rainer Chedor, Chef der Rauschgiftabteilung beim Hamburger LKA. »Konkret sah der Plan vor, bestimmte Objekte aufzukaufen, die besondere Kriterien erfüllen mußten. Man mußte zum Beispiel eine Antenne unter dem Dach anbringen können, um Signale auffangen zu können. Es mußten Lagermöglichkeiten für Kokain dasein und Wohnmöglichkeiten für Kuriere.«

Gerade noch rechtzeitig konnte das LKA die Narco-Truppe zerschlagen; nach einem äußerst schwierigen Prozeß konnten schließlich 45 Beschuldigte verurteilt werden.

Den Erfolg verdankt das LKA vor allem einem Mann: Michael Ritter. Der deutsche Komplize des Großdealers packte nach seiner Festnahme aus. Er wurde Zeuge der Anklage, und Ritter war eine wahre Fundgrube.

Er ist vielleicht der einzige Deutsche, der mit der obersten Führungsspitze in Kolumbien zusammentraf und darüber auch vor Gericht aussagte. Er war im inneren Kreis, und selbst die amerikanischen Rauschgiftfahnder waren an seinen Erzählungen brennend interessiert.

Ritter ist erstmals mit Fabio Ochoa, dem Patriarchen des berüchtigten Drogenclans, in einer schwerbewachten Klub-Anlage in Cali zusammengekommen. Der Kokainfürst forderte ihn auf, sich in Rotterdam niederzulassen, um über ein Kaffeegeschäft eine neue logistische Basis aufzubauen. Ritters Aufgabe war es ferner, in Hamburg die Kontakte zum kriminellen Milieu zu knüpfen.

Aus früherer Zeit hatte er vor allem gute Verbindungen zur Hamburger Schickeria. Dazu gehörte unter anderem der Apotheker Jan Seegert, eine Szenegröße in Pöseldorf. Er besitzt eine Apotheke im Mittelweg und hat gemeinsam mit seinem Komplizen Ted Rose Amphetamine in der Schweiz produzieren lassen, hier verpackt und weiter in die USA geschmuggelt. Ritter sagte gegen beide aus.

In Hamburg wurde er beauftragt, eine Villa in einer bevorzugten Wohngegend zu kaufen. Dazu sollte ein großes Grundstück gehören, die Villa sollte unterkellert sein und einen Dachboden haben. Ritter bekam eine Liste, auf der exakt vermerkt war, welche Art von Antennenanlage (20-Meter-Bereich) er kaufen und auf dem Dachboden installieren sollte. Ritter hatte sich auch bereits im Bereich Wellingsbüttel umgesehen.

Zuvor hatten die Rauschgifthändler ein altes Haus in Flensburg gekauft: Im Erdgeschoß war ein Lokal, zu dem noch eine Wohnung gehörte. Als Käufer trat ein italienischer Pizzawirt aus Hamburg auf. Das Projekt wurde aber fallengelassen, als Ritter erzählte, daß Flensburg Zollgrenzbereich sei und es deshalb dort zu viele Zollbeamte gäbe.

»Der Topmann aber war Carlos Lopez-Hernandez. Er wird noch immer mit internationalem Haftbefehl gesucht. Ob er wirklich so heißt, wissen wir nicht«, berichtet Chedor. »Diesen Namen benutzte er jedenfalls seit 1985. In den siebziger/Anfang der achtziger Jahre hatte er in den USA Jura und Chemie studiert unter dem Namen Gomez-Jeremio. Dort war er auch einmal festgenommen worden wegen fast 300 Kilo Kokains. Bei einer Ausführung aus der Haft verschwand er dann. Ein Flugzeug stand für die Flucht schon bereit.«

Carlos Lopez – oder wie immer er heißen mag – ist auf dem Reiterhof von Ochoa aufgewachsen, so die Aussagen seiner Komplizin Patricia Ente, geborene Hernandez, genannt »die schöne Patricia«. Deren Vater war dort Reitlehrer.

Manches spricht dafür, daß der etwa 40jährige Lopez ein unehelicher Sohn von Ochoa ist. In Medellín hatte er ein Büro, wohnte selbst aber in Cali. Außerdem besaß er dort noch das Hotel Los Cerros (200 Zimmer) und eine Möbelfabrik namens Prima.

Der Kolumbianer handelte allein in einem Jahr weltweit etwa 3,7 Tonnen Kokain, so steht es in seinem Haftbefehl. Er schickte aber auch Kuriere mit Koffern auf die Reise und verdiente so pro Woche noch nebenbei 150 000 bis 200 000 Mark für die eigene Tasche.

Von Bogotá begaben sich seine Kuriere immer als erstes nach Panama-City. Dort stiegen die Drogenboten im Hotel Continental in der Innenstadt ab und bekamen in einem im Hotel befindlichen Reisebüro die Tickets für den Weiterflug.

Zu Panama hatte Lopez eine besondere Beziehung. Er hat sich dort zahlreiche Ländereien gekauft sowie eine Fischfabrik aufgebaut. »So etwas geht nur mit Einverständnis der Regierung«, glaubt man in Hamburg. Der Regierungschef hieß damals Manuel Noriega. Weitere Spuren zu Noriega lassen sich an der spanischen Atlantikküste finden: Dort hat sich Lopez Grundstücke gekauft, deren Vorbesitzer und Nachbarn die Eltern von Noriegas Schwiegertochter sind.

Lopez war oder ist für das Kartell der »Logistikoffizier«. In Südamerika war Lopez' Aufgabe aber auch die Qualitätskontrolle der Drogen in Bolivien. Dort hat seine Gruppe das Kokain hergestellt.

Lopez ist ein beweglicher Mann mit vielen Verbindungen. »Er hat seit langem Geschäftskontakte nach Frankfurt. Wir wissen von Verbindungen nach Österreich. Er war auch in Hamburg«, zählt Chedor auf.

Erstaunlich seine Flexibilität: An einem Tag hatte er drei Hotelzimmer gebucht: im Marriott Hamburg, im Marriott Amsterdam und in einem Hotel in Dänemark. Er war an jenem Tag in allen drei Hotels.

Der Fall gewährt Einblick in die besonderen Arbeitsweisen der Drogenkartelle: So wurde im August 1988 auf dem Hamburger Flughafen Fuhlsbüttel der Lopez-Vertraute und Geschäftsführer der Möbelfabrik Prima, Alberto Benjumea-Rivas, genannt »Canosso« festgenommen, als er aus Italien einreiste. Aufgefallen war er mit Falschgeld im Wert von einigen tausend Dollar aus einer selten aufgetauchten Serie, die 1976 in Italien hergestellt worden war. Damals wurden Eindollarnoten mit Chemikalien gewaschen und auf diesem Papier dann die Hundertdollarnoten gedruckt.

Im Gepäck hatte er jedoch noch andere Dinge, mit denen die Fahnder zunächst nicht viel anfangen konnten: Polaroidbilder. Die Fotos zeigten jeweils eine Person vor einem Auto, das Kennzeichen war zu sehen, dieselbe Person vor ihrer Wohnung und ein Porträtfoto. Später stellte sich heraus, »Canosso« war der »Personalchef« der Organisation. Chedor: »Der hat nichts anderes gemacht, als die Geldflüsse zu organisieren und neue Mitglieder zu fotografieren.« Hintergrund: In Cali werden regelrechte Personalakten über Abnehmer und Vertrauensleute geführt. Wenn mal etwas schiefgeht, hat man für Strafaktionen gleich Zugriff auf alle beteiligten Personen.

Die observierenden Beamten erlebten so manche Überraschung: Eines Nachts standen die Herren Rauschgifthändler im Hotel plötzlich auf, packten ihre Koffer, gingen zur Rezeption und baten um die Rechnung. Chedor: »Das haben die dann auch verdutzt gemacht.« Die Rechnung ließen die Drogenhändler aber liegen, und auf die Frage des Hotelpersonals, ob denn die Rechnung nicht gebraucht werde, hieß es: »Nein, da kommen sowieso gleich ein paar Herren, die sich dafür interessieren.« Gemeint war die Polizei.

»Wir haben erst später festgestellt, daß der Polizeifunk ständig von einem Funkamateur abgehört worden war. Der hat Lopez und seinen Leuten ein Tonband mit den aufgezeichneten Funksprüchen zukommen lassen und dafür 2000 Mark erhalten. Wir haben diese Übergabe übrigens observiert, ohne zu wissen, was da eigentlich abgeht. Wir konnten auch den Funkamateur nie ermitteln«, sagte der Rauschgiftfahnder mit einem Ausdruck des Bedauerns. »Dadurch waren aber Lopez und seine Leute gewarnt, und Lopez verschwand sofort.«

Die Lopez-Gruppe weist alle Merkmale der organisierten Kriminalität auf. Die Einschüchterung etwa.

So wurden selbst Polizeibeamte bedroht: Die Ehefrau eines LKA-Beamten bekommt eines Abends den Anruf eines Unbekannten: »Schalt mal das Erste Programm ein«, sagte die Stimme. Da wurde gerade die Beisetzung des 1990 ermordeten Chefs der Deutschen Bank, Alfred Herrhausen, übertragen.

Ein paar Minuten später klingelte wieder das Telefon, und die gleiche Stimme sagte: »Bis hierher und nicht weiter, sag das deinem Alten.«

»Wir wußten erst nichts Rechtes damit anzufangen«, erinnert sich Chedor. »Aber ein paar Tage später kommt die Frau nach Hause, und da steht die Wohnungstür sperrangelweit auf. Alles war durchsucht, aber nichts fehlte. Wir haben uns noch überlegt, da müssen wir was tun, und da geschieht das gleiche ein paar Tage später wieder. Der Einbruch wurde sehr professionell gemacht. Man wollte nur zeigen, man kommt rein, wenn man will.«

Auch Kronzeuge Ritter schwebt in Lebensgefahr und wird regelmäßig »gewarnt«, so etwa durch Anzeigen im *Hamburger Abendblatt:* »Hallo M. Dein Verhalten hat zu einer Rattenplage geführt. Alles Gute für die Zukunft. Wir werden Dich nie vergessen. Gezeichnet Seerose.«

Lopez zeigte sich ebenfalls dankbar: Er schickte einen Weihnachtsgruß an Ritters Mutter in Dänemark. Darin teilte er ihr mit, man habe sie und Michael sehr ins Herz geschlossen und werde sie nie vergessen ...

Die inhaftierten Drogenhändler zogen alle Register: Eine Flut von Strafanzeigen ergoß sich über die ermittelnden Beamten. Einer hatte allein 14 Strafverfahren am Hals. Die Anzeigenerstatter erhoben Vorwürfe wie Handel treiben mit Rauschgift, Förderung der Prostitution, Meineid und so weiter. Zwar konnten alle Anschuldigungen widerlegt werden, doch diese Methode hat System: »Der einzige Zweck solcher Aktionen ist es, uns zu beschäftigen«, klagt ein LKA-Beamter. »Wir müssen manchmal mehr Zeit damit verbringen, uns gegen die Strafanzeigen zu wehren, als für die eigentlichen Ermittlungen.«

Von welcher Qualität solche Strafanzeigen sind, zeigt sich schon daran, daß einer der Dealer vor dem Landgericht sagte, er habe keine Aussage gemacht und den Vernehmungsbeamten des Meineids bezichtigte. In der Revision argumentierte derselbe Beschuldigte dann vor dem Bundesgerichtshof, seine Aussage – die er ja angeblich nicht gemacht haben will – sei nicht strafmildernd berücksichtigt worden.

Drogenfahnder Chedor gewinnt aus dem »Fall Carlos« eine erschreckende Erkenntnis: »Es ist ganz klar, daß Italiener in Deutschland eng mit Kolumbianern zusammenarbeiten. Sobald man sich um eine ethnische Gruppierung kümmert, tun sich da Abgründe auf. Und wenn sich die Italiener und Kolumbianer hier in Deutschland mit der bereits bestehenden Logistik verfestigen, bekommen wir noch ganz große Probleme.«

Fahrig sind die Bewegungen des Mannes, der da reichlich zusammengesunken auf dem hölzernen Stuhl sitzt. Strähnen der schwarzen Haare hängen schweißverklebt in die Stirn. Der helle Anzug sitzt schlecht. Eine Handschelle fesselt ihn an den Stuhl, der in einem Vernehmungszimmer im Rauschgiftkommissariat der Frankfurter Polizei steht. Es ist kurz nach 22 Uhr, Freitagabend. Eben ist die Dolmetscherin eingetroffen. Auch für sie ist es nicht die erste Begegnung mit solch einem Häufchen Elend. In dieser Nacht sind wir mit Beamten von Zoll- und Drogenfahndung auf dem Frankfurter Flughafen.

José Herrera (Name geändert), Anfang 40, ist Kolumbianer. Er ist einer von 249 Rauschgiftkurieren, die die Frankfurter Polizei und der Zoll – zusammengeschlossen in einer gemeinsamen Fahndungsgruppe – auf dem Flughafen 1991 festgenommen haben. Er ist ein Körperschmuggler, ein *body packer*, die gefährlichste Art des Drogentransports.

Ja, er macht das zum erstenmal, sagt er auf die Frage des Polizeibeamten. Und dann erzählt er eine Geschichte, die der Kriminalbeamte schon hundertmal gehört hat: Zu Hause hat er Frau und Kinder. Er hat ein Haus gekauft, aber dann die Arbeit verloren. Schnell geriet er mit den Raten in Verzug, und als ihn eines Tages zwei Männer angesprochen haben, ob er nicht gegen gute Bezahlung etwas nach Deutschland bringen wolle, habe er nach anfänglichem Zögern zugestimmt.

Das Risiko erwischt zu werden, wollte er in Kauf nehmen. Denn die 8000 Dollar, die ihm die beiden Männer versprochen hatten, würden ausreichen, seine Familie für eine lange Zeit zu versorgen, auch wenn er einige Jahre in einem bundesdeutschen Gefängnis sitzen müßte. Es wäre sogar noch Geld da, wenn er nach zwei, vielleicht drei Jahren wieder nach Hause käme.

Um sieben Uhr morgens am Donnerstag hat er begonnen, die 105 mit Kokain gefüllten Kondome zu schlucken, insgesamt mehr als ein Kilo. Ein Medikament gegen Erbrechen und Darmkoliken hat ihm dabei geholfen. Mehrere Stunden brauchte er für die quälende Prozedur. Zusätzlich nahm er ein starkes Beruhigungsmittel. Die Wirkung hält noch immer an. Um 4.30 Uhr flog er von Bogotá über Madrid nach Frankfurt.

Der Kriminalbeamte möchte etwas über die Hintermänner wissen. Seine Auftraggeber hießen Juan Rodriguez und Roberto

Sanchez, antwortet der Kolumbianer ohne Zögern. Genausogut hätte er Hans Müller oder Heinz Schulze sagen können. Eine Telefonnummer hat er nicht, weder in Kolumbien noch hier. Sein Abnehmer? Ein gewisser »Lukas«. Er soll 45 bis 50 Jahre alt und 190 Zentimeter groß sein. Lukas fährt einen roten Golf. »Lukas« ist die Stecknadel im Heuhaufen.

Unterdessen sind die Sanitäter gekommen. Sie müssen ein Krankenhaus finden, in dem Herrera aufgenommen werden kann. Ärztliche Beobachtung ist dringend angesagt, auch muß das geschluckte Rauschgift ausgeschieden werden. Doch es sei gar nicht so einfach, ein Krankenhaus zu finden, das den Kurier aufnehme, sagt einer der Sanitäter hinter vorgehaltener Hand. »Die möchten solche Leute nicht.« Der Polizist regt sich auf: »Das ist immer dasselbe.« Aber wenn eines der Säckchen platzt, entscheiden Sekunden über Leben und Tod.

588 Kilogramm Rauschgift haben Polizei und Zoll 1991 bei Kurieren allein auf dem Frankfurter Flughafen sichergestellt. Die Verstecke sind vielfältig, aber die Zahl der Body packer steigt. Nun ist dieses Rauschgift freilich nicht allein für Frankfurt bestimmt. Schon längst sind die Kartellbosse auf die Idee verfallen, ihr Risiko zu verringern, indem die Lieferungen aufgeteilt werden.

Wenn beispielsweise ein Abnehmer in Mailand 200 Kilo ordert, dann schicken die Drogenbosse nicht die ganzen 200 Kilo auf einmal, sondern vielleicht 20 Kilo nach Paris, 60 Kilo nach Rom, 50 Kilo nach Frankfurt, 70 Kilo nach Amsterdam und von dort aus wieder jeweils weiter auf dem Landweg nach Mailand.

Gering ist das Risiko auch für die Abholer: Die haben entweder ein Lichtbild oder eine genaue Beschreibung des Kuriers. So werden die Kuriere beispielsweise angehalten, eine bestimmte Krawatte zu tragen, die als Erkennungszeichen dient.

Der Kurier weiß in der Regel nichts: Er kennt weder den richtigen Namen seiner Auftraggeber noch den des Abholers. Wenn er erwischt wird, kann er nichts verraten.

Die Abholer gehen geschickt vor. Für gewöhnlich wird dem Kurier schon in Kolumbien gesagt, nach seiner Ankunft in Frankfurt solle er sich in ein bestimmtes Hotel begeben und dort auf Nachricht warten. Die Abholer aber erwarten ihn bereits am Flughafen, freilich ohne sich zu erkennen zu geben. »Gegenobservation« sagen die Kriminalisten dazu. Der Kurier wird beobachtet, um festzustellen, ob sich die Polizei schon an seine Fersen geheftet hat. Ist dies der Fall, wird er schlicht aufgegeben, und der Kurier muß selbst sehen, wie er aus der Sache wieder herauskommt.

Und so sind die Kuriere mehr Opfer als Täter, denn das organisierte Verbrechen, die Rauschgifthändler in Lateinamerika, nutzen geschickt die Armut ihrer Landsleute aus, um diese mit Versprechungen für ihr teuflisches Geschäft einzuspannen. Wohl wissend, daß jeder einzelne dieser Kuriere spielend leicht ersetzbar ist, ebenso wie die vielleicht 1000 Gramm der Droge, die er transportierte.

Selbst wenn von zehn Kurieren nur fünf durchkämen – und in der Realität sind es meistens mehr –, ist nicht nur der Verlust des verlorenen Rauschgiftes verschmerzt. Es bleibt genug, so daß es für die Hintermänner des internationalen Drogenhandels noch immer ein Geschäft mit astronomischen Gewinnen ist.

Heroin vom Goldenen Halbmond

Es ist eine unendliche Geschichte: *Bozkurtlar geliyor* – die Grauen Wölfe kommen! Ende der siebziger Jahre und Anfang der achtziger Jahre war das in der Türkei und in Deutschland der gefürchtete Schlachtruf einer rechtsextremen türkischen Partei, der MHP. Militant antikommunistisch eingestellt, kämpften sie für ein großtürkisches Reich, gelenkt von ihrem großen Führer Alparslan Türkes. MHP-Anhänger, Graue Wölfe genannt, bedrohten, erschossen, bombten, wenn es darum ging, die politischen Gegner auszuschalten, häufig mit Unterstützung der Militärs.

Die Grauen Wölfe waren aber von Anfang an nicht nur eine Partei, sondern auch eine Organisation, deren führende Mitglieder mit Heroin große Geschäfte machten. Zum Wohle der Partei, wie es intern hieß.

1978 baute die MHP in Europa ihre Auslandsorganisation auf. Die Zentrale war in Frankfurt, die »Türk-Föderation«. Und ein Jahr später gab der damalige Führer der »Türk-Föderation«, Lokman Kondaci zu, »daß die Organisation Heroin schmuggelt«. Er nennt auch einen Namen, den seines Nachfolgers: Serdar Celebi. »Der ist ein Taktiker, Planer und Programmierer, er ist einer der fähigsten Männer innerhalb der Organisation.«

Ali Yurtaslan, das ehemalige Mitglied des Exekutivkomitees der türkischen rechtsradikalen MHP in Europa erklärte auf die Frage, woher die Finanzmittel der MHP kommen: »Die Finanzmittel kamen zum größten Teil aus der Arbeit der MHP-Militanten, die ins Ausland geschickt wurden. Mit Hilfe dieser Personen wurden Heroin und andere Drogen ins Ausland geschmuggelt. Die Einkünfte aus dem Verkauf dieser Drogen bildeten die wichtigsten Einnahmequellen unserer Partei.«

Serdar Celebi lebte und wirkte in Frankfurt bis Ende 1990. In der Türkei lag ein Haftbefehl gegen ihn vor, wie gegen viele andere Mitglieder der »Türk-Föderation«. Denn nach dem Militärputsch in der Türkei, im September 1980, flüchteten viele gesuchte MHP-Straftäter, Mörder insbesondere, nach Deutschland und stellten Asylanträge. Die wurden in aller Regel auch gewährt. Unterdessen führten sie in Deutschland das weiter, womit sie in der Türkei zu einer der gefürchtetsten faschistischen Bewegungen wurden: Terror. »Einrichtungen ausländischer Gewerkschaftsmitglieder über Nacht zerstört, Rollkommandos eingesetzt, Morde verübt und Morddrohungen ausgesprochen[14].«

Bereits Mitte der siebziger Jahre existierte in der Türkei eine geheime Militärorganisation, die Konter-Guerilla. Ihre Aufgabe war es, Sabotageaktionen durchzuführen, Bürgerkriegszustände zu provozieren, um den Militärs einen Anlaß zum Putsch zu geben. Als Bülent Ecevit, einstiger sozialdemokratischer Ministerpräsident auf diese illegale Untergrundorganisation innerhalb der Streitkräfte aufmerksam machte, warnte ihn Ex-General Faik Türün, ein Mitglied dieser Konter-Guerilla-Organisation: »Mit den Angriffen gegen die Konter-Guerilla beginnt die Linke einen Krieg gegen die Streitkräfte und beleidigt die Armee. Das kann dazu führen, daß es den jetzigen Regierungsmitgliedern wie einst Allende geht.« 1991 wurde in Europa die Existenz einer geheimen militärischen Kommandostruktur aufgedeckt: Gladio. Die türkische Konter-Guerilla war ein Bestandteil dieser geheimen NATO-Organisation.

Graue Wölfe und Konter-Guerilla sahen sich als wichtigste antikommunistische Kraft in der Türkei. Entsprechend viel internationale Unterstützung erfuhren sie. Daß sie eine Bedrohung der Demokratie waren, interessierte in diesen Zeiten des kalten Krieges kaum. Doch das ist alles über zehn Jahre her. Geschichte, die verblaßt ist.

Die Beteiligten sind verschwunden, spielen keine Rolle mehr, haben sich aufs Altenteil zurückgezogen, so dachten viele. Das Tragische der unendlichen Geschichte ist, daß sowohl die fanatischen Anhänger der Grauen Wölfe wie die der Konter-Guerillas heute wieder auftauchen. Diesmal in einem ganz anderen Zusammenhang. Als maßgebliche Organisatoren des Heroinschmuggels.

Längs der pakistanisch-afghanischen Grenze stehen die geheimen Labors zur Herstellung von Heroin aus dem Morphin, das aus dem in diesen beiden Ländern produzierten Opium gewonnen wird. Aus diesen Ländern, dem Goldenen Halbmond, kommen über zwei Drittel des Heroins, das für den europäischen Markt bestimmt ist. In Ostanatolien, dem Kurdengebiet, stehen weitere Laboratorien, wo aus Morphinbase Heroin hergestellt wird.

Die Organisatoren des Milliardengeschäfts mit der tödlichen Droge sitzen in Ankara und Istanbul. Hier decken sich die europäischen Weiterverkäufer ein, hier organisieren Banden das Geschäft für den europäischen Heroinmarkt. In Lastwagen versteckt, die über Bulgarien, Jugoslawien die Balkanroute herunterdonnern, übernehmen in Italien, Deutschland, Belgien oder Holland wiederum türkische Banden die Endverteilung.

Das war Ende 1970 so und hat sich bis zum heutigen Tag kaum geändert.

Claire Sterling schreibt, daß bereits im Herbst 1975 die *Babas,* das sind die Mafiapaten aus Istanbul, Fühlung zur sizilianischen Mafia aufgenommen hatten, um über eine Zusammenarbeit zu verhandeln.»Die türkische Mafia bot ihren sizilianischen Gesprächspartnern ein unermeßliches Vermögen an. Zusammen schickten sie sich an, einen breiten und sicheren Lieferweg für Heroin von Südostasien bis in das Herz Europas einzurichten.«[15]

Es ist ein Bündnis entstanden, das innerhalb weniger Jahre erreicht hat, den europäischen Markt mit Heroin zu überschwemmen. Ob in Holland, Deutschland oder Großbritannien: in dieser Zeit beginnt der Heroinkonsum unaufhaltsam zu steigen, werden immer mehr junge Menschen abhängig.

Einer der ersten, der diese historische Verbindung zwischen türkischen Clans und der sizilianischen Mafia brandmarkte, war der schmächtige Untersuchungsrichter Carlo Palermo im norditalienischen Trento. Seit 1979 ermittelte er gegen ein internationales Schmuggel- und Schiebernetz, in das 200 Personen verwickelt waren. Es ging um Drogen- und Waffengeschäfte gewaltigen Umfangs.

Nach Palermos Erkenntnissen wurden mit Drogengeldern finanzierte Rüstungsgüter über Italien, Jugoslawien, Bulgarien und die Türkei in den Nahen und Mittleren Osten gebracht. Auf den gleichen Wegen kommen die Drogen zurück. Ein Teil fließt durch die Heroinpipeline nach Sizilien, zum Weitertransport in die USA. Ein anderer Teil geht in den Norden, nach Deutschland und Belgien. Damals wurde das als eher italienische Episode abgetan, niemand ahnte, daß Carlo Palermo direkt ins Herz der sizilianischen und türkischen Mafia hinein ermittelte.

In seinen Akten taucht auch Bekir Celenk auf, den Carlo Palermo als »einen der Großen in der türkischen Mafia« anklagte. Es war schon seltsam, auf welche Verbindungen Carlo Palermo gestoßen ist. In Mailand auf den Waffenhändler Henry Arsan. Tonnenweise verschiffte er Kriegswaffen in den Nahen und Mittleren Osten. Gleichzeitig aber diente er als wichtiger V-Mann der amerikanischen DEA. Wer deckt was, fragte sich Palermo. Antworten erhielt er nicht mehr.

1984 mußte er die Akten schließen. Mächtiger Gegenwind aus Rom blies ihm entgegen, als er aufdeckte, daß in die Waffen- und Drogengeschäfte auch führende italienische Politiker verwickelt waren. Sie sollen hohe Bestechungsgelder von Waffenhändlern erhalten haben, die ihrerseits mit der Mafia in Palermo zusammengearbeitet hatten.

Eine andere Interpretation, warum die Akten in Trento geschlossen wurden, hat dagegen Claire Sterling: »Ein italienisches Gericht kam zu dem naheliegenden Schluß, daß Richter Palermo der Raffinerie von Alcamo (der weltgrößten Heroinraffinerie in Italien) und ihren Geheimnissen zu nahe gekommen war. Man war der Meinung, daß Siziliens Mafiabosse nicht dulden konnten, daß ihre Nabelschnur zur türkischen Mafia angetastet wurde.«[16]

Zu jener Zeit wurde immer deutlicher, daß die türkische Mafia eng mit den Grauen Wölfen kooperierte. Eine sprudelnde Informationsquelle über die Waffen- und Drogentransaktionen der türkischen Rechtsradikalen ist das Buch *Silah Kaçakcilige ve Terör* des türkischen Publizisten Ugur Mumcu, das 1982 in Istanbul erschien. In allen Einzelheiten wurden damals bereits die kriminellen Geschäfte und Verbindungen zwischen türkischer Mafia und Grauen Wölfen dokumentiert. Ein Name tauchte in diesem Buch besonders häufig auf, den Carlo Palermo bereits in seinen Ermittlungen erwähnt hatte: Bekir Celenk.

Celenk war ein steinreicher Mann, Eigner mehrerer Schiffe, Besitzer einer Hotelkette und mehrerer Handelsunternehmen. Er lebte in Deutschland, gründete beispielsweise in München und im schweizerischen Biel Firmen. Niemand verfolgte ihn. Gegenüber einem türkischen Journalisten erklärte er: »Das Visum, die Genehmigung für meine Geschäfte, erhielt ich von der deutschen Regierung. Wußten denn die bundesdeutsche Polizei und die Behörden nicht, daß ich gesucht werde?«

Partner in Deutschland war ein Atalay Saral. Er war nicht nur ein in Polizeikreisen bekannter Drogen- und Waffenhändler, sondern gleichzeitig V-Mann des Bundeskriminalamts – merkwürdige Verbindungen also. Wichtigster Partner von Celenk war jedoch ein Mann in Istanbul. Der Kopf der türkischen Mafia Abuzer Ugurlu. Der kaufte alles auf, was ihm im Goldenen Halbmond an Morphinbase angeboten wurde, kaufte Polizisten und Politiker. Wer sich ihm in den Weg stellte, lebte nur noch kurze Zeit. Abuzer Ugurlu organisierte ab Mitte der siebziger Jahre die wichtigsten Heroinlieferungen nach Europa. Ein Mann mit engen Verbindungen zu den Grauen Wölfen von Alparslan Türkes. Seine europäische Filiale war bis 1983 ein Import-Export-Unternehmen in München. Waffen- und Drogenlieferungen managten die Abgesandten des mächtigen Mafiabosses von diesem Büro aus. Wo ein türkisches Mafiaunternehmen einen Stützpunkt in Deutschland errichtet hatte, ist Bekir Celenk nicht weit gewesen. Und die Grauen Wölfe auch nicht. Auf diese Weise kamen so manche »Idealisten« der Partei zu viel Geld, und nicht jeder Betrag, der eingenommen wurde, ging an die Parteikasse zurück. Bekir Celenk ist inzwischen tot, gestorben in einem türkischen Gefängnis. Auch Abuzer Ugurlu lebt nicht mehr. Die kriminellen Geschäfte, die damals aufgebaut wurden, aber gehen weiter.

Zwei Männer aus der Führungsriege der Grauen Wölfe tauchen

Mitte der achtziger Jahre in den Ermittlungsakten der Frankfurter Staatsanwaltschaft auf: Enver Altayli und Serdar Celebi. Celebi ist Vorsitzender der »Türk-Föderation«, ein smarter Ideologe.

Wichtiger aber ist Enver Altayli. Der hatte in den Jahren 1975 bis 1977 die MHP in der Bundesrepublik aufgebaut, die im Sommer 1977 aufgrund eines Urteils des türkischen Verfassungsgerichtes ihre Auslandsorganisation schließen mußte. Wenig später gründeten die MHP-Mitglieder, gesteuert von Enver Altayli, erst »Generalinspekteur« der MHP in Europa, dann Pressechef der MHP in Ankara, sogenannte Idealistenvereine. Zwischen 1984 und 1985 zog er sich offiziell nach Frankfurt zurück, kaufte ein großes Lebensmittelgeschäft nahe dem City-Basar. In diesem türkischen Einkaufszentrum unterhielten die Grauen Wölfe einen ihrer wichtigsten bundesdeutschen Stützpunkte. Und hier verwischt sich auch wieder die Grenze zwischen politischen Aktionen und kriminellen Taten. Die Wirte mußten nämlich Schutzgeld an die Grauen Wölfe zahlen. Und »dabei sollen Querverbindungen zum Heroinhandel bestanden haben«, erklärte die Frankfurter Staatsanwaltschaft damals.

Zwar fiel der Verdacht bereits auf »politische Gruppen«, zumal die Polizei Kassiber fand, in denen Begriffe wie »gemeinsame Ziele« und »Sieg unserer Sache« standen. Mit den Grauen Wölfen wollte man das nicht so recht in Zusammenhang bringen, zumal doch einige sowohl für die Polizei wie für den Verfassungsschutz als Spitzel arbeiteten. Auch das ist »Drogengeschichte«, ein eher betrübliches Kapitel.

Wir stoßen bei unseren Recherchen merkwürdigerweise heute wieder auf Namen, die Mitte der achtziger Jahre den Ermittlungsbehörden aufgefallen sind. Kriminalkommissar Ortwin Ennigkeit beispielsweise geht auf die Vorgänge im City-Basar in seiner Untersuchung über Schutzgelderpressung ein.

»Im Verlauf meiner Recherchen bin ich unter anderem auf Schutzgelderpressungen türkischer Straftäter gestoßen. In den Jahren 1983 und 1984 erpreßte diese Tätergruppe mit brutaler Gewalt (Vandalismus, Körperverletzungen, versuchten Tötungsdelikten) Landsleute. Ich fragte den zuständigen Staatsanwalt, ob ich Details aus der Anklageschrift verwenden könne, worauf dieser mir erklärte, daß noch nicht alle Täter rechtskräftig verurteilt seien. Auf meine Frage nach den bislang in dieser Sache ergangenen Urteilen, antwortete er: ›Die meisten Zeugen sind umgekippt. Sie haben ihre Aussage entweder ganz zurückgenommen oder zumindest abgeschwächt.‹«

Inzwischen sollte allen Ermittlungsbehörden in Deutschland klargeworden sein, daß türkische und italienische Mafia kooperieren. Volker Brandt vom BKA: »Es gibt mit Sicherheit eine Kooperation zwischen Türken und Italienern, vor allem im norditalienischen Raum. Sie sorgt dafür, daß alles reibungslos läuft.«

Jene, die einst allenfalls mittlere Heroindealer waren, sich mit dem Geld Lebensmittelgeschäfte und Restaurants gekauft hatten, um als »harmlose Bürger« zu leben, haben die Hände nicht vom Drogengeschäft gelassen. Sie sind vielmehr aufgestiegen. Und nicht nur in Frankfurt.

Seit 1990 ist die Frankfurter Polizei wieder mit den gleichen Tätergruppen aus dem Jahre 1985 beschäftigt, »Mitgliedern der Türk-Föderation«, von denen sie glaubte, sie wäre zerschlagen oder in alle Winde zerstoben.

Eine Gruppe um Rifat Yildirim und Üzeyir Bayrakli, ehemalige Graue Wölfe, fällt besonders auf. Die Bandenmitglieder sind so gefürchtet, daß ihnen Gastwirte bisweilen Platz, Speisen oder Geld überlassen, bevor sie überhaupt etwas sagen, um Ruhe vor ihnen zu haben.

Um die Hintergründe dieser Bande zu beleuchten, wurde beim Regierungspräsidium Darmstadt die AG 710 ins Leben gerufen. Ihr Ziel soll die Bekämpfung der organisierten Türkenkriminalität sein, die sich mit Schutzgelderpressung, Drogen- und Waffenhandel im Rhein-Main-Gebiet ausgebreitet hat.

Bayrakli und Yildirim wurden zwar wegen der Ereignisse im City-Bazar 1985 zu Gefängnisstrafen verurteilt, doch ein gnädiges Gericht sorgte dafür, daß sie nicht zu lange Gefängniskost zu sich nehmen mußten. Beide sind wieder frei. Ihre neue Straftatenpalette reicht wieder, wie einst Mitte der achtziger Jahre, von Schutzgelderpressung über Körperverletzungen bis hin zu versuchtem Mord.

»Die von den Mitgliedern begangenen Straftaten umfassen des weiteren die Deliktsbereiche des Rauschgiftschmuggels und -handels und der räuberischen Erpressung.«[17]

Wie schon einmal, tappt die Polizei wieder im dunkeln: Werden die jeweiligen Taten nun aus politischen oder kriminellen Motiven heraus begangen?

Wie die Bande operiert, welches Gewaltpotential sie freisetzt, beleuchten folgende Beispiele. Im Juli 1990 fordert Bayrakli seinen Landsmann Vural auf, ins Café Merkez im City-Basar zu kommen. Dort wurde er unter Druck gesetzt. »Komm in unsere Organisation, bevor es zu spät ist, wenn du keine Kugel im Kopf haben willst.« Am 24. Oktober 1990, Vural wollte »nicht in die Organisation« eintreten, geht er in die Melodie-Bar, um dort Bayrakli zur Rede zu stellen, weil er gehört hat, daß Bayrakli ihn nun »abknallen« wolle. Vural geht auf Bayrakli zu, fragt, was das mit der Bedrohung auf sich habe. Der diskutiert nicht, sondern feuert mit einer Pistole auf sein Gegenüber. Vural kann die Pistole gerade noch zur Seite drücken, aber sofort stürzen sich Komplizen von Bayrakli auf ihn, werfen ihn zu Boden. Bayrakli feuert nochmals auf den jetzt am Boden liegenden Vural, und wieder trifft er nicht.

Am 22. März 1991 wurde wegen dieses Vorfalls vom Amtsgericht Frankfurt gegen Bayrakli ein Haftbefehl erlassen. Lange blieb er nicht in Untersuchungshaft. Beim Haftprüfungstermin vor einem Frankfurter Schwurgericht erzählte er, in Notwehr gehandelt zu haben.

Wildwestszenen, die Einblick in eine Szenerie geben, die vom normalen Bürger überhaupt nicht wahrgenommen wird, unter den türkischen Landsleuten jedoch ein Klima der Angst geschaffen hat.

Das sind Auseinandersetzungen auf dem niedrigsten Niveau, kann man einwenden. Aber doch noch lange kein Beweis dafür, daß eine politische Organisation hinter allem steckt. Das dachten wir auch – bis wir im August 1991 eines Besseren belehrt wurden. Bei unseren Recherchen bekamen wir Kontakt zu einem 30jährigen Türken, der kurz zuvor einem Mordanschlag entgangen war. Als er uns gegenübersitzt, zittert er noch voller Angst. »Die wollen mich umbringen«, sagt er. Ein hysterischer Typ, denken wir zuerst. Doch dann erzählt er, zeigt Unterlagen.

Der Türke, nennen wir ihn Muzaffer, lebte seit 1980 auf Zypern, war dort für die Grauen Wölfe Karate-Trainer. Mit denen wollte er nichts mehr zu tun haben und ist deshalb nach Deutschland zu Verwandten geflüchtet.

Aber die Rächer der »Organisation«, für die er gearbeitet hat, spürten ihn auf. Jetzt will er Polizeischutz haben. Um den zu bekommen, muß er jedoch auspacken, erzählen, warum er bedroht wird. Und er erzählt, daß sowohl X.Y. wie A.Z. immer noch in das Heroingeschäft verwickelt sind, beide jetzt eine bedeutende Rolle in der Hierarchie der Heroinschmuggler übernommen haben.

Nach seiner Darstellung läuft der Heroinschmuggel heute so ab: Mitglieder der rechten parlamentarischen Konter-Guerilla kaufen das Heroin bei verschiedenen Familien in der Osttürkei ein. Hier soll ein gewisser Mithat Can aus Samandağ die Heroinlieferungen organisieren. In seinen Hotels in Samandağ und Hatay, an der syrischen Grenze, sind die Bedingungen für Schmuggler seit jeher besonders günstig, gibt es schon lange gut ausgebaute Schmuggelwege.

Von Ostanatolien aus wird das Heroin auf Lastwagen verladen und nach Famagusta auf Zypern transportiert, in ein Zollfreilager der Firma Meyna. Dort wird es in Obstkisten versteckt und wieder verladen. Die Lastwagen werden verplombt und gehen per Fähre nach Mersin zurück. Von dort aus fahren die Heroinlaster über Istanbul nach Deutschland und Großbritannien.

»Verteilerzentrale in Deutschland sind Leute um X.Y.« Graue Wölfe und die Konter-Guerilla, das türkische Militär also, organisierten in Nordzypern den Heroinhandel. »Die Leute von der Konter-Guerilla kontrollieren dort unten alles. Den Kontakt zwischen den Heroinhändlern in Zypern und nach Deutschland zu X.Y. und A.Z. halten vor allem ein Eytüp Zfergögbilen, D. Babayigit und Zovlu Türe. Eine wichtige Rolle spielt dabei die Firma Pack in London.«

Eigentümer sei ein A.N., der als eine Art Finanzminister der Organisation gilt. Pack ist eine Holding, zu der etwa zwanzig Firmen gehören sollen, darunter auch die Firma M. Mit einem Teil des Geldes werden Waffen gekauft, die in die Türkei geschmuggelt und dort weiterverkauft werden. Der Zeuge kennt Z. persönlich, hat ihn bei einem Deal in Zypern kennengelernt.«

Decken sich diese Aussagen nun mit Polizeierkenntnissen? In Belgien erzählt uns der Leiter der OK-Dienststelle Antwerpen, Willi van Mechelen, daß in das Geschäft mit Heroin »immer noch viele Graue Wölfe verwickelt sind«. Er weist darauf hin, daß viele dieser Leute in Hamburg sind. Und er bestätigt, »daß vor allem hochrangige türkische Militärs aus Istanbul im Heroinhandel stecken«.

Das Landeskriminalamt in München sieht das anders. Demnach spielen die Grauen Wölfe »im Moment keine so große Rolle«. Auch das Landeskriminalamt in Düsseldorf kann nicht bestätigen, daß die Grauen Wölfe heute noch besonders stark im Heroingeschäft sind. »Wir haben hier mal ein Verfahren gehabt, da haben wir einen türkischen Parlamentarier festgenommen, der zur MHP gehörte. Der hat auch Aussagen gemacht. Wir mußten das Ermittlungsverfahren ans BKA abgeben, und dort wurde es als geheim eingestuft. Aus dem Verfahren ist natürlich nichts geworden.«

»Wir hatten aber«, erzählt uns Josef Geißdörfer vom Landeskriminalamt München, »1987 ein Rauschgiftverfahren gegen Türken. Und da kamen dann auch Hinweise, daß der Familienclan den Grauen Wölfen angehörte. Es gab da eine Leiche, die nach Bayern rübergelegt wurde. Das spielte nach Frankfurt und war übrigens schon die vierte Leiche.«

15. Juni 1987: Ein Jagdpächter, der eine Wildschwein-Futterstelle im Staatsforst Alzenau/Mömbris aufsuchen will, entdeckt am Boden Schleifspuren. Als er der Spur nachgeht, findet er eine Leiche. Es ist die 25jährige Türkin Selma Öztürk. Sie wurde durch mehrere Schüsse getötet. Das Bayerische Landeskriminalamt fand schnell heraus, daß Selma Öztürk, nachdem ihr Mann ein paar Monate zuvor wegen eines Drogendelikts verhaftet wurde, dessen Geschäfte weiterführte.

Ein tödliches Geschäft, wenn man zuviel weiß. Nach den Ermittlungen der Polizei wurde sie nämlich Zeugin zweier Morde. In einem Fall wurde im November 1986 ein Türke nach einem Rauschgiftdeal durch zwanzig Messerstiche getötet. Am 2. Februar 1987 wurde in der Nähe von Amsterdam ein 46 Jahre alter Türke nach einem Heroin-Kokain-Geschäft durch einen Kopfschuß »hingerichtet«.

Einige Monate später fällt der Verdacht auf Memis Dündar, 26 Jahre alt, Drogenhändler. Er gilt als Kopf eines türkischen Drogenringes mit Verbindungen von der Türkei nach Österreich, Amsterdam und Deutschland. Dündar war derjenige, der in Amsterdam seinen Landsmann hingerichtet hatte, weil er seine

Schulden nicht bezahlen wollte. Und er war es auch, der die Zeugin der Tat, Selma Öztürk, ermordet hatte.

Das wäre eine Auseinandersetzung unter Heroinhändlern, wie sie heute üblich ist. Was diesen Vorgang auszeichnet, ist etwas anderes. Dündar gehörte zu einer Drogenhändlerorganisation, in der ein Oral Celik lange Zeit führend war. Und Oral Celik ist ein berühmter Kopf der Grauen Wölfe gewesen.

Bei dem Papstattentat am 13. Mai 1981, genau um 17.15 Uhr, war er der zweite Mann, der damals den Attentäter Mehmet Ali Agca unterstützt hatte. Oral Celik, so der Untersuchungsrichter Illario Martella, habe ebenfalls auf den Papst geschossen. Doch er konnte im Lastwagen einer bulgarischen Firma nach Sofia flüchten. Gleichzeitig beschuldigte der Untersuchungsrichter den Drogen- und Waffenhändler Bekir Celenk, den Papstattentäter Agca bezahlt zu haben.

Und ein ebenfalls bekannter Name taucht in den Ermittlungsakten des römischen Richters auf: Serdar Celebi. Die bundesdeutschen Behörden setzten, aus welchen Gründen ist bis heute unerfindlich, dem Auslieferungsbegehren zunächst erhebliche Widerstände entgegen. Da den italienischen Strafverfolgungsbehörden nicht bekannt war, wo Celebi genau wohnte, hofften sie auf Unterstützung aus Deutschland. Die deutschen Behörden antworteten, sie wissen nicht, wo er zu finden sei.

Oral Celik konnte also flüchten, blieb jedoch nur kurze Zeit in Sofia, und fuhr, unter falschem Namen, in die Schweiz. Dort organisierte er bereits wieder Heroingeschäfte, konnte jedoch nicht gefaßt werden.

Im November 1986 wurde er an der belgisch-französischen Grenze verhaftet. Mit Komplizen kam er aus Holland. In seinem Auto fand man zwar kein Heroin, dafür aber im zweiten Auto, in dem ebenfalls Graue Wölfe saßen.

Ich bin nicht Oral Celik, sondern Bedri Ates, wehrte sich der international gesuchte Verbrecher, als er festgenommen wurde. Ein Gericht in Frankreich verurteilte ihn trotzdem wegen Drogenhandels zu acht Jahren Gefängnis.

Weil er seinen Namen nicht preisgeben wollte, wurde er am 17. September 1991 unter starkem Polizeischutz nach Rom in die Zelle des Papstattentäters Mehmet Ali Agca zu einer Gegenüberstellung geführt. »Ja, das ist Oral Celik.« Aber Celik bleibt dabei:

»Ihr verwechselt mich.« So schließt sich ein Kreis um eine politische Organisation, die bis heute in den Heroinschmuggel involviert ist.

Die türkische Heroinmafia hat viele Häupter, und viele Gruppen sind im Heroingeschäft aktiv. »Europa ist groß«, sagt der BKA-Kriminaldirektor Brandt, »und viele Gruppen sind in diesem Geschäft tätig, man hat genügend Terrain und arrangiert sich untereinander.«

Für die Polizei bedeutet das, daß von den eingeführten Heroinmengen nur ein kleiner Teil beschlagnahmt wird. Zwischen einem und 10 Prozent, schätzen die Drogenfahnder. Wenn man davon ausgeht, daß es allein in Deutschland zirka 100 000 Heroinkonsumenten gibt, entspricht das einem Tagesbedarf von rund 14 Tonnen Heroin der Straßenqualität, errechnete das BKA.

Diese Nachfrage kann eine Organisation allein überhaupt nicht befriedigen. Schließlich geht es um viel Geld. In München beispielsweise ist ein Türke Besitzer eines bekannten Reisebüros. Säckeweise, so Drogenfahnder aus München, wurde dort Geld abgeliefert. Der Besitzer des Reisebüros organisiert dann die weiteren Geldtransaktionen.

»Wir glauben, daß das Geld überwiegend in die Türkei zurückfließt und dort in Urlaubszentren investiert wird«, sagt Josef Geißdörfer.

Eine bekannte Heroinhändlerfamilie sind die »Ünlüs«, eine Großfamilie. Während die engeren Familienmitglieder für das Management und die Beschaffung zuständig sind, sind die Ausführenden eher entfernte Verwandte. Trotzdem bleibt alles im Familienclan vereint. Der Patriarch lebt im kleinen Dorf, unscheinbar, während zwei andere Familienmitglieder in Istanbul eine Autowerkstatt unterhalten. Zwei weitere Ünlüs leben in Amsterdam, einer in Frankreich. Alles ist gut verteilt.

BKA-Experte Brandt: »Die Ünlüs gehen sehr brutal vor. Einer ihrer Beauftragten bedrohte einen mutmaßlichen Zeugen, zwei ihrer ›Feinde‹ wurden in Amsterdam erschossen, der letzte im Juni 1991.«

Sonntagsreiseverkehr im Schweizer Tessin. An diesem Tag, am 22. Februar 1987, meldet ein Nachrichtensprecher in den stündlichen Radiomeldungen, daß der Polizei ein großer Drogenfang gelungen sei. Ein großer Schlag?

Einer, dem es zu verdanken ist, daß die Polizei überhaupt zupacken konnte, ist Adriano Corti aus Lugano, ein 50jähriger adrett gekleideter Mann. In den siebziger Jahren schmuggelte er Zigaretten aus der Schweiz nach Italien. Später, Anfang der achtziger Jahre, ist er Inhaber einer Wechselstube in Chiasso. Für Schweizer Banken holt er Devisen aus dem Ausland, ein Grund, daß die italienische Mafia auf ihn aufmerksam wurde. Man war sich bald handelseinig. Über ihn schleuste sie Drogengelder auf anonyme Nummernkonten.

Corti sagte uns, er »wußte nicht, woher die Gelder kommen«. Immerhin erinnert er sich noch daran, daß die sizilianische Mafia ausgezeichnete Beziehungen zu bestimmten Schweizer Banken unterhielt. Er erzählt von einem Abendessen mit Sergio Daffon, von Beruf Vizedirektor der Schweizerischen Kreditanstalt (SKA), Filiale Bellinzona. Eingeladen wurde er, um mit dem italienischen Industriellen Tognolle Kontakt aufzunehmen. Und bei diesem Essen, so Corti, war auch Leonardo Greco dabei. Leonardo Greco ist immerhin einer der mächtigsten sizilianischen Mafiabosse gewesen.

Nach dem »Arbeitsessen«, bei dem es um Geldwäsche ging, wurde er nach Kanada geschickt, um für bestimmte Kunden »von der SKA oder der Mafia, wie immer Sie wollen, Koffer voller Geld nach Europa zu bringen. Und diese Koffer kamen immer zur Schweizerischen Kreditanstalt«.

Als wir ihm vorhalten, daß die Schweizerische Kreditanstalt ihn als Lügner bezeichnet, es demnach diese Kontakte nicht gegeben habe, da legt er los. Er will nicht als Angeber oder Lügner hingestellt werden. »Ein gewisser Amendolito, Mitglied der italienischen Mafia, der später V-Mann der DEA wurde, wollte bei der SKA in Bellinzona ein Konto eröffnen. Daraufhin hat ihn Daffon bei der Filiale in New York empfohlen. Leonardo Greco hat das Konto Santa Flavia bei der gleichen Filiale eröffnet.«

Das Konto Wallstreet 651 der sizilianischen Mafia in New York ist inzwischen aufgelöst, seitdem in den USA die Pizza-Connection aufflog. Mit dem auf dem Konto Wallstreet 651 deponierten Geld wurden jeweils, so das FBI, Drogenkäufe finanziert.

Corti ist also ein erfahrener Geldwäscher. Im Februar 1986

besucht ihn wieder ein Vertreter der sizilianischen Mafia, Nicola Giuletti. Er will, daß Corti ihm hilft, Drogen in die Schweiz zu schmuggeln. Sein Kompagnon sei Haci Mirza, Chef eines großen türkischen Drogenhändlerringes. Corti ging auf das Angebot ein und gleichzeitig zur Polizei. »Ich gab vor, die Waren kaufen zu wollen. Gleichzeitig habe ich einen Agenten der DEA mitgenommen und ihn als Mitglied der amerikanischen Cosa Nostra vorgestellt.«

In Genf mieteten sie eine Luxuswohnung. Den Drogenverkäufern aus Italien und der Türkei mußte demonstriert werden, wie zahlungskräftig die neuen Kunden sind. »Wir haben einen Rolls-Royce gefahren, wie das in diesen Kreisen üblich ist.«

Die Angebote sind großartig. Es ging um insgesamt 2000 Kilo Morphinbase. Der türkische Mafiaboß, so erinnert sich Corti, sei auch nur Vermittler gewesen. Die Auftraggeber des gesamten Geschäfts saßen nämlich in Teheran.

Eine wichtige Erkenntnis: An der türkischen und sizilianischen Mafia führte auch für die Iraner kein Weg vorbei. Im Tessiner Polizeiprotokoll sind Details des Riesengeschäfts festgehalten. Demnach erklärte sich zuerst der türkische Mafiaboß bereit, eine Probe von 100 Gramm Heroin zu liefern, die er von den Iranern erhalten hatte. Sie sollten in der iranischen Botschaft in Bern abgegeben werden. Eine weitere Probelieferung, 15 Kilo Heroin, brachten die Iraner per Diplomatengepäck von der Iranischen Botschaft in Bonn in ihre Berner Residenz.

Die vermeintlichen Kunden sind zufrieden, das Geschäft konnte laufen. Und das beleuchtet schlagartig eine weitere Dimension des Heroinhandels: Waffen gegen Drogen. Iranische Regierungsstellen wollten Waffen im Wert von 1,2 Millionen Mark kaufen. 15 Prozent des Gegenwertes sollten mit iranischer Morphinbase bezahlt werden, 2000 Kilo.

Bei den Gesprächen mit den iranischen Unterhändlern hatte Corti Prospekte von Waffen dabei. Und bei seiner Vernehmung erklärte der italienische Mafioso Giuletti, daß auch Deutsche eine Rolle bei der Vermittlung der Waffen gespielt haben: »Ein Deutscher«, so Giuletti«, machte mir Angebote. Unter anderem bot er Raketen französischer Herkunft an und, wenn ich mich recht erinnere, amerikanische Tow-Luftabwehrraketen.«

Corti erinnert sich ebenfalls, daß der iranische Unterhändler, mit dem er ständig in Telexverbindung stand, Hamit Nagashan hieß. Der ist, zumindest dem Bundeskriminalamt, als Waffeneinkäufer der Iraner bekannt, der zusammen mit Ahmet Khomeiny europaweit auch in große Drogengeschäfte verwickelt ist.

Um das Riesengeschäft zu organisieren, sollten die Abnehmer eine Heroinküche installieren, in der die gelieferte Morphinbase zu Heroin umgewandelt werden sollte. Um die Drogenlieferanten von der Ernsthaftigkeit des Geschäftes zu überzeugen, richteten sie in Roveredo, einem kleinen idyllischen Dorf im Tessin, tatsächlich ein funktionierendes Heroinlabor ein.

Nachdem sich jetzt die Lieferanten von der Ernsthaftigkeit des Geschäftes überzeugt hatten, wurde von Istanbul aus die erste Lieferung avisiert. Sie kommt pünktlich am 18. Februar 1987 im Tessin an. Aber anstatt abzuwarten, um weitere Lieferungen beschlagnahmen und die Hintermänner festnehmen zu können, wird der Lastwagen von der Autobahnpolizei Bellinzona gestoppt und auf einem Parkplatz durchsucht. Wer das Geschäft so früh platzen ließ, weiß Corti nicht. »Das waren politische Entscheidungen«, vermutet ein Drogenbekämpfer in der Bundesanwaltschaft in Bern. Man mußte jedenfalls nicht lange suchen, um das Versteck zu finden. Unter dem Laderaum war das Versteck. Plastiksäcke voller Heroin, 80 Kilogramm Morphinbase und 20 Kilogramm Heroin. Ein Einzelfall?

Es ist heute geradezu verpönt, über die Rolle des Iran im Heroingeschäft zu reden. Tatsache ist jedenfalls, daß viele Iraner von Istanbul aus für ihre Ayatollahs in Teheran Heroingeschäfte organisieren und daß die Botschaften in Europa dabeisind.

Vor einer anderen Gruppe, die neben den Türken im Heroingeschäft tätig ist, kann man leider auch nicht die Augen verschließen. Kurden und eine ihrer politischen Organisationen, die PKK, die Kurdische Arbeiterpartei, sollen über den Heroinschmuggel Waffenkäufe für ihren Befreiungskampf finanzieren. In der Tat tauchen bei polizeilichen Ermittlungsverfahren, ob in München oder Hamburg, in Düsseldorf oder Frankfurt, kurdische Namen und kurdische Organisationen auf.

Das hängt einmal damit zusammen, daß sowohl die großen Heroinlabors wie die Familien, die Morphinbase aus Pakistan, Afghanistan und dem Iran in Empfang nehmen, im Osten der

Türkei, also im Kurdengebiet, leben. Zentrale Heroinlabors befinden sich um Diyarbakir, der heimlichen Hauptstadt der Kurden. In den kleinen Dörfern um Diyarbakir, Gaziantep und Malatya haben *Agas* das Sagen, kurdische Großgrundbesitzer, die fast immer mit den türkischen Behörden zusammenarbeiten. Einige dieser Familien spielen im Heroingeschäft zweifellos eine bedeutende Rolle. Eigentlich liest es sich wie das *Who is Who* großer türkischer Familien: Die Tirnovali-Familie, die Capan-Familie, die Baybassin-Familie, die Gueven-Brüder, die Ekinci-Familie, die Sami-Hostan-Gruppe, die Epguler Familie und die Erez- und Uzun Mehmet-Gruppe. Diese Familien verbindet eines: Sie sind die wichtigsten Lieferanten des europäischen Heroinmarktes.

»Es sind in der Türkei etwa zehn bis zwölf Familien, die sich dem Heroinhandel hauptberuflich widmen. Da werden die traditionellen Verbindungen innerhalb der Familien genutzt, innerhalb der Türkei, aber auch die Verbindungen aus der Türkei heraus nach Westeuropa«, sagt Heroinexperte Brandt.

Als die führenden Männer im Heroingeschäft Ostanatoliens gelten die Brüder Hahmed und Resa Aydenli in der Hafenstadt Mersin. »Sie liefern das Heroin per LKW, jeweils in 50-Kilo-Portionen. Reinheitsgrad im Straßenverkauf zirka 40 Prozent«, so das Landeskriminalamt Hamburg.

Mitte Januar 1992 hob die Hamburger Kripo mehrere kurdische Vertriebsorganisationen aus. Dabei ging es um den Handel mit Heroin in einer Größenordnung von vier Tonnen. Nach den Festnahmen ist das Angebot an Heroin in Hamburg erheblich knapper geworden, was darauf schließen läßt, daß die kurdischen Vertriebsorganisationen das Heroingeschäft dominierten.

»Beim Heroin«, bestätigt man uns im Landeskriminalamt Hamburg, »spielen die Kurden die zentrale Rolle auch für den Transport nach Süddeutschland und ins benachbarte Ausland.« Die kurdische Szene unterscheidet sich kaum vom Vorgehen anderer Heroindealer. Einem 13jährigen kurdischen Kind, das seine Heroingeschäfte nicht korrekt abgerechnet hat, stieß man zur Strafe ein Messer in den Kopf. Einem anderen Kurden wurde ins Bein geschossen. Anfang 1992 wurde ein Heroindealer im Hamburger Stadtteil Harburg regelrecht hingemetzelt. Zuerst schoß man ihm in die Hoden, dann in den Bauch, dann in den Kopf. Er lebte noch. Dann warfen sie ihn in die Elbe.

Vom Landeskriminalamt Düsseldorf erfahren wir: »Im Heroinhandel unterscheiden wir die europäischen Türken, die Schwarzmeer-Türken, die Armenier und die Kurden. Bei den Kurden und Lasen gibt es schon lange Sippen, die historisch über eine logistische Basis für den Schmuggel verfügten. Sie haben sich in den Heroinhandel eingeklinkt und den organisiert.«

In München erklärt uns das Landeskriminalamt: »Bei den Türken scheint im Moment mehr die PKK aktiv zu sein.« Repräsentanten der PKK, mit denen wir gesprochen haben, bestreiten vehement, daß sie als Organisation etwas mit dem Heroinhandel zu tun haben. »Wir können aber nicht alle unsere Mitglieder kontrollieren«, sagen sie. Andere politische Kurdenorganisationen sehen die Rolle ihrer Landsleute im Drogenhandel noch kritischer. »Das schadet der gesamten kurdischen Sache«, sagen sie. Aus der Heroinpipeline Türkei strömt unterdessen ohne Unterbrechung die todbringende Droge auf den europäischen Markt.

Rauschgiftnation Deutschland

Der Ausblick vom dritten Stock des Hauses in der Hamburger Paul-Roosen-Straße wird nur wenig durch einen Baum verdeckt. Völlig ausreichend für die Kriminalbeamten der Hamburger Ermittlungsgruppe 895, zuständig für den Drogenhandel auf der Straße, die hinter dem Vorhang in Stellung gegangen sind.

Vor einer Kneipe, hier im Hinterhof St. Paulis, ist auch an diesem Morgen allerhand los. Junge Kurden stehen auf der Straße, gehen auf und ab. Mit einemmal aber ändert sich das Bild, kommt Unruhe hinein. Irgend etwas ist geschehen: Ein »fremdes« Gesicht ist aufgetaucht, fremd, weil es auf den ersten Blick nicht in die Kurdenszene paßt. Und doch gibt es gemeinsame Interessen: Heroin.

Der Ankömmling, ein schlankgewachsener junger Mann Anfang 20, eine Plastiktüte in der Hand, geht auf einen lässig an einem Geländer lehnenden Kurden zu. Geben wir ihm die Nummer eins. Die anderen beobachten argwöhnisch die Szene, ohne freilich zu ahnen, daß sie selbst beobachtet werden.

Nun reden die beiden miteinander, schauen sich immer wieder um. Aus der Plastiktüte angelt der Deutsche eine goldene Uhr, entweder das Erbstück vom Großvater, das nun versetzt werden soll oder – und das ist wahrscheinlicher – Diebesgut. Der Kurde wirft einen kurzen Blick auf den Chronometer, dann winkt er einen Kollegen herbei, den »Gutachter« (Nummer zwei). Skeptisch nimmt der die Uhr in die Hand, dreht und wendet das gute Stück, wägt ab und verwirft. Er gibt sie dem Deutschen zurück, dreht sich um und zeigt einem anderen Kurden (Nummer drei) die Hand, mit drei ausgestreckten Fingern. »Das heißt, er bekommt drei Briefchen dafür«, sagt uns währenddessen einer der observierenden Kriminalbeamten.

Jetzt kommt Bewegung in die Paul-Roosen-Straße: Nummer drei geht in eine der Kneipen, deren Eingang zwei muskelbepackte Kurden bewachen – hier kommt nur rein, wer dazugehört, ein anderer sollte es besser erst gar nicht versuchen.

Gleich darauf kommt er wieder heraus, trifft sich mit dem ersten Kurden und drückt ihm etwas in die Hand. »Das ist es«, zischt einer der Kriminalbeamten, die das Geschehen mit einer Videokamera festhalten. Kurde Nummer eins geht nun wieder zum Geländer, wo der Deutsche wartet: Blitzschnell verschwinden beide Geschäftspartner: Der Deutsche wird sich ein ruhiges Plätzchen für den nächsten Schuß suchen, der Kurde Nummer eins geht in die Kneipe, um die Uhr bei seinem Boß abzuliefern.

Ein Rauschgiftdeal, wie er sich tagtäglich hundert-, vielleicht tausendmal wiederholt – irgendwo auf Deutschlands Straßen. In der langen Kette – von der Herstellung über die internationalen Vertriebswege der großen Kartelle – ist hier die Endstation: Hier trifft der Abnehmer den Kleindealer, hier ist die Ursache zu finden für das multinationale Imperium der Drogenbosse.

In Städten wie Hamburg und Frankfurt ist die Polizei mittlerweile dazu übergegangen, solche Szenen auf Video festzuhalten: Sie will damit den Beweis antreten, daß die Straßendealer keine gelegentlichen Einzeltäter sind. Es werden Belege gesucht für die Einbindung der nordafrikanischen, türkischen, kurdischen und jugoslawischen Rauschgiftdealer in das Netzwerk des organisierten Verbrechens.

In St. Pauli haben Kurden aufgegebene Kneipen übernommen und als Handelszentren umgerüstet, erzählt uns der Leiter der Ermittlungsgruppe 895, Dieter Többen. Allein in der Paul-Roosen-Straße hat die Polizei sechs solcher Kneipen ausgemacht. Zu jedem Kurdenclan gehören etwa zwanzig bis vierzig Straßendealer. Die Kneipen werden mit Bodyguards abgesichert. Auf einem Fahrrad drehte einer seine Runden, um vor Polizei zu warnen.

»Zu Beginn der Schicht bekommen die Dealer zehn Briefchen mit je zwei Zehntel Gramm Heroin. Pro verkauftem Briefchen verdienen die dann zehn Mark«, berichtet Többen.

Das Alter der Dealer liegt zwischen acht und 21 Jahren. Während die Kurden hauptsächlich Heroin verkaufen, wird der Kokainhandel in der Hansestadt von Gambiern beherrscht. Die bekamen ihre Ware hauptsächlich von Nigerianern.

Die Westafrikaner haben eine eigene Art, das Geschäft zu betreiben: Sie verkaufen aus dem Mund, will meinen, sie führen einen Teil ihrer Ware fertig abgepackt in kleinen Plastikkapseln im Mund mit sich. Wenn ein Kunde kommt, führt der Verkäufer – wie zufällig und kaum erkennbar für den Laien – die Hand zum Mund. Auch der Käufer nimmt die Kapsel schließlich in den Mund, und bei einer Polizeikontrolle werden sie einfach geschluckt.

Berüchtigt als eine Verteilerzentrale für Rauschgift in Hamburg war lange Zeit das Asylantenheim An der Hafenbahn im Stadtteil Veddel. Többen: »Dort gingen am Tag mehrere Kilo über den Tisch. Wir haben alles auf Video aufgezeichnet, um den gewerbsmäßigen Handel nachzuweisen. Nach sechs Wochen haben wir 198 Personen festgenommen, 1,63 Kilogramm Heroin sowie 25 300 Mark Bargeld sichergestellt.«

Der Preis für fünf Gramm 44prozentiges Heroin liegt in Hamburg Anfang 1992 zwischen 180 und 200 Mark. Zur selben Zeit kostet ein Gramm 15prozentiges in Stuttgart zwischen 250 und 200 Mark. Ausgehend von Mittelwerten entspricht das einem Süd-Nord-Gefälle von mehr als 2000 Prozent. Dies hat zu einem regelrechten Drogentourismus in die Hansestadt geführt, ähnlich wie ihn Frankfurt mit gleichfalls niedrigen Preisen erlebt.

Der Preisverfall ist darauf zurückzuführen, daß sich in den Großstädten wie Hamburg und Frankfurt mehrere Organisationen die Märkte streitig machen. Dazu kommt seit spätestens 1985 noch das Überangebot. Seitdem steigen auch die Sicherstellungszahlen, und zwar parallel bei Kokain und Heroin.

1991 hat die Polizei in Deutschland fast 15 Tonnen Rauschgift sichergestellt, darunter 1595 Kilogramm Heroin und 964 Kilogramm Kokain. Die Zahl der erfaßten Drogendelikte ist in den vergangenen zehn Jahren explosionsartig gestiegen: bei Heroin von 10 867 in 1981 auf 25 536 in 1991, bei Kokain von 601 auf 3100, bei Cannabis von 24 485 auf 34 811. Die übrigen Drogen wie LSD oder Amphetamine sind nicht so signifikant gestiegen: Sie liegen etwa zwischen 5000 und 5500 jährlich erfaßten Delikten[18].

Unbeantwortet bleibt die Frage, ob dies ein Zeichen besserer Polizeiarbeit oder ein Indiz für den ständig wachsenden Markt ist. Vieles spricht daür, daß vor allem letzteres, ein massives Drängen der Drogendealer auf den deutschen Markt, der Grund für die steigenden Sicherstellungszahlen ist.

»Heroin kann man heute überall kaufen. Das ist eine Aussage, die für ganz Westeuropa gilt«, stellt BKA-Kriminaldirektor Volker Brandt fest. Der Handel geht tendenziell immer mehr aufs flache Land. Die Verfügbarkeit ist flächendeckend.

»Das Problem ist insgesamt größer geworden. Das gilt sowohl für die Menge, die hier hereinkommt, als auch für die Intensität des Mittel- und Kleinhandels.

Das von uns sichergestellte Heroin kann zwischen ein und 10 Prozent der eingeführten Menge sein. Die Pessimisten sagen, wir kriegen noch nicht einmal ein Prozent. Für 1991 rechne ich mit 15 Prozent«, prognostiziert Brandt.

Selbst diese optimistische Einschätzung führt – legt man die Gesamtmengen sichergestellten Rauschgiftes zugrunde – zu der erschreckenden Erkenntnis, daß demnach jährlich rund 100 Tonnen harte Drogen in die Bundesrepublik eingeführt werden müßten.

Der Wettbewerb wird härter, der Stoff auf der Straße immer reiner, um konkurrenzfähig zu bleiben. Das führt zu Überdosen. Fünfzig bis 70 Prozent Reinheitsgrad ist beim Heroin die Regel. Den Reinheitsgrad des asiatischen Heroins – China White mit 90 Prozent und mehr – erreichen die türkischen Sorten allerdings nicht. Als Trend hat das BKA inzwischen ausgemacht, daß Heroin immer öfter auch als rauchbare Base auf den Markt kommt.

Deutschland ist eine Rauschgiftnation – darüber sollte sich niemand hinwegtäuschen. Auch die Diskussion, ob Drogen nun legalisiert oder kontrolliert abgegeben werden sollen, ändert an dieser Tatsache nichts. Das eigentliche Problem wird dadurch nämlich keineswegs gelöst, sondern – wie so oft in der Politik – nur bis auf weiteres verschoben.

120 000 Abhängige harter Drogen soll es nach allgemeingültigen Schätzungen geben. Die wirkliche Zahl dürfte jedoch weit höher liegen, denn über die Kokainszene ist kaum etwas bekannt: Sie fällt fast überhaupt nicht auf, die Konsumenten sind meist völlig in ein mehr oder weniger intaktes soziales Umfeld integriert.

Doch gerade Kokain erfreut sich zunehmender Beliebtheit, auch in der Heroinszene. Zwei der wichtigsten Gründe: Kokain gilt als saubere Droge, weil es nicht gespritzt, sondern geschnupft wird. Die unter Heroinabhängigen zunehmende Verbreitung des Aids-Virus durch das Benutzen infizierter Nadeln entfällt.

Zweitens: Kokain ist eine Droge, die in unsere Gesellschaft paßt. Sie stimuliert, regt die Leistungsbereitschaft und -fähigkeit an, freilich nur, solange die Droge wirkt. Koks wird mit Macht und Erfolg verbunden, wer kokst ist »in«, so der herrschende Glaube in den einschlägigen Szenen.

Doch die Jet-set-Droge von einst hat ihren Siegeszug mittlerweile auch auf der Straße angetreten und ist überall zu haben. Gerade deshalb glauben Experten, daß die Zahl der Kokainabhängigen in der Bundesrepublik die der Heroinsüchtigen längst überschritten hat.

Die Zahl der Drogenabhängigen steigt unablässig: 1991 wurden der Polizei 13 083 Neukonsumenten von harten Drogen bekannt. 1990 waren es noch 10 784[19]. Die Einstiegsdroge ist nicht Cannabis, denn viele fangen gleich mit den harten Drogen an. Den Sprung von Cannabis auf harte Drogen gibt es aber dennoch, weil die Benutzer beider Drogen in derselben Subkultur verkehren.

Am stärksten ist der Zuwachs unter den 21- bis 30jährigen, so die BKA-Untersuchungen. Bei den Jüngeren sei der Trend dagegen rückläufig. Offenbar gilt es in einer bestimmten Altersgruppe nicht mehr als schick, Drogen zu nehmen. Die in den sechziger und siebziger Jahren verbreitete Mär von der Bewußtseinserweiterung durch Drogen zieht offensichtlich auch nicht mehr.

Doch das Problem ist dadurch noch lange nicht gelöst: »Die Kinder heute werden doch in einen regelrechten ›Supermarkt‹

hineingeboren«, sagt uns ein Frankfurter Drogenberatungslehrer. »Es gibt doch kaum noch etwas, was die *kids* antörnt.«

Dazu kommt der zunehmende Leistungsdruck auf der einen Seite und der Verlust sozialer Bindungen sowie die Auflösung familiärer Strukturen auf der anderen. Nach Ansicht von Fachleuten ist es daher kein Wunder, wenn Jugendliche zu Drogen greifen.

Das Drogenproblem ist einer der wesentlichen Motoren für die Kriminalität: Pro Tag benötigt ein Heroinabhängiger etwa 250 Mark, um sich mit Drogen einzudecken, ergab die vom BKA in Auftrag gegebene und Anfang Februar 1992 veröffentlichte Studie des Gießener Professors Arthur Kreuzer. Es liegt auf der Hand, daß diese Summe nicht mehr legal verdient werden kann.

Zwanzig Prozent des benötigten Geldes stammen aus legalen Mitteln, 30 bis 40 Prozent aus dem Drogenhandel, 10 Prozent aus der Prostitution, der Rest aus der Beschaffungskriminalität, heißt es in der BKA-Untersuchung.

So sollen Drogenabhängige für 37 Prozent aller Wohnungseinbrüche, 40 Prozent aller Autoaufbrüche und 20 Prozent aller Raubüberfälle verantwortlich sein. Allein die von Kreuzer befragten 100 Drogenabhängigen hätten innerhalb eines Jahres 173 000 Delikte – einschließlich der Bagatelldelikte wie Schwarzfahren – begangen. Hochgerechnet auf 120 000 angenommene Drogenabhängige wird das gesamte Ausmaß der von dieser Gruppe ausgehenden Kriminalität deutlich.

»Psst, psst.« Der zischende Laut, er kam von links, von dem jungen Kerl mit den langen schwarzen Locken, der schwarzen Lederjacke und den Turnschuhen. »Psst, psst«, noch einmal. Der Blick des Zischers wird dringlicher. Besser so tun, als habe man nichts gehört, am besten einfach weitergehen. Doch wer will, kommt jetzt zum Zug. Der Zischer ist ein fliegender Händler in Sachen Hasch, einer von geschätzten 500 Marokkanern in Frankfurt, die ihren Lebensunterhalt mit dem Verkauf von Drogen verdienen. Fast jeder, der die Innenstadt mal zu Fuß durchmessen hat, kennt sie, und nicht nur wer sie sucht, findet sie am Hauptbahnhof und in der Taunusanlage. Sie sind wie die Ameisen im Räderwerk der organisierten Kriminalität.

»Die Gruppen sind immer drei oder vier Mann stark«, weiß der

Frankfurter Kriminalbeamte Achim Wenz zu berichten. Die Gruppen gehen organisiert und arbeitsteilig vor: Einer »baggert« die Kunden an. Hängt der Fisch an der Angel, wird der Mann mit dem Hasch informiert. Der wiederum gibt das eingenommene Geld an einen dritten weiter.

Der wichtigste Grund für dieses Vorgehen ist die Risikominimierung, ein typisches Verhalten in der organisierten Kriminalität. Wird einer aus der Gruppe verhaftet, ist entweder Geld oder Hasch oder beides in Sicherheit, und für die Polizei ist es entsprechend schwieriger, ausreichend Beweismaterial für eine Verurteilung zusammenzutragen.

Bis zum 31. Oktober 1991 haben die Beamten des Frankfurter Rauschgiftkommissariats 361 Festnahmen marokkanischer Dealer bearbeitet. Im ganzen Jahr 1988 waren es 147 festgenommene Tatverdächtige aus dieser Szene.

Unterschiedliche Schätzungen gibt es über die von diesen Gruppen umgesetzte Menge. Sie reichen bis zu sechs Tonnen im Jahr: Dies entspräche einem geschätzten Jahresumsatz von 90 Millionen Mark.

Ein Beispiel belegt die Dimensionen: Am 15. Oktober 1991 stellte die Polizei in einem Schließfach in der Frankfurter Innenstadt zehn Kilo Haschisch und 100 000 Mark Bargeld sicher. Zwei Marokkaner und ein Algerier – eine Gruppe von vielleicht vierzig oder fünfzig in der Stadt – wurden verhaftet.

Über die Transportwege der Droge nach Frankfurt gehen die Auffassungen bei den Strafverfolgungsbehörden auseinander: Das Bundeskriminalamt glaubt, der hiesige Markt werde vor allem aus Holland beliefert. Die Frankfurter Polizei dagegen ist überzeugt, daß Frankfurt direkt aus Marokko über Spanien und Frankreich beliefert werde.

Die Frankfurter Fahnder haben Indizien, daß das Geschäft – ähnlich wie bei den türkischen Heroinfamilien – fest in marokkanischer Hand ist. Berberfamilien im Rifgebirge verkaufen ihre Ernte – 108 000 Tonnen Cannabiskraut im Jahr – an marokkanische Sippen, die die Ware über die spanischen Enklaven Ceuta und Melilla unter anderem nach Deutschland schmuggeln.

Im Rhein-Main-Gebiet sitzen die Großhändler: Nach Ansicht der Polizei handelt es sich dabei um marokkanische Familienclans, die schon lange hier und – scheinbar – fest integriert sind.

Nach außen wahren sie den Schein der Legalität. Sie übernehmen die Weiterverteilung an Zwischenhändler.

Von diesen Zwischenhändlern nimmt der Führer einer jeden Dealergruppe am Vormittag bis zu 100 Gramm des Rauschgiftes in Empfang, teilt es in kleinere Portionen auf und »verbunkert« es: in der Erde, in Hauseingängen, in Kisten der Obstverkäufer, die Möglichkeiten der Verstecke sind vielfältig. Je nach Bedarf räumt er dann im Laufe eines Tages seinen Bunker leer. Am nächsten Tag geht das Ganze von vorne los.

In Sachen Drogenhandel durch Marokkaner ist Frankfurt Spitze: Seit 1988 werden über 50 Prozent aller in der Bundesrepublik von Marokkanern begangenen Rauschgifttaten in der Mainmetropole festgestellt: »In Frankfurt zeigt sich eine Sogwirkung: Es gibt eine große Nachfrage und demzufolge ein großes Angebot«, erläutert Wenz die Ursachen. Frankfurt versorgt nach Polizeierkenntnissen weite Teile Hessens, Teile von Bayern, Rheinland-Pfalz und Baden-Württemberg.

Dabei stellen die Ermittler in letzter Zeit verstärkt fest, daß ein Teil ihrer »Kunden« von der weichen Droge Hasch auf die harten Drogen Kokain und Heroin umsteigen. Denn: Der Kleindealer muß am Tag bis zu 100 Gramm Hasch umsetzen, um von dem Geschäft leben zu können. Bei einem derzeitigen Verkaufspreis von zehn bis 15 Mark pro Gramm bleibt nur ein geringer Teil für die eigene Tasche. Dies ist sicherlich einer der Gründe, warum einige der Haschhändler das lukrative Geschäft mit den harten Drogen für sich entdeckt haben.

Festgestellt wird aber auch, daß die Gewaltbereitschaft der dealenden Nordafrikaner gegenüber Polizeibeamten steigt. Die Dealer sind fast alle im Alter zwischen 16 und 22 Jahren, mit Messern und Tränengas bewaffnet. Aus Vernehmungen weiß die Polizei, daß die Kleinhändler tatsächlich ihren Lebensunterhalt mit dem Haschischhandel verdienen. »Es gibt Leute in einer Stufe darüber, die die schwierige wirtschaftliche und soziale Situation der Kleinstdealer ausnutzen, um sie so zum gewerbsmäßigen Handel zu bringen«, weiß ein Drogenfahnder. Achtzig Prozent der Kleinstdealer sind Asylbewerber und ohne Arbeit. Sie sind weit davon entfernt, auch nur annähernd in die Gesellschaft integriert zu sein.

Gegen diese Hintermänner auf noch relativ niederem Niveau

will die Polizei nun schärfer vorgehen, vor allem auch, um über sie schließlich an die eigentlichen Drahtzieher heranzukommen: Ende vergangenen Jahres wurden bei Razzien zehn solcher Organisatoren festgenommen. Monatelang waren sie observiert und ihr Geschäftsgebaren dokumentiert worden. Die Beamten hoffen mit den gesammelten Beweisen empfindliche Haftstrafen vor Gericht herausholen zu können. Aber es ist eine Arbeit, die dem alten Sysiphos zur Ehre gereicht hätte: Trotz aller Erfolge wird das Heer der Ameisen nicht geringer.

So sieht es auch Kriminaldirektor Brandt: »Unsere Bemühungen werden ein Tropfen auf dem heißen Stein bleiben. Wir werden noch Jahrzehnte mit der Rauschgiftkriminalität leben müssen. Unsere Bemühungen richten sich deshalb darauf, das Geschehen auf diesem Level zu halten.«

Legalize it?

Der Drogenhandel konfrontiert nahezu alle Staaten der Welt mit einer Vielzahl komplexer Phänomene: Verbreitung der Drogenabhängigkeit, Aids, Anschwellen der organisierten Kriminalität, Korruption in Politik und Wirtschaft, Destabilisierung demokratischer Gesellschaften. Drogenhandel ist sicher eine der wenigen Formen der Kriminalität mit Aussicht auf unbegrenzte Ausbreitung. Deshalb kommt man heute an der Frage nicht mehr vorbei: Sollen diese illegalen Drogen freigegeben werden? Kann durch eine Legalisierung von Haschisch, Heroin und Kokain der internationalen Drogenmafia und ihrem verbrecherischen Unterbau der Garaus gemacht werden? Oder ist die Freigabe von Drogen die endgültige Kapitulation des Staates vor Verbrecherorganisationen?

Eine wirklich zufriedenstellende Antwort auf diese Fragen gibt es nicht, genausowenig wie Ansätze einer Lösung erkennbar sind, die alle Erfordernisse der Beteiligten berücksichtigen. Bevor man sich die unterschiedlichen Positionen und Argumente näher anschaut, sollte mit einer Reihe von Mißverständnissen, Irrtümern und falschen Begriffen aufgeräumt werden.

Am gravierendsten ist wohl der Vergleich der legalen Droge Alkohol mit den illegalen Drogen. Das ist der sprichwörtliche

Vergleich von Äpfeln mit Birnen. Richtig ist, daß Cannabis – auch über lange Jahre regelmäßig konsumiert –, wenn überhaupt, einen weitaus geringeren gesundheitlichen Schaden verursacht als Alkohol. Das haben Dutzende seriöse wissenschaftliche Untersuchungen zweifelsfrei belegt. Alkohol ist und bleibt die Volksdroge Nummer eins. Den volkswirtschaftlichen Schaden und die sozialen Kosten des Alkohols (wie des Tabakgenusses) erreichen weder den von Heroin, Kokain noch Cannabis.

Geradezu fatal wäre es aber trotzdem – und leider gibt es immer wieder »Experten«, die dies tun –, Alkohol mit Drogen wie Heroin und Kokain zu vergleichen. Der entscheidende Unterschied ist das Suchtpotential. Ein Mensch kann ein Leben lang jeden Abend ein Glas Bier (vielleicht auch zwei), ein Glas Wein oder ein Gläschen Schnaps trinken, ohne zwangsläufig Alkoholiker zu werden. Bei Heroin und Kokain geht dies nicht. Zwar werden immer wieder Fälle in der Diskussion um die Drogenfreigabe zitiert, wonach jemand »kontrolliert« harte Drogen konsumiert. Doch das sind Einzelfälle.

Es liegt in der Natur der Drogen Heroin und Kokain, daß der gewünschte »Kick«, der beim erstenmal als so grandios empfunden wird, in dieser Intensität nie wieder erreicht wird. Ein langjährig Heroinabhängiger etwa kann überhaupt kein Glücksgefühl mehr erleben. Er ist auf die Droge angewiesen, um die quälenden Entzugsschmerzen zu beseitigen.

In der öffentlichen Diskussion werden die Begriffe Legalisierung, Freigabe und Abgabe von Drogen oft wild durcheinandergewürfelt, obwohl doch Welten dazwischenliegen. Legalisierung hieße die Benutzung und damit konsequenterweise auch den Handel mit Drogen nicht mehr unter Strafe zu stellen. Damit ist noch nichts über eine Regelung, den Vertrieb betreffend, ausgesagt. Freigabe bedeutet, daß die staatlichen Instanzen die Drogen zu frei erhältlichen Substanzen erklären, wonach jeder x-Beliebige mit den Drogen handeln könnte. Um den Unterschied zu verdeutlichen: Arzneimittel sind zwar legalisiert, aber nicht alle sind auch freigegeben. Sie unterliegen dem Arzneimittelgesetz und müssen von einem Arzt verschrieben werden.

Die (kontrollierte) Abgabe von Drogen setzt einen Regelmechanismus voraus, der bestimmt, daß nur ein festumrissener Personenkreis (beispielsweise langjährig Süchtige) die Drogen unter kontrollierten Bedingungen (beispielsweise beim Arzt oder in einem Drogenzentrum) verabreicht bekommen.

Von den Befürwortern einer Freigabe oder Abgabe von Drogen werden oft die Erfahrungen mit der Prohibition in den Vereinigten Staaten der dreißiger Jahre angeführt. Das absolute Alkoholverbot habe dort erst die Macht der organisierten Verbrecherbanden, der Mafia, entstehen lassen. Das ist – bis dahin betrachtet – richtig. Dennoch eignet sich der Vergleich nur sehr bedingt als Argument in der heutigen Drogenpolitik.

Nach Aufhebung der Prohibition wurde nicht etwa die kontrollierte Abgabe von Alkohol an Alkoholiker beschlossen, vielmehr ist Alkohol in den USA – von zu vernachlässigenden Ausnahmen abgesehen – in sogenannten *Liquor Stores* frei erhältlich. Zwar ist ein Alkoholkonsum für junge Menschen unter 21 Jahren in der Öffentlichkeit verboten, doch das hindert sie keinesfalls daran, sich mit Bier oder Schnaps vollaufen zu lassen, ebensowenig wie es einen 14jährigen Jugendlichen in der Bundesrepublik daran hindert.

Die zentrale Frage ist schließlich, ob der stärkste Antrieb zum Drogenkonsum wirklich der Reiz des Verbotenen ist. Oder ist es nicht vielmehr die Illusions- und Orientierungslosigkeit der modernen Gesellschaft, in der die Entfaltungsmöglichkeit des einzelnen immer stärker eingeschränkt wird, das Individuum funktionieren muß, die sozialen Konflikte sich zuspitzen. »Es gibt viele Gründe für Zweifel und Verzweiflung: Das Verschwinden von Werten und Leitbildern, die wachsende Komplexität und Unsicherheit der Welt und die Schwierigkeit, die neu entstehende Gesellschaft zu verstehen; ungelöste Probleme wie die fortschreitende Verschmutzung der Umwelt und die extreme Armut und Unterentwicklung in den südlichen Ländern.«[20]

Ausgelöst wurde die jüngste Diskussionslawine über die Drogenfreigabe nicht durch Berichte über die zentralen Ursachen von Drogensucht, sondern durch den Lübecker Richter Wolfgang Neskovic. Der hob im Februar 1992 ein Urteil gegen eine Frau auf, die vom Amtsgericht zu zwei Monaten Gefängnis ohne Bewährung verurteilt worden war, weil sie ihrem in Untersuchungshaft sitzenden Mann 1,2 Gramm Haschisch zugesteckt hatte. Neskovic verwies den Fall an das Bundesverfassungsgericht. Die

Verfassungshüter sollen klären, ob die Ungleichbehandlung der Drogen Alkohol und Haschisch nicht verfassungswidrig sei. In der Schweiz hatte das Bundesgericht schon Monate zuvor die Freigabe von Marihuana beschlossen.

Dazu ein Blick in die Statistiken: 1991 starben in der Bundesrepublik 2125 Menschen an den Folgen der Rauschgiftsucht, 634 mehr als im Jahr davor. Die soziale und physische Verelendung der Rauschgiftabhängigen, in die sie durch die Kriminalisierung getrieben werden, ist wesentlich am Tod vieler Drogenabhängiger mit schuld. Wie oben erwähnt, stieg die der Polizei bekanntgewordene Zahl der Neueinsteiger im gleichen Zeitraum um 2299. Eine Umkehr dieser Entwicklung ist derzeit nicht in Sicht.

Die meisten Drogenabhängigen finanzieren ihren täglichen Rauschgiftbedarf durch Betrug, Einbruch, Diebstahl, Raub, Prostitution. Wären Drogen frei erhältlich, würden die Preise in den Keller fallen, die Beschaffungskriminalität zwangsläufig eingedämmt, so die Ausgangsüberlegung der Befürworter einer liberaleren Drogenpolitik.

Der Bundesverband für akzeptierende Drogenarbeit und humane Drogenpolitik (akzept) fordert eine schrittweise Legalisierung. Bei den harten Drogen führe die gesellschaftliche Tabuisierung zu einer Inkaufnahme von vermeidbaren Todesfällen, so der Erziehungswissenschaftler Manfred Kappler von der TU Berlin. Die herrschende Drogenpolitik wirtschafte den Dealern in die Tasche.

Der Hamburger Senat will in einem fünfjährigen Modellversuch 200 Drogenabhängigen von Ärzten kontrolliert Heroin verabreichen lassen und hat für die dazu notwendige Änderung des Betäubungsmittelgesetzes eine Bundesratsinitiative gestartet.

Eine Studie des Frankfurter Soziologen Peter Noller vom Institut für Sozialforschung, die er im Auftrag des städtischen Frankfurter Drogenreferates erstellte, schlägt ebenfalls die kontrollierte Abgabe von Heroin oder Morphium an Süchtige vor. Erfahrungen aus den USA, den Niederlanden und Großbritannien hätten gezeigt, daß Süchtige mit der Zeit aus der Drogenabhängigkeit »herauswachsen« und in ein Methadon-Programm überführt werden könnten. Die Gesundheitsdezernentin der Stadt Frankfurt, Margarethe Nimsch, will sich diesen Empfehlungen anschließen.

Schließlich wird von den Befürwortern noch vorgetragen, das

Rauschgiftproblem habe mit den bisherigen repressiven Mitteln nicht verringert werden können. »Wenn wir weiterhin von der Zielvorstellung ausgehen, Menschen mit staatlichen Druckmitteln dazu bringen zu können, sich drogenfrei zu verhalten, sind wir zum Mißerfolg verurteilt«, sagt etwa der Bielefelder Wissenschaftler Professor Klaus Hurrelmann[21].

In Hessen hat der Generalstaatsanwalt Hans-Christoph Schaefer in Union mit der Justizministerin Christine Hohmann-Dennhardt (SPD) vorgeschlagen, Drogenkonsumenten zu entkriminalisieren. Der Besitz von bis zu 30 Gramm Haschisch soll von hessischen Staatsanwälten zudem nicht mehr angeklagt werden.

Der »Frankfurter Arbeitskreis Strafrecht«, dem unter anderem der Staatssekretär im hessischen Innenministerium, der Landesdatenschutzbeauftragte und der Präsident des hessischen Verfassungsschutzes angehören, fordert gar eine Aufhebung des Betäubungsmittelgesetzes, da es »das Strafrecht verdirbt, kein akzeptables Rechtsgut schützt und rechtsstaatliche Garantien reduziert«. Die Liste der Befürworter ließe sich fortsetzen.

Ihre schärfsten Kritiker finden sie in der Bonner Regierungskoalition, insbesondere bei CDU und CSU. Das beliebteste Argument gegen die Legalisierung oder Freigabe von Rauschgift lautet: »Kapitulation vor den Drogenkartellen.« Die ehemalige Bundesgesundheitsministerin Gerda Hasselfeldt (CSU) bezeichnete den Hamburger Vorstoß gar als »drogenpolitischen Wahnsinn«.

Auch die Polizei hält erwartungsgemäß nichts von den Legalisierungsforderungen. »Die Abwehrlinie muß vorverlagert werden, damit es erst gar nicht zum Drogenkonsum kommt. Eine Freigabe wirkt da kontraproduktiv«, schreibt BKA-Vizepräsident Gerhard Köhler in der *Frankfurter Rundschau*[22].

Was aber bleibt von den Argumenten übrig, wenn man sie von der parteipolitischen Ideologie befreit hat?

Grundsätzlich haben die Befürworter recht, wenn sie sagen, erst die Illegalität ermögliche die hohen Preise der Drogen, sie sei somit der Motor der Beschaffungskriminalität. Richtig ist auch, daß Kriminalisierung und Stigmatisierung die Drogenkranken in den Untergrund treiben, wo auf viele ein schleichender Tod wartet. Doch ist die einzige Lösung dieses Problems wirklich in der Freigabe von Drogen zu sehen?

Vieles spricht in der Tat dafür, die sogenannten weichen Drogen wie Marihuana oder Cannabis – in Eigenbedarfsmengen – aus dem Betäubungsmittelstrafrecht zu streichen und ihren Konsum freizustellen. In Holland ist das seit einigen Jahren gängige Praxis.

Allerdings steht die Freigabe von Cannabis in keinem Zusammenhang mit der Senkung der Beschaffungskriminalität. Denn das im Vergleich zu Heroin und Kokain geradezu spottbillige Haschisch kann sich selbst ein Dauerkonsument mit durchschnittlichem Einkommen leisten, ohne Einbrüche oder Raubüberfälle begehen zu müssen.

Ist Holland überhaupt ein nachahmenswertes Beispiel? Prinzipiell sind auch in Holland der Besitz und Handel mit Drogen strafbar. Auf die Verfolgung kleiner Mengen weicher und harter Drogen wird allerdings verzichtet. Demgegenüber will man sich auf den internationalen Handel großen Formats konzentrieren. Diesen Umstand machen sich freilich auch gewerbsmäßige Dealer zunutze, die nun ebenfalls nur kleine, als Eigenverbrauch gewertete Mengen mit sich führen. Ein Verzicht auf Strafverfolgung führt natürlich auch zu einer Verzerrung der Statistik, denn die kleinen Delikte tauchen zahlenmäßig nirgends auf. So läßt sich leicht »belegen«, daß der Drogenmißbrauch und die damit einhergehende Kriminalität in den Niederlanden angeblich zurückgegangen ist.

Richtig ist, daß die liberale Rechtsprechung die Niederlande erst zu einem Zentrum der internationalen Drogenkartelle gemacht hat, sich südamerikanische und chinesische Drogenringe festgesetzt haben. Noch in den siebziger Jahren betrug die Höchststrafe für Drogenhandel vier Jahre, heute sind es zwölf Jahre. Die Konzentration der Bekämpfung auf den organisierten Handel und die Verfolgung der Drahtzieher hat jedenfalls in Holland bislang zu keinen greifbaren Ergebnissen geführt, unterscheidet sich nicht von den kümmerlichen Ergebnissen in anderen europäischen Ländern. Die Gesamtkriminalität ist mit der Liberalisierungswelle in den Niederlanden ebenfalls gestiegen, bewegt sich seitdem auf den Spitzenplätzen in Europa, während gleichzeitig ein regelrechter Drogentourismus einsetzte.

Wie schwer aber Drogenkonsum durch staatliche Eingriffe abgewehrt werden kann, zeigt sich allein schon am Beispiel der Haftanstalten: Trotz der besonderen Sicherheitsbedingungen und schwerer Bewachung, sind in Deutschlands Knästen praktisch alle Arten von Drogen erhältlich und werden auch konsumiert.

Unbeantwortet blieb bislang die Frage, von welchem Alter ab Drogen erhältlich sein sollen: ab 18 Jahren, ab 16, 14? Welches Alter auch immer gewählt wird, alle, die jünger sind, werden zu potentiellen Zielscheiben der Dealer. Und nicht nur dieser. Wer würde beispielsweise verhindern wollen, daß ein 16jähriger sich die Droge legal beschafft und sie dann an einen 14jährigen illegal weitergibt? Warum sollte die Bundesrepublik eine andere Entwicklung als Italien durchmachen, wo schon Elf- und Zwölfjährige Heroin konsumieren?

In welchen Mengen sollen Drogen an Süchtige abgegeben werden: soviel, wie sie wollen, oder eine Durchschnittsmenge? In beiden Fällen kann die Höherdosierung und das wachsende Risiko einer Überdosis nicht vermieden werden, nur würde im letzten Fall die Durchschnittsmenge bald nicht mehr ausreichen, und der Abhängige müßte sich den Mehrbedarf erneut auf dem Schwarzmarkt besorgen.

Ein Heroinabhängiger, der vom Staat die benötigten Drogen in unbegrenzter Menge erhält, wird nach allgemeiner Lebenserfahrung kaum motiviert sein, mittels einer Therapie seine Drogenabhängigkeit zu beenden. Schließlich sind die Ursachen seiner Drogenabhängigkeit ja noch lange nicht beseitigt. Aus der Behandlung alkoholkranker Menschen weiß man, daß eine Therapie nur dann erfolgreich ist, wenn der Kranke aus dem sozialen und individuellen Konfliktfeld entkommen kann, das seine physische wie psychische Abhängigkeit von der Droge Alkohol erzeugt hat. Entsprechend gering ist die Erfolgsquote selbst bei Alkoholkranken.

Was ist von Methadon zu erwarten? Die Substituierung mit Methadon kann einem Drogenabhängigen helfen, in einigermaßen stabilisierte Sozialverhältnisse zurückzukehren. Doch Methadon, von deutschen Chemikern im Zweiten Weltkrieg erfunden, bleibt eine Mogelpackung. Methadon ist eine Droge, und wer es bekommt, wird davon abhängig. Die Methadontherapie ist aber ungleich schwieriger und langwieriger, als eine Herointherapie. Die Erfahrungen in den letzten Jahren haben zudem gezeigt, daß die meisten, die Methadon bekommen, zusätzlich auch Heroin konsumieren. Ursprüngliche Ansätze, Methadon nur an solche

Drogensüchtige zu verteilen, die sonst keine anderen Drogen mehr nehmen, wurde deshalb längst wieder aufgegeben.

Methadon ist im Grunde genommen nichts anderes als das Ruhigstellen eines Drogenkranken auf Zeit. Gleichwohl bleibt es eine Möglichkeit, Drogenabhängigen zu helfen und ihr Leben zu verlängern, sie sozial unauffällig wieder in die Gesellschaft integrieren zu können, und hat nur unter diesem Gesichtspunkt seine Berechtigung.

An der gegenwärtigen Diskussion aber fällt auf, daß nur über die Abgabe von Heroin gesprochen wird. Ist Kokain denn kein Problem? Gerade das Kokainproblem wird von der Freigabe-Fraktion sträflich unterschätzt: Kokain war bis 1916 vollkommen frei verfügbar – für die besonders honorigen Moralapostel. Papst Pius X. ging nicht ohne Kokain-Wein auf Reisen, den der korsische Chemiker Mariani entwickelt hatte. Kardinal Lavigerie dankte diesem Chemiker gar für seine Erfindung, weil dadurch den europäischen Priestern die Kraft gegeben wurde, Afrika »zu zivilisieren«.

Heute ist Kokain wahrscheinlich weiter verbreitet als Heroin, und wo es das noch nicht ist, wird es spätestens in wenigen Jahren soweit sein. Dafür sprechen alle Anzeichen.

Die Kokainsucht kann im Gegensatz zur Heroinsucht nicht mit Methadon oder anderen »Beruhigungsmitteln« substituiert werden, bislang gibt es keine Ersatzdrogen. Die Kokainsucht ist im fortgeschrittenen Stadium schwerer heilbar als die Heroinabhängigkeit und hinterläßt größere psychische Schäden. Sie greift in den chemischen Haushalt des Gehirns ein und verursacht bei langjährig Abhängigen irreparable Schäden bis hin zur völligen Debilität.

Während Heroinabhängige, solange sie unter der Wirkung der Droge stehen, eher zur Friedfertigkeit neigen, verhält es sich bei den Kokainabhängigen geradezu umgekehrt. Kokain macht aggressiv, Kokain – und besonders sein Derivat Crack – verwandelt vorher friedliche Menschen bisweilen in brutale Mörder. Im Kokainrausch sind schon ganze Familien ausgelöscht worden; die Amerikaner können mit einschlägigen Erfahrungen aufwarten. Wer redet da über den berechtigten Schutz der Gesellschaft vor amoklaufenden Kokainsüchtigen? Niemand bedenkt die möglicherweise wachsende Zahl von Unfalltoten durch Drogengenuß

376

am Steuer. Oder soll eine 0,8-Promille-Grenze auch für Kokain und Heroin eingeführt werden?

Niemand zieht die synthetischen Drogen (Designer-Drugs wie PCP, Ice, MDMA etc.) in Betracht, die von ihrem Wirkungspotential her und in ihren Folgen teilweise ungleich verheerender als die bekannten natürlichen Drogen sind.

Sollen wir dann – vor dem Hintergrund von etwa 700 000 Medikamentenabhängigen in Deutschland – nicht auch konsequenterweise die Freigabe von Psychopharmaka fordern? Die Pharmaindustrie würde wahrscheinlich von sich aus die Frage stellen – und dann zu Recht –, warum Heroin und Kokain frei verfügbar wären, während sie mit ihren Mitteln vom freien Markt ausgeschlossen würden.

Die Diskussion erinnert bisweilen ein wenig an Aldous Huxleys *Brave new world*, wo man dem unzufriedenen Volk so lange Drogen verabreicht, bis es die Unzufriedenheit nicht mehr spürt. Statt sich um die Lösung gesellschaftlicher Mißstände und sozialer Ungerechtigkeiten zu bemühen, wird das Problem gelöst, indem man es verdrängt.

Immer mehr Menschen greifen zu der legalen Droge Alkohol, um ihre Sorgen und Nöte für ein paar Stunden zu vergessen, Probleme zu verdrängen. Wo steht geschrieben, daß diese Menschen nicht zu den viel wirksameren Mitteln wie Heroin oder Kokain greifen, wenn diese erst einmal legal verfügbar wären: Dope statt Pils! Die Behauptung mancher Legalisierungsapostel, eine Freigabe würde die Zahl der Abhängigen nicht erhöhen, ist durch nichts belegt.

In England, Schweden und Alaska, wo es versuchsweise einmal eine Teillegalisierung von Drogen gegeben hat, führte dies zu einem sprunghaften Anstieg der Konsumenten und einer Ausweitung des Schwarzmarktes. So war in London beispielsweise nicht nur das übliche illegale Heroin auf dem Markt, sondern teilweise auch das von den Ärzten verschriebene. In Alaska, wo Haschisch freigegeben war, führte dies zu einem rapiden Absinken des Ausbildungsniveaus bei Jugendlichen, weil die Schüler eben nicht erst nach Abschluß der Schule ihren Joint rauchten, sondern viele schon vorher.

Es ist zudem völlig weltfremd zu glauben, eine Teillegalisierung würde die Zahl der Konsumenten reduzieren. Wer dies dennoch behauptet, erweckt den Eindruck, es gebe Drogenabhängigkeit nur, weil Drogen verboten sind. Träfe dies zu, dürfte es keine Alkoholiker geben.

Kokain und Heroin, soviel ist sicher, können nicht als Substanzen mit Probiercharakter abgetan werden. Bei Crack etwa ist es nach dem ersten Versuch zur Umkehr fast immer zu spät.

Es ist keine Frage, Drogenkranke müssen vom Stigma des Kriminellen befreit werden. Sie brauchen Hilfe, keine Zellen im Gefängnis. Um die Lebensbedingungen der Drogenabhängigen zu verbessern, wären sogenannte niedrigschwellige Hilfsangebote notwendig, also Spritzenaustausch, Unterkünfte, ärztliche Versorgung.

Entsprechend ausreichende Therapieplätze müssen geschaffen werden. Doch davon redet niemand, weil kein Politiker bereit ist, die enormen Sozialinvestitionen zu finanzieren.

Ebenso wichtig ist eine »Antidrogenkultur«, also den Menschen eine Lebenskultur zu schaffen, in der ihre moralische und physische Identität bewahrt bleibt, wo Leben sinnvoll gestaltet werden kann. Wer die soziale und humane Ebene bei der Drogenbekämpfung außer acht läßt, der ist mitschuldig am Drogenkonsum – so einfach ist das. Ein paar Fußballspieler, die in der Öffentlichkeit bekennen, selbst keine Drogen zu konsumieren (während sich andere Spitzensportler dopen lassen), reichen zur Durchsetzung einer solchen »Antidrogenkultur« sicherlich nicht aus. Eine Generation, ob in den hochindustrialisierten oder in Entwicklungsländern, die keine Perspektive der freien individuellen Lebensgestaltung sieht, ständig vom sozialen Abstieg bedroht ist, vor Drogensucht zu retten, bedarf mehr als leerer Sprüche. Die Forderung nach »Legalisierung von Drogen« ist ein gutes Beispiel für hohle Phrasen.

Doch es gibt noch einen anderen Aspekt. Es wäre nämlich eine Illusion zu glauben, selbst die rigorose Freigabe aller illegalen Drogen würde die Rauschgiftkartelle vernichten. Wer dies ernsthaft behauptet, ist mit der Situation und den Strukturen vor Ort wenig vertraut. In den Hauptanbauländern des Kokastrauches (Bolivien, Peru) und des Schlafmohns (Birma, Laos, Thailand) hat die Drogenmafia längst wirtschaftliche und politische Bedingungen geschaffen, die unumkehrbar sind, will man nicht den gesamten Staat aus den Angeln heben, teilweise ist der Staat die Drogenmafia. Auch hier sind die Widersprüche offensichtlich. Die Grundsubstanzen der illegalen Drogenproduktion kommen aus Deutschland, Holland und den USA, aus Ländern also, die so vehement den Drogenkartellen den Kampf ansagen und in denen ebenso vehement über Drogenfreigabe geredet wird. Hinzu kommt, daß die Pflanzen, die zur Erzeugung von Drogen benutzt werden und durch hochgiftige chemische Substanzen wie in Kolumbien zerstört werden, der Bevölkerung dort auch zu legalen Zwecken dienen, Teil ihrer Kultur sind. Die Blätter des Kokastrauches werden beispielsweise zur Herstellung von Tee gebraucht oder zum Kauen (ein Teil der südamerikanischen Kultur), das Rohr der Opiumpflanze dient der Herstellung von Medikamenten, Pflanzenöl, Viehfutter, und Marihuana wird häufig zu medizinischen Zwecken benutzt.

Und was viel bedeutsamer ist: Wenn man den Drogenanbau verhindern will, dann muß man den Bauern, ob in Peru, Kolumbien oder Bolivien, auch die Möglichkeit geben, Produkte anzubauen, die ihnen ein menschenwürdiges Leben garantieren. Die Strategie, Ersatzkulturen wie Korn, Orangen und Kaffee zu fördern, hat an Glaubwürdigkeit verloren, nachdem die USA ein Kaffee-Abkommen verzögerten, die Preise international in den Keller gefallen sind. Ganz zu schweigen von der protektionistischen Abschottung des amerikanischen oder europäischen Marktes gegenüber den Entwicklungsländern, zu denen die Drogenanbauländer zählen. Auch hier zeigt sich wieder die Doppelzüngigkeit der Politiker: Scheinheilig eine Veränderung in den Drogenanbauländern fordern und bei den GATT-Verhandlungen (dem internationalen Zoll- und Handelsabkommen) alles tun, damit die alte Vorherrschaft der sogenannten Ersten über die Dritte Welt erhalten bleibt. Bislang haben weder die Europäer noch die USA viel dazu getan, um die katastrophale soziale und wirtschaftliche Lage der Erzeugerländer zu verbessern. Die kleinen Campesinos, abhängig von Großgrundbesitzern, sind die Opfer. Wer fordert denn noch eine sozial gerechte Verteilung in den Drogenanbauländern, in denen eine kleine Oligarchie herrscht? Eine Veränderung dieser Situation ist der einzig gangbare Weg, um das Problem in den Erzeugerländern an der Wurzel zu fassen. Es wird in der gesamten Diskussion um Drogenfreigabe verschwiegen. Vielleicht, weil das Problem zu komplex ist.

Oder denkt man gar an militärische Interventionen à la Panama, dessen Chef-Drogenhändler Noriega lange Zeit von amerikanischen Behörden gestützt wurde? Derartige Interventionen kann wohl keine demokratische Gesellschaft wollen, nur weil sie selbst nicht in der Lage ist, mit ihren ureigenen Problemen fertig zu werden. Genau das fordern aber die Erzeugerländer zu Recht. »Ihr habt doch die Konsumenten und nicht wir«, sagen sie.

Ein weiteres Argument in Sachen Drogenfreigabe: Selbst wenn die Bundesregierung sich entschlösse, die Drogen direkt in den Produzentenländern zu kaufen, um sie dann unter staatlicher Kontrolle in Deutschland auf den Markt zu bringen, müßte sie den Handel zwangsläufig mit den Drogenbossen und mit durch und durch korrupten Regierungsinstitutionen machen. Der Staat als Finanzier der Mafia. Und die Preise in den Herstellerländern würden sich ohnehin nicht ändern, denn erst die Endverteilung treibt den Preis in die Höhe. Ob in Deutschland ein paar tausend Dealer pleite gehen, interessiert die mächtigen Drogenkartelle überhaupt nicht.

Die Krake Mafia wird es sowieso nicht zulassen, daß man sie empfindlich am Lebensnerv trifft. Wenn ihre vitalen Interessen ernsthaft bedroht sind, wird sie mit Mitteln und Methoden kämpfen, denen eine demokratische Gesellschaft nicht gewachsen ist. Keiner kann wohl ernsthaft glauben, die Drogenkartelle werden einen durch eine kontrollierte Abgabe zurückgehenden Drogenumsatz einfach hinnehmen. Auch die amerikanische Mafia hat nach dem Ende der Prohibition ihre kriminelle Aggression nicht verloren, sondern ist in den USA in weite Teile des politischen und wirtschaftlichen Lebens eingedrungen, und zwar zu einer Zeit, als es noch nicht dieses riesige Drogenproblem gab.

Die Drogenmafia wird vielmehr mit neuen und noch aggressiveren Methoden versuchen, neue Kunden zu gewinnen. In einigen südeuropäischen Ländern sind beispielsweise Abziehbilder für Kinder aufgetaucht, mit denen die Drogen über Zunge und Haut vom Körper absorbiert werden. Auch mit Drogen getränkte Bonbons und Kaugummis wurden schon eingesetzt, um Kinder gezielt in die Drogenabhängigkeit zu führen. Und der Markt würde mit absoluter Sicherheit sofort mit bislang nicht freigegebenen Drogen überschwemmt werden, um die Einkommensverluste auszugleichen. Deutschland ist von solchen Methoden bislang verschont geblieben. Das könnte sich schlagartig ändern.

Daß eine Legalisierung von Produkten noch lange kein Garant für die Verdrängung des organisierten Verbrechens ist, läßt sich allein schon mit dem Beispiel des in jüngster Zeit ausufernden Zigarettenschmuggels belegen: Den dürfte es, würden die Theorien der Freigabe-Befürworter aufgehen, eigentlich nicht geben.

Doch sind Diskussionen über eine Legalisierung ohnehin so lange utopisch, wie sich Europa nicht zu einem einheitlichen Vorgehen entschließt. Utopisch auch deshalb, weil die bis vor kurzem von der kommunistischen Diktatur beherrschten Staaten wegen ihrer wirtschaftlichen und sozialen Destabilität künftig sowohl Rauschgiftlieferanten wie -konsumenten sein werden. Vorsorglich haben bekanntlich schon die Drogenkartelle aus Südamerika mit russischen Syndikaten verhandelt, um neue Anbaugebiete zu erschließen.

Daß ein Alleingang nicht funktioniert, hat auch der gescheiterte Versuch mit dem Platzspitz in Zürich gezeigt. Deutschland würde sich, sofern es die bislang unter Strafe gestellten Drogen freigeben würde, zwangsläufig zum Drogenmekka für die Rauschgiftabhängigen Europas entwickeln.

Notwendig ist daher ein liberaler und humaner Umgang mit den Drogenabhängigen. Gleichzeitig jedoch müssen die Drogenhändler mit aller Konsequenz strafrechtlich verfolgt, muß der illegale Import ausgemerzt werden[23].

Einige bundesdeutsche Politiker, ob von CDU/CSU, SPD oder FDP, aber müssen sich fragen lassen, warum sie vor einem wirksamen Geldwäschegesetz zurückschrecken, das verurteilte Drogendealer zwingt, ihre gesamten Vermögensverhältnisse offenzulegen, so daß illegal erworbene Gelder bis auf den letzten Heller eingezogen werden können. Statt dessen nehmen sie lieber das Risiko in Kauf, durch eine Drogenlegalisierung noch mehr Menschen in die Sucht zu stürzen, ohne nur ansatzweise die sozialen Probleme zu lösen. Das ist nicht nur der falsche Weg, es ist auch ein falsches Spiel. Weil das so ist, müssen sie sich den Vorwurf gefallen lassen, mit dem Schicksal drogenabhängiger Menschen ihre eigene Sucht zu befriedigen, die nach Publicity.

Wir müssen aber ebenso eingestehen, daß eine drogenfreie Gesellschaft eine Illusion ist. Der eine Teil konsumiert legale, der andere illegale Drogen. Ob Drogen nun freigegeben sind oder nicht, es wird immer Menschen geben, die zu ihnen greifen.

Und deshalb ist in erster Linie nicht das Gesetz das Problem, sondern die Sucht und die Gründe, die zu dieser Sucht führen.

Die politischen Entscheidungsträger in unserer Gesellschaft, die so gerne Symptome mit Ursachen verwechseln, haben aber bislang wenig, eigentlich nichts getan, um die Ursachen der Drogensucht zu bekämpfen. Vielleicht sollten sie erst einmal darüber ernsthaft nachdenken, bevor sie bedenken- und widerspruchslos von Drogenfreigabe reden und eine Kultur ermöglichen, die in der Tat der Horrorvision einer *Brave new world* entspricht.

... Und Europa steht hilflos dabei
Der gemeinsame Binnenmarkt nutzt vor allem der Mafia

Der 1. Januar 1993 hat nur noch für die Europapolitiker eine Bedeutung, die Mafia hat das »gemeinsame europäische Haus« längst verwirklicht. Für sie sind die innereuropäischen Grenzen schon lange kein Hindernis mehr, wie es der Direktor des Hamburger Landeskriminalamtes, Wolfgang Sielaff, formuliert.

Die politischen Veränderungen in Europa und die international und professionell arbeitenden Verbrechersyndikate verändern die Anforderungen an die Zusammenarbeit der Polizei in Europa wie nie zuvor. Doch statt dieser Tatsache Rechnung zu tragen, spricht wenige Monate vor dem Stichtag der vielbesungenen europäischen Einheit vieles dafür, daß die Politik diese Entwicklung verschlafen hat. Fünfunddreißig Jahre verstrichen ohne zufriedenstellendes Ergebnis, denn die Verwirklichung des europäischen Binnenmarktes wurde schon 1957 mit dem Vertrag zur Gründung der Europäischen Wirtschaftsgemeinschaft (EWG) festgelegt.

»So sehr zu begrüßen ist, daß die europäischen Staaten und ihre Polizeien sich bemühen, den Veränderungen schnellstmöglich Rechnung zu tragen, so bedenklich stimmt, daß in Europa noch keine einheitliche politische und polizeiliche Konzeption zur gemeinsamen Bekämpfung der internationalen Kriminalität besteht, die alle Aspekte polizeilich erforderlicher Kooperation umfaßt«, klagt der »Europa«-Experte des Bundeskriminalamtes, der Leitende Kriminaldirektor Jürgen Storbeck[1].

»Wir haben einen gemeinsamen Milch-, Butter- und Käse-Markt und einheitlich genormte Dachpappenschrauben, aber in Fragen der Sicherheit gibt es keine einheitlichen Regelungen, und es sieht nicht so aus, als ob sich das in absehbarer Zeit ändert«, erregt sich der oberste Kokainfahnder des Bundeskriminalamtes, Manfred Dihanich.

Ganz ähnlich sieht es auch sein Kollege von der belgischen Staatspolizei, der Chef der OK-Dienststelle Willi van Mechelen: »Wenn Europa '92 kommt, wird es für uns viel schwieriger. Wir haben beispielsweise schon heute eine gemeinsame Grenze mit Holland, an der es keinen Grenzposten mehr gibt. Seitdem ist das Drogenproblem in Belgien gewachsen. Aber für die Polizei gibt es diese Grenze noch immer. Der Ganove braucht sich mit seinem Kokain in Antwerpen nur noch in den Zug setzen und fährt bis Mailand durch.« Mehr noch: Der Polizei wurden sogar die Kontrollbefugnisse im Grenzzollbezirk genommen.

Die belgischen Politiker haben die Gefahr nicht erkannt, glaubt van Mechelen, weil sie das Problem nicht interessiere. »Unsere Politiker sehen die Gefahr deshalb nicht, weil sie damit nicht in Berührung kommen. Die Folgen jedoch werden den Rechten weiterhin Auftrieb geben.«

Europa wächst zusammen – zu einem großen kriminalgeografischen Raum. Das Potential für die kriminellen Geschäfte ist gewaltig: 325 Millionen Menschen leben in diesem größten Wirtschaftsraum der Welt (USA: 249 Millionen). Durch die Veränderungen im Osten muß der europäische Kontinent jedoch als Ganzes betrachtet werden, und so entsteht ein ausbaufähiger Absatzmarkt etwa für Rauschgift von zirka einer dreiviertel Milliarde Menschen.

Parallel zum gemeinsamen Binnenmarkt soll auch der Europäische Wirtschaftsraum (EWR) zwischen der EG und den sieben EFTA-Staaten Finnland, Schweden, Norwegen, Island, Liechtenstein, Österreich und der Schweiz Wirklichkeit werden. Eine Vereinfachung des Handels und eine Reduzierung von Kontrollen ist auch da zu erwarten.

Wie nirgends sonst auf der Welt kann das organisierte Verbrechen die Zersplitterung der Sicherheitsorgane in Europa und das Souveränitätsdenken der einzelnen Staaten so für seine Ziele nutzen. Und während Politiker in Bonn und Brüssel von offenen Grenzen sprechen, wirbt etwa Luxemburg um Schwarzgeld.

Das internationale, hochkarätige Verbrechen sieht die Grenzen schon heute lediglich als ein zu vernachlässigendes Hindernis an. Als Abschreckung für noch nicht so gut organisierte Straftäter, die dies aber morgen schon sein können, haben die Grenzen noch eine Funktion, eine präventive Wirkung. Künftig muß sich der Rauschgiftschmuggler allerdings nicht einmal mehr die Mühe machen, seine illegale Fracht zu verstecken, da ihn an den Grenzen niemand mehr kontrolliert.

Statt dessen sollen die Kontrollen an den Außengrenzen verstärkt werden. Wie wenig dies bewirken wird, zeigt sich allein am Beispiel Spaniens, das, bedingt durch eine unkontrollierbare Küste, zum Haupteinfallstor für Rauschgift in Europa geworden ist. Die veränderte Situation im Osten wird die Lage weiter verschärfen.

»Die Chance an gewisse Dinge heranzukommen, wird durch den gemeinsamen Binnenmarkt natürlich minimiert«, stellt LKA-Direktor Sielaff fest. »Was fangen denn die Behörden so an den Grenzen ab, das ist ja geradezu atemberaubend. Da soll dann in Zukunft gar nichts mehr geschehen?«

Seit Jahren warnen Sicherheitsexperten vor den Folgen für die Verbrechensbekämpfung. Storbeck zählt eine Reihe von Kritikpunkten auf: »Das Ziel muß die Vereinheitlichung des Rechts sein, aber das ist nicht annähernd geschafft. Auch eine Vereinheitlichung der Rechtshilfe ist nur in Ansätzen gelungen. Es wurde ein unmittelbarer Dienstverkehr für die Staatsanwaltschaft geschaffen. So etwas strebt man auch für die Polizei an, soll aber nur für Eilfälle geschaffen werden. Allerdings wird da derzeit nicht weiter daran gearbeitet. Auslieferungen sind deshalb nach wie vor kompliziert.« Die USA etwa haben den Vorteil einer einheitlichen Rechts- und Rauschgiftpolitik sowie eines Strafgesetzes auf Bundesebene, Europa hat zwölf.

Das führt zwangsläufig zu Flickschusterei. Organisatorisch soll aufgefangen werden, was rechtlich nicht gelungen ist. »Bei länderübergreifenden Drogengeschäften machen wir es künftig so, daß wir alle Anrainerstaaten informieren, auch auf die Gefahr eines Fehlalarms hin. Da fordern die Politiker den Abbau der Grenzen und haben dann nicht den Mut oder die Fähigkeit, das auch durchzusetzen.«

»Das ist doch geradezu grotesk, was da läuft, und macht die ganze Hilflosigkeit deutlich«, empört sich auch sein Kollege Dihanich.

Hinzu kommen Probleme, die die Europa-Architekten nicht übersehen konnten, als sie die ersten Pläne schmiedeten: »Die Kriminalitätsstrukturen im Westen sind schon ausgebildet, aber wenn jetzt noch der Osten dazukommt, wird sich das Ganze wahrscheinlich potenzieren«, sorgt sich Sielaff und bemerkt: »Die vorgesehenen Ausgleichsmaßnahmen des Schengener Abkommens sind natürlich abstrus. Wir haben zudem noch keine qualifizierten Übereinkommen mit den östlichen Ländern, deren Bürger künftig mehr reisen können.« Mit Polen und der ČSFR gibt es zwar Übereinkommen über gemeinsame Polizeiaktionen, aber keine Auslieferungsvereinbarungen.

Der ehemalige Landespolizeipräsident Baden-Württembergs, Alfred Stümper, warnt deshalb auch vor Pauschalformeln wie »Europa wird kommen, aber die Sicherheit wird keine Einbuße erleiden«[2]. Als »kritisch und geradezu hochgefährlich« wertet er den Zeitraum der Konsolidierungsphase, also vom Beginn der Freizügigkeit bis zu einem hinreichenden Eingespieltsein der europäischen Sicherheitsorgane. In den ersten zehn oder mehr Jahren werde die Kriminalität sogar zunehmen und bestehende Strukturen so verfestigen, daß man sie auch mit größter Anstrengung nicht mehr los wird.

Er ist überzeugt, daß der einzelne Bürger die entstehenden Sicherheitsdefizite erst in drei bis fünf Jahren spüren wird, da die organisierte Kriminalität bestimmter Formen wie Diebstahl, Betrug und Rauschgifthandel für den Bürger nur einen mittelbaren Schaden anrichtet: über den Staat durch höhere Steuern, über Versicherungsgesellschaften mit höheren Beiträgen, über Krankenkassen mit geringerwertigen Leistungen, über ein schleichendes Aushöhlen und Umordnen von Wirtschaftsbereichen mit schwindender Konkurrenzfähigkeit bis hin zum Verlust von Arbeitsplätzen.

Die Folgen der europäischen Integration werden das Verhältnis zwischen Bürger und Rechtsstaat einer Zerreißprobe aussetzen: Einerseits wird durch das Ansteigen der Kriminalität das Vertrauen der Menschen in die Sicherheitsbehörden nicht gerade gestärkt, andererseits werden die notwendigen Eingriffserweiterungen für die Polizei der Angst vor allgewaltigen Sicherheitsbehörden neue Nahrung geben.

Fest steht: Für die Polizei wird sich einiges verändern. Der fehlende Ausgleich an den Grenzen hat Auswirkungen auf die Arbeit der Polizei. Das muß Konsequenzen haben auf ihr inneres Gefüge, es muß sich das Verständnis von polizeilicher Arbeit verändern, ebenso wie die Ausbildung und das Wissen um das Recht in anderen Staaten.

TREVI

Mitte der siebziger Jahre schuf der Europarat ein Gremium für Fragen der inneren Sicherheit und der öffentlichen Ordnung: TREVI (*Terrorisme, Radicalisme, Extremisme & Violance Internationale*) war geboren. Seitdem haben sich verschiedene Arbeitsgruppen gebildet: TREVI I für den Terrorismus, TREVI II für Polizeiausbildung und Technologie, TREVI III für die Bekämpfung der organisierten Kriminalität und TREVI IV, hervorgegangen aus der 1988 gebildeten Ad-hoc-Arbeitsgruppe »TREVI 1992«, die sich mit Ausgleichsmaßnahmen beschäftigt.

Eine der für die Sicherheitsbehörden wichtigsten Aufgaben von TREVI ist der Aufbau der EDU (*European Drugs Unit,* vorher: *European Drugs Intelligence Unit*). Diese noch zu gründende Behörde – unklar ist vorerst der Sitz – soll in einem ersten Schritt vor allem Auswertung und Analyse von Rauschgiftkriminalität leisten: Dazu gehört die systematische Sammlung, Verarbeitung und Weitergabe von Erkenntnissen über den illegalen Anbau und Handel mit Rauschgift einschließlich der Geldwäsche von Drogengewinnen. Der zweite Schritt umfaßt die anderen OK-Bereiche. Der dritte Schritt wäre die Übertragung von Exekutivbefugnissen. Dies soll bis Ende 1994 verwirklicht sein. Die ermittelnden Beamten müßten nach dem Strafprozeßrecht der jeweiligen Länder handeln.

Doch zuvor müssen sich die TREVI-Minister erst einmal einigen, ob die Übertragung von Exekutivbefugnissen auf die EDU überhaupt erwünscht ist. Eine solche Einigung ist noch nicht einmal annähernd in Sicht.

Das Schengener Abkommen

Im Juni 1985 beschlossen die Regierungen der Beneluxstaaten, Frankreichs und der Bundesrepublik im luxemburgischen Schengen, ihre gemeinsamen Binnengrenzen »möglichst bis zum 1. Januar 1990« zu öffnen. Daraus ist nichts geworden, wie man weiß. Wegen der negativen Folgen für die innere Sicherheit der betroffenen Länder nach Wegfall der Grenzkontrollen hatten sich vor allem Sicherheitsexperten gegen diesen Termin gewandt.

Die Europapolitiker wollten sich von ihren Zielen dadurch freilich keineswegs abbringen lassen und beschlossen deshalb sogenannte Ausgleichsmaßnahmen, die als Zusatzabkommen im Juni 1990 von den fünf Staaten unterzeichnet wurden. Italien, Spanien und Portugal sind dem Schengener Abkommen mittlerweile beigetreten, Griechenland hat einen Beobachterstatus.

In den Schengener Verträgen ist festgehalten, wie Sicherheitspolitik in Europa künftig aussehen soll. Zentrale Punkte sind beispielsweise gemeinsame Maßnahmen im Ausländer- und Asylrecht (für etwa 100 Nicht-EG-Staaten soll die Visumpflicht eingeführt werden) und eine Angleichung (»Harmonisierung«) verschiedener strafprozessualer und polizeirechtlicher Methoden.

Das Stichwort heißt »Nacheile«: Sicherheitsexperten zitieren hierfür zumeist das Beispiel »Banküberfall in Aachen«. Der Bankräuber entwischt mit seinem Fluchtfahrzeug und der Beute in Richtung Holland oder Belgien. Für die verfolgende Polizei ist gleichwohl an der Grenze Schluß. Gelingt es ihr nicht rechtzeitig, die Kollegen in den Nachbarländern zu informieren, ist der Bankräuber über alle Berge.

Schon an der Regelung für die Nacheile (die im übrigen auch innerhalb Deutschlands durch einen Staatsvertrag zwischen den Bundesländern geregelt ist) zeigt sich, wie wenig durchdacht und löchrig die Ausgleichsmaßnahmen sind. Es gelten nämlich für alle Unterzeichnerstaaten absurderweise unterschiedliche Nacheileregeln. So müssen die nacheilenden Beamten auseinanderzuhalten wissen, wo sie zeitlich unbegrenzt, aber nur zehn Kilometer tief nachfahren dürfen, wo es keine Kilometerbeschränkung gibt, dafür aber das zeitliche Limit einer halben Stunde, und wo es weder das eine noch das andere, dafür aber zum Beispiel ein Betretungsverbot für öffentliche Gebäude gibt. Schnappen sie dann den Gangster trotz aller Hürden, gibt es drei unterschiedliche Regeln für das »Festhalterecht«, nicht die Festnahme. Und zwei verschiedene Voraussetzungen existieren zudem noch über die Zulässigkeit der Nacheile, darunter ein Straftatenkatalog, der festlegt, bei welchen Straftaten eine Nacheile zulässig ist und wann nicht. Selbstverständlich muß der nacheilende Beamte, der ganz nebenbei den Verbrecher nicht aus den Augen verlieren soll, all diese Vorschriften kennen und rechtzeitig anwenden.

Hier noch von Harmonisierung zu reden, ist eine glatte Verschleierung der Realität.

Noch komplizierter wird es, wenn Polizeibeamte einen Verbrecher über die Grenzen hinweg observieren wollen, was in der Regel eine gewisse Geheimhaltung voraussetzt. Neben solch »sinnvollen« Vorschriften wie Abliefern der Dienstwaffe an der Grenze oder Observation nur im Streifenwagen muß unter anderem ein Rechtshilfeersuchen vorliegen.

Um die Groteske deutlich zu machen, sei hier einmal der offizielle Weg eines Rechtshilfeersuchens beschrieben: Der Staatsanwalt, der das Ermittlungsverfahren führt, leitet das Ersuchen an die zuständige Generalstaatsanwaltschaft weiter. Von dort geht es an das Justizministerium des jeweiligen Bundeslandes, weiter an das Bundesjustizministerium und schließlich an das Auswärtige Amt. Das Außenministerium leitet das Ersuchen an die deutsche diplomatische Vertretung im Empfängerland weiter. Von dort geht der Antrag über das dortige Außenministerium und Justizministerium an den im Empfängerland zuständigen Generalstaatsanwalt. Der entscheidet dann über Zustimmung oder Ablehnung. Seine Entscheidung geht auf dem gleichen Weg zurück. So etwas dauert in der Regel mehrere Wochen. Es sind aber schon Fälle bekanntgeworden (vor allem mit Spanien und Italien), wo Rechtshilfeersuchen erst nach einigen Jahren (!) oder gar nicht beantwortet wurden.

Von solchen »Ermittlungsfreuden« kann der belgische OK-Fahnder van Mechelen ein Lied singen: »Es gibt bislang nur persönliche Kontakte zu Polizeidienststellen in anderen Ländern, aber eben nicht überallhin, der offizielle Weg aber dauert zwei Monate. Wir würden ja, wenn es sein müßte, beispielsweise nach Frankfurt gehen, aber dann sagt unser Ministerium, wir seien mit unseren Dienstautos im Ausland nicht versichert, und mit dem Privatwagen dürfen wir dienstlich nicht fahren. Solche Dinge demotivieren die Polizei überall.«

Der Vollständigkeit halber sei auch der »inoffizielle« Weg beschrieben: Der zuständige Staatsanwalt schert sich nicht um all die Regeln und ruft seinen Kollegen im jeweiligen Land direkt an. Dann allerdings muß man sich fragen, für wen solche Regeln überhaupt gemacht werden.

BKA-Experte Storbeck ist deshalb sehr skeptisch: »Den grenzüberschreitenden Drogenhandel zu bekämpfen, ist künftig sehr problematisch. Da braucht man starke Observationskräfte an allen Grenzen und Stabsstellen in allen beteiligten Ländern. Verdeckte Ermittler brauchen direkte Ansprechpartner, das muß vorher alles geklärt werden. In den wesentlichen Punkten wird das künftig alles nicht gerade einfach werden«, lautet sein Urteil.

Für die Sicherheitsbehörden von Bedeutung ist allerdings das sogenannte Schengener Informationssystem (SIS). Darin sollen alle Daten von Personen oder Sachen gespeichert werden, nach denen gefahndet wird. Zugriff darauf sollen die Polizei an den Grenzen und alle anderen Polizeidienststellen in den Mitgliedsstaaten haben. Storbeck rechnet europaweit mit etwa 100 000 bis 200 000 Personen- und etwa zwei Millionen Sachfahndungsdaten. Für die Verwaltung dieser Datenmenge soll ein Zentralrechner in Straßburg installiert werden.

Das SIS wird durch die NSIS, die nationalen Datenpools, gespeist. Storbeck: »Geplant ist, daß es ab 1. Januar 1993 funktionieren soll. Es wird aber allenfalls für zwei bis drei Länder (Deutschland, Niederlande, Frankreich) funktionieren, mit einem kleinen, langsam wachsenden Datenbestand.«

Irgendwann einmal soll aus dem SIS das EIS, das Europäische Informationssystem, werden. Doch das ist angesichts der zahlreichen ungelösten Probleme noch Zukunftsmusik.

Eines dieser Probleme ist beispielsweise der Datenschutz: Das SIS ist ein reines Personen- und Sachfahndungssystem. Es erfüllt daher nicht die von der Polizei erhobenen Anforderungen an ein Informationssystem, das polizeiliche Ermittlungen unterstützt und der Lagebeurteilung dient. »Wir können nicht international ermitteln und wir haben keinen ›Intelligence Service‹ zur Auswertung und Analyse. Daraus resultiert auch die Forderung nach Europol«, sagt Storbeck.

Hinderlich sind schließlich die acht unterschiedlichen EG-Sprachen für den Aufbau eines Informationssystems. Bislang konnten sich die Politiker noch nicht einmal auf eine gemeinsame Amtssprache einigen.

Die Lücken können die bisherigen Informationssysteme nicht schließen: Das Interpol-Kommunikationssystem, an das 158 Mitgliedsstaaten angeschlossen sind, gilt als recht schwerfällig. Der

Grund dafür ist in den Mitgliedsländern zu suchen. Nicht überall existiert ein einheitliches nationales Nachrichtensystem. Mitunter werden Nachrichten per Brief oder Boten an die zuständige örtliche Polizeidienststelle übermittelt. Selbst innerhalb Deutschlands dauert es mitunter Tage, bis die Nachricht in der Fernmeldestelle des Bundeskriminalamtes ist, um dann in wenigen Sekunden auf dem Interpolweg an das nationale Zentralbüro eines anderen Staates zu gelangen, wo sie dann im Schneckentempo an die örtliche Behörde weitergeleitet wird.

Auch hat Interpol nicht genügend Personal, um notwendige Analysen durchzuführen. Der Rauschgift-Sofortmeldedienst von Interpol (IKPO) in Lyon will ab Ende 1992 ein automatisches Recherchesystem (ASF) anbieten, über das die nationalen Zentralbüros Personen- und Sachdaten zu Rauschgiftfällen abfragen können.

Ein anderer Weg sind die sogenannten TREVI-Kanäle. Über diese sind die zentralen Sicherheitsbehörden der zwölf EG-Länder miteinander verbunden und tauschen fall-, personen- und sachbezogene Informationen in den Bereichen Terrorismus und Staatsschutz aus. Nachteil: Der TREVI-Geschäftsweg ist in den einschlägigen völkerrechtlichen Konventionen und Verträgen anders als der Interpol-Geschäftsweg nicht für die polizeiliche und justizielle Rechtshilfe vorgesehen, so daß die damit übermittelten Informationen nicht in ein Strafverfahren eingebracht werden können.

In einem Europa ohne Grenzen müßten nach Ansicht Storbecks aber auch die Grenzen im Informationsaustausch zwischen den örtlichen Polizeidienststellen fallen. Sonst drohe die Gefahr, daß das Bundeskriminalamt zu einer reinen Nachrichtenübermittlungsbehörde verkomme.

Die Schengener Ausgleichsmaßnahmen haben für die polizeiliche Arbeit nichts Entscheidendes gebracht. Insofern haben sie vor allem Alibicharakter. Während die international organisierte Mafia ungehindert alle Grenzen überschreitet, enden dort noch immer die Befugnisse der Polizeibeamten. Die komplizierten Rechtshilfevorschriften sind außerdem um keinen Deut vereinfacht worden.

Polizei oder Geheimdienst?
Verdeckte Ermittler und Wanzen

Er läutete das Ende der amerikanischen Cosa Nostra ein: FBI-Agent Joseph D. Pistone, der als Undercover-Agent Donnie Brasco sechs Jahre lang zum engsten Kreis der New Yorker Mafia gehörte, sprengte schließlich die berüchtigte Pizza-Connection und brachte zahlreiche Topmafiosi für viele Jahre hinter Gitter. Joe Pistone verkörpert die wohl aufwendigste und erfolgreichste Undercover-Operation in der Geschichte des FBI.

Verdeckte Ermittler (VE): *enfant terrible* oder vermeintliche Wunderwaffe auch der deutschen Polizei? In der Grauzone zwischen Polizei und Geheimdienst stochern sie im kriminellen Untergrund und nähren in der Öffentlichkeit die Angst vor dem polizeilichen Überwachungsstaat.

Die Sorge ist verständlich, denn der Verdeckte Ermittler entzieht sich der öffentlichen Kontrolle. Und was im geheimen tagende Kontrollgremien, wie etwa die parlamentarische Kommission für die Geheimdienste, wert sind, zeigt sich eindrucksvoll an der langen Kette bundesdeutscher Geheimdienstskandale der letzten Jahrzehnte.

Datenschützer, Strafverteidiger und einige Politiker fürchten, der Verdeckte Ermittler werde die von der Verfassung garantierten Rechte des Beschuldigten aushöhlen, weil er sich unter dem Vorwand, ein Ganove zu sein, in das Vertrauen anderer Ganoven einschleicht. Die Unschuldsvermutung, ein wichtiger Bestandteil des Rechtsstaates, werde aufgegeben und der Bürger als Sicherheitsrisiko verstanden, der heimlich und planmäßig ausgeforscht werde. Die »Beweise«, die der Verdeckte Ermittler durch seine Arbeit in das Strafverfahren einbringt, sind zudem nicht unmittelbar, da er in der Verhandlung nicht erscheinen muß. Die Verteidiger haben deshalb keine Möglichkeit, den Verdeckten Ermittler selbst zu befragen. Von fehlender Waffengleichheit zwischen Strafverfolgung und Verteidigung ist die Rede.

Von der Notwendigkeit verdeckter Ermittlungen dagegen ist grundsätzlich Manfred Dihanich, ranghöchster Kokainfahnder des Bundeskriminalamtes, überzeugt: »Wer glaubt, daß ohne Verdeckten Ermittler oder V-Mann irgend etwas läuft im Rauschgiftbereich, hat keine Ahnung oder will es nicht wissen. Es gibt überhaupt kein größeres Verfahren, in dem nicht V-Leute oder Verdeckte Ermittler in irgendeiner Form eine Rolle gespielt haben.«

Organisiertes Verbrechen, das sichtbar wird, ist schlecht organisiertes Verbrechen, sagt das BKA. In bestimmten Bereichen kommt die Polizei deshalb nicht ohne den Einsatz Verdeckter Ermittler aus.

Der VE soll, so die Wunschvorstellung einiger Politiker und nicht weniger Polizeibeamter, tief in die Strukturen des organisierten Verbrechens eindringen, um an die Hintermänner heranzukommen. Die so gewonnenen Anhaltspunkte und Verdachtsmomente sollen dann mit herkömmlichen Ermittlungsmethoden wie Durchsuchungen, Telefonüberwachungen und Zeugenbefragungen verdichtet werden. Doch das wird ein Wunsch bleiben, denn die Praxis deutscher Polizeiarbeit und die Bedingungen, die im »Milieu« herrschen, verhindern solche Erfolge.

Bis in die Spitzen der verbrecherischen Organisationen wird ein VE nie vordringen können: Die Köpfe solcher Gruppen kennen sich oft seit Jahrzehnten, etwa in den Rotlichtbezirken der Großstädte. Und bei den ethnischen Gruppierungen – wie Jugo-Gangs oder türkischen und südamerikanischen Rauschgifthändlern – bleibt für den Verdeckten Ermittler ohnehin die Türe zu.

Kritik am VE gibt es selbst in den Reihen der Polizei: Düsseldorfs Polizeipräsident Hans Lisken hat gar ultimativ erklärt, in seiner Behörde werde es keine Undercover-Agenten geben[3]. Weil ein Verdeckter Ermittler Gerichte, Staatsanwälte und Rechtsanwälte über seine wahre Identität täuschen dürfe, scheide er als rechtsstaatliches Beweismittel aus, so Lisken anläßlich eines Treffens der Bundesarbeitsgemeinschaft Kritischer Polizisten und Polizistinnen in Bonn.

Auch einer der erfahrensten OK-Fahnder der Republik, der Direktor des Hamburger LKAs, Wolfgang Sielaff, kann nicht nachvollziehen, weshalb das Wohl und Wehe der OK-Bekämpfung am Verdeckten Ermittler hängen soll, besonders wenn es um die Ermittlung gegen ausländische OK-Gruppierungen geht: »Ein deutscher VE kann dort sowieso nichts ausrichten. Was soll er denn dort auch tun, soll er etwa auf dem Schoß eines Kriminellen landen? Wir müßten heute schon den Verdeckten Ermittler einschleusen, der im Jahre 2010 dann erfolgreich ist«, sagt er uns.

Gleichwohl geht Sielaff nicht so weit wie sein Düsseldorfer Kollege Lisken, zumal seine Behörde die Untergrundpolizisten bereits erfolgreich eingesetzt hat, wie etwa im Fall des St.-Pauli-Killers Werner Pinzner. Erst durch den Einsatz eines Verdeckten Ermittlers fand die Kripo heraus, wer an welchem Telefon die Mordaufträge erteilte.

»Unsere Philosophie vom VE-Einsatz geht dahin, daß wir uns primär in der Korona der OK bewegen. Mitschwimmen in bestimmten Bereichen, um zu wissen, wer mit wem was tut. Aber nicht im harten Kern. Ein guter V-Mann bringt da viel mehr.«

Kritisiert wird bisweilen auch der Einsatzbereich der Undercover-Agenten: »Der VE soll nach dem Deliktekatalog zum Beispiel bei der Vergewaltigung zum Einsatz kommen[4]. Was soll er denn da machen? Zuschauen, wie eine Frau vergewaltigt wird?« erzählt uns ein BKA-Beamter sichtlich verärgert. »Für solche Delikte brauchen wir keinen VE. Auch nicht fürs Rotlichtmilieu. Wir brauchen einen Verdeckten Ermittler im White-Collar-Crime, in der Wirtschaftskriminalität. Unser VE muß beispielsweise in ein Bauamt gehen können, um festzustellen, ob dort Absprachen getroffen werden.« Doch diese Möglichkeiten hat der Gesetzgeber ausgespart. Warum, darüber kann nur spekuliert werden.

Die Verdeckten Ermittler sind auf Erfolg gedrillt, nichts ist auf lange Sicht geplant. Und Verdeckte Ermittler werden am Erfolg gemessen. Das birgt die Gefahr, daß Erfolge übers Knie gebrochen werden, der VE zum *agent provocateur* wird. Vom eigentlichen Auftrag eines Polizeibeamten, Straftaten zu verhindern und aufzuklären, wäre der Verdeckte Ermittler dann weit entfernt.

Auch der Erfolgsdruck, unter den nicht zuletzt so mancher Innenminister seine Polizeibehörden setzt, vereitelt ein wirkungsvolles Arbeiten von Anbeginn.

»Für Verdeckte Ermittler müssen erhebliche Haushaltsmittel aufgebracht werden. Es steht außer Zweifel, daß Politiker über kurz oder lang wissen wollen, ob sich das ausgezahlt hat. Ergo werden sie ihren Mann im Untergrund antreiben, Erfolge zu erzielen. Damit wird das Unternehmen höchst fragwürdig, denn eigentlich müßte der Beamte über Jahre zunächst völlig passiv im Untergrund leben, auch zu seiner Sicherheit«, so Dieter Schenk, Ex-BKA-Beamter und stellvertretender Vorsitzender von Business Crime Control (BCC), einem privaten Verein, der sich unter anderem zum Ziel gesetzt hat, die Sozialschädlichkeit von organisierter und Wirtschaftskriminalität zu untersuchen und aufzudecken.

Der Verdeckte Ermittler ist zugleich eines der schwächsten Glieder in der Kette polizeilicher Ermittlungsmethoden. Zwar sind sie nicht mehr so leicht wie vor einigen Jahren noch bei einer Überprüfung ihres Autokennzeichens zu entlarven, aber ihre Legende hält intensiven Nachforschungen dennoch nicht stand: Sie fliegen spätestens dann auf, wenn eine kriminelle Organisation versucht, ihre Vergangenheit auszuforschen. »Eine wasserdichte Legende gibt es nicht«, weiß Sielaff, und »wenn wir es mit einem Gegenüber zu tun haben, das über alle Möglichkeiten der Ausforschung verfügt, halten wir das nicht durch.« Über Möglichkeiten der Legendenbildung, wie bei den Geheimdiensten üblich, aber verfügt die Polizei nicht.

Eine weitere Schwachstelle ist das private Umfeld des Verdeckten Ermittlers. Ein VE, der wochentags seinen Dienst im kriminellen Milieu verrichtet und am Wochenende bei seinen Lieben weilt, ist für viele Kriminalbeamte eine »halbherzige Sache«: »Wenn man es konsequent betreibt, dann gibt es keine wöchentlichen Nachhausefahrten«, erzählt uns ein ehemaliger BKA-Beamter, der jahrelang in der Terrorismusfahndung tätig war.

Auch bei der notwendigen Absicherung ihrer VE im eigenen Haus lassen es manche Polizeibehörden bis hin zum BKA an der nötigen Konsequenz mangeln. Sielaff kennt sogar ein Landeskriminalamt, in dem die VE in derselben Kantine zu Mittag essen, wie die normalen Kriminalbeamten. »Das ist nicht professionell, sondern gefährlich«, lautet sein Kommentar.

Kaum ein Thema aber hat in den letzten Monaten die Sicherheitsexperten in der Bundesrepublik mehr gespalten als die Frage: Sollen Verdeckte Ermittler Straftaten begehen dürfen?

Der ehemalige Bundesinnenminister Wolfgang Schäuble (CDU) meinte, ein Verdeckter Ermittler müsse »milieubedingte Straftaten« begehen dürfen, um erfolgreich arbeiten zu können[5]. Der gleichen Meinung ist BKA-Chef Zachert.

Die Mafia, so argumentieren die Befürworter, könne vom Verdeckten Ermittler die »Keuschheitsprobe« verlangen. Soll zum

Beispiel ein Rauschgiftgeschäft abgewickelt werden, könnte der Dealer von seinem Gegenüber erwarten, daß er die Droge erst mal selbst probiert. Befürworter der »milieubedingten Straftat« sind überzeugt, das organisierte Verbrechen werde solche Techniken bewußt einsetzen, um die Spreu vom Weizen, sprich: echte von falschen Ganoven, zu trennen.

FDP und SPD schrien vor Entsetzen auf und warnten davor, Polizeibeamte zur Begehung von Straftaten anzustiften. Welche Straftaten sollten zulässig sein: Raub, Brandstiftung, Mord und Totschlag? fragten die entrüsteten Politiker. Der Bundesvorsitzende der Humanistischen Union, der Hildesheimer Richter Ulrich Vultejus, wandte sich ebenfalls gegen eine solche Regelung: »Es ist ein Widerspruch in sich, wenn der Staat seinen Bürgern Straftaten verbietet, seine Beamten aber veranlaßt, selbst Straftaten zu begehen[6].« Er erinnerte in diesem Zusammenhang an die Affäre um das »Celler Loch«, als Verfassungsschutzagenten ein Loch in die Mauer der Celler Strafanstalt sprengten, um einen Gefangenen zu befreien, der als V-Mann in die Terroristenszene eindringen sollte.

Wenn man das Problem näher untersucht, kommen Zweifel an der Seriosität der Forderung nach »milieubedingten Straftaten« auf. Ohnehin sind Polizeibeamten eine Reihe von »Straftaten« gestattet. Tatbestandmäßig wäre nämlich das gesamte polizeiliche Eingreifen (Freiheitsberaubung, Hausfriedensbruch, etc.) strafbar, aber nicht rechtswidrig oder gar schuldhaft, weil es durch die Aufgabe der Polizei, durch die Polizeigesetze der Länder und im Einzelfall durch richterliche Anordnung legitimiert ist. Und wenn ein Verdeckter Ermittler an einem Gangstertreffen teilnimmt, macht er sich nach Paragraph 30 Absatz 2 Strafgesetzbuch der »Verabredung zu einem Verbrechen« strafbar.

Die Notwendigkeit für einen VE, Straftaten zu begehen, definiert sich über das Ziel verdeckter Ermittlungen: Geht es um den Eierdieb oder den hochkarätigen Kriminellen?

»Es gibt durchaus Instrumente, entgegen der Aussage sogenannter Experten, es erst gar nicht zu Straftaten kommen zu lassen. Es kommt nämlich auf die Legende an und darauf, wie clever jemand im Milieu auftritt«, glaubt etwa LKA-Direktor Sielaff.

Die Wahrscheinlichkeit, in eine Straftat verwickelt zu werden, wird um so geringer, je höher der Verdeckte Ermittler in der kriminellen Hierarchie einsteigt. »Moderne« Verbrecher verlangen von ihren Geschäftspartnern in der Regel nicht, daß diese zunächst mal einen Einbruch oder Banküberfall begehen, bevor über das Geschäft gesprochen wird. Hochkarätige Rauschgiftdealer lassen zumeist selbst die Finger weg von ihren Drogen, weshalb sollten sie dann etwas anderes von ihren Abnehmern verlangen.

Am Fall der Sicherstellung von zwei Tonnen Kokain und 8,5 Tonnen Marihuana durch das Bundeskriminalamt im Oktober 1990 hat sich dies bestätigt: In diesen Ermittlungen waren zwei Verdeckte Ermittler eingesetzt, und die kolumbianischen Drogenhändler kamen nicht auf die Idee, von ihren »Abnehmern« zunächst einmal zu verlangen, den Stoff selbst zu probieren[7].

Vorschläge, wie mit dem Problem Straftaten umgegangen werden könnte, hat der Frankfurter Oberstaatsanwalt Hans-Harald Körner, Leiter der Zentralstelle für die Bekämpfung der Betäubungsmittelkriminalität (ZfB): »Die Generalstaatsanwälte könnten bestimmte Richtlinien entwickeln, was an geringfügigen Straftaten tolerabel ist, um das Strafverfahren dann anschließend wegen Geringfügigkeit einzustellen«, sagte er im Gespräch mit uns.

Noch mehr erhitzen sich die Gemüter allerdings an der Frage, ob Kriminelle mit elektronischem Abhörgerät ausspioniert werden sollen: Eine Wanze im Liebesnest des Mafiabosses?

Vor Jahren ermittelte Oberstaatsanwalt Körner gegen eine asiatische Dealerorganisation, die Heroin in großen Mengen von Südostasien nach Deutschland und in die Niederlande schmuggelte. Hin und wieder gelang es der Polizei, einzelne Transporteure festzunehmen. Doch die schwiegen sich sowohl über ihre Auftraggeber wie über ihre Kunden eisern aus.

Allerdings fand die Polizei Hinweise auf eine Frankfurter Wohnung, in der mehrere Asiaten zusammenlebten. Die weiteren Ermittlungen ergaben, daß die Asien-Wohngemeinschaft eine zentrale Rolle im Heroinhandel spielte: Von dort aus wurden die Lieferungen koordiniert. Alle festgenommenen Transporteure trugen die Adresse dieser Wohnung bei sich.

Körner veranlaßte eine Telefonüberwachung – die ergab nichts. Kripobeamte stellten daraufhin die Wohnung auf den Kopf – ebenso erfolglos.

Noch etwas fand sich bei den Rauschgiftkurieren: Sie trugen alle die Visitenkarte eines Amsterdamer Reisebüros bei sich.

»Eines Tages gelang es mir, eine Asiatin, deren Freundin ich zu einer Drogentherapie verholfen hatte, als Informantin zu gewinnen«, erzählte Körner. Jetzt erfuhr der Staatsanwalt Einzelheiten und Hintergründe, unter anderem, daß das Amsterdamer Reisebüro die Europafiliale eines Heroinkartells ist, wo ausschließlich mit Chinesen verhandelt wird.

Körner stellte ein Rechtshilfeersuchen an die niederländische Justiz und bat um Ermittlungshilfe. Die Amsterdamer Polizei zapfte das Telefon des Reisebüros an und mußte die gleiche Erfahrung wie ihre deutschen Kollegen machen: Telefonisch wurde nur über Urlaubsreisen gesprochen, es war jedoch bekannt, daß dort mündlich Heroingeschäfte besprochen wurden.

Eines Tages führte eine Dienstreise Körner nach Amsterdam. Er nutzte die Gelegenheit, um sich das Reisebüro einmal näher anzuschauen. Unter dem Vorwand, eine Reise nach Singapur buchen zu wollen, betrat er das Geschäft. Doch er kam nicht weit: Ein Herr im weißen Anzug nahm ihn lächelnd am Arm und wies ihm in gebrochenem Deutsch die Tür. Er sagte: »Herr Wolf aus Frankfurt am Main, nicht für Sie!« Körner wehrte sich: »Ich heiße nicht Wolf.« Der Chinese, noch immer weise lächelnd: »Sie heißen nicht Wolf, aber Sie sind ein Wolf.«

Jahrelang existierte auf Frankfurts größter Einkaufsstraße Zeil, gegenüber dem Hauptpostamt, ein türkisches Café. Es gehörte einem türkischen Kaufmann, der sich mit den Gewinnen großer Heroingeschäfte ein ganzes Firmengeflecht im Rhein-Main-Gebiet zusammengekauft hatte: Dazu gehörten eine Baufirma, ein Dolmetscherbüro und ein Reiseunternehmen.

Die Firmen hatten alle eines gemeinsam: Die Büroräume waren grundsätzlich in den oberen Stockwerken untergebracht. Diese Besonderheit traf auch auf das türkische Café an der Zeil zu: Es lag im fünften Stock, und wer einen Mokka schlürfen wollte, mußte sich zunächst über eine Türsprechanlage anmelden.

Im Zuge der Ermittlungen gegen den türkischen Kaufmann ordnete der Richter eine Telefonüberwachung an. Die lauschenden Beamten hörten, wie in kurdischer Sprache von »schwarzen Hemden« und »Freiheit« geredet wurde, kein einziges Mal fiel jedoch das Wort Heroin. »Und dennoch wußten wir von den festgenommenen Personen, daß die Aufträge zu Heroingeschäften und Transporten in diesem Café offen besprochen und erteilt worden waren«, erinnert sich Körner. Doch bis die Drogenfahnder – nach Betätigung der Sprechanlage – in den fünften Stock gehetzt waren, gab es dort nichts mehr zu finden, nichts mehr zu hören, nichts mehr zu sehen.

Lange Zeit betrieb ein Türke im Frankfurter Bahnhofsgebiet einen Spielsalon und handelte mit gestohlenen Luxuswagen und Heroin. Am Zockertisch trafen sich die meist bewaffneten Abnehmer und Kuriere und besprachen ihre Geschäfte.

Doch alle Versuche der Polizei, das Dealerzentrum zu knacken, verliefen im Sande: Am Telefon wurde allenfalls mal ein Taxi bestellt, und wenn die Fahnder in dem Lokal auftauchten, hatten sich die Anwesenden plötzlich nichts mehr zu sagen.

Immer wieder führten die Spuren zahlreicher Heroingeschäfte in den türkischen Spielsalon. Nach einer der zahlreichen erfolglosen Durchsuchungen hielt Körner dem Inhaber bei seiner Vernehmung vor: »Alle Wege führen zu Ihnen, was sagen Sie dazu?« Er antwortete schlagfertig: »Alle Wege führen nach Rom. Deswegen würden Sie den Papst doch auch nicht des Heroinhandels bezichtigen wollen.«

Einmal schien sich das Blatt zu wenden: Bei einer Razzia entdeckte die Polizei Waffen und Geld. Der türkische Inhaber, er wollte gerade mit einem Koffer voller Geld das Weite suchen, wurde festgenommen und zum Polizeipräsidium gebracht. Sein Humor war ihm offenbar nicht abhanden gekommen: »Alle Wege führen in das Polizeipräsidium«, meinte er seelenruhig zu Körner. »Ich dachte jedoch, ›sie führen auch immer wieder heraus‹, und ich sollte recht behalten. Wir konnten ihm nie etwas nachweisen.«

Drei Fälle aus einer langjährigen Praxis, mit denen Oberstaatsanwalt Körner die Notwendigkeit belegen will, mitunter auch Wanzen einzusetzen, um erfolgreiche Ermittlungen führen zu können.

Einschlägige Erfahrungen mit dem elektronischen Lauschangriff haben die Amerikaner gemacht: Dort gibt es kaum ein bedeutendes Mafiaverfahren, bei dem nicht wesentliche Erkenntnisse mittels Wanzen oder Richtmikrofonen gewonnen wurden.

Daher drängen auch deutsche Ermittler immer häufiger, elektronische Mittel im Kampf gegen die Mafia einsetzen zu dürfen.

Angesichts der zunehmend konspirativer und abgeschotteter arbeitenden Verbrecherbanden sei mit den herkömmlichen Ermittlungstechniken nichts mehr auszurichten.

Die Telefonüberwachung beispielsweise bringt bei der Bekämpfung des organisierten Verbrechens so gut wie nichts mehr, denn »nur noch Dummköpfe plaudern am Telefon ihre Verbrechen aus«, formulierte es ein Kripobeamter. »Wenn wir nicht erfahren, was in den Hinterzimmern läuft, können wir künftig einpacken.«

Doch manchen läßt die Vorstellung, der »große Bruder« könne künftig auf alles und jeden Augen und Ohren richten, die Haare zu Berge stehen. Dreh- und Angelpunkt der Kontroverse ist die im Grundgesetz (Artikel 13) geschützte Unverletzlichkeit der Wohnung.

Die Gegner des Lauschangriffs haben die deutsche Geschichte auf ihrer Seite: Gesetzwidrig belauschte Politiker und Rechtsanwälte, zügellose Nachrichtendienste, die munter drauflosforschten, alles das gab es häufig im Nachkriegsdeutschland. Abhörskandale, von Politikern nach deren Bekanntwerden regelmäßig heruntergespielt, tragen aber nicht gerade zur Vertrauensbildung bei. Es ist daher verständlich, wenn bei Kritikern geheimdienstlicher Ermittlungsmethoden die Skepsis vor Mißbrauch gegenüber einem vielleicht berechtigten Einzelfallinteresse der Polizei überwiegt.

Gerade die Nachrichtendienste, etwa das Bundesamt für Verfassungsschutz und die sie deckenden Politiker, haben durch solche Praktiken Verständnis bei der Bevölkerung leichtfertig verspielt. Ein Einsatz von Lauschmitteln ist daher schon im Interesse der Demokratie nur dann vorstellbar, wenn die allerstrengsten Maßstäbe und Kontrollen für die Verwendung angelegt werden. Nur restriktive Vorschriften können die Risiken, Deutschland zu einem Überwachungsstaat Orwellscher Ausprägung werden zu lassen, vermindern.

Denkbar wäre ein Deliktekatalog, der durch ständige Prüfung so eng gestaltet wird, daß der Lauschangriff nur für ganz schwere Fälle der OK in Betracht kommt, nicht jedoch bei kleiner und mittelschwerer Kriminalität. Ebenso muß ein dringender Tatverdacht bestehen, ähnlich wie er für den Erlaß eines Haftbefehls notwendig ist, und zugleich muß der Nachweis erbracht sein, daß Telefonüberwachungen oder Durchsuchungen zu keinem Ergebnis führen (Subsidiaritätsprinzip). Schließlich darf der Lauschangriff nur von einem Richter angeordnet werden, und der Betroffene muß nach Abschluß der Ermittlungen von der Maßnahme unterrichtet werden, meint etwa Körner.

Andererseits darf nicht vergessen werden, daß illegales Abhören im Strafverfahren sowieso nicht viel bringt: Spätestens bei der Hauptverhandlung ist es dem Rechtsanwalt des Angeklagten ein leichtes, ein Beweisverwertungsverbot durchzusetzen.

Befürworter des Lauschangriffs fragen sich dagegen, ob eine Wohnung, von der die Vorbereitung schwerer Verbrechen ausgeht, noch unter dem Schutz des Artikels 13 stehen könne. »Schützt das Grundgesetz eine Wohnung, in der beispielsweise Kinderpornos hergestellt werden?« fragt uns ein leitender BKA-Beamter, und fügt hinzu: »Dann stimmt doch am Grundgesetz etwas nicht mehr.«

Der Kieler Innenminister Hans Peter Bull (SPD), ehemals Bundesdatenschützer, der im neuen Polizeigesetz Schleswig-Holsteins ebenfalls den Einsatz von Wanzen festschreiben will, setzte sich vehement gegen seine Kritiker zur Wehr, die ihm vorwarfen, die Polizei wolle künftig planmäßig die Volksüberwachung betreiben. »Das ist eine soziale Last, die man als Bürger hinnehmen muß«, glaubt Bull.

LKA-Präsident Sielaff, aber rät dringend zu einer Versachlichung der Diskussion. »Es wird nie darüber geredet, was eigentlich hinter dem Artikel 13 steht«, klagt der Kriminalist: Der schütze nämlich nicht nur die Wohnung, sondern auch das Bordell, den illegalen Spielklub, das umzäunte Grundstück eines Autoverschiebers oder das Hinterzimmer einer Gaststätte, in der sich Rauschgiftdealer besprechen.

Die Gefahr eines Mißbrauches elektronischer Abhöranlagen hält Sielaff für sehr gering, die Befürchtung, die Polizei würde nunmehr wahllos unschuldige Bürger bespitzeln, sei völlig absurd. »Das wäre dann nicht die Tat eines einzelnen Polizisten, sondern die Tat des Systems Polizei.« Dahinter müßte ja schon eine Verschwörung der Polizei gegen das Recht stehen. Der Polizei *a priori* zu unterstellen, sie betrachte den Bürger als Sicherheitsrisiko, das Tag und Nacht ausgespäht werden müsse, hält er für völlig unverantwortlich. »Ich begreife manchmal nicht, wie man nach über vierzig Jahren Polizei in einem demokratischen Rechtsstaat immer noch Horrorgemälde an die Wand malen kann.« Da werde weniger die Bedrohung durch die Kriminalität gesehen als vielmehr die Bedrohung durch die Polizei. »Entweder will man es nicht wissen, oder man macht es bösartig«, richtet er seinen Vorwurf auch an die Politik.

»Die Betäubungsmittelkriminalität hat in den letzten Jahren eine neue Qualität erlangt. Unsere Augen und unsere Ohren, unsere Observationen und Telefonüberwachungen, sind nicht mehr ausreichend, Kriminalität wahrzunehmen und festzuhalten. Ohne Wahrnehmung aber können wir sie nicht bekämpfen und stehen hilflos und tatenlos vor dem Anwachsen organisierter Kriminalität wie ein Passant vor einem Hütchenspieler, der den Betrug zwar ahnt, aber ihn mit eigenen Augen nicht sehen und nicht beweisen kann. Gerade wenn man von einem Europa der offenen Grenzen spricht, müssen wir noch eine ganze Menge lernen«, meinte Körner.

Die Bekämpfung der organisierten Kriminalität erfordert das Beschreiten neuer Wege: Das kann beispielsweise der Austausch Verdeckter Ermittler oder V-Leute mit Dienststellen europäischer Nachbarländer sein, der Aufbau polizeilicher Scheinfirmen, aber auch der Einsatz von Abhöranlagen und Videotechnik, wenn die rechtsstaatlichen Bedenken durch enge Voraussetzungen und strenge Kontrollen ausgeräumt werden.

Verdeckte Ermittler und Wanzen dürfen deshalb nur die ultima ratio im Kampf der Polizei gegen das organisierte Verbrechen sein. Wo sie aber notwendig sind, sollten Politiker den Mut aufbringen, ihrem Einsatz auch zuzustimmen.

Gesetzliche Maßnahmen

Gespräche mit OK-Fahndern und Staatsanwälten münden häufig in der Feststellung: Die geltenden Gesetze und strafprozessualen Möglichkeiten reichen nicht mehr aus, die organisierte Kriminalität auch nur ansatzweise wirkungsvoll bekämpfen zu können. Schlagworte wie »Datenschutz ist Täterschutz« gehen um, und unter Polizeibeamten wächst der Frust, weil sie schon zum fünftenmal mit ansehen müssen, wie Richter den eben verhafteten Rauschgiftdealer wieder laufenlassen.

Deutschlands oberster Polizist, BKA-Präsident Hans-Ludwig

Zachert, bemühte gar das Bild vom Gendarmen in der Postkutsche, der den Straftäter im Privatjet zu verfolgen sucht[8]. Oder wie es ein Frankfurter Kriminalhauptkommissar formuliert: »Im Zeitalter der Raumfahrt jagen wir Verbrecher mit Lendenschurz und Keule.«

Baden-Württembergs Ex-Landespolizeipräsident Alfred Stümper beklagt eine »außergewöhnliche Aufsplitterung und Verästelung der Rechtsgrundlagen«, mit der Folge, daß gerade in solchen Bereichen, »in denen sofort gehandelt werden muß, die praktische Funktionsfähigkeit durch eine Vielschichtigkeit der Vorschriften weitgehend in Frage gestellt wird«[9]. Gesetzgeber, Rechtsprechung und -kommentierung sollten die Gesetze überschaubar und unkompliziert machen. Doch sie denken nicht daran.

»Ein Mann wie Pablo Escobar würde in Deutschland wahrscheinlich nicht verurteilt werden«, meint ein BKA-Fahnder resignierend: »Unsere Gerichte hätten die größten Beweisprobleme.«

»Wir legen uns immer noch eine Kette mehr an. Früher waren uns nur die Beine gefesselt, jetzt sind auch die Arme gefesselt, dann bekommen wir den Mund noch zugebunden und sollen ermitteln«, erregt sich Wilhelm Schwerdtfeger vom Landeskriminalamt Nordrhein-Westfalen. »Und die anderen haben die gesamte Palette. Und darum wird es für uns auch immer schwieriger. Vor allem ist genügend Geld da: Wir haben gestern Leute festgenommen, die hatten jede Menge bankbestätigte Schecks in Höhe von einer Million Mark in der Tasche. Diese Leute setzen Millionen um, und wir huschen da hinterher.«

Das geltende Recht hat mit der rasenden Entwicklung der Kriminalität nicht Schritt gehalten. Die für eine moderne und demokratische Gesellschaft notwendige Strafrechtsreform in den siebziger Jahren wirkt sich zumindest auf die Bekämpfung der organisierten Kriminalität kontraproduktiv aus. In seiner Diktion geht das Strafgesetz von der Resozialisierbarkeit des Straftäters aus. Für den normalen Straftäter gibt es dazu keine Alternative. Doch für die qualifiziert organisierte Kriminalität kann das aus einem bestimmten Grund nicht gelten. Ein Mafioso ist nicht resozialisierbar, denn er findet seine Sozialisierung innerhalb seiner Mafiafamilie. Wo die grundlegenden Wertvorstellungen von denen der legalen Gesellschaft abweichen, können sie nicht als Maßstab für eine Wiedereingliederung eines Straftäters herangezogen werden.

Die Drahtzieher der Verbrecher-Holding haben sich für ein kriminelles Leben entschieden. Für sie ist es kein Ansporn, wenn ihnen die Justiz noch mal eine Chance gibt, sie verstehen es vielmehr als Schwäche der Staatsgewalt. Strafe ist für sie auch keine Abschreckung, sondern Berufsrisiko. Sie wird in das Kosten-Nutzen-Verhältnis eines Verbrechens miteinbezogen, wie der Kaufmann das Risiko der Sauregurkenzeit kalkuliert.

Aus einem anderen Grund noch ist die heutige Rechtsprechung überholt: Das Recht geht von der individuellen Schuld eines Straftäters aus. Das heißt, ein Angeklagter kann nur für die Tat bestraft werden, die er auch selbst begangen hat. Gerade das konspirative Verhalten der organisierten Kriminellen, ihre durch und durch kriminellen Wertvorstellungen, finden in den geltenden Gesetzen keinen Widerhall.

Die besonderen Kriminalitätsmerkmale des organisierten Verbrechens, seine Tatbegehungsmuster und das spezifische Verhalten seiner Mitglieder, müssen daher eine strafrechtliche Würdigung erfahren. Denn die Schuld eines Mafioso geht über seine individuelle Schuld hinaus. Allein durch seine Mitgliedschaft in einer kriminellen Vereinigung signalisiert er nicht nur seine uneingeschränkte Zustimmung zu allen von der Vereinigung begangenen Straftaten, sondern macht durch seine Mitwirkung die Straftaten anderer Mitglieder, die die Vereinigung hinter sich wissen, erst möglich.

Ein anderer Nachteil ist, daß das Strafrecht in erster Linie das Vermögen, weniger die Gesundheit und Psyche von Opfern schützt. Die körperliche und seelische Entegrität des einzelnen muß künftig besser geschützt werden. Fachleute denken deshalb darüber nach, ob der Bedrohungstatbestand (Strafmaß maximal ein Jahr) nicht anders formuliert werden müßte. Gerade bei der Schutzgelderpressung, wo das Druckmittel meist die Angst (psychische Bedrohung) ist, versagt das derzeitige Recht.

Das Problem freilich liegt darin, daß man nicht zwei nebeneinander bestehende Rechte schaffen kann, eines für das organisierte Verbrechen und das andere für alle anderen Straftäter. Der Grundsatz, vor dem Gesetz sind alle gleich, hätte anderenfalls seine Gültigkeit verloren. Gesetze aber haben einen normativen Charakter, sie sind etwas, wonach man sich richten können muß.

In den USA gibt es das RICO-Law[10] (*Racketeer Influenced and Corrupt Organizations*), Italien hat ein Antimafiagesetz, nur Deutschland, eines der Hauptzielländer der Verbrecher-Holding, war für den Kampf nicht ausreichend gerüstet.

Dieses Manko hatten mittlerweile auch die Politiker in Bonn erkannt, besonders nachdem die Bekämpfung der organisierten Kriminalität von Bundeskanzler Helmut Kohl zur Chefsache erklärt wurde. Seitdem tönte es aus der einstigen Bundeshauptstadt am Rhein immer wieder:»Ein Gesetz gegen die organisierte Kriminalität? Kommt!«

Darauf allerdings warteten die Ermittler lange:»Seit acht Jahren wird daran herumgedoktert, ohne daß wir am Ziel wären«, klagte noch im Sommer vergangenen Jahres ein leitender Frankfurter Kriminalbeamter.

Der Bundesrat hat das Gesetz inzwischen vorgelegt, und nach einigem parteipolitischen Gezerre haben sich die Koalitionsparteien auf eine gemeinsame Fassung verständigt und diese im Mai 1992 verabschiedet: Der Entwurf eines Gesetzes zur Bekämpfung des illegalen Rauschgifthandels und anderer Erscheinungsformen der organisierten Kriminalität, kurz OrgKG[11].

Was bringt nun das OrgKG? Die wichtigsten Punkte sind:
- die Vermögensstrafe (§ 43a Strafgesetzbuch [StGB]): Mittels ihr kann ein Gericht neben einer Freiheitsstrafe noch auf das Vermögen des Verurteilten zugreifen. Die Vermögensstrafe ist auf die Freiheitsstrafe anzurechnen.
- der erweiterte Verfall (§ 73d StB): Vermögen, das in Zusammenhang mit einer Straftat steht, verfällt.
- die Geldwäsche (§ 261 StGB): Geldwäscher können künftig mit bis zu zehn Jahren Gefängnis bestraft werden, vorausgesetzt, sie handeln vorsätzlich oder leichtfertig (bis zu zwei Jahren). Straffrei geht aus, wer die Geldwäsche selbst zur Anzeige bringt.
- Erhöhung der Mindeststrafe für bandenmäßigen Rauschgifthandel auf fünf Jahre (§ 30a Betäubungsmittelgesetz [BtmG])
- die Rasterfahndung (§ 98aff. Strafprozeßordnung [StPO])
- Abhören von Gesprächen (§ 100c StPO): Nur außerhalb der geschlossenen Wohnung (Der Bundesrat-Entwurf sah auch die

Möglichkeit des Abhörens innerhalb der Wohnung vor, dem ist die Bundesregierung nicht gefolgt).

– der Einsatz Verdeckter Ermittler (§ 110 StPO): Der Staatsanwalt muß dem Einsatz eines Verdeckten Ermittlers zustimmen. Ist aber Gefahr im Verzug und kann die Zustimmung deshalb nicht rechtzeitig eingeholt werden, kann die Polizei dies innerhalb von drei Tagen nach dem Beginn des Einsatzes nachholen.

– die polizeiliche Beobachtung (§ 163e StPO): Verdächtige können zur polizeilichen Beobachtung ausgeschrieben werden. Auch unbeteiligte Dritte, die mit dem Verdächtigten in Kontakt stehen, können zur polizeilichen Beobachtung ausgeschrieben werden. So gewonnene Erkenntnisse können an die Ermittlungsbehörde weitergeleitet werden.

Doch kaum hatte die »Lex Mafia« die Feuertaufe der Bonner Kabinettsrunde überstanden, fielen die Kritiker über das OrgKG her: »Mit diesem Entwurf wird die Waffengleichheit zwischen der Polizei und den technisch immer versierteren Kriminellen nicht erreicht«, klagt BKA-Chef Hans-Ludwig Zachert. Vor dem Hintergrund des Machbaren sei es »der kleinste gemeinsame Nenner«[12]. Der bayerische Innenminister Edmund Stoiber (CSU) jammerte, er habe sich lediglich im Interesse eines Kompromisses gebeugt. Ihm gehen die Regelungen nicht weit genug, und er erwartet in spätestens drei Jahren neue Verhandlungen, wenn »die bereits vorhandene organisierte Kriminalität in Deutschland für jedermann spürbar wird«[13]. Frankfurts Polizeipräsident Karlheinz Gemmer ist »skeptisch, ob das Gesetz ausreicht, wenn wir organisierte Kriminalität bekämpfen sollen. Die Regelungen sind nicht immer ganz lebensnah«. Bei den polizeilichen Ermittlungsmöglichkeiten, klagt Hessens LKA-Chef Klaus Timm, schreibe das Gesetz überwiegend die bestehende Praxis fest, gehe in wenigen Punkten sogar dahinter zurück[14].

Hessens Datenschützer Professor Winfried Hassemer dagegen spricht von einer »Überkriminalisierung«, einer strafrechtlichen Regulierung »ohne eine genaue und wissenschaftlich abgesicherte Erkenntnis« des Phänomens OK und einen untragbaren Eingriff in die Rechte Dritter[15].

Die Sorge, die Polizei könne wahllos Daten sammeln und mißbrauchen, entsteht bekanntlich nicht in den Köpfen weltfremder Idealisten, vielmehr nährt die Polizei selbst diese Befürchtungen:

Solange es möglich ist, daß die Polizei Daten – wie in Ludwigshafen an den Werkschutz der BASF – weitergibt, darf man ihr die Datensammlung nicht unkontrolliert zugestehen. Geradezu grotesk sind die Überlegungen, die Nachrichtendienste, etwa den BND, in die Bekämpfung der organisierten Kriminalität einzubinden. Bislang hat sich der BND beispielsweise im Aufspüren illegaler Waffenlieferungen eher als Pannendienst, denn als Frühwarnsystem profiliert, wenn er nicht sogar selbst am Drücker war, um kriminelle Geschäfte zu organisieren. Selbst wenn der BND nicht mit der amerikanischen CIA verglichen werden will: Das Beispiel USA hat eindringlich demonstriert, wohin es führt, wenn Nachrichtendienste nicht nur Aufklärung betreiben, sondern politisch manipulieren. In Italien waren es in den achtziger Jahren Nachrichtendienste, die mit der Mafia paktierten. Weil sie unkontrollierbar sind, sind sie kein Mittel, um organisiertes Verbrechen zu bekämpfen. Und bislang ist den mit organisierter Kriminalität befaßten Polizeidienststellen kein brauchbarer Hinweis aus Pullach über Hintermänner der Mafia zugegangen.

Ein Elaborat besonderer Güte auf der anderen Seite des Rechtssystems sind die schriftlich festgehaltenen Ergebnisse der Arbeitsgruppe 3 (organisierte Kriminalität) beim 15. Strafverteidigertag vom 26. bis 28. April 1991 in Berlin. Da heißt es unter anderem: »Es wird nicht bestritten, daß es Kriminalität gab und gibt, bei der die Beteiligten ihre Tathandlungen organisieren.« Soviel Durchblick verblüfft angesichts der dann folgenden Feststellungen: Solche Kriminalitätsformen seien jedoch altbekannt (was sie offenbar weniger schlimm oder gar vernachlässigbar macht), ihre Strafwürdigkeit müsse bezweifelt werden (man vermutet einen schlechten Scherz), und sie seien mit strafrechtlichen Mitteln gar nicht zu bewältigen. »Es spricht vieles dafür, daß ›OK‹ eine Metapher ist, um langfristig geplante Verschiebungen im Kräfteverhältnis Polizei/Justiz/Verteidigung rhetorisch zu untermauern.«
Ein Beobachter kann sich bei derartigen »Erkenntnissen« des Eindrucks nicht erwehren, daß eine bestimmte Gruppe von Rechtsanwälten sich unbewußt oder bewußt zum Handlanger krimineller Syndikate macht. Was die findigen Advokaten hier einer breiteren Öffentlichkeit verkaufen wollen, ist Volksverdummung.
Zumindest einen einleuchtenden Grund für derartige Stellung-

nahmen gibt es: Alle Gesetze, die den Strafverfolgern die Arbeit erleichtern, erschweren sie den Rechtsanwälten. Welche Ausrede etwa könnte sich ein Anwalt für seinen Mandanten einfallen lassen, der bei der Besprechung einer Straftat mittels einer Wanze abgehört wurde?

Richtig ist, daß Sensibilität in diesen heiklen Fragen gefordert ist, denn in der Tat kann nicht jeder Vorstoß der Strafverfolgungsbehörden für eine Erweiterung ihrer Möglichkeiten widerspruchslos hingenommen werden. Rechtsanwälte aber neigen dazu, sich gegen jede auch noch so sinnvolle Veränderung im Strafverfahrensrecht zu sträuben, es sei denn, sie gereicht ihnen zum Vorteil. Das mag legitim sein, denn schließlich sind auch Rechtsanwälte nichts anderes als von ihren Klienten bezahlte Interessenvertreter. Ihnen kommt es nicht etwa auf die Wahrung des Rechts an, wie fälschlicherweise mitunter angenommen wird, sondern auf ein möglichst mildes Urteil für ihren Mandanten, unabhängig von dessen tatsächlicher Schuld.

Gern vergessen wird auch die Tatsache, daß Rechtsanwälte gegenüber den Anklagevertretern einen unschätzbaren Vorteil haben: Der Staatsanwalt ist ein der Objektivität und Wahrheitsfindung verpflichteter Beamter, er wird qua Gesetz zur Würdigung aller Beweis- und Tatumstände verpflichtet. Er muß also auch von sich aus die Umstände in die Verhandlung einbringen, die für den Angeklagten sprechen. Das ist der Idealzustand, der, wie manche Verfahren zeigen, nicht immer erfüllt wird. Doch was der Staatsanwalt machen muß, das gilt umgekehrt nicht für den Rechtsanwalt. Der muß keineswegs für seinen Mandanten belastendes Material in die Verhandlung einbringen. Wenn Rechtsanwälte – wie sie es so gerne tun – deshalb die Waffengleichheit zwischen Verteidigung und Anklage einfordern, sollten sie sich ab und zu an diese Besonderheit erinnern.

Trotz aller Bemühungen ist das OrgKG ein Regelwerk voller Lücken und Unzulänglichkeiten, die fraglich erscheinen lassen, ob das ins Auge gefaßte Ziel damit erreicht werden kann.

Das beginnt bei der Vermögensstrafe: Sie orientiert sich nicht an der Schuld, sondern am festgestellten (!) Vermögen des Beschuldigten. Die Strafe wird zudem aufgeteilt in Haft- und Geldstrafe bis maximal zur Höhe des Vermögens. Eine solche Regelung öffnet aber dem Prozeßdeal Tür und Tor: Hochkarätige Dealer etwa könnten sich von einem Teil der Strafe freikaufen, und es ist leicht vorstellbar, daß ein kolumbianischer Rauschgifthändler dazu eigens Bares aus Medellín oder Cali ankarren läßt. Eine solche Regelung ist nachgerade kontraproduktiv.

Besonders auffällig ist, daß die Tatbestände der Wirtschaftskriminalität, des illegalen Rüstungsexportes[16] und der Umweltkriminalität nicht im OrgKG auftauchen. Heribert Ostendorf, Generalstaatsanwalt in Schleswig-Holstein, faßt sie gemeinsam mit organisierten Verbrechen als »die Kriminalität der Mächtigen« zusammen. Offenbar kann der Gesetzgeber dieser Definition nicht folgen. Vielleicht hängt es auch damit zusammen, daß insbesondere Wirtschaftskriminelle selbst Politiker korrumpieren beziehungsweise korrumpiert haben.

»Man fixiert sich auf die Tatbestände althergebrachter Kriminalität, die für jeden ›doofen Bürger‹ – denn für die ist diese Augenwischerei – ersichtlich sind: Aha, das sind die aus dem Milieu, diese Zuhälter mit den dicken Autos, die Schläger, und auf der anderen Seite die, die mit Rauschgift handeln. Bei der Wirtschaftskriminalität wie im Fall Imhausen redet aber keiner mehr von Gewinnabschöpfung«, moniert OK-Fahnder Schwerdtfeger.

Die Regelungen des Gewinnaufspürungsgesetzes (GewAufspG)[17] öffnen dem Mißbrauch Tür und Tor, klagen erfahrene Staatsanwälte. Besonders der Paragraph 12 (Anzeige von Verdachtsfällen durch Institute) stößt auf Mißbilligung. Wie soll denn, fragen sich die Strafverfolger, ein Staatsanwalt binnen Tagesfrist entscheiden können, ob eine Transaktion rechtens ist oder nicht? Bei der Kompliziertheit des internationalen Geldverkehrs mit telegrafischen Zahlungsanweisungen und auf Mikrofilm gespeicherten Unterlagen ist eine Auswertung innerhalb eines Tages überhaupt nicht möglich.

In mehrerlei Hinsicht kann der Bankbeamte die Regeln unterlaufen: Er läßt den Vorgang im Zweifelsfall liegen, bis ein weiterer Aufschub nicht mehr möglich ist, er meldet den Verdachtsfall am Freitag früh, oder er gibt an die Staatsanwaltschaft nur unzureichende Unterlagen weiter, die keine ausreichenden Schlüsse zulassen. Es darf als sicher angenommen werden, daß die internationalen Geldwäscher diese Lücke zu ihrem Vorteil nutzen werden.

Auf eine weitere Reform des Strafverfahrensrechts wird man

deshalb auf Dauer nicht verzichten können, das zeigt auch das Beispiel Zeugenschutz. Denn noch fehlen ausreichende gesetzliche Regelungen.

Wenn die Zeugen, wie bislang üblich, von denselben Beamten geschützt werden sollen, die auch die Ermittlungen führen, eröffnet es der Verteidigung die Möglichkeit, den Mißbrauch von Zeugenschutzprogrammen zu unterstellen. Aus der Abhängigkeit zwischen Zeugen und dem sie schützenden Beamten ergibt sich das Risiko, daß ermittelnde Beamte den Schutz von einer Aussage des Zeugen abhängig machen. Immer häufiger unterstellen Rechtsanwälte dies als System und sprechen von unlauteren Vernehmungsmethoden. Im Prozeß führt dies oft zum Verwertungsverbot der Zeugenaussage.

Was aber nutzen bessere Bekämpfungskonzepte und wirkungsvollere Gesetze, wenn die Justiz nicht gleichzeitig in die Lage versetzt wird, die anfallenden Verfahren auch zu bearbeiten: Überall in Deutschland fehlt den Gerichten und Staatsanwaltschaften dringend benötigtes Personal: In einigen Städten, wie Hamburg, Berlin oder Frankfurt, haben Gerichtspräsidenten schon die Kapitulation vor der Masse der anfallenden Verfahren erklärt, mußten Kriminelle, darunter Drogendealer und Spione, aus der U-Haft entlassen werden, weil die Gerichte außerstande waren, in der gesetzlich vorgeschriebenen Zeit die Hauptverhandlung zu eröffnen.

Gerade OK-Verfahren sind äußerst komplex, das Legalitätsprinzip verlangt zudem jede noch so kleine und im Zusammenhang kaum noch ins Gewicht fallende Straftat in das Strafverfahren einzubringen. Ohne eine deutliche personelle Verstärkung der Justiz werden greifbare Erfolge bei der OK-Bekämpfung deshalb lange auf sich warten lassen.

Angeklagte der OK-Szene neigen immer häufiger dazu, ihrem Gegenüber das Leben auf eine besondere Weise schwerzumachen: Sie stellen Strafanzeigen gegen ermittelnde Polizeibeamte, erheben die abstrusesten Vorwürfe, was die Ermittlungen unverhältnismäßig in die Länge zieht. In nahezu allen bekanntgewordenen Fällen haben sich die Beschuldigungen anschließend als völlig haltlos erwiesen.

Offen bleibt die Frage: Reicht unser Recht aus, um Angehörige der organisierten Kriminalität ausreichend zu bestrafen?

Ein Kripobeamter antwortete uns auf diese Frage: »Die Strafen bei der Rauschgiftkriminalität sind zu gering. Bei 12 oder 15 Jahren läßt sich doch kein hochkarätiger Rauschgiftdealer zum Kronzeugen machen. Der sitzt seine Strafe lieber ab, als sein Leben zu riskieren. Anders in den USA, wo er mit 50, 80 oder 100 Jahren rechnen muß.«

Kritiker solcher Vergleiche wenden ein, trotz der hohen Strafen in den USA (bis hin zur Todesstrafe) habe sich die Kriminalität nicht verringert. Das ist natürlich richtig, allerdings haben Strafmaß und Kriminalitätsentwicklung auch nicht zwangsläufig etwas miteinander zu tun; die sozialen Ursachen der Kriminalität bleiben bei diesem Einwand nämlich völlig unberücksichtigt.

Viel wahrscheinlicher ist, daß hohe Strafzumessungen die Gewaltbereitschaft der Gangster gegenüber Polizeibeamten drastisch erhöhen könnten: Ein Dealer, der im Falle seiner Verurteilung fünfzig Jahre Gefängnis zu erwarten hätte, würde wahrscheinlich angesichts seiner Festnahme eher zur Waffe greifen als einer, dem vielleicht nur fünf oder acht Jahre drohen.

Andererseits kann das Strafrecht nicht als Allheilmittel für die Lösung von gesellschaftlichen Konflikten eingesetzt werden, »es darf nicht zur Hure der Politik verkommen«[18].

In den siebziger Jahren begann ein gesellschaftlicher Prozeß, der die Schuld des Täters in ein neues Licht rückte. Die sozialen Ursachen und die persönlichen Verhältnisse, die den Angeklagten mitgeprägt haben, werden seitdem in die Schuldbeurteilung mit einbezogen. Die Frage stellt sich, ob bei allem Verständnis die Opfer in Vergessenheit geraten?

Eine Entschärfung des Strafrechts und milde Strafen führen fast zwangsläufig zu einer Verunsicherung und Verschlechterung der Position von Zeugen und Opfern. Das Gefühl der Schutzlosigkeit gegenüber den Kriminellen wird damit größer als die Wahrheitspflicht gegenüber dem Gericht[19]. Und es verstärkt den populistischen Ruf nach dem starken Mann.

Bei der Diskussion um das Für und Wider moderner Ermittlungsmethoden drängt sich auch die Frage auf: Soll der Grundrechtsschutz des Straftäters höher eingestuft werden als der des normalen Bürgers?

Die moderne Gesellschaft ist auf einem gefährlichen Weg: Wir akzeptieren rechtsfreie Räume, sehen zu, wie Gangster gesellschaftsfähig werden, und sehen weg, wenn ihre Opfer Hilfe brauchen. Wir betrachten Kriminalität als ein notwendiges Beiwerk von Rechtsstaat und Demokratie, geben eine ganze Reihe von eigenen Rechten und Freiräumen immer mehr preis. Geschützt werden damit die Rechte und Freiräume der Straftäter. Die wiederum nutzen das hemmungslos aus und schränken dadurch die legitimen Freiheitsrechte der Bürger weiter ein. Es ist ein Teufelskreis.

Bei der Anhörung zum OrgKG im Rechtsausschuß des Deutschen Bundestages brachte es ein Rechtsprofessor auf eine einfache Formel: »Ich lasse meine Rechte doch lieber zu meinem Schutz vom Staat einschränken als von einem Verbrecher.« Aber das geht nur an, wenn der Bürger die Möglichkeit hat, auch diesen Staat zu kontrollieren.

Brauchen wir ein europäisches FBI?

Eine schlagkräftige Truppe soll es werden: Hochqualifizierte Beamte aller europäischen Länder finden sich zusammen und kämpfen gemeinsam gegen das organisierte Verbrechen. Die Rede ist von einem europäischen Kriminalamt, kurz Europol. Wo immer die Verbrecher-Holding ihre Tentakeln ausstreckt, tauchen die Euro-Cops auf, ermitteln, verhaften, zerschlagen. Das amerikanische FBI dient als Vorbild. Soweit die Vision.

Auch Bundeskanzler Kohl ist von der Idee begeistert und macht sich bei seinen europäischen Amtskollegen sogleich dafür stark – erntet jedoch keineswegs ungeteilte Zustimmung. Vor allem die Engländer – seit jeher skeptisch der EG-Idee gegenüber – wollen die Bekämpfung der europaweiten organisierten Kriminalität nicht in die Hände einer supranationalen Behörde legen: »Die Vollstreckung des Strafrechts und die polizeiliche Überwachung müssen in der Zuständigkeit der einzelnen Mitgliedsstaaten bleiben«, steht für den britischen Außenminister James Hurd fest.

Die vielleicht größten Erwartungen in Europol setzt BKA-Chef Zachert. Während der BKA-Arbeitstagung im Herbst 1991 sagte er: »Es ist deshalb ein Gebot der Stunde, die zahlreichen Formen grenzüberschreitender Zusammenarbeit bei der Verbrechensbekämpfung, wie TREVI oder EDU, so weit wie möglich unter einem Dach zusammenzuführen.«

Zachert wandte sich gegen den Beschluß des Europarates, Europol zunächst zu einer »Relaisstation für den Informations- und Erfahrungsaustausch« zu machen. Da diese Aufgabe bereits von Interpol erfüllt wird, wäre Europol nur eine weitere Zwischenstation, was die Zusammenarbeit eher hemmt als fördert, glaubt der BKA-Chef.

Was soll nun Europol leisten? Es soll keine allumfassende Zuständigkeit für die Kriminalitätsbekämpfung in Europa erhalten, sondern immer dann tätig werden, wenn mehrere EG-Staaten betroffen sind, also beispielsweise beim länderübergreifenden Rauschgiftschmuggel. Daneben soll Europol auch ermitteln, wenn Straftaten gegen durch UN- und Europarat-Konventionen geschützte Rechtsgüter vorliegen, beispielsweise Menschenhandel, und in Fällen von Wirtschaftskriminalität.

Die wichtigste Aufgabe wird das Sammeln und Auswerten von europaweit gewonnenen Informationen zur Bekämpfung der organisierten Kriminalität sein. Die Eurofahnder denken an zentrale Dateien für Drogen, Sprengstoffe und Fingerabdrücke. Im Europol-Hauptquartier, dessen Sitz noch nicht feststeht, sollen Analysen und Lagebilder erstellt und in strategische und taktische Bekämpfungsmaßnahmen umgesetzt werden.

Internationale Ermittlungen sollen von Europol koordiniert werden. Diese Forderung ist vor allem deshalb vonnöten, weil die europäischen Polizeibehörden sich unterschiedlich entwickelt haben und auf einem unterschiedlichen technischen Stand sind: So gibt es in Europa beispielsweise drei Computersysteme für die Auswertung von Fingerabdrücken, die untereinander nicht kompatibel sind.

Die Euro-Cops sollen aber nur eingreifen, wenn nationale Polizeibehörden den Fall nicht alleine lösen können. Ähnlich wie das Bundeskriminalamt soll Europol auf einen Antrag einer nationalen Polizeibehörde hin tätig werden.

Offen ist noch die Frage, ob Europol-Beamte auch Exekutivvollmachten bekommen sollen, also beispielsweise Festnahmen und Durchsuchungen vornehmen dürfen. Gerade darin sehen die Europol-Kritiker die größte Gefahr für die Souveränität ihrer Länder.

Sicherheitspolitiker denken daran, Europol einer noch zu schaffenden EG-Kommission für Inneres und Justiz (eine Art europäischem Innenministerium) zu unterstellen. Bis dahin könnte Europol nach Ansicht Zacherts von einem Gremium beaufsichtigt werden, das aus den Leitern der nationalen Polizeibehörden besteht. Eine Kontrollinstanz wäre notwendig, denn bislang existiert keine verantwortliche Exekutive für europäische Polizeiangelegenheiten. Auch das Europaparlament könnte keine Kontrolle ausüben.

Einiges spricht für die Einrichtung von Europol: Die Zersplitterung der europäischen Sicherheitsbehörden etwa und die in vielen Fällen noch mangelnde Zusammenarbeit. Auch Kompetenzprobleme und Souveränitätsdenken könnten überwunden werden, wenn sich alle zwölf EG-Staaten an einer gemeinsamen Ermittlungsbehörde beteiligten.

Bevor Europol-Beamte wie FBI-Agenten auf Verbrecherjagd gehen könnten, müssen die Europapolitiker noch manche Hausaufgabe machen: Die Special Agents der US-Behörde haben nämlich den unschlagbaren Vorteil, sich auf ein einheitliches Bundesrecht stützen zu können. Ohne eine Angleichung des europäischen Rechts und eine gemeinsame Kriminalpolitik bleibt Europol ein Schwert mit stumpfer Klinge.

Auch datenschutzrechtliche Fragen sind zu klären: Die Vorstellung, eine europäische Zentralbehörde könnte unkontrolliert eine gewaltige Datensammlung anlegen, erschreckt.

»Realistisch gesehen werden wir dennoch anfänglich relativ kleine Brötchen backen müssen. Man wird sich zunächst mit Ansprechpartnern, Grenzbeauftragten, Verbindungsbeamten – es stehen hier mehrere Modelle in Erwägung – helfen. Auf längere Sicht wird man jedoch ohne eine gesamtpolizeiliche, europaweite Institutionalisierung nicht auskommen«, glaubt der baden-württembergische Ex-Landespolizeipräsident Alfred Stümper[20].

BKA-Experte Jürgen Storbeck sagt dazu: »Europol ist nicht eine Ausgleichsmaßnahme für Schengen, sondern eine notwendige Einrichtung, um überhaupt internationales Verbrechen bekämpfen zu können. Beispiel Geldwäsche: Welche nationale Behörde soll dies denn bekämpfen? Wir können das internationale Verbrechen nicht alleine bekämpfen.

Ich habe die Hoffnung, daß man mit Europol dem internationalen Verbrechen etwas entgegensetzt. Bis jetzt haben wir dem noch nichts entgegenzusetzen. Wenn uns aber nichts einfällt, befürchte ich, daß kriminelle Organisationen das politische, gesellschaftliche und wirtschaftliche Leben übernehmen.«

Doch eines ist jetzt schon sicher: Bis zum 31. Dezember 1992, wenn die Zöllner an den innereuropäischen Grenzen zum letztenmal ihren Dienst antreten, wird kein Europol-Beamter zur Stelle sein.

Für die Verbrecher-Holding heißt es dann erst einmal freie Fahrt in einem Europa ohne Grenzen.

Schlußwort

Es ist zehn Minuten nach zwölf: Die Krake organisierte Kriminalität hat ihre Tentakeln um das geeinte Europa gelegt, hält es eisern im Griff ihrer kriminellen Aktivitäten. Und während sich Europas Politiker noch immer in den Fußnoten verlieren, sind sich die Euro-Gangster längst einig: Sie wollen soviel wie möglich vom Lebenssaft aus ihrem Opfer pressen. Was ist zu tun?

Die organisierte Kriminalität ist nicht überraschend über uns hereingebrochen, sie hat sich stetig etabliert, konnte auf einem fruchtbaren Boden gedeihen. Wir düngten ihn mit Ignoranz und der Unfähigkeit zu erkennen, was wir sahen.

Die Gesellschaft ließ es zu, daß Strukturen entstanden, in denen sich die organisierte Kriminalität festsetzen konnte. Es sind dies die Strukturen der ungerechten Verteilung zwischen unten und oben. Denn dort, wo für die unten die Aussichtslosigkeit am größten ist, findet die Verbrecher-Holding ihre willfährigen Soldaten.

Es hilft auch nichts, ständig nur nach der Polizei zu schreien: Angesichts einer explodierenden Kriminalität und einer Politik, die sich im Schneckentempo darum kümmert, wird jede Polizeiarbeit zur Quadratur des Kreises. Wo die Sozialpolitik versagt, steht die Polizei auf verlorenem Posten.

Deshalb ist es nicht allein damit getan, neue, schärfere Gesetze zu fordern. Und das rechtsstaatliche Strafverfahren aufzugeben, wäre der endgültige Sieg der Mafia über die demokratische Gesellschaft.

Soll dies der Aufruf zur Kapitulation vor der Verbrecher-Holding sein? Keineswegs!

Wir können uns nicht zurücklehnen in der Hoffnung, irgendwer, Hauptsache ein anderer, werde dieses Problem für uns lösen. Es besteht die Gefahr, daß dieser *jemand* tatsächlich kommt und wir die Geister nicht mehr loswerden, die wir riefen. Um organisierte Kriminalität wirkungsvoll bekämpfen zu können, sind alle gesellschaftlichen Kräfte gefordert. Der Kampf muß mit Umsicht und Augenmaß, aber mit aller Entschlossenheit und Kraft aufgenommen werden. Demokratische Prinzipien dürfen jedenfalls nicht auf dem Altar der Verbrechensbekämpfung geopfert werden.

Wir brauchen auch ein neues Verhältnis zu den Strafverfolgungsorganen, zur Polizei. Die vielerorts noch verbreitete Skepsis, bisweilen Ablehnung, muß einem verständnisvollen Miteinander weichen. Die notwendige Kontrolle staatlicher Exekutivorgane darf nicht durch generelles Mißtrauen, also die regelmäßige Unterstellung böswilligen Verhaltens, ersetzt werden. Die Polizei steht an einer der sensibelsten Nahtstellen unserer Gesellschaft. Auf diesem Posten dürfen wir sie nicht allein lassen.

Gleichwohl sei manchem Polizeibeamten ans Herz gelegt, sich seiner vornehmsten Aufgabe, dem Dienst am Bürger, zu erinnern und sich nicht als verlängerter Arm politischer Kräfte zur »Reglementierung« Andersdenkender mißbrauchen zu lassen.

Es muß einen »Aufstand des Gewissens« geben, wie der Schweizer Autor Jean Ziegler schrieb, einen Bewußtseinswandel auf breiter Basis.

Wir dürfen den Emporkömmlingen aus der Unterwelt, den angeblichen Saubermännern, nicht länger unseren, wenn auch meist heimlich vorgetragenen Respekt zollen. Wir dürfen nicht tolerieren, daß sie sich in die legalen Ebenen der Gesellschaft einschleichen.

Wir müssen unsere Toleranzschwelle in Sachen Kriminalität überprüfen. Was sind wir noch bereit hinzunehmen? Solange wir nicht wahrhaben wollen, daß die politische Kungelei der Mafia den Boden bereitet, solange Wirtschaftskriminalität und Geldwäsche vor unseren Augen als Kavaliersdelikte gelten, solange wir das Gesicht abwenden, wenn andere Menschen Opfer von Straßenräubern werden, wird die Verbrecher-Holding ein leichtes Spiel mit uns haben.

Anmerkungen

Vorwort

1 *Der Spiegel* 11/1992, S. 161
2 Sitzungsprotokoll des Europäischen Parlaments, S. 30, Straßburg, 11. Mai 1992

Die Mafia besetzt das »Europäische Haus«

1 *Handelsblatt*, 29. Januar 1992
2 Lenhard, Karl-Heinz, »Das organisierte Verbrechen«, *Kriminalistik*, 4/1991
3 Öffentliche Sicherheit, Wien 6/1991
4 FAZ, 30. November 1991
5 Rauschgiftjahresbericht 1990, Bundeskriminalamt Wiesbaden, S. 60ff.
6 Zachert, Hans-Ludwig, *Kriminalistik* 12/1990
7 Weschke, Eugen und Heine-Heiß, Karla, »Organisierte Kriminalität als Netzstrukturkriminalität«, Teil 1, Fachhochschule für Verwaltung und Rechtspflege Berlin, Fachbereich Kriminalwissenschaften, Juli 1990
8 Raith, Werner, *Mafia Ziel Deutschland*, Köln 1989, S. 33
9 Raith erwähnt hier das Beispiel Berlin: Als die CDU dort bis 1981 in der Opposition war, machte sie organisierte Kriminalität nicht nur in der Unterwelt, sondern wie im Bauskandal »Steglitzer Kreisel« auch im Filz zwischen Unternehmern und Verwaltung aus. Die SPD wies dies freilich weit von sich. Als die Christdemokraten dann die Regierung stellten, warfen sie ihre alten Überzeugungen rasch über Bord und verloren offensichtlich jegliche Sensibilität, was schließlich zum sogenannten Antes-Skandal führte. Nun war die Reihe an der SPD, die nicht müde wurde, die Senatoren Lummer und Kewening zu dem peinlichen Vorfall zu löchern.
10 Lindlau, Dagobert, *Der Mob*, Hamburg 1987, S. 223
11 »Gemeinsame Richtlinie der Justizminister/-senatoren und der Innenminister/-senatoren der Länder über die Zusammenarbeit von Staatsanwaltschaft und Polizei bei der Verfolgung der organisierten Kriminalität«
12 Hans See, *Kapitalverbrechen*, Düsseldorf 1990, S. 177
13 Alfred Stümper, Vortrag bei der Schweizerischen Kriminalistischen Gesellschaft, Baden, 22. November 1984
14 Heribert Ostendorf, Vortrag auf dem Strafverteidiger-Forum, 15. September 1989
15 Alfred Ellinger, »Opfer sein dagegen sehr«, in *Öffentliche Sicherheit*, Wien, April 1992, S. 11
16 Dietmar Schlee, Ex-Innenminister von Baden-Württemberg, auf der internationalen Expertentagung in der Polizeiführungsakademie Hiltrup, 1990

Im Osten was Neues!

1 Wolfgang Büscher, »Kriminelle Vereinigung«, *Zeitmagazin*, 41/1991, S. 30
2 Michael Reinhard, »Die Komplizen des Mobs sind in allen Schichten zu finden«, *Der Tagesspiegel*, 18. Januar 1992
3 »Auch im Osten ist die Mafia aktiv«, *Süddeutsche Zeitung*, 31. 12. 1991
4 »Mafia auf dem Weg nach Osten«, *Der Spiegel*, 37/1990, S. 86
5 *Sächsische Zeitung*, 23. November 1991
6 *Der Spiegel*, 16/1991, S. 89ff.
7 Der Ausdruck »Dieb im Gesetz« ist ein spezifisch sowjetischer Begriff und bezeichnet Gewohnheitsverbrecher, die sich streng an die von den Gangsterbanden aufgestellten Gesetze, Prinzipien und Ordnung (Hierarchie) halten. Er wird deshalb auch kurioserweise »gesetzestreuer Dieb« genannt. Die Diebe im Gesetz hatten eine eigene Sprache und Symbole und unterhielten in allen sowjetischen Gefängnissen und Straflagern regelrechte »Diebesschulen«. In ihrem Credo sind wesentliche Merkmale moderner OK bereits traditionell verankert. In der sowjetischen Verbrecherhierarchie stehen sie noch heute an oberster Stelle – ausgenommen die politischen Drahtzieher.
8 *Stern*, 46/119
9 Illesch, Andrej, *Die roten Paten*, Berlin 1991, S. 9
10 Ders., a. a. O., S. 200
11 »Die maskierte Macht der roten Mafia«, *Zeitmagazin*, 10. Mai 1991, S. 20ff.
12 Report of the International Narcotics Control Board, United Nations New York/Wien

»Machen Sie Ihr Spiel«

1 »Ein paar Bomben zünden«, *Der Spiegel*, 2/1992
2 Lindlau, Dagobert, a. a. O., S. 194
3 Die *Bild-Zeitung* veröffentlichte das Foto am 22. August 1987
4 Rebscher, Erich und Vahlenkamp, Werner: »Organisierte Kriminalität in der Bundesrepublik Deutschland«, BKA-Forschungsreihe, Wiesbaden 1988
5 Titus ist der Vorname von Thusts 14jährigem Sohn.
6 *High Roller* werden in der Szene die Spielsüchtigen genannt.
7 Siehe auch Kapitel »Die Unterwelt vom Balkan«
8 Siehe auch Kapitel »Die Unterwelt vom Balkan«
9 Name geändert
10 Siehe auch Kapitel »Die Parallelgesellschaft«

Die Macht der Krake

1 Hernández ist Abgeordneter der Provinz Zuila, die direkt an Kolumbien angrenzt, wichtigstes Operationsgebiet der kolumbianischen Drogenkartelle. Inzwischen ist er Vizepräsident der Kommission für Jugend, Erholung und Sport. Als er 1990 auf den größten sizilianischen Mafiaclan in Venezuela aufmerksam machte und dessen juristische Verfolgung forderte, wurde er seines Postens als Präsident der »Drogenkommission« enthoben.

2 Sterling, Claire, *Die Mafia*, München 1990, S. 130. Claire Sterling war die erste Journalistin, die auf den Mafiaclan aufmerksam machte.

3 Schreiben von Vladimir Gessen an Alejandro Izaguirre, Innenminister von Venezuela

6 Interner Ermittlungsbericht der Division contra la Delincuencia Organizada, Policía Judica, Caracas, März 1992

7 Analyseberichte der Interpol in Bogotá, 30. Oktober 1991, S. 7

8 siehe auch Kapitel »Keiner wäscht weißer«

9 Unveröffentlichter Ermittlungsbericht des Bundeskriminalamtes Wiesbaden, S. 8

10 *Hofer Anzeiger*, 21. Dezember 1991

11 *Il Mondo*, Juni 1991, S. 20

12 Mafia, Ndrangheta e Camorra dopo la legge la Torre, atti della Commissione Parlamentare a cura di Enzo Fanto, Gangemi, editore, 1989.

13 Giovanni Falcone, Ex-Richter aus Palermo, in BKA-Vortragsreihe, Organisierte Kriminalität in einem Europa durchlässiger Grenzen, Band 36, 1991, S. 28

14 Erwin Brunner, »Der Clan der Manager«, *Die Zeit*, 25. Juni 1982

15 Raith, Werner, *Parasiten und Patrone*, Frankfurt/M., 1990, S. 71

16 Giovanni Falcone, Vortrag im BKA, Wiesbaden, November 1991

17 *Il Mondo*, Rom, 10. Juni 1991

18 *La Repubblica*, 26. Juli 1990

19 The Geopolitical Drug-Dispatch, Paris, November 1991

20 Sterling, Claire, a. a. O., S. 326

21 Werner Raith, *Die Tageszeitung*, Berlin, 26. November 1991

22 Friedhelm Gröteke, *Die Zeit*, 15. November 1991

23 *Frankfurter Rundschau*, 25. April 1991

24 *Süddeutsche Zeitung*, 13. März 1992

25 *Süddeutsche Zeitung*, 6. März 1990

26 *La Repubblica*, Regionalausgabe Napoli, 25. Februar 1992

27 Zeitschrift *Cash-Flow*, Wien, Mai 1989

28 Presseerklärung der Kriminalpolizei Saarbrücken, v. 26. September 1991

29 Europäisches Parlament, Sitzungsdokumente , A3–0358/91 vom 23. April 1992

30 Giovanni Falcone, Vortrag im BKA, Wiesbaden, November 1991

31 Karl Heinz Gemmer, Polizeipräsident Frankfurt, während einer Fachveranstaltung der Gewerkschaft der Polizei, am 9. und 10. September 1982 in Bonn.

Keiner wäscht weißer

1 »Hoher Schmutzfaktor«, *Der Spiegel*, 42/1988, S. 140

2 Vortrag während einer Sondersitzung der Konferenz der Innenminister und -senatoren der Länder am 15. März 1990 in der Polizei-Führungsakademie, zitiert nach: Obermaier, Otto G., in *Die neue Polizei*, »Geldwäscherei aus Drogenhandel«, 6/1990, S. 317 ff.

3 Smettan, Jürgen und Dessecker, Axel; Forschungsgruppe Kriminologie des Max-Planck-Institutes für ausländisches und internationales Strafrecht, Freiburg, »Rauschgiftdelikte – Rentabilität und Gewinnabschöpfung« in *Kriminalistik*, 6/1990, S. 282 ff. Dieser Schätzung liegen Annahmen über ein Drogen-

verteilersystem zugrunde, bei dem etwa 150 Großhändler den Heroinmarkt beliefern. 15 000 bis 20 000 Zwischen- und Kleinhändler verkaufen danach an etwa 70 000 Heroinkonsumenten. Mit einem Betrag von 350 Mark pro Gramm verdünnten Heroins wurde ein eher niedriger durchschnittlicher Marktpreis einkalkuliert. An einem einzigen Kilogramm Heroin werden durch Strecken und Verdünnen nach diesen Berechnungen dennoch zusammengerechnet etwa 2,2 Millionen Mark verdient. Bei angenommenen 700 Kilogramm importierten reinen Heroins ergibt sich die zitierte Gesamtsumme.

4 Smettan/Dessecker, a.a.O.
5 Baumgartner, Hans und Triet, Fridolin; Kantonale Abteilung für Wirtschafts-delikte Zürich; »Geldwäscherei: Neue Strafnoirmen«, *Kriminalistik*, 5/1990, S. 275 ff.
6 »Die Schweiz wäscht doch weißer«, in *Frankfurter Rundschau*, 28. Oktober 1991
7 OGD, Observatoire Géopolitique Des Drogues, Paris, Nr. 3, Januar 1992
8 »Witters Witterung«, *profil*, 12/1992, S. 38 ff.
9 »Dreckiges Geld, saubere Helfer«, *Der Spiegel*, 11/1992, S. 165
10 *Der Spiegel*, 9/1992
11 Smettan/Dessecker, a.a.O.
12 Untersuchungsausschuß zur Ausbreitung des organisierten Verbrechens im Zusammenhang mit dem Drogenhandel in den Ländern der Gemeinschaft, Europäisches Parlament, 14. August 1991, Az.: DOC-DE/DT/114474
13 Arzt, Gunther; »Geldwäscherei – Eine neue Masche zwischen Hehlerei, Straf-vereitelung und Begünstigung« in *Neue Zeitschrift für Strafrecht*, Heft 1/1990, S. 1 ff.
14 Obermaier, Otto G., a.a.O.
15 Bossard, André, »Money-Laudering« in *Transnational Crime and Criminal Law*, Office of International Criminal Justice, The University of Illinois (Chicago), 1990, S. 64 ff. [Grundlage: Interpol Introduction to Encyclopedia – Financial Assets Program, Januar 1987]
16 »Die EG geht gegen Geldwäsche vor«, in *FAZ*, 19. Dezember 1990 und »Geldwäschern auf die Spur«, in *Frankfurter Rundschau*, 9. November 1991
17 Sauer, Stephan; »Die Geldwäsche und die Maßnahmen zu ihrer Bekämpfung aus der Sicht der banken«, *BKA-Vortragsreihe*, Band 36, Hrsg. Bundeskriminalamt Wiesbaden 1991, S. 163–179

Die Parallelgesellschaft

1 *Der Spiegel*, 6/1992
2 *Frankfurter Rundschau*, 1. November 1991
3 Raith, Werner, *Mafia Ziel Deutschland*, Köln 1989, S. 189
4 Gemmer sagte dies in einem Vortrag zum Thema »Organisierte Kriminalität – eine akute Bedrohung?« während einer Fachveranstaltung der Gewerkschaft der Polizei am 9. und 10. September 1982 in Bonn.
5 Siehe auch Kapitel »Machen Sie Ihr Spiel«

Die Unterwelt vom Balkan

1 Siehe auch Kapitel »Machen Sie Ihr Spiel«
2 Pressemitteilung des Polizeipräsidiums Wiesbaden vom 30. Januar 1992
3 *Der Spiegel* Nr. 47/1989
4 *Offenbach Post*, 20. Dezember 1990
5 Wochenzeitschrift *Duga*, Belgrad, 26. Oktober 1990
6 *Ilustrovana Politika*, Belgrad, Nr. 1639, 3. März 1990
7 Wochenzeitschrift *Duga*, Belgrad, Dezember 1990
8 *Ilustrovana Politika*, Belgrad, Nr. 1639, 3. März 1990
9 Tageszeitung *Vecernje Novosti*, Belgrad, 11. Oktober 1990
10 Anklageschrift der Staatsanwaltschaft Berlin, 10. August 1991, Aktenzeichen 68 JS 174/90
11 Illustrierte *Wiener*, August 1990, S. 59

Mit den besten Grüßen vom Grünen Drachen

1 Reinhold, Egbert M., in *Nürnberger Nachrichten*, 9. 11. 1991
2 *Der Spiegel*, 44/1991, S. 111 ff.
3 Posner, Gerald L., *Warlords of Crime; Chinese Secret Societies: The new Mafia;*, McGraw-Hill, New York 1988
4 Posner, Gerald L., a. a. O.
5 »Schmecken Ihnen die Kugeln?« in *Öffentliche Sicherheit*, Bundesministerium für Inneres, Wien, Januar 1992
6 Ebenda

Leise rieselt der Schnee

1 Saberschinsky erwähnte die Beispiele während einer Arbeitstagung des Bundeskriminalamts mit dem Thema »Organisierte Kriminalität in einem Europa durchlässiger Grenzen« in Wiesbaden vom 6. bis 9. November 1990
2 »The Drugs Trade in Latin America«, *Latin American Newsletter*, London 1990
3 Rauschgiftjahresbericht 1990, Bundeskriminalamt Wiesbaden
4 Internationaler Rauschgiftmeldedienst der IKPO-Interpol, Lyon
5 Bericht des Internationalen Suchtstoffkontrollrates, Vereinte Nationen Informationsdienst, 10. Januar 1992
6 »The Drugs Trade in Latin America«, *Latin American Newsletter*, London 1990. Die Schätzungen stützen sich auf unterschiedliche amtliche Quellen. Die Unsicherheiten solcher Schätzungen liegen darin, daß keines der drei genannten Länder Aufzeichnungen macht über die Kokainproduktion. Andere Schätzungen liegen alsbald bis zu 50 Prozent darunter oder darüber.
7 Krauthausen, Ciro (Hg.), *Koka-Kokain*, München 1991, S. 174. Dieses Buch ist das zur Kokain-Problematik beste und eindrucksvollste.
8 *Der Spiegel*, 25/1991, S. 141
9 Krauthausen, Ciro, a. a. O., S. 88
10 *Semana*, Bogotá, 24. März 1987
11 Interner Bericht des Departamento Administrativo de Seguridad, DAS, »Aspectos de Interes sobre el cultivo de Amapola«, Bogotá, 15. November 1991

12 DAS-Report, Bogotá, S. 11
13 »Las mafias que blanquean el dinero de la droga en España«, in *Cambio 16*, 19. März 1990, Nr. 956
14 Presseerklärung der IG-Metall Bezirksleitung Stuttgart, 30. Juni 1980
15 Sterling, Claire, a. a. O., S. 163
16 Dies. a. a. O., S. 277
17 Untersuchungsbericht der Sonderkommission AG 710 Hanau, 1992
18 Rauschgiftjahresberichte 1990 und 1991, Bundeskriminalamt Wiesbaden
19 Rauschgiftjahresbericht 1992, Bundeskriminalamt Wiesbaden
20 Bericht des Club of Rome 1991, *Die globale Revolution*, Hamburg 1991, S. 70
21 Klaus Hurrelmann, »Der Polizist ist keine geeignete Waffe gegen den Drogenkonsum«, *Frankfurter Rundschau*, 16. März 1992
22 Gerhard Köhler, »Liberalisierung von Cannabis?«, *Frankfurter Rundschau*, 27. März 1992
23 Vgl. auch Europäisches Parlament, Untersuchungsausschuß zur Ausbreitung des organisierten Verbrechens im Zusammenhang mit dem Drogenhandel in den Ländern der Gemeinschaft, Arbeitsdokument Teil VI, 26. 9. 1991

... und Europa steht hilflos dabei

1 Storbeck sagte dies in einem Vortrag mit dem Thema »Zwischenstaatliche Zusammenarbeit im Polizeialltag aus der Sicht einer Zentralstelle« während einer BKA-Arbeitstagung im November 1991 in Wiesbaden.
2 Alfred Stümper, »Europäische Integration: Die große Herausforderung der Sicherheitsorgane«, in *Bereitschaftspolizei – heute*, 6/1990
3 »Polizisten wollen keine Verdeckten Ermittler in ihren Reihen«, *Frankfurter Rundschau*, 11. November 1991
4 §§ 110a Abs. 1, 98a Abs. 1, Entwurf eines Gesetzes zur Bekämpfung des illegalen Rauschgifthandels und anderer Erscheinungsformen der organisierten Kriminalität (OrgKG) in seiner Fassung vom 25. Juli 1991, Bundestagsdrucksache Nr. 12/989
5 »Straftaten der Polizei nötig«, *Frankfurter Rundschau*, 23. Mai 1991
6 »FDP will Polizisten nicht zur Kriminalität anstiften lassen«, *Frankfurter Rundschau*, 24. Mai 1991
7 Siehe auch Kapitel »Leise rieselt der Schnee«
8 Hans-Ludwig Zachert, »Fahnder im Trab gegen Verbrecher im Galopp«, *Die Welt*, 9. Juli 1991
9 Alfred Stümper a. a. O.
10 *Racketeer Influenced and Corrupt Organizatons Act:* Obwohl RICO bereits 1970 verabschiedet wurde, wandten es Richter und Staatsanwälte erst ab 1982 konsequent an, weil sie so lange brauchten, um das Gesetz zu verstehen. RICO wird seitdem immer mehr zu einem der wichtigsten Instrumente gegen die Cosa Nostra. Es ist das erste Gesetz der USA, das die Anklage gegen mafiose Vereinigungen ermöglicht. Bis dahin stützten sich Anklagen – wie in der Bundesrepublik – auf die individuelle Schuld des Einzeltäters. Kriminelle Organisationen konnten damit nicht bekämpft werden, denn selbst wenn ihre Köpfe hinter Gittern waren, blieben immer noch genügend Mitglieder übrig, um die Geschäfte weiterzubetreiben. RICO ist ein Gesetz, das zivil- und

strafrechtlich angewandt wird; die Höchststrafe je Delikt, das unter RICO angeklagt wird – auch Mord –, beträgt 20 Jahre. Ein Verurteilter kann diese Strafe allerdings mehrfach bekommen (auch Gotti wurde unter RICO angeklagt). RICO ermöglicht beispielsweise von der Mafia unterwanderte Firmen, Gesellschaften und Gewerkschaften unter treuhänderische Verwaltung des Staates zu stellen. Mitgliedern einer bestimmten Gruppierung kann damit verboten werden, weiterhin in der betreffenden Firma oder Gewerkschaft tätig zu werden. Wird ein Strafverfahren gegen Mafiaangehörige nach dem RICO-Statut eröffnet, werden deren mutmaßlich kriminell erworbene Vermögen bis zur Entscheidung eingefroren und können im Verurteilungsfall eingezogen werden. Mafiageschädigte können mittels RICO den dreifachen Schadensersatz einklagen. Es genügt dazu, die bereits in einem Strafverfahren verwendeten Beweise heranzuziehen. Der besondere Clou von RICO ist allerdings, daß der Staatsanwalt in einem Zivilverfahren eine Einstweilige Verfügung gegen eine Mafiagruppierung erwirken kann, um den Mobstern die weitere Tätigkeit zu untersagen. Die Beweisanforderungen sind in einem Zivilverfahren geringer als in einem Strafverfahren. Üben die Gangster die Kontrolle aber weiterhin aus, können sie auf der Grundlage der Einstweiligen Verfügung verklagt werden. RICO ist auch eine Erleichterung für die ermittelnden Polizeibeamten (meist FBI), denn es gestattet den Zugriff auf alle Informationen, die notwendig sind, um ein Gesamtbild zu erstellen. Dazu gehören Akten aus den alten Verfahren, Geschäftsbücher, Telefongespräche etc.

11 Fassung vom 25. Juli 1991, Bundestagsdrucksache Nr. 12/989
12 »BKA-Chef: Polizei bleibt weiter nur zweiter Sieger«, *Frankfurter Rundschau*, 29. Juli 1991
13 »Klauen für die Polizei verboten«, *Frankfurter Rundschau* 23. Juli 1991
14 »Nicht immer ganz lebensnah«, *Frankfurter Rundschau*, 26. Juli 1991
15 »Datenschützer schlägt Alarm«, *Frankfurter Rundschau*, 25. Januar 1992
16 In einer Novellierung des Außenwirtschaftsgesetzes ist festgehalten, daß das Zollkriminalinstitut (ZKi) bei des illegalen Waffenexportes verdächtigten Firmen ermächtigt ist, Telefongespräche abzuhören und Post zu kontrollieren. Dazu muß allerdings erst einmal ein Verdacht bestehen, und der kann oft erst durch die im OrgKG festgelegten strafprozessualen Möglichkeiten festgestellt werden.
17 Siehe auch Kapitel »Keiner wäscht weißer«
18 Heribert Ostendorf, Die Kriminalität der Mächtigen, in *Anwaltsblatt, Deutscher Anwaltsverein*, 2/1991, S. 73
19 Lenz, Thomas und Mason, Kurt, *Die schutzlose Gesellschaft*, München 1992, S. 31
20 Alfred Stümper, »Europäische Integration: Die große Herausforderung der Sicherheitsorgane«, in *Bereitschaftspolizei – heute*, 7–8/1990

Personen- und Sachregister

Koko lebt –
und wir zahlen weiter

300 Seiten. Kt.

PIPER

Die Machenschaften der sowjetischen Mafia

Arkadi Waksberg
Die sowjetische Mafia

Organisiertes Verbrechen in der Sowjetunion
Aus dem Russischen von Bernd Rullkötter
367 Seiten mit 20 Abbildungen. Kt.

Zu den vielen Problemen der Sowjetunion heute gehört auch eines, das
jetzt erst im Westen allmählich erkannt wird – das der Organisierten
Kriminalität. Auch sie ist ein Erbteil des real existierenden Sozialismus. In
der Privilegienwirtschaft, die bis auf Stalin zurückgeht, konnte sie sich seit
den 60er Jahren ungehemmt ausbreiten. Mehr noch: Ihre Verbindungen
reichten bis in die oberste Führung, war doch Generalsekretär Leonid
Breschnew ein williges Werkzeug.
Die Perestroika des Michail Gorbatschow hat die Situation nicht
verbessert, im Gegenteil: Angesichts der zerbröckelnden Staatsgewalt sind
alle Anstrengungen Gorbatschows zur Zerschlagung der sowjetischen
Mafia wirkungslos geblieben. Jetzt wird eine neue Gefahr deutlich. Die
Organisierte Kriminalität verbindet sich mit den machtvollen
nationalistischen Bewegungen. Der Zerfall der Sowjetunion hat eine
Erstarkung der Mafia zur Folge – die Anarchie droht.

PIPER

»Zündstoff in einer Diskussion,
die viel zu wenig Öffentlichkeit findet.«

Rheinischer Merkur

Jean Ziegler
Die Schweiz wäscht weisser

Die Finanzdrehscheibe des internationalen Verbrechens
Aus dem Französischen übersetzt von
Friedrich Griese und Thorsten Schmidt
201 Seiten. Kt.

Jean Ziegler demontiert Stück für Stück das Getriebe der internationalen
Waschanlage für Drogengeld, deren Hauptstandort heute
Zürich ist. Anhand genauer Beispiele weist er nach, daß die
multinationalen Verbrecherkartelle, die über
effiziente Absatzorganisationen, moderne Labors, professionell gedrillte
Privatarmeen und über Finanzgesellschaften verfügen,
bereits im Staatsapparat selbst Fuß gefaßt haben.
Dieses Buch beschreibt,wie das organisierte Verbrechen eine
jahrhundertealte Demokratie infiltriert. Jean Ziegler gibt Aufschluß über
die Organisation des internationalen Drogenhandels.
Er benennt die Verantwortlichen und ihre Komplizen, um dadurch zur
Vernichtung einer tödlichen Macht beizutragen, die –
in Zürich nicht anders als in
Medellin – heute eine ernsthafte Konkurrenz und tödliche Gefahr für die
Staatsmacht darstellt.

PIPER